建筑应用电工

（第四版）

赵连玺 樊伟梁 赵小玲 编

中国建筑工业出版社

建筑应用电工（第四版）中国建筑工业出版社

建筑应用电工

(第四版)

赵连玺 樊伟梁 赵小玲 编

中国建筑工业出版社

建筑应用电工
(第四版)
中国建筑工业出版社

混凝土工程质量控制

曲德仁　主编

中国建筑工业出版社

图书在版编目（CIP）数据

混凝土工程质量控制/曲德仁主编. —北京：中国建筑工业出版社，2005

ISBN 7-112-07692-7

Ⅰ. 混… Ⅱ. 曲… Ⅲ. 混凝土施工-工程质量-质量控制 Ⅳ. TU755

中国版本图书馆CIP数据核字（2005）第096999号

本书以混凝土工程质量控制为主线，用简明通俗语言、动态变化观点、层次思维逻辑，采取了总体概括、内容浓缩、重点深化展开的方式，将规范规定、基本理论、工程经验有机结合，对质量要素的影响表现、作用机理及相应的控制措施进行了较为全面、系统的分析阐述。本书共分11章：第1～第4章主要说明混凝土结构工程质量目标及目标如何通过设计、施工、验收进行程序的过程控制；第5、第6章重点讨论分析混凝土结构裂缝控制与混凝土结构工程防水；第7～第11章分别讨论混凝土碱骨料反应及预防、高性能混凝土、混凝土冬期施工、混凝土外加剂及混凝土结构的原材料控制。

本书适宜设计、施工、监理等单位工程技术人员与工程管理人员参照使用。

责任编辑：岳建光 张幼平

责任设计：刘向阳

责任校对：刘 梅 关 健

混凝土工程质量控制

曲德仁 主编

*

中国建筑工业出版社出版、发行(北京西郊百万庄)

新 华 书 店 经 销

北京云浩印刷有限责任公司印刷

*

开本：787×1092毫米 1/16 印张：17¼ 插页：1 字数：306千字

2005年9月第一版 2006年4月第二次印刷

印数：3501—5500册 定价：**45.00**元

ISBN 7-112-07692-7

(13646)

（邮政编码100037）

本社网址：http://www.cabp.com.cn

网上书店：http://www.china-building.com.cn

前　言

自从19世纪初波特兰水泥问世以来，由于混凝土与钢筋两种材料性能优势的互补，由于现代科学技术迅速发展的牵动，由于人类社会经济腾飞的促进，钢筋混凝土结构在工程建设中已经显示了经久不衰的强大生命力；一片片宏伟壮观的钢筋混凝土建筑群拔地而起，构成了现代文明城市的光辉景象；由建筑工程产品塑造的一幅幅生动画面，已经展示了人类历史进程的时代象征。

建筑工程产品与其他一般产品相比较，具有不同的特点：建筑规模大、投资数额高、建设使用周期长、土建、水、暖、电专业配套制约因素多、建筑结构各构件间质量相互影响的相关性强。在混凝土结构中，混凝土与钢筋相匹配，由于二者之间的粘结力、基本相同的温度线膨胀系数及混凝土对钢筋的保护作用；根据二者不同的受力性能，混凝土抗压强度高，抗拉强度低，钢筋抗压、抗拉强度均很高，将钢筋设置在受拉区；使混凝土结构受力性能好、承载能力大、整体刚度强、施工成型方便，又具有较高的工程耐久性。

我国水泥产量大，居世界首位，约占世界总量1/3，1995年统计4.3亿t，砂、石骨料就地取材，工程造价低；混凝土结构广泛地应用于现代各种工程建筑，应用地量大面广，1995年我国的混凝土用量高达15亿m^3。建筑工程百年大计，重大工程质量事故仍时有发生，使建筑结构毁坏倒塌，耐久性严重劣化，并造成人员伤亡和财产损失。无论从建筑工程的产品特点，或是从混凝土结构的广泛应用，还是从已经出现重大工程质量事故及结构耐久性提前失效的惨痛深刻教训，均已充分说明了混凝土工程质量的重要性。尤其在住房已经商品化的现代社会，建筑工程产品质量不仅是自身功能与价值的体现，同时也是社会信誉与效益的标志，而且已经成为市场竞争与进攻的武器；工程质量直接牵动着千家万户人民群众的切身利益，工程质量控制也是代表人民根本利益、构建和谐社会的重要表现；如何保证混凝土工程质量具有特殊的重要意义。

我国正处于基本建设高峰期，作为国家支柱产业的建筑业，必须确立“质量兴业、科技推动、管理保证”的建设方针。国家通过制定实施《中华人民共和国建筑法》、《建设工程质量管理条例》及一系列相关的技术法规与指导性文件，将建筑工程的质量与执行过程纳入法律化、规范化、程序化、标准化管理控制，体现了国家对建筑工程质量的重视，并为建设行为的实施制定了准则与方法。为了保证混凝土结构工程的设计与施工验收质量，做到安全适用、技术先进、经济合理，2001～2002年国家先后修订颁发了《混凝土结构设计规范》(GB 50010—2002)、《混凝土结构工程施工质量验收规范》(GB 50204—2002)、《建筑结构荷载规范》(GB 50009—2001)、《地下工程防水技术规范》(GB 50108—2001)、《地下防水工程质量验收规范》(GB 50208—2002)、《建筑地基基础设计规范》(GB 50007—2002)、《建筑抗震设计规范》(GB 50011—2001)、《高层建筑混凝土结构技术规程》(JGJ 3—2002)等系列规范与标准。

建筑工程规模大、建设周期长、使用功能要求高、所含质量要素多、多专业多工种多工序交叉配合，使工程建设的组织协调管理最复杂，积各类科学知识专业技术最广泛。建筑工程的精心设计、有序施工、严格验收应当构成一个大的质量保证体系，要从总体过程进行宏观控制并进行有机协调，要从分解过程进行微观控制并进行操作实施。这就要求每个建设者首先要提高自身的科技水平，不仅要在自身工作岗位的专业技术知识有纵向深度，还要有向周边相关专业、相关过程辐射扩展的横向广度。作为一个好的设计师应当了解施工与验收，一个好的施工管理、工程技术人员应当熟悉设计与验收，一个好的监理工程师必须熟悉设计与施工。

本书根据新颁发实施的规范与建筑工程大的质量保证体系实施要求，以应用技术出发，从建筑总体高度说明了混凝土工程质量要素：结构安全性，适应性，耐久、抗震性，耐火性，工程美观性，环保性各自包含的内容及相互间的相关关系；从工程建设程序角度说明了质量六要素在设计、施工、验收三个执行程序中如何进行控制及程序间相互的制约关系；对工程建设执行过程中所碰到的具体工程实际问题，有针对性地作专题性讨论分析；在专题讨论中对大体积混凝土温控养护、地下防水工程基础底板厚度、截面底部纵向受拉钢筋最小配筋率、冷轧带肋钢筋的使用、结构主体防水刚柔相济原则的外防水层设置、后浇带间距确定条件、防水外加剂减少收缩作用与补偿收缩作用的相关关系等问题，提出了分析看法与意见，可能与传统的认识与作法有所不同，尽管错误难免，还是大胆地提出探讨。

本书集编者长期在高校任教多学科的教学理论，近10余年在建设、施工、监理各单位工程实践的工作经验，学习领会国家新近颁发实施的标准规范规定并吸取近期新的科研信息成果，以混凝土工程质量控制为主线，用简明通俗语言、动态变化观点、层次思维逻辑，采取了总体概括、内容浓缩、重点深化展开的方式，将规范规定、基本理论、工程经验有机融合，对质量要素的影响表现、作用机理及相应的控制措施进行了较为全面系统的分析阐述。本书适宜设计、施工、监理等单位工程技术人员与工程管理人员参照借鉴。

本书内容共分11章：第1～第4章主要说明混凝土结构工程质量目标及目标如何通过设计、施工、验收进行程序的过程控制，其中重点阐述了混凝土结构施工与耐久性质量控制。第5、第6章重点讨论分析混凝土结构裂缝控制与混凝土结构工程防水。后5章分别讨论混凝土碱骨料反应及预防、高性能混凝土、混凝土冬期施工、混凝土外加剂及混凝土结构的原材料质量控制。

本书由曲德仁(大连理工大学)主编，参加编写工作的有赵玉起、唐永胜(中国港湾建设总公司)，张大伟(长春中山实业集团有限公司)、王新民(北京大胡子混凝土外加剂有限公司)、张鹰(长春龙家堡机场建设指挥部)、李晓庆(营口市规划和国土资源局)、惠凯(大连市港口与口岸局)、宫本命(大连市云翔建设集团有限公司)、夏敬臣(鞍山市民用建筑设计研究院)、刘景玉(葫芦岛市建设工程质量监督站)、田虹(营口市建设工程质量监督站)。

本书的编写要感谢大连理工大学王清湘教授的帮助。由于作者水平有限，时间仓促，谬误之处在所难免，敬请建筑界专家、同行、读者批评指正，提出宝贵意见，并致以诚挚的谢意。

曲德仁

2005年6月于大连

目　录

第1章　混凝土工程质量目标

建筑工程是指建设单位的具有确定质量标准、投资限额及建设时间约束条件，经规划、勘察、设计、施工、验收等有关人员物化劳动形成具有特定使用功能空间的物质的载体，并使其达到预定建设目标的一次性建设活动。这种建设活动必须遵循国家的基本建设程序与有关的建设法律法规、技术规范标准，最终形成具有商品性质的建筑产品。在此，建筑工程具有建筑工程产品与建筑工程产品形成的建筑活动双重含意。

在一个工程建筑中，承受荷载并起骨架作用的部分称为结构。结构是由构件单元通过一定连接方式组成，构件单元根据支承情况与相互的线性刚度比，一般可分为铰接、刚接、固接 3 种连结方式。一般房屋建筑是由屋盖、楼盖、墙、柱、基础 5 部分组成。当建筑载体的基础与主体结构采用混凝土为建筑材料，称为混凝土结构，普通钢筋混凝土结构还要配置一定数量的受力与构造钢筋；混凝土结构还应包括预应力混凝土结构、少筋或无筋素混凝土结构。混凝土结构工程一般称为混凝土工程，本书主要讨论整体现浇的普通钢筋混凝土结构，在工业与民用房屋建筑中，其主要结构型式包括框架结构、剪力墙结构、框架剪力墙结构、筒体结构、框架筒体结构。

1.1　混凝土结构工作特性

混凝土结构的建筑使用特点和使用过程的工作特性是确定混凝土结构工程质量目标及为实现质量目标而进行控制的依据。混凝土结构工作特性与组成结构的混凝土及钢筋材料特性，结构形式及构件截面的几何、配筋特征，作用荷载性质、大小及结构所处的使用工作环境有关。

1. 受力性能

混凝土的抗拉强度一般为抗压强度的 1/15～1/10，混凝土承受的拉应力一旦超过抗拉强度就要产生裂缝，混凝土只适于作受压构件，对于拉弯构件，如果在受拉区放置钢筋，就能使破坏性质改变，承载能力加大。

【例】　图 1-1 所示为一根混凝土强度等级 C20、截面 200mm×300mm、跨长 2500mm 的简支梁，当为素混凝土时，只能承受 13.4kN 跨中集中荷载，当受拉区放 2ϕ12 钢筋后，破坏荷载提高为 87kN，承载能力提高 6.5 倍，而破坏由无先兆的脆性变为有先兆的塑性，发生了质的变化，这对人生安全具有重要意义。

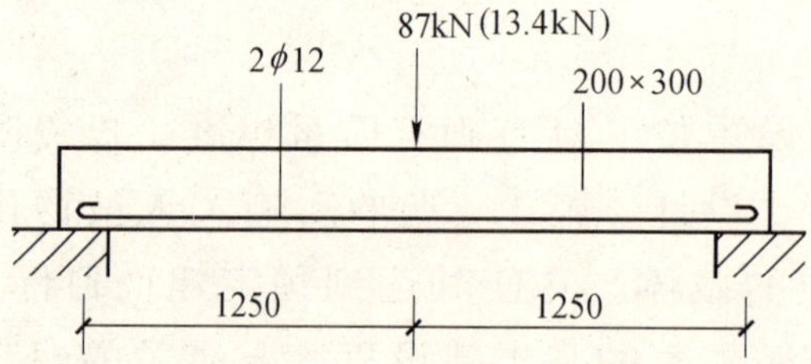

图 1-1　混凝土梁配筋后承载能力的提高

为了保证钢筋混凝土结构的承载力与破坏时的延性，设计规范对各种受力构件，尤其是受弯构件，规定了最小、最大配筋率的构造要求(如梁受拉钢筋最小配筋率 $\rho_{min}=A_s/bh_0=0.2\%$)；其中最小配筋率的限值是保证梁的破坏发生在适筋梁的塑性范畴，保证承载能力，避免出现少筋脆性破坏，最大配筋率往往用相对界限受压区高度 ξ_b 表示($\xi_b=\beta_1/(1+f_y/E_s\varepsilon_{cu})$)，用以限制纵向受拉钢筋最大用量，避免钢筋在屈服前受压区混凝土被压坏的超筋脆性破坏。同时，为了增加结构延性，规范对按一、二级抗震等级设计的框架结构的钢筋材性提出要求，钢筋抗拉强度的实测值与屈服强度的实测值的比值不应小于 1.25，钢筋屈服强度实测值与强度标准值的比值不应大于 1.30，其目的是保证强柱弱梁，使梁端出现塑性铰之后有足够的转动变形能力，达到结构充分吸收地震能量裂而不倒的目的。

钢筋的另外一个作用是抑制混凝土的收缩变形。对于受弯构件，放在受拉区的钢筋在弯矩作用下能与混凝土共同承受拉力，当混凝土一旦开裂，拉力可由钢筋承受，减缓了裂缝向上的延伸；同时由于裂缝出现，在裂缝截面两侧产生的局部粘结应力也约束了裂缝的扩展，使裂缝每隔一定间距产生，对裂缝起到分散作用。随着配筋率的增加，钢筋直径的变细及表面形状的凸凹变化的粘结力增加，分散作用加强，裂缝间距减小，裂缝宽度也相应减小。裂缝间距小的窄缝相对于裂缝间距大的宽缝其工程危害程度要小得多，特别是对地下防水工程，窄缝渗水程度小，即使渗水也有可能碳化愈合；为此，对板式构件在非传力方向(如单向板长跨方向)或厚度较大时，规范也规定了构造配筋要求；同时，构造配筋与受力钢筋也能形成钢筋骨架，便于受力钢筋的安装绑扎与混凝土的浇筑成型。

2. 粘结力

混凝土构件受力之后，在混凝土与钢筋接触表面产生的剪应力称为粘结应力，粘结强度是指钢筋与混凝土之间发生粘结破坏时所能承担的最大剪应力。粘结应力与粘结强度一般统称为粘结力，粘结力是由混凝土与钢筋之间在受力状态下的化学胶结力、接触面摩擦力、钢筋表面横肋机械咬合力 3 部分组成。粘结力是混凝土与钢筋相匹配，共同承受荷载、共同协调变形、保证构件承载能力、减小混凝土裂缝开展宽度的合作基础。

（1）粘结应力：粘结应力根据产生原因可分为弯曲粘结应力与局部粘结应力。

① 弯曲粘结应力：由构件受弯截面的弯矩变化产生，如图 1-2 所示，其作用是保证钢筋与混凝土共同变形，将混凝土的受力传递给钢筋，使二者共同工作。弯曲粘结应力沿梁长的变化与弯矩的变化率 dM/dx（即剪力 V）成正比，对一般梁式受弯构件，最大粘结应力产生在支座附近的最大剪力处，如图 1-3 所示。

② 局部粘结应力：由构件开裂后混凝土恢复弹性变形的回缩产生，如图 1-4 所示，其作用是约束了裂缝截面两侧混凝土的回缩滑移，限制了裂缝开展宽度，使裂缝每隔一定间距产生。受弯构件在支座弯矩最大处一旦产生裂缝，只要粘结强度与锚固长度保证，抗弯的受拉钢筋不会被拔出，使受拉钢筋的强度得到充分发挥，如图 1-5 所示。

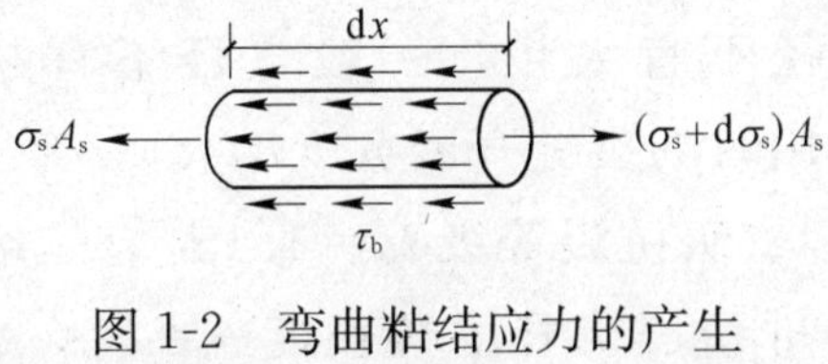

图 1-2　弯曲粘结应力的产生

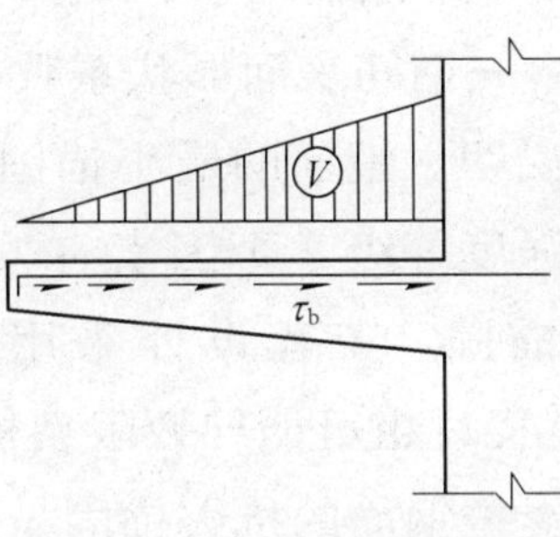

图 1-3　弯曲粘结应力分布

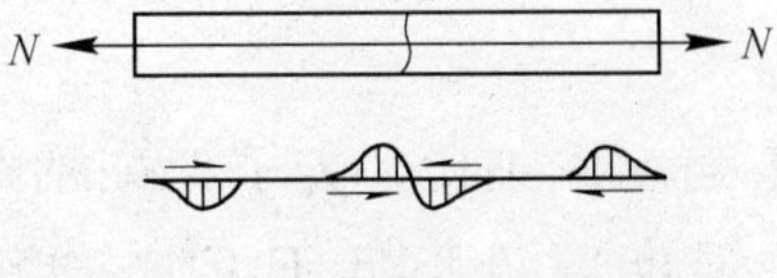

图 1-4　裂缝局部粘结应力

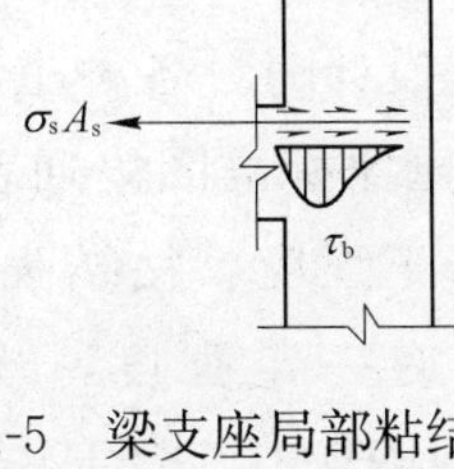

图 1-5　梁支座局部粘结应力

（2）粘结强度：粘结强度一般通过钢筋拔出试验测定，粘结强度大小取决于混凝土强度等级、钢筋表面形状与保护层厚度。混凝土强度高，保护层厚度大，钢筋表面凹凸不平，粘结强度就大。一般C20～C60混凝土，光圆钢筋粘结强度 $\tau_u=(1.5\sim3.5)$MPa，螺纹钢筋 $\tau_u=(2.5\sim6.0)$MPa。

（3）为了保证粘结力，工程设计与施工应采取如下措施：

① 锚固、搭接长度：受力钢筋在混凝土内要有一定的锚固与搭接长度，钢筋达到屈服时最小锚固长度为：

$$l_a=\frac{df_y}{4\tau_u} \tag{1-1}$$

式中 f_y——钢筋屈服强度；

τ_u——粘结强度；

d——钢筋直径。

将 τ_u、f_y 代入，对一般热轧钢筋 $L_a=(20\sim40)d$，这就是原规范GBJ 10—89查表给出的纵向受拉钢筋最小锚固长度。新规范考虑到钢筋强度不断提高，结构形式多样化，再用查表方式很难确切表达，根据近年系统试验与可靠度分析，相应给出了纵向受拉钢筋锚固长度计算公式，对普通热轧钢筋为：

$$l_a=\alpha\frac{f_y}{f_t}d \tag{1-2}$$

式中 f_y——钢筋抗拉强度设计值；

f_t——混凝土抗拉强度设计值，反映了粘结强度的影响，当混凝土强度等级高于C40时，按C40取值；

α——钢筋表面形状系数，光圆钢筋取0.16，带肋钢筋取0.14。

此式说明，钢筋的最小锚固长度 l_a 与钢筋的直径、设计强度、表面形状及混凝土强度等级4个因素有关；为了使 l_a 不至于太长，而影响钢筋在构件端部不易锚固，工程设计采用的钢筋直径不宜太粗，一般直径不宜超过25mm，直径过粗可能导致限裂构件正常使用时的裂缝开展宽度加大。

纵向受拉钢筋的抗震锚固长度 l_{ae}，一、二级抗震等级 $l_{ae}=1.15l_a$，三级抗震等级 $l_{ae}=1.05l_a$，四级抗震等级 $l_{ae}=l_a$。非抗震绑扎搭接长度 $l_l=\zeta l_a$，ζ 为大于1的修正系数，由纵向钢筋搭接接头面积百分率确定，抗震搭接长度 $l_{le}=\zeta l_{ae}$，工程设计时，各种工况下纵向受力钢筋的锚固与搭接长度已根据上述计算由相应国家标准图集列表给出。

② 混凝土强度：粘结强度一般与混凝土强度成正比，为了保证粘结力，混凝土应具有一定强度，规范规定混凝土强度等级不低于C15；当采用HRB335、HRB400、RRB400级钢筋时混凝土强度等级不低于C20；预应力

混凝土结构不低于 C30。

③ 钢筋表面与端部处理：对强度较高的 HRB335、HRB400、RRB400 级钢筋表面轧制成螺纹带肋。对 HPB235 级光圆钢筋受拉时末端作成 180°弯钩，平直段长度不小于 $3d$，对高强度钢丝采取小直径且表面刻痕或做成螺旋肋。

④ 保护层厚度：为了保证粘结力，受力钢筋要有一定保护层厚度，保护层厚度一般不小于纵向受力筋的直径，一般的板、梁、柱分别不小于 15、25、30mm。

通过上述构造措施，在一般情况下，混凝土结构或构件的弯曲粘结应力都不会超过粘结强度；即不会发生粘结破坏，也就是构件受力后钢筋不会在混凝土内产生相对滑移，保证了共同工作。应当指出：在施工阶段对受弯构件在混凝土没有达到一定设计强度之前过早拆模，由于混凝土抗拉强度很低，在自重及施工荷载作用下受拉区容易开裂，又由于粘结强度不大，一旦开裂又容易扩展加大裂缝宽度。对悬挑构件如拆模过早，很可能因粘结强度或锚固长度不足而发生钢筋被拔出的倒塌破坏事故。

3. 结构刚度

混凝土结构刚度是指结构在荷载作用下抵抗竖向与水平变位的能力。结构刚度包括构件刚度、节点连结刚度及构件通过节点连结形成的结构整体刚度；结构构件间的节点连结形式和相互的线性刚度比，决定了荷载、变形传递与内力分配；结构刚度是保证结构受荷后，减小变形，满足使用要求，合理传递荷载分配内力的前提；现浇混凝土结构刚度的作用表现如下：

(1) 水平结构在竖向荷载作用下抗弯刚度较大，可减少弯曲变形，主要指梁板结构在竖向荷载作用下产生的挠度较小。

(2) 竖向结构在水平荷载作用下抗侧移刚度较大，可减少水平位移，主要指高层建筑的墙、柱、筒体在水平地震或风荷载作用下的层间位移较小。

(3) 墙柱与楼板整体现浇保证结构整体性。结构整体刚度对结构抗震整体受力协调与整体变形协调具有重要意义。整体现浇楼板能使竖向构件墙、柱、筒体在水平地震荷载作用下，协调变形，整体工作，使地震剪力能按构件侧移刚度分配，保证了高层建筑结构筒体、剪力墙在水平荷载作用下的抗剪作用。同时地下室顶板与其他各楼层现浇板对竖向结构也起到嵌固与加肋作用，增加了结构稳定性。

(4) 梁柱节点的刚接实现结构形式的转变及结构由单层向多层的跨越。

【例】 图 1-6 所示为节点刚度对结构形式影响。

(A) 杆件节点全部铰接，在平面内为几何可变体系，不能承受荷载，无使用价值。

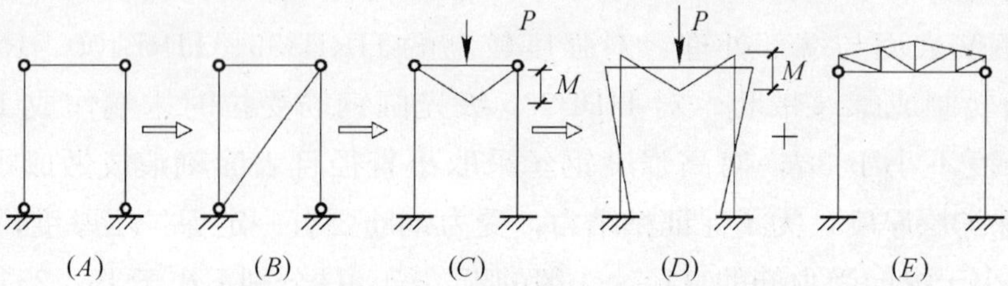

图 1-6　节点刚度对结构形式影响

(*B*) 加斜杆，在平面内为几何稳定体系，由于斜杆对净空的影响，只能作临时施工脚手架。

(*C*) 去掉斜杆，使柱与基础通过混凝土现浇实现固接，变为排架结构。

(*D*) 梁柱通过混凝土现浇实现刚接变为框架结构，刚节点已经能够传递弯矩，传递弯曲变形，使梁柱受力、变形均匀，加强结构整体性。

(*E*) 当排架结构使用要求跨度加大时，梁式构件跨中弯矩、支座剪力加大，内力分布不均，如过大增加截面，则自重加大、浪费材料；如改为桁架，把弯矩变为弦杆拉压，把剪力变为腹杆轴力，就可以减轻自重，减小变形，使受力合理，并能满足使用要求。

梁柱节点的现浇刚接，不仅使结构形式发生转化，同时使结构可以实现由单层向多层与高层跨越，形成了现代的混凝土多层与高层框架结构，在框架柱间适当位置布置剪力墙及剪力墙四面围合封闭的筒体，又形成了现代高层建筑的框剪、框筒结构体系。

由结构刚度的上述分析，可以看出混凝土整体现浇实现节点的刚性连接对结构刚度与结构型式的影响，同时也说明房屋建筑各种结构形式之间由于节点刚度变化存在着内在的有机联系。简要回顾建国后的建筑历程，20 世纪 50～60 年代我国的多层民用建筑，特别是民用住宅，由于受到向苏联学习的影响，普遍采用装配式结构，基础与墙体为砖石砌体，楼盖为预应力混凝土空心板，现场吊装。自 20 世纪 70 年代末改革开放以来，高层建筑如雨后春笋般地拔地而起，水平荷载对结构设计起了控制作用，施工技术发展日新月异，如组合钢模板及竹胶模板的出现、预拌混凝土泵送技术的推广及黏土砖的限制使用，不仅在地震设防区，即使在非地震设防区，绝大多数房屋建筑也都采用了钢筋混凝土结构并且整体现浇。

4. 变形特点

(1) 对现浇混凝土结构工程，混凝土作为一种建筑材料，是在施工中经过一系列工艺过程，通过凝结硬化形成的非均质复合型材料，凝结硬化物理化学反应过程中发生的体积变化受到了环境湿度与温度的影响。环境湿度越小，产生的收缩变形越大，特别是对凝结硬化早期影响更为显著；温度变化也要引起体积变化(热胀冷缩)。

(2) 混凝土现浇实现了结构构件间连结节点的刚接，它对构件间变形不均具有阻抗而产生构件间的变形约束作用，由于混凝土抗拉极限变形很低(一般为 1.0×10^{-4}左右，考虑徐变可增至 $1.5\sim2.5\times10^{-4}$)，在约束拉力作用下容易开裂，变形约束作用导致混凝土结构产生裂缝已是一个比较普遍的问题。

(3) 通过试验研究发现，混凝土在长期荷载或变形约束作用下会产生一定的塑性变形与较大的徐变变形，加之裂缝出现对构件截面刚度的进一步削弱，又加大了结构变形。结构产生过大变形将会危及正常使用及结构安全，一般通过正常使用极限状态验算加以限制，如梁板结构在竖向荷载作用下的挠度、高层建筑结构在水平地震或风荷载作用下由于弹塑性变形产生的层间位移等。

(4) 混凝土的徐变变形及相应的应力松弛效应，相当对混凝土抗拉强度或抗拉极限变形起到了一定的增大作用，即对裂缝起到了一定的减缓作用。由于混凝土收缩变形、徐变变形、构件间的约束作用又是随着时间与过程发生动态变化，所以裂缝产生与扩展机理是受材料内因特性、环境外因条件以及内因特性、外因条件随时间变化的综合动态影响。

由以上变形特点分析可见，混凝土结构变形，既有混凝土在凝结硬化过程的体积变化而导致的结构构件的约束变形，又有结构在荷载作用下混凝土的弹性、塑性及徐变变形而导致的结构总体变形。其变形的形式与大小既受环境因素影响，又受荷载作用性质、作用大小、作用时间影响；同时也取决于结构构件间变形的约束程度及结构的抗弯、抗侧刚度。根据混凝土结构变形特点及影响因素，保证水平结构在竖向荷载作用下的抗弯刚度，保证竖向结构在水平荷载作用下的抗侧刚度，减少弯曲变形与水平位移，减少混凝土体积变化的约束变形，避免或减少混凝土开裂，是满足结构使用要求、提高工程耐久性的必要条件。

5. 环境影响

混凝土结构工程的建设环境条件应由设计前的岩土工程勘察报告给出，在这里所指的环境影响主要是指混凝土结构在施工与使用阶段环境温度、湿度、大气、水、地基岩土及有害介质通过物理化学作用，对混凝土的凝结、硬化、强度、变形、裂缝、冻融、碳化、碱骨料反应、钢筋锈蚀、化学侵蚀等性能与耐久性产生的影响。其中温度与湿度对混凝土的凝结、硬化、强度、变形、裂缝、冻融产生较大的影响；水与有害介质对钢筋与混凝土侵蚀产生较大影响。因此，应对工程现场施工与使用期间的环境影响条件进行调查，掌握有关资料数据，为工程设计与施工提供环境条件依据。

调查内容主要包括：①气象环境条件：年平均气温，月平均气温，年最高、最低气温，昼夜温差，年平均相对湿度，月平均相对湿度，年降雨量、降雪量，雨期及结冰积雪时间等；②使用工作环境类别：主要指一般大气环境、干燥环境、潮湿环境、地下潮湿环境、工业建筑环境、高原环境、海洋环境等；③对处于地下潮湿工作环境的结构应有地下水位和水质分析的详细资料，对混凝土地下、地上结构作出介质侵蚀的评估。

适应环境的有利影响，预防避开环境的不利影响，针对不同环境条件采取不同的设计与施工措施，这也是设计与施工应当遵循的原则。例如混凝土结构耐久性设计将环境影响分为 5 类，对每一类采取不同的设计与施工措施。又如对于有硫酸盐侵蚀的地下防水工程，应选用抗硫酸盐侵蚀的水泥拌制混凝土。混凝土的浇筑，特别是超长、超宽、超厚、大体积混凝土的浇筑，不宜选在夏季高温季节，因为原材料带入热量大，增加水泥水化热温度峰值，进入冬季降温梯度大，容易引起较大的温差收缩变形。如果工期要求在气温较高季节浇筑，就应采取降低水化热的有关技术措施；混凝土冬期施工，由于天气寒冷、气温低，为了防冻，使混凝土在受冻前尽快达到受冻临界强度，也需采取专门的技术措施。又如长宽尺度较大的基础底板坐落于砂土地基要比坐落于黏土或岩石地基其收缩变形受到的地基约束小得多，后浇带间距相应也可加大(规范规定宜为 30～60m)。又如对地处海拔高度大的高原或砂、石骨料碱含量大的地区的建筑，均应根据环境条件与材料特点，从设计到施工制定保证工程耐久性的专项技术与管理措施。

1.2 混凝土工程质量目标

1. 工程质量目标

根据建筑使用特点与结构工作特性，从全面质量管理出发，混凝土工程的质量目标应具有双重含意：一是体现建筑工程使用价值的质量，即建筑工程的安全性、适用性、耐久性、抗震性、耐火性、美观性与环保性，并使其达到国家相关标准规定或合同约定的合格、优良质量标准；二是工程建设过程的执行质量，即工序与工作质量。工序质量是指在施工过程中对工程质量起作用的人、材料、机械、工艺、环境 5 个影响因素；工作质量是指在建设过程中有关管理人员的全面管理工作质量。

建筑工程质量是建设执行质量事后的结果标志，建设执行质量是建筑工程质量事前的保证条件，以工作质量保证工序质量，以工序质量保证工程质量。在这里，人是决定因素，管理是关键环节，建立质量控制体系、由高素质高技能的人对质量控制体系进行全面的工程质量管理，是实现质量目标的根本保证。全面质量管理作为一个学科，首先产生于20世纪初美国的军工产品生产。随着现代商品市场竞争的加剧，产品质量的特殊重要意义，也就决定了保证产品质量的全面质量管理的特殊重要意义。

2. 全面质量管理基本特征

建筑工程全面质量管理的基本特征是：

（1）全员、全过程、全方位、全天候的管理，从质量源头开始，进行系统工程控制；

（2）对质量的潜在隐患进行预测、将事后的结果性检验转变为事先预测的预防性控制；

（3）管理机构出现职能性分离，在建筑业出现了工程建设监理公司，进行独立职能性建设全过程的监控与检验；

（4）这种监控与检验是采取动态的跟踪签证方式，跟踪与签证的直接对象是组成工程项目的基本单元细胞，即分项工程；

（5）对分项工程在验收单元上，做到检查验收与信息反馈时间的同步性，及时发现问题，及时整改，使事后的质量隐患尽可能消灭在事先预防监控中；

（6）跟踪检验的依据是国家现行技术规范标准的规定。

3. 全面质量管理实施

混凝土工程的全面质量管理实施可以分解为4个大的质量环系统工程的过程传递控制，这种过程传递控制应体现上述全面质量管理的基本特征。

（1）确定工程安全性、适用性、耐久性、抗震性、耐火性、美观性、环保性的质量目标与标准，质量目标与标准的确定是根据国家规范技术法规与用户合同指标的双重要求；

（2）根据质量目标与标准建立工程设计文件的质量控制体系，保证质量目标的文件实现；

（3）建立工程施工执行的质量控制体系，保证质量目标由文件到物资的实体实现；

（4）为了保证质量目标物资的实体实现，对施工执行进行跟踪监控与检查验收。

具体实施可参见本书附图 1“混凝土工程质量动态控制框图”。

4. 质量目标提高

为了提高工程质量，国家与各地区本着以质量兴业为指导，以科学管理为手段，以加大科技含量为依托，为促进工程结构、使用功能、装饰质量同步提高，已经开展创建优质品牌工程的评奖活动，树立样板以点带面，取得了明显成效。对国家级精品工程，授予“鲁班奖”最高荣誉称号；各省市地区也对本地区优质工程优中择优，授予不同的荣誉称号，如北京市创优评奖的最高荣誉称号为“长城杯工程”，辽宁省创优评奖的最高荣誉称号为“世纪杯工程”，大连市创优评奖的最高荣誉称号为“星海杯工程”。为了开展创优活动、评选品牌工程，国家和各省市根据新颁发的规范标准并结合本地区具体情况，制定了相应的工程质量评审标准及评选办法实施细则。建筑工程创优评选的主要内容包括土建工程、建筑电气设备工程、工程技术档案资料等，其中以土建工程的建筑结构为重点。

1.3 分项质量目标

1. 安全性

结构安全性是指结构在设计的使用年限内(50 年、100 年)，安全地承受正常使用和正常施工期间可能出现的各种荷载，结构或构件在规定荷载作用下不发生强度破坏、变形失稳、整体倾复滑移，并具有一定抵抗偶然因素作用的性能。

混凝土结构为人们提供使用空间，创造生活、工作、生产的物质精神环境条件，其安全性是质量的首要目标。就承载能力而言，影响结构安全性的主要有作用荷载、材料强度特征、材料用量、结构构件截面、结构受力性能及结构构造措施等。

结构安全性控制，避免发生强度破坏，是解决结构荷载作用效应与结构本身安全性抗力之间的矛盾。荷载作用效应与荷载作用性质、作用形式、作用大小有关，由于荷载的可变性特点，设计中对荷载取具有一定保证率的设计值。结构安全性抗力与结构材料强度指标、材料用量、截面几何参数、结构受力性能及结构构造措施有关，由于材料强度的变异性，设计中对材料强度指标取具有一定保证率的设计值。

2. 适用性

结构适用性是指结构在设计的使用年限内(50 年、100 年)，在正常使用荷载作用下具有满足使用要求的良好工作性能，主要包括不发生影响正常使用的过大变形、裂缝等。

影响结构适用性的主要有作用荷载、结构刚度及材料的变形裂缝特性等。结构适用性控制是解决结构荷载作用效应、约束变形作用效应与结构本身适用性抗力之间的矛盾。由于结构适用性属于在结构安全性得到保证前提下的适用功能性质，设计中对可变荷载的取值比安全性控制时低，取用标准值，对材料强度指标比安全性控制时高，取用标准值。

3. 耐久性

结构耐久性是指结构在正常使用荷载作用下，在结构所处于的特定使用环境条件下，在其设计的使用年限内(50 年、100 年)，保持一定延续的安全性、适用性，在不进行大修加固条件下，仍能保证人们正常使用的安全。

影响结构耐久性的主要有：结构渗漏、冻融、裂缝、混凝土碳化、钢筋锈蚀、保护层剥落、碱骨料反应、酸碱盐侵蚀等对结构承载能力与使用功能的降低，使设计使用年限内安全性、适用性遭到破坏和损害。结构耐久性控制是对结构处于不同使用环境条件下，对可能出现的耐久性损害，分析侵蚀破坏机理而采取预防性控制措施，保证结构在设计的使用年限内具有长期的安全性、适用性，使结构随着使用年限的延长，其安全性、适用性的降低控制在不需大修加固的范围水平上。影响结构耐久性的内在因素是组成结构材料的性能质量，材料的级配配比，结构构件截面的几何、配筋与密实性构造特征，结构构造措施等；影响结构耐久性的外在条件是工程所处环境下的有害介质侵蚀。

4. 抗震性、耐火性

结构抗震性与耐火性是指结构在地震或火灾非正常使用条件下的防御抵抗能力。为了提高防御抵抗能力，减小震害与火灾危害，建筑结构必须满足相应的抗震设防等级与耐火等级要求，进行抗震与耐火性设计。

5. 美观性

工程美观性是指工程外在美的艺术形象，给人以精神上的享受与感情上的熏陶，随着现代文明社会的发展，人们对建筑工程美观性、艺术性的渴望程度日趋强烈和迫切。建筑工程美观性主要包括：

(1) 建筑造型美：指建筑单体根据建筑使用功能分区在空间体量上划分的内部协调与外部体与形的表现，结构质量外在美主要指建筑结构三维空间的平面造型、立面造型、剖面造型及构件相应的轴线、标高、规格尺寸、门窗洞口位置尺寸协调准确，面层密实、平整、洁净，变形缝严密，主体结构构件的垂直度符合要求。

（2）建筑装饰美：装饰装修工程是建筑主体结构的外包装工程，塑造建筑外在美的艺术形象，提高改善人们工作、生活、精神上的美感质量，同时也起到隐蔽主体结构的作用，防止或减少大气环境中温度湿度变化、有害介质侵蚀、阳光直接照晒、风吹雨淋对结构风化侵蚀的影响。装饰美主要指地面、抹灰、门窗、吊顶、轻质隔墙、饰面板、幕墙、涂饰、裱糊、软包装等的质量与美观艺术程度。

（3）建筑群体美：指在一定建筑区域范围内相邻各单体建筑空间体量、高度造型、功能使用的整体协调美及室外装饰形式、彩色彩质、周边环境的整体协调美。

（4）建筑环境美：指建筑区域的室外环境质量，包括道路、广场、绿化、灯光、小品、喷淋等覆盖与衬托。

建筑的单体美、群体美、环境美构成了区域美的综合艺术形象，同时也要求人的外观形象美、内涵心灵美与生存环境美相协调，作到建筑、环境与人三者的有机融合与和谐。

建筑工程的美观性主要通过区域总体规划与环境设计、单体的建筑结构与装饰设计及工程施工付诸实现。其中，建筑小区总体规划、单体造型、室内外装饰装修彩色立体效果图已经成为设计、施工招投标的先行标志与开发商经销建筑工程产品的宣传媒体广告。为了保证装饰装修工程质量，国家颁发实施了《建筑装饰装修工程施工质量验收规范》（GB 50210—2001）。

6. 环保性

预防避免环境污染，保持人类生存环境质量，是人类自身健康生存的必备条件。人类必须高度重视、严格防范现代科学技术与国民经济飞速发展对生存环境、生态平衡已经造成或可能造成的越来越严重的负面影响。发展的和谐、发展的统筹兼顾、发展的战略视野、发展的保持生态平衡应当成为发展的预警信号，顾此的近期利益与失彼的后期损害应进行综合比较，成为发展的决策原则，只有坚持科学发展观，避免盲目发展，才能使发展沿着正确轨道，推动人类社会不断文明进步。

工程环保性是指民用建筑工程使用的各种建筑材料、装修材料不能含有过量放射性物质或释放对人体健康有害的物质元素，保证人们正常工作、生活的室内环境不受超出国家相应规范标准的超量污染。

1.4 民用建筑工程室内环保性控制

1. 室内环境污染

室内环境污染是指由建筑材料与装修材料产生的放射性与非放射性两种污染。非放射性污染主要来自室内装饰装修材料人造木板、涂料、胶凝剂、处理剂等有机化学建筑材料产品。这些材料在常温下释放多种有毒有害物质，造成空气污染。目前我国在工程建设阶段主要对甲醛、氨、苯和总挥发性有机化合物进行控制，因为这些物质挥发性强，在空气中的挥发量较大，对人体危害大，对人的肝功能、肺功能、血液病变、免疫力、致癌性产生影响。放射性照射污染，对人体危害最大的是来自砂、石子、水泥、砖、石材、卫生陶瓷等无机非金属建筑材料与装修材料中天然放射性核素放射的γ射线与氡，γ射线主要来自钍、钾、镭长寿命放射性同位素，氡主要来自镭放射性同位素，γ射线直接对室内构成外照射危害，氡对室内构成内照射危害，其危害程度与建筑材料中所含放射性同位素的比活度直接相关。

氡有 4 个放射性同位素，其中氡-222(Rn-222)在自然界含量最大，室内的氡主要源于地下土壤、岩石、无机建筑材料与无机装修材料，特别是处于地质构造断裂带的土壤中氡的浓度要高出非地质构造断裂区域几倍以上。氡对人体的危害是：氡衰变过程中产生的α、β放射性子体粒子吸附在空气中的飘尘之上形成气溶胶，被人体吸收之后，对上呼吸道、肺部产生很强的内照射，损伤人体功能并具有致癌性。根据放射性理论计算和国内外大量实测试验表明：氡与γ射线主要源于放射性同位素镭-226、钍-232、钾-40，只要控制镭-226、钍-232、钾-40 这 3 种放射性同位素在建筑材料中的比活度，并对处于地质构造断裂带的高浓度氡采取防氡工程措施，就可以控制放射性同位素对室内环境造成的内外照射危害。

2. 室内环境污染控制

为了预防和控制民用建筑的室内环境污染，国家现已颁布实施《民用建筑工程室内环境污染控制规范》(GB 50325—2001)及室内装饰装修材料有害物质限量 10 项强制性国家标准。10 项标准是：《建筑材料放射性核素限量》(GB 6566—2001)、《室内装饰装修材料人造板及其制品中甲醛释放限量》(GB 18580—2001)、《室内装饰装修材料溶剂型木器涂料中有害物质限量》(GB 18581—2001)、《室内装饰装修材料内墙涂料中有害物质限量》(GB 18582—2001)、《室内装饰装修材料胶粘剂中有害物质限量》(GB 18583—2001)、《室内装饰装修材料木家具中有害物质限量》(GB 18584—2001)、《室内装饰装修材料壁纸中有害物质限量》(GB 18585—2001)、《室内装饰装修材料聚氯乙烯卷材地板中有害物质限量》(GB 18586—2001)、《室内装饰装修材料地毯、地毯衬垫及地毯胶粘剂有害物质释放限量》(GB 18587—2001)、《混凝土外加剂中释放氨的限量》(GB 18588—2001)。规范与标准通过限量无机非金属建筑与装修材料的内照射指数、外照射指数限制氡与γ射线的含量，通过限量室内装饰装修有机材料产品甲醛、氨、苯、总挥发性有机化合物(TVOC)的含量或释放量，并从工程设计的材料选择、工程施工的材料进场检验、工程验收的房间室内环境污染抽检的建设全过程控制民用建筑工程的室内污染，同时也具体规定了各种有害物质的试验检测方法与检测规则。

(1) 材料控制：建筑工程所使用的建筑与装修材料其有害物质含量及释放量必须符合上述国家规范与10项强制性标准的规定，现将有关规定列举如下：

① 民用建筑工程所使用的无机非金属建筑材料，包括砂、石、砖、水泥、预拌混凝土、预制构件和新型墙体材料等，其放射性指标限量应符合规范标准规定，见表1-1。

无机非金属建筑材料放射性指标限量　　表1-1

测定项目	限量
内照射指数(I_{Ra})	≤1.0
外照射指数(I_r)	≤1.0

② 民用建筑工程所使用的无机非金属装修材料，包括石材、建筑卫生陶瓷、石膏板、吊顶材料等，进行分类时，其放射性指标限量应符合规范标准规定，见表1-2。

无机非金属装修材料放射性指标限量　　表1-2

测定项目	限量	
	A	B
内照射指数(I_{Ra})	≤1.0	≤1.3
外照射指数(I_r)	≤1.3	≤1.9

③ 民用建筑工程室内装修用人造木板及饰面人造木板，其甲醛含量或释放量限量应符合规范标准规定，见表1-3。

④ 民用建筑工程室内装修用涂料，其总挥发性有机化合物(TVOC)、游离甲醛和重金属的含量应符合规范标准规定，见表1-4、表1-5。

人造板及其制品中甲醛释放量试验方法及限量　　表 1-3

产品名称	试验方法	限量值	限量标志
中密度纤维板、高密度纤维板、刨花板、定向刨花板等	穿孔法	≤9mg/100g	E_1
		>9mg/100g，≤30mg/100g	E_2
胶合板、装饰单板贴面胶合板、细木工板等	干燥器法	≤1.5mg/L	E_1
		>1.5mg/L，≤5.0mg/L	E_2

室内装修用水性涂料中总挥发性有机化合物(TVOC)、游离甲醛和重金属限量　　表 1-4

测定项目			限量值
总挥发性有机化合物(TVOC)(g/L)		≤	200
游离甲醛(g/kg)		≤	0.1
重金属(mg/kg)	可溶性铅	≤	90
	可溶性镉	≤	75
	可溶性铬	≤	60
	可溶性汞	≤	60

室内用溶剂型涂料中总挥发性有机化合物(TVOC)和苯限量　　表 1-5

涂料名称	TVOC(g/L)	苯(g/kg)	涂料名称	TVOC(g/L)	苯(g/kg)
醇酸漆	≤550	≤5	酚醛磁漆	≤380	≤5
硝基清漆	≤750	≤5	酚醛防锈漆	≤270	≤5
聚氨酯漆	≤700	≤5	其他溶剂型涂料	≤600	≤5
酚醛清漆	≤500	≤5			

⑤ 民用建筑工程室内装修用水性胶粘剂、溶剂型胶粘剂，其总挥发性有机化合物(TVOC)、游离甲醛及苯的含量应符合规范标准规定，见表 1-6、表 1-7。

室内用水性胶粘剂中总挥发性有机化合物（TVOC）和游离甲醛限量　　表 1-6

测　定　项　目	限　　量
TVOC(g/L)	≤50
游离甲醛(g/kg)	≤1

室内用溶剂型胶粘剂中总挥发性有机化合物（TVOC）和苯限量　　表 1-7

测　定　项　目	限　　量
TVOC(g/L)	≤750
苯(g/kg)	≤5

（2）勘察、设计、施工控制要点

① 新建、扩建的民用建筑工程设计前，必须进行建筑场地土壤中氡浓度的测定，并提供相应的检测报告。民用建筑工程设计与施工必须根据建筑物的类型和用途，选用符合规范规定的建筑材料和装修材料。

② 民用建筑工程地点土壤中氡浓度，高于周围非地质构造断裂区域 3 倍及以上 5 倍以下时，工程设计中除采取建筑物内地面抗开裂措施外，还必须按现行国家《地下工程防水技术规范》中的一级防水要求，对基础进行处理；高于周围非地质构造断裂区域 5 倍及以上时，工程设计中除按上述规定进行防氡处理外，还应按国家标准《新建低层住宅建筑设计与施工中氡控制导则》（GB/T 17785—1999）的有关规定，采取综合建筑构造措施。Ⅰ类民用建筑工程地点土壤中氡浓度，高于周围非地质构造断裂区域 5 倍及以上时，应进行工程地点土壤中的镭-226、钍-232、钾-40 的比活度测定。当内照射指数（I_{Ra}）大于 1.0 或外照射指数（I_r）大于 1.3 时，工程地点土壤不得作为工程回填土使用。

③ Ⅰ类民用建筑工程必须采用 A 类无机非金属建筑材料和装修材料。Ⅰ类民用建筑工程的室内装修，必须采用 E_1 类人造木板及饰面人造木板。

④ 民用建筑工程室内装修中所使用的木地板及其他木质材料，严禁采用沥青类防腐、防潮处理剂。民用建筑工程中所使用的阻燃剂、混凝土外加剂氨的释放量不应大于 0.10%，测定方法应符合现行国家标准《混凝土外加剂中释放氨的限量》的规定。

⑤ 当建筑材料和装修材料进场检验，发现不符合设计要求及规范的有关

规定时，严禁使用。民用建筑工程中所采用的无机非金属建筑材料和装修材料必须有放射性指标检测报告，并应符合设计要求和规范的规定。民用建筑工程室内装修中所采用的人造木板及饰面人造木板，必须有游离甲醛含量或游离甲醛释放量检测报告；水性涂料、水性胶粘剂、水性处理剂必须有总挥发性有机化合物（TVOC）和游离甲醛含量检测报告；溶剂型涂料、溶剂型胶粘剂必须有总挥发性有机化合物（TVOC）、苯、游离甲苯二异氰酸酯（TDI）（聚氨酯类）含量检测报告，并应符合设计要求和规范的规定。民用建筑工程室内装修所采用的稀释剂和溶剂，严禁使用苯、工业苯、石油苯、重质苯及混苯。

（3）验收控制要点

① 民用建筑工程及室内装修工程的室内环境质量验收，应在工程完工至少7d以后，工程交付使用前进行。民用建筑工程验收时，必须进行室内环境污染物浓度检测，检测结果应符合规范规定，见表1-8。

② 民用建筑工程验收时，应抽检有代表性的房间室内环境污染物浓度，抽检数量不得少于5%，并不得少于3间；房间总数少于3间时，应全数检测。室内环境污染物浓度检测点应按房间面积设置：

民用建筑工程室内环境污染物浓度限量　　　　表1-8

污　染　物	Ⅰ类民用建筑工程	Ⅱ类民用建筑工程
氡（Bq/m^3）	≤200	≤400
游离甲醛（mg/m^3）	≤0.08	≤0.12
苯（mg/m^3）	≤0.09	≤0.09
氨（mg/m^3）	≤0.2	≤0.5
TVOC（mg/m^3）	≤0.5	≤0.6

（A）房间使用面积小于$50m^2$时，设1个检测点；

（B）房间使用面积50～$100m^2$时，设2个检测点；

（C）房间使用面积大于$100m^2$时，设3～5个检测点。

③ 当室内环境污染物浓度的全部检测结果符合本规范的规定时，可判定工程室内环境质量合格。室内环境质量验收不合格的民用建筑工程，严禁投入使用。

（4）术语

① 内照射指数（I_{Ra}）：是指建筑材料中天然放射性核素镭-226的放射性比活度，除以标准（建筑材料放射性核素限量）规定的限量而得的商。其表达

式为：

$$I_{Ra}=\frac{C_{Ra}}{200} \tag{1-3}$$

式中 I_{Ra}——内照射指数；

C_{Ra}——建筑材料中天然放射性核素镭-226 的放射性比活度，单位为贝可每千克($Bq\cdot kg^{-1}$)；

200——仅考虑内照射情况下，标准规定的建筑材料中放射性核素镭-226 的放射性比活度限量，单位为贝可每千克($Bq\cdot kg^{-1}$)。

② 外照射指数(I_r)：是指建筑材料中天然放射性核素镭-226、钍-232 和钾-40 的放射性比活度分别除以其各自单独存在时规范规定限量而得的商之和。其表达式为：

$$I_r=\frac{C_{Ra}}{370}+\frac{C_{Th}}{260}+\frac{C_k}{4200} \tag{1-4}$$

式中 I_r——外照射指数；

C_{Ra}、C_{Th}、C_k——分别为建筑材料中天然放射性核素镭-226、钍-232 和钾-40 的放射性比活度，单位为贝可每千克($Bq\cdot kg^{-1}$)；

370、260、4200——分别为仅考虑外照射情况下，规范规定的建筑材料中天然放射性核素镭-226、钍-232 和钾-40 在其各自单独存在时的限量，单位为贝可每千克(Bq/kg)。

③ 放射性比活度：某种核素的放射性比活度是指物质中某种核素放射性活度除以物质的质量而得的商。镭-226、钍-232、钾-40 的比活度可利用低本底多道 γ 能谱仪进行测定。其表达式为：

$$C=\frac{A}{m} \tag{1-5}$$

式中 C——放射性比活度，单位为贝可每千克($Bq\cdot kg^{-1}$)；

A——核素放射性活度，单位为贝可(Bq)；

m——物质的质量，单位为千克(kg)。

④ 装修材料分类：

A 类装修材料：装修材料中天然放射性核素镭-226、钍-232、钾-40 的放射性比活度同时满足 $I_{Ra}\leqslant1.0$ 和 $I_r\leqslant1.3$ 要求的为 A 类装修材料，A 类装修材料产销与使用范围不受限制。

B 类装修材料：不满足 A 类装修材料要求，但同时满足 $I_{Ra}\leqslant1.3$ 和 $I_r\leqslant1.9$ 要求的为 B 类装修材料，B 类装修材料不可用于Ⅰ类民用建筑的内饰面，但可用于Ⅰ类民用建筑的外饰面及其他一切建筑物的内、外饰面。

⑤ 民用建筑分类：

民用建筑工程根据控制室内环境污染的不同要求，划分为两类：

Ⅰ类民用建筑工程：住宅、医院、老年建筑、幼儿园、学校教室等民用建筑工程；

Ⅱ类民用建筑工程：办公楼、商店、旅馆、文化娱乐场所、书店、图书馆、展览馆、体育馆、公共交通等候室、餐厅、理发店等民用建筑工程。

⑥ 氡浓度：实际测量的单位体积空气内氡的含量。

⑦ 人造木板：以植物纤维为原料，经机械加工分离成各种形状的单元材料，再经组合并加入胶粘剂压制而成的板材，包括胶合板、纤维板、刨花板等。

⑧ 水性涂料：以水为稀释剂的涂料。

⑨ 溶剂型涂料：以有机溶剂作为稀释剂的涂料。

⑩ 水性胶粘剂：以水为稀释剂的胶粘剂。

⑪ 溶剂型胶粘剂：以有机溶剂作为稀释剂的胶粘剂。

第 2 章　混凝土结构设计质量控制

国家于 2001～2002 年制定、修订了与混凝土结构相关的系列规范，作为技术法规，从技术上指导与控制混凝土结构的设计、施工与验收。

2.1　新规范的特点

(1) 加强了设计与施工质量验收规范使用的配套性、执行时间的同步性，修订颁发设计规范的同时修订颁发施工质量验收规范。

(2)《混凝土结构设计规范》(GB 50010—2002)与原规范(GBJ 10—89)相比较，增加了耐久性条文，设计规定了使用年限 50 年、100 年，并对耐久性提出具体条文要求；增加了结构分析条款，根据结构类型、结构布置、材料性能和受力特点，给出了线弹性、考虑塑性内力重分布、塑性极限、非线性与试验 5 种分析方法，可供设计时选择；使原规范从截面设计变为新规范从结构分析到截面设计，体现了规范的完整性，因为结构设计包括结构形式选择与布置、内力分析组合、截面设计、构造措施。

(3) 对混凝土工程防水，新编制了《地下工程防水技术规范》(GB 50108—2001)与《地下防水工程质量验收规范》(GB 50208—2002)，作为设计与施工验收的依据，配套使用，体现了国家对地下工程防水质量的重视。

(4) 为了预防和控制民用建筑工程建筑材料与装修材料产生的室内环境污染，新编并颁发实施了《民用建筑工程室内环境污染控制规范》(GB 50325—2001)，体现了国家对环境保护与人民身体健康的重视。

(5) 设计规范规定了强制性条文，用粗体字印刷，必须严格执行。

(6)《混凝土结构工程施工质量验收规范》(GB 50204—2002)与原规范(GB 50204—92)相比较，直接从验收角度明确了混凝土结构为子分部工程，包括模板、钢筋、混凝土、现浇结构等分项工程，对每一分项工程的检查验收均规定了主控项目与一般项目，主控项目的强制性条文用粗体字印刷，必须严格执行。

2.2 结构安全性设计

设计是混凝土工程大的质量保证体系的源头，形成的设计文件是指导与控制工程施工与工程验收的依据，设计质量显得尤为重要。特别是目前人们存在的工程质量只是施工质量的误解偏差，及在设计中出现的问题显示，更需要加强设计质量的宏观与微观控制。混凝土结构设计是依据国家规范《混凝土结构设计规范》(GB 50010—2002)、《建筑地基基础设计规范》(GB 50007—2002)、《地下工程防水技术规范》(GB 50108—2001)、《高层建筑混凝土结构技术规程》(JGJ 3—2002)、《建筑抗震设计规范》(GB 50011—2001)、《建筑结构荷载规范》(GB 50009—2001)。规范规定了混凝土结构总的质量目标：安全性、适用性、耐久性、抗震性，同时也规定了保证安全性、适用性、耐久性、抗震性的设计方法与工程技术措施。

为了保证和提高设计、施工质量，建设部批准编制了《全国民用建筑工程设计技术措施》，包括《规划・建筑》、《结构》、《给水排水》、《暖通空调・动力》、《电气》和《建筑产品选用技术》6 个分册，编制了《混凝土结构施工图平面整体表示方法制图规则和构造详图》(03 G 101—1)等 30 项图集为国家建筑标准设计图集。这说明国家对混凝土工程质量控制，从宏观到微观、从总体到局部、从行政到技术、从管理到实施分 3 个层次，即管理的法律法规层次、技术的规范标准层次、操作的具体指导层次。

1. 设计表达式

为了保证结构安全性，结构或构件首先要进行承载能力计算，保证不发生强度破坏，必要时也要进行结构稳定、滑移、漂浮验算。结构承载能力计算规范采用的是水准Ⅱ近似概率极限状态法，其中荷载与材料强度标准值采用概率分析取一定保证率确定，荷载与材料分项系数按给定的概率分布经可靠度分析取一定的目标可靠度指标 $[\beta]$ 加以确定，荷载与材料强度设计值分别为相应的标准值乘以、除以相应的分项系数。承载能力计算表达式为：

$$\gamma_0 S \leqslant R \tag{2-1}$$

式中 γ_0——结构重要性系数，根据 3 个安全等级取值，一级与设计使用年限为 100 年的结构构件应取不小于 1.10，二级与设计使用年限为 50 年的取不小于 1.0，三级与设计使用年限为 5 年及以下的取不小于 0.9；

S——荷载效应组合设计值，由于作用于结构的既有永久荷载又有可变荷载，设计时应按《建筑结构荷载规范》规定，根据结构使用过程中可能同时出现的荷载，对荷载效应进行基本组合或偶然组合；对基本组合应由可变荷载控制组合与永久荷载控制组合中取其最不利值确定，计算时荷载取设计值；

R——结构或构件抗力设计值，其大小取决于构件截面几何参数、材料用量及材料的设计强度指标。

上式表明：

① 只要荷载作用的效应取的足够大还能小于或等于结构控制截面的足够小的抗力，结构就是安全的；

② 规范已给出相应表达式的具体计算公式，具体计算包括拉、压、弯、剪、扭各种构件正截面、斜截面、扭曲截面承载能力计算。表达式中 S 代表了各种强度计算公式中的轴力(N)、弯矩(M)、剪力(V)、扭矩(T)的设计值；

③ 采用必要的构造措施，如沉降缝、伸缩缝、后浇带、混凝土保护层、钢筋锚固连接长度、分布钢筋、纵向受力钢筋最大最小配筋率等；

④ 将计算结果与采取的构造措施反应在图纸上形成设计文件。

2. 术语概念

(1) 建筑结构安全等级：根据建筑结构破坏后果的严重程度，规范将建筑结构划分为 3 个安全等级。设计时应根据具体情况，按表 2-1 规定选用相应的安全等级。

建筑结构的安全等级 **表 2-1**

安全等级	破坏后果	建筑物类型
一　级	很严重	重要建筑物
二　级	严　重	一般建筑物
三　级	不严重	次要的建筑物

注：对有特殊要求的建筑物，其安全等级应根据具体情况另行确定。

(2) 荷载的标准值、设计值：作用于结构的荷载可分为永久荷载(恒荷载)与可变荷载(活荷载)，永久荷载的标准值，对结构自重，为平均重度乘以构件截面几何尺寸；可变荷载的标准值根据统计取一定保证率，如计算风荷载标准值的基本风压按 50 年一遇风压采用，保证率为 98%，楼面活荷载保证率为 95%。各种可变荷载标准值在《建筑结构荷载规范》中已给出，供设计时取用。标准值乘以荷载分项系数即为设计值，永久荷载分项系数当其效应对结构不利时取 1.20(由可变荷载效应控制组合)或 1.35(由永久荷载效应控制组合)，可变荷载分项系数一般情况下取 1.40。

（3）荷载效应：由荷载作用引起结构或构件产生内力或变形的反应，如一根梁在自重与外荷载作用下各截面产生的内力弯矩、剪力、扭矩以及发生的挠度变形。

（4）材料强度的标准值、设计值：标准值是具有一定保证率的强度指标，混凝土强度等级就是具有 95％保证率的立方体抗压强度的标准值，普通热轧钢筋强度标准值取屈服强度废品限值，其保证率为 97.73％。强度的标准值除以材料分项系数即为设计值，规范已给出各种强度等级混凝土与钢筋强度的标准值与设计值。

（5）材料分项系数：是在荷载标准值、荷载分项系数、材料强度标准值确定后经可靠度分析，对一般安全等级为二级，混凝土、预应力高强钢筋为脆性破坏，取目标可靠度指标 $[\beta]=3.7$（结构出现允许失效概率时所对应的可靠度指标），混凝土分项系数为 1.40，对应的失效概率为 1.1×10^{-4}；普通热轧钢筋为塑性破坏，取目标可靠度指标 $[\beta]=3.2$，分项系数为 1.11，其对应的失效概率为 6.9×10^{-4}即 0.069％，安全保证率为 99.931％。

3. 控制标准

由上述分析可见，通过近似概率方法，对结构构件截面承载能力进行极限状态计算的安全性控制，已经给出了结构的安全可靠度指标。结构的 100％的绝对安全，在结构承受可变荷载与材料强度变异性很大的条件下，既难以实现，也是没有必要的。结构设计只要达到规范所要求的安全保证率（或失效概率，安全保证率与失效概率之和为 1.0），就认为结构是安全的。施工中出现质量问题造成的结果是降低了结构安全可靠度指标（或失效概率加大，超过了允许的失效概率），在正常使用情况下，如果结构出现毁坏乃至倒塌，说明工程质量相当低劣，结构的安全保证率已经降低到相当小的程度。

由于房屋建筑主体结构是由各种构件组成，既包括梁板水平结构构件，又包括竖向墙柱结构构件，而且相互连接支承，进行荷载传递分配。各种构件一般按等强度、取得相同安全保证率设计，在同一结构中，安全保证率过大的构件相对安全保证率过小的构件是意义不大的，因为结构破坏往往从薄弱部位开始。但由于各种构件在荷载的传递过程中所处位置与受力支承关系的不同，当不同的构件出现破坏性质量事故，其影响范围将有所不同；在房屋建筑结构中，竖向荷载的传递特点是水平结构的受力传给竖向结构，竖向结构的受力是由上向下的传递，越靠底部越大（主要指轴力），而水平荷载作用产生的楼层剪力也是越靠底部越大；当某一构件一旦发生破坏，其影响范围必然是荷载传递方向的反向波及，为此也就出现了结构安全重要部位，一般为建筑结构底部的墙柱竖向构件。这就是建筑结构各构件间质量相关性强的特点，这就要求结构设计应确定结构受力重要加强部位，要求结构施工对整个结构的每一受力构件质量都应加以保证，特别是结构安全的重要受力部位质量必须保证。

2.3 结构适用性设计

为了保证结构适用性，结构与构件应进行正常使用极限状态验算，所谓验算是指通过承载力计算已经确定材料、截面的情况下通过验算看其是否满足使用要求，如不满足加以修正。正常使用极限状态验算，荷载与材料均取用标准值。验算内容包括受弯构件挠度验算与正截面裂缝控制验算。

1. 验算表达式

$$S \leqslant C \tag{2-2}$$

式中 S——正常使用极限状态的荷载效应组合值，包括用标准组合、准永久组合、标准组合并考虑长期作用影响所计算的最大挠度、应力、最大裂缝宽度值。

C——结构构件达到正常使用要求所规定的变形、应力、裂缝宽度限值。

荷载效应的标准组合和准永久组合应按《建筑结构荷载规范》(GB 50009—2001)的规定进行计算。

2. 裂缝控制

结构构件正截面的裂缝控制等级分为三级。裂缝控制等级的划分应符合下列规定：

一级——严格要求不出现裂缝的构件，按荷载效应标准组合计算时，构件受拉边缘混凝土不应产生拉应力；

二级——一般要求不出现裂缝的构件，按荷载效应标准组合计算时，构件受拉边缘混凝土拉应力不应大于混凝土轴心抗拉强度标准值；按荷载效应准永久组合计算时，构件受拉边缘混凝土不宜产生拉应力，当有可靠经验时可适当放松；

三级——允许出现裂缝的构件，按荷载效应标准组合并考虑长期作用影响计算时，构件的最大裂缝宽度不应超过表 2-2 规定的最大裂缝宽度限值。

结构构件应根据结构类别和本书表 3-9 规定的环境类别，按表 2-2 的规定选用不同的裂缝控制等级及最大裂缝宽度限值 w_{lim}。

结构构件的裂缝控制等级及最大裂缝宽度限值 **表 2-2**

环境类别	钢筋混凝土结构		预应力混凝土结构	
	裂缝控制等级	w_{lim}(mm)	裂缝控制等级	w_{lim}(mm)
一	三	0.3(0.4)	三	0.2
二	三	0.2	二	—
三	三	0.2	一	—

注：① 表中的规定适用于采用热轧钢筋的钢筋混凝土构件和采用预应力钢丝、钢绞线及热处理钢筋的预应力混凝土构件；当采用其他类别的钢丝或钢筋时，其裂缝控制要求可按专门标准确定；

② 对处于年平均相对湿度小于 60%地区一类环境下的受弯构件，其最大裂缝宽度限值可采用括号内的数值；

③ 在一类环境下，对钢筋混凝土屋架、托架及需作疲劳验算的吊车梁，其最大裂缝宽度限值应取为 0.2mm；对钢筋混凝土屋面梁和托梁，其最大裂缝宽度限值应取为 0.3mm；

④ 在一类环境下，对预应力混凝土屋面梁、托梁、屋架、托架、屋面板和楼板，应按二级裂缝控制等级进行验算；在一类和二类环境下，对需作疲劳验算的预应力混凝土吊车梁，应按一级裂缝控制等级进行验算；

⑤ 表中规定的预应力混凝土构件的裂缝控制等级和最大裂缝宽度限值仅适用于正截面的验算；预应力混凝土构件的斜截面裂缝控制验算应符合《混凝土结构设计规范》的相关要求；

⑥ 对于烟囱、筒仓和处于液体压力下的结构构件，其裂缝控制要求应符合专门标准的有关规定；

⑦ 对于处于四、五类环境下的结构构件，其裂缝控制要求应符合专门标准的有关规定；

⑧ 表中的最大裂缝宽度限值用于验算荷载作用引起的最大裂缝宽度。

由于混凝土抗拉能力(抗拉强度或抗拉变形能力)很低，混凝土结构裂缝控制，对拉弯构件，当按一、二级控制时，为了使构件截面不至于太大(截面的加大,既增加结构自重,减小结构使用净空,又使混凝土与钢筋用量增多,是不经济的)，充分利用高强钢筋的强度，一般应采取通过张拉钢筋办法对构件受拉区的混凝土施加预压应力，以抵消或部分抵消结构工作时产生的拉应力，提高构件的抗裂能力。

3. 变形控制

受弯构件的最大挠度应按荷载效应的标准组合并考虑荷载长期作用影响

进行计算，其计算值不应超过表 2-3 规定的挠度值。

受弯构件的挠度限值 **表 2-3**

构件类型	挠度限值
吊车梁：手动吊车	$l_0/500$
电动吊车	$l_0/600$
屋盖、楼盖及楼梯构件：	
当 $l_0<7$m 时	$l_0/200(l_0/250)$
当 7m$\leqslant l_0\leqslant$9m 时	$l_0/250(l_0/300)$
当 $l_0>9$m 时	$l_0/300(l_0/400)$

注：① 表中 l_0 为构件的计算跨度；

② 表中括号内的数值适用于使用上对挠度有较高要求的构件；

③ 如果构件制作时预先起拱，且使用上也允许，则在验算挠度时，可将计算所得的挠度值减去起拱值；对预应力混凝土构件，尚可减去预加力所产生的反拱值；

④ 计算悬臂构件的挠度限值时，其计算跨度 l_0 按实际悬臂长度的 2 倍取用。

对于一般的梁、板受弯构件，设计中构件截面高度只要满足一定的限制高跨比最小刚度保证(即截面高度取用跨长的一定范围内)，一般可不进行挠度验算，而对使用过程中有严格变形要求的构件，如吊车梁应进行挠度变形验算。

2.4 结构抗震设计

1. 地震概念

地震是地球深处运动的巨大能量，造成岩层板块相互挤压、扭曲变形而产生的巨大应力，通过断裂带岩层薄弱区域的变形错动释放出来，在地面产生地震冲击波。释放地震能量处的错动岩层称震源，震源之上的地面称震中。由震源产生的横向地震波在扩散传播过程中导致地面与建筑物水平摇摆，使建筑结构产生水平地震剪力，由震源产生的纵向地震波在扩散传播过程中导致地面与建筑物竖向颠簸，使建筑结构产生竖向地震力。水平地震波的摇摆与竖向地震波的颠簸导致山崩地裂、路陷桥毁、房屋倒塌，给人类造成灾难。地震释放能量大小一般用地震震级表示，震级是通过地震仪测试记录经计算认定，我国根据震级将地震划分为 4 类：弱震、有感震、中强震、强震。弱震：震级小于 3 级，人不易感觉；有感震：震级 3～4.5 级，人已有所感觉，不造成破坏；中强震：震级 4.5～6 级，已能造成破坏；强震：震级 6～8 级，造成较大破坏。震级 8 级以上称为巨震。地震对地表与建筑物毁坏程度一般用地震烈度表示，我国将地震烈度划分为 12 度，其中 6 度以上房屋已出现破坏，11～12 度已属于巨震将造成毁灭性破坏，地震烈度与震级大小，与距震中距离的大小有关。

2. 地震灾害

地震是突然偶发性不可抗拒灾害，造成建筑物巨大毁坏与人员大量伤亡。据统计，20 世纪全球因地震死亡人数 130 万，被毁城市 14 座，其中有美国旧金山(1906 年 4 月 18 日，震级 8.3 级，死亡人数 6 万以上)，哈萨克斯坦的阿拉木图(1911 年 1 月 1 日，震级 8.4 级)，中国海原(1920 年 12 月 16 日，震级 8.5 级，死亡人数 20 万)，中国唐山(1976 年 7 月 28 日，震级 7.8 级，死亡人数 24 万)，日本关东(1923 年 9 月 1 日，震级 8.3 级，死亡人数 10 万)，日本的神户大阪(1995 年 1 月 17 日，震级 7.2 级，死亡人数 5438)，墨西哥的墨西哥城(1985 年 9 月 15 日，震级 8.2 级，死亡人数万余人)。2004 年 12 月 26 日印度洋发生 8.7 级地震造成的罕见海啸巨浪，使印度尼西亚、斯里兰卡、泰国等东南亚各国沿海旅游地区近 20 万人丧生，房屋毁坏、财产损失高达数百亿美元；地震次生灾害波及区域之大、财产损失之巨、人员伤亡之多，为人类历史所罕见，形成了前所未有的全球性募捐救灾活动。

我国地处太平洋地震带与欧亚地震带之间，是地震高发区，大陆板块有主要地震断裂带 23 条，其中 15 条为 7 级左右强震活动带。据有关资料，我国发生地震次数约占全球地震次数的 1/3，20 世纪全球地震死亡人数 130 万，我国占 55 万。据有关专家统计，1950～1994 年间我国发生有害性地震 486 次，平均每年约 10 次，累积伤亡人数 1115720 人，其中死亡 278900 人，毁房 2291 万余间，桥梁受损 5469 座，水库受损 835 座，死亡牲畜 63 万余头。其中 1976 年的唐山 7.8 级地震，使百年城市毁于一旦，87%房屋倒塌(1868 万 m^2)、57 万人被埋、24 万人丧生。

3. 抗震设计

建筑结构遭遇地震的破坏程度与地震烈度、结构本身的抗震能力有关，国家根据历年来的地震统计，将全国各地区划分出不同的抗震设防烈度区，以便抗震设计时采取不同的设防标准，保证结构的抗震能力。结构抗震设计的依据是国家现行标准《建筑抗震设防分类标准》、《建筑抗震设计规范》、《混凝土结构设计规范》及《高层建筑混凝土结构技术规程》中有关抗震的规定，其要点如下：

(1) 设防目标：设防总目标是“小震不坏，中震可修，大震不倒”，具体可按 3 个水准控制：第Ⅰ水准，当遭受低于本地区设防烈度地震作用时，一般不受损坏；第Ⅱ水准，当遭受相当本地区设防烈度地震作用时，可能损坏，但经一般修理可继续使用；第Ⅲ水准，当遭受高于本地区设防烈度的罕遇地震作用时，不致倒塌。

(2) 目标实现：为达到上述设防目标，抗震设计应按下列规定进行：

① 抗震设防 6 度及以上地区建筑必须进行抗震设计。设计内容包括抗震概念设计、抗震截面验算、抗震构造措施及抗震层间变形验算。

② 一般设防 6 度地区建筑不进行抗震验算，只采取抗震构造措施，设防为 7 度与 7 度以上地区建筑应进行抗震验算。

③ 对抗震设防 7～9 度地区的大多数结构取第Ⅰ水准地震动参数计算结构弹性地震作用标准值及相应地震作用效应，进行抗震截面验算，使第Ⅰ水准下承载力有必要的可靠度，又满足第Ⅱ水准损坏可修复目标，而通过概念设计与抗震构造措施实现第Ⅲ水准裂而不倒目标。

④ 对有特殊使用要求、地震时易倒或有明显薄弱层的不规则结构，还要进行薄弱部位的弹塑性变形验算并采取相应构造措施实现第Ⅲ水准裂而不倒目标。

(3) 抗震概念设计：是指结构遭受地震作用之后，针对那些能够影响破坏程度的因素而采取非计算或计算的概念性设计措施，主要包括：

① 建筑地点应选择对抗震有利地段的Ⅰ、Ⅱ类场地，避开危险地段。

② 结构形式应选择抗震性能强、整体刚度好的整体现浇结构。

③ 结构设计不应采用头重脚轻、严重不规则的方案，抗侧刚度自下而上应逐渐减小、均匀变化、防止突变。

④ 结构体系的地震作用传递途径应合理，受力明确，具有良好变形与消耗地震能量的能力。

⑤ 结构构件应合理选择截面尺寸与配筋，避免混凝土破坏先于钢筋屈服、剪力破坏先于弯曲破坏、钢筋锚固破坏先于构件破坏。

(4) 地震作用：一般情况下，在结构 2 个主轴方向分别计算水平地震作用，水平地震作用产生的楼层剪力应由该方向竖向抗侧力结构承担，当楼屋盖采用整体现浇时可按等效刚度比进行分配，计算时荷载取重力荷载代表值。8、9 度设防时的大跨与长悬臂结构及 9 度设防时高层建筑结构也应计算竖向地震作用；对于质量与刚度分布明显不对称结构还应考虑双向水平地震作用下的扭矩影响。水平地震作用的分析计算根据结构不同可分别采用基底剪力法、反应谱法和时程分析法。

（5）构件截面抗震验算，其表达式：

$$S \leqslant R/\gamma_{Re} \tag{2-3}$$

式中 S——结构构件地震作用效应与其他荷载效应的基本组合；

R——结构构件承载力设计值；

γ_{Re}——承载力抗震调整系数，与构件种类与受力状态有关，结构重要性系数 γ_0 取 1.0。

（6）抗震等级：对现浇钢筋混凝土高层建筑结构，根据竖向抗侧力结构形式与设防烈度限制其最大建筑高度，并根据设防烈度、结构类型、房屋建筑高度规定了一级、二级、三级、四级 4 个抗震等级，抗震截面验算与抗震构造措施应符合相应抗震等级要求。

2.5 结构设计质量问题

近年来编者通过建设、施工、监理各方面工作接触了一定数量的设计文件，深感各设计单位的设计文件质量相差悬殊。就建筑结构设计而言，大多数设计质量很好或较好，但有些设计文件质量较差，问题较多，使设计成为工程建设大质量保证体系的薄弱环节。主要表现如下：

（1）设计漏项

结构设计的结构形式选择、结构布置、内力分析、构件截面与配筋计算、构造措施主要是合理性上的比较，明显的错误一般不会发生。本例所举的问题是属于构造措施范畴：某机械加工厂厂房，长×宽＝270m×64m，主体为双跨门式钢架轻钢结构，H 形钢柱，柱下为混凝土灌注桩基础，桩顶为900mm×550mm×1000mm（长×宽×高）混凝土承台短柱，当主体结构安装完成后于 2003 年 10 月浇筑厚为 500～700mm 的混凝土地面，上下双层配筋，工期计划 35d。开工前图纸会审时发现，对现浇混凝土地面既未设计伸缩缝又无后浇带，后经施工方建议沿纵横向分别增设 1 条与 3 条后浇带。

在没有采取任何减少混凝土收缩变形措施的条件下，对长 270m、宽64m、平均厚度 600mm 的上下双层配筋整体现浇板不设伸缩缝或后浇带，浇筑后的混凝土自身收缩加上降温收缩拉动，必然使桩承台短柱产生剪力，而且越靠两边端部越大，由于现浇板在平面内的刚度要比桩头短柱大得多，约束收缩变形的结果不会是现浇板的拉裂，只能是边桩桩承台短柱的剪切破坏或桩身顶部侧移，进而造成端部主体结构的倾斜。

（2）深度不够

结构设计施工图采用平面整体表示方法后，大大地简化了设计图纸的表示方法，减少了图纸数量。但有些设计图过分简化乃至无法施工，如民用住宅顶层阁楼的建筑与结构构造较为复杂，有的设计图只给建筑平面、剖面、斜屋面板配筋及通用节点作法，无门窗、看台及相应构件位置、标高、细部尺寸及配筋表示，往往造成由施工单位加深设计出图，设计单位盖章认证。

（3）施工不便

高层建筑的竖向结构往往成为设计与施工的难点，有些设计只考虑受力与刚度变化，每2～3层将墙柱截面尺寸、混凝土强度等级、截面配筋同时频繁变化，同一楼层由于结构跨度不同，板厚与混凝土强度等级又变化多次，给施工造成困难，容易造成混乱出现错误，施工质量也不易控制。结构设计在保证技术经济等效条件下，应尽量作到规格统一，减少变化，以便施工。

（4）耐久性要求不明

新颁发实施的《混凝土结构设计规范》（GB 50010—2002）已有耐久性条文规定。有些设计图纸只提出结构使用年限，不说明建筑结构各部位使用期间所处环境类别，对处于二类环境的地下工程防水部位不说明防水与抗渗等级要求，不说明最大水灰比、最小水泥用量及混凝土中氯离子、碱含量的限值。

（5）边设计边施工

有些工程，建设单位或开发商为提前使用或销售，要求施工方比合同工期开工提前，工期缩短，或委托设计时间过短，出现了边设计边施工的状况，而设计单位人员较少，设计图纸在开工前不能一次到位，需要组织多次图纸会审。已完成的设计图错误、漏项、相互矛盾处较多，施工中经常修改变更，设计人员又不现场服务，给施工造成被动状态。

设计质量存在的上述问题，有些是由于设计人员质量意识淡薄，责任心不强；有些是由于设计人员技术水平不高，缺乏基本功训练；对新的国家规范耐久性规定学习领会不深，对工程耐久性重要性认识重视不足；对施工缺乏了解，不注意设计在施工中的可操作性。其根本原因是这些设计单位对设计文件缺乏核对审核的管理程序，没有建立质量保证的机制与体系。由此说明了建立实施设计审查规定的必要性，新的设计审查规定实施后对设计质量控制将会起到重要监督与审核作用。

第3章 混凝土结构耐久性控制

混凝土结构，从受力与使用角度要保证具有一定的安全性、适用性，结构安全性是通过设计的结构形式选择与布置，荷载内力分析组合，选用混凝土、钢筋材料，确定构件截面，有关的构造措施与施工过程的质量控制来实现的。处于使用环境条件下的有害介质侵蚀及结构材料随龄期的疲劳老化，必然使材料、截面、构造措施受到侵害削弱，随着使用时间的延长，结构原有安全可靠度与适用性逐渐降低。混凝土结构耐久性主要是由混凝土、钢筋材料本身特性和所处使用环境的侵蚀性二个方面因素决定的；结构耐久性要求是指对结构采取必要的设计与施工耐久性措施，使其在规定的设计使用年限内，在结构的特定使用环境条件下，材料、截面、构造措施不致受到过分的削弱损害而需重新加固处理，仍然能保持一定的安全性与适用性。虽然结构的安全性、适用性、耐久性各自具有不同的概念含义，但是三者却具有相关的统一协调性，结构耐久性是结构在设计使用年限内结构安全性与适用性的前提保证与实现。工程实践证明，有些结构由于设计、材料、施工耐久性质量因素影响，抵抗介质侵蚀能力不强，工程耐久性严重不足，使结构过早丧失安全性与适用性，达不到设计的使用年限，需要加固处理，乃至拆除重建。

混凝土结构耐久性控制主要指结构要进行耐久性设计，根据耐久性设计进行施工耐久性质量控制，针对不同环境下不同介质的侵蚀，通过材料选用、级配配比、截面选择、构造措施、施工工艺等，对拟建结构采取防范保证措施。新颁发实施的《混凝土结构设计规范》(GB 50010—2002)增加了耐久性条款，对结构耐久性设计提出了基本要求。

3.1 耐久性损丧表现

工程实践表明，影响混凝土结构耐久性主要有：

(1) 工程结构渗漏，造成酸碱盐溶液侵蚀，酸碱盐的化学侵蚀主要造成混凝土中氢氧化钙的溶失，降低混凝土强度、碱度，硫酸盐的膨胀性侵蚀造成混凝土的膨胀破坏。主要指处于与水接触的工程部位，如地下工程的底板与外墙、水厂水池的底板与池壁。

（2）冻融的循环变化，破坏混凝土结构，主要指寒冷地区处于与水接触的工程，如外露的水厂水池、水工与港工建筑。

（3）钢筋锈蚀，削弱钢筋有效受力截面，降低强度与抗拉能力，导致混凝土保护层的开裂、剥落，使混凝土与钢筋粘结锚固作用降低，破坏了它们共同工作的基础，这主要是由于混凝土保护层的碳化与氯离子的侵蚀，破坏了钢筋表面的钝化膜，导致铁元素与氧气、水发生电化学反应造成的结果，在海边的潮湿条件下尤为严重。

（4）碱骨料反应，在具有发生碱骨料反应的条件下，数年后混凝土出现严重网状龟形胀裂，导致结构破坏。

（5）混凝土裂缝，缩小了环境介质渗透扩散距离、加大浓度的梯度或钢筋直接裸露，更易造成有害介质对钢筋与混凝土的侵蚀。

3.2 不重视耐久性后果严重

混凝土工程耐久性与结构外部所处环境条件密切相关，与混凝土内部微观构造、物理化学反应机理密切相关，影响因素复杂，在以往的设计与施工中认识不足，加之问题形成与暴露需要一定的时间和过程，往往在结构使用几年后出现，具有时间的滞后性，人们只注重承载能力的强度指标，忽视了中后期预防性的潜在问题，结果使已建成的重大混凝土工程在耐久性方面出现严重问题，结构使用年限缩短，耗用大量维修加固乃至重建费用。据报道，美国混凝土基建工程估计价值 6 万亿美元，每年用于维修和重建费用高达 3000 亿美元，仅就桥梁工程而言，57.5 万座钢筋混凝土桥梁中有一半以上出现腐蚀破坏，40%已承载力不足需修复加固处理。英国每年用于维修和重建费用为 5 亿英磅，日本和许多海湾国家沿海地区大批城市建筑损坏停用，教训深刻。

我国地域辽阔，地跨温热二带，海岸线漫长，面临的条件比较严酷，出现的问题也比较突出。有些工程处于水位交变区域（如海港码头处于潮汐变化段），使用 20～70 年均因反复冻融导致破坏，严寒地区不少水工建筑使用不到 10 年需要大修，华南、华东的海港码头处于浅浪区的梁板底部（高柱码头、重力式沉箱码头），由于钢筋锈蚀，发生顺筋开裂剥落相当严重普遍。曾经调查 18 座仅用 7～25 年的海港码头结构，其中因钢筋腐蚀而破坏或不耐久的占 80%，原为全优工程的宁波北伦港 10 万吨级矿石中转码头已经普遍顺筋开裂需要大修。我国现有建筑老化现象也相当严重，截止 20 世纪末，据统计有近

23.4 亿平方米的工业与民用建筑进入老龄期，处于提前退役状态，其中一个重要原因是 20 世纪 50 年代为了加快施工，冬季采用了氯盐类防冻剂，对钢筋锈蚀严重。如 1959 年始建的北京民族文化宫，它是北京著名 10 大建筑之一，是我国第 1 个选入《英国大百科全书》的世界著名建筑作品。1999 年为迎接建国 50 周年大庆重新装修时发现，梁柱屋架混凝土中氯离子含量过高，碳化深度已达 20mm，梁柱钢筋严重锈蚀，梁柱屋架混凝土开裂，经测试屋架剩余使用寿命还有 8 年，随即对结构采取普遍加固与局部翻新措施，经济投入很大。又如某供水厂 20 世纪 80 年代中期建成投入使用至 90 年代初不到 10 年，其 4 个大型水池池壁混凝土已经普遍出现严重网状龟形胀裂，其最大裂缝宽度已达 1mm 以上，据初步调查分析是由于膨胀型外加剂导致引起，见图 3-1 所示。

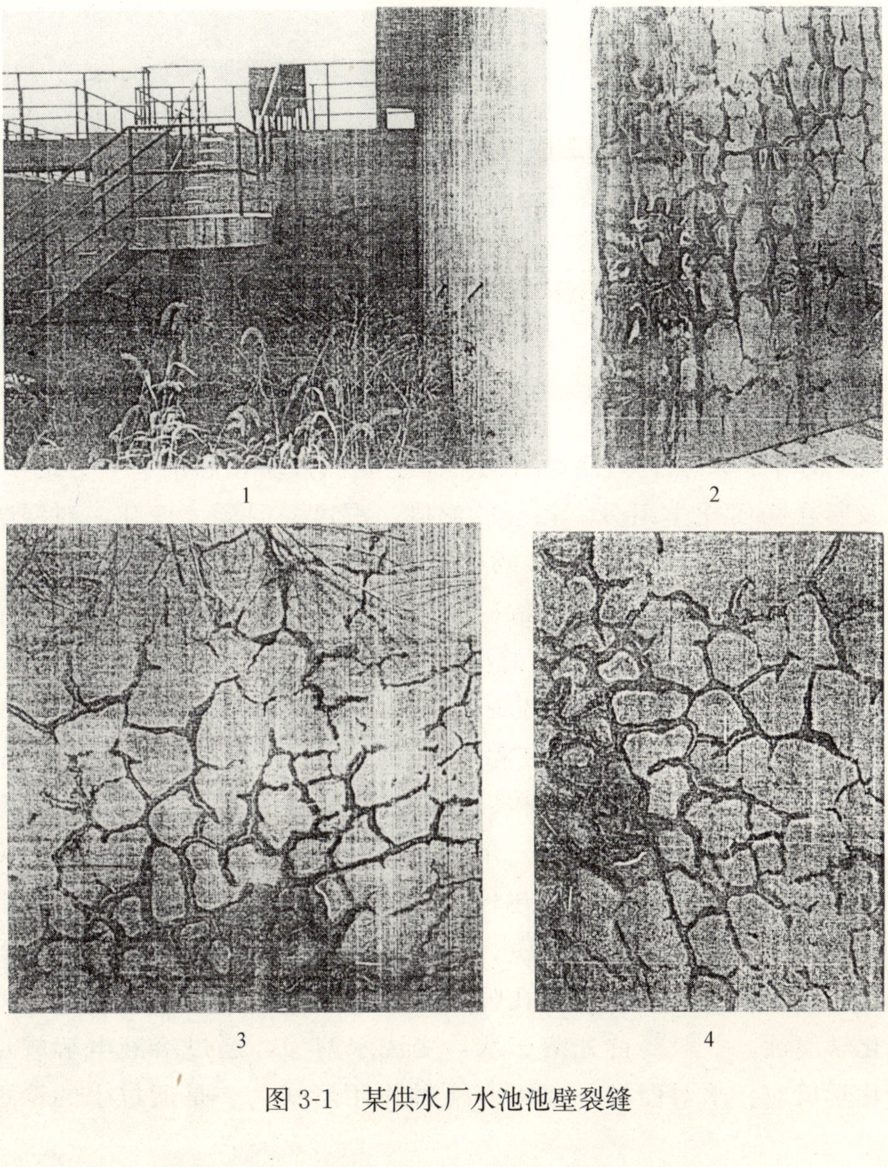

图 3-1　某供水厂水池池壁裂缝

问题的严重性还在于，对绝大多数高层建筑的地下室防水隐蔽工程的耐久性，由于工程已经回填隐蔽，即使出现问题也很难检查发现，上述的北京民族文化宫即使是地上工程，如不重新装修也很难发现，值得深思担忧的是那些已经出现严重问题但至今仍未被看到发现的工程隐患。对有些地下隐蔽工程的耐久性问题即使检查发现，也难以处理解决。

根据上述情况分析，就混凝土工程基本建设而言，提高建设质量，延长工程使用寿命，使在等量原材料消耗条件下增加效益，减少今后巨额维修费用，是目前的关键紧迫任务。我们不希望今天的一支庞大建设队伍在不久的将来变成一支庞大的维修加固乃至拆除重建队伍，建设决不能急功近利，功在一时、过在千秋，也应高瞻远瞩、从长计议，为子孙后代着想，负起历史责任。

3.3 影响因素与作用机理

对钢筋与混凝土各种侵蚀造成的耐久性劣化表现，尽管各自具有不同的发生环境条件与作用机理，但从总体上讲具有明显的共性机理过程。可图示如下：

图 3-2 环境介质侵蚀机理过程

现说明如下：环境是指建筑结构使用空间内外所接触的大气、地下岩土、地下水及所含物质化学组分，相应的温度、湿度、温湿度变化。对混凝土结构环境有害介质主要是指侵蚀性的酸、碱、盐、氯离子、氧气、二氧化碳、水等。环境中有害介质能够侵入混凝土内要具有两个条件：一是具有浓度梯度，浓度梯度是由介质在环境中的浓度与混凝土中某一位置浓度差值确定，环境中介质浓度越大，混凝土内与表面距离越近，浓度梯度越大；二是混凝土具有构造孔隙，通过孔隙渗透扩散，孔隙率越大，在相同浓度梯度条件下，越易渗透侵入。混凝土的孔结构和裂缝是环境介质和水溶液渗透、迁移、扩散的充分必要条件。孔结构越差、介质的浓度梯度越大、环境温度湿度条件越适宜，渗透、迁移、扩散率就越快，侵蚀反应也加快。形成混凝土孔结构与裂缝状况与设计质量、材料性质、材料间的级配配比、施工质量及外界环境条件 5 个因素有关。介质通过孔隙侵入混凝土内，要想与钢筋、混凝土材料发生化学腐蚀，一般要首先溶于水，变成水溶液，通过溶液电解成正负离子进行化学反应。水对侵蚀一般可有 4 种作用形式：一是通过水的渗透将溶于水的介质带入混凝土内起到媒介输送作用；二是作为溶液的溶剂形成液相条件而起到诱导促进作用；三是直接参与反应生成新的化合物；四是不断被生成物吸收形成新的分子组团导致体积大幅度膨胀，如水泥掺入石膏水化反应生成的钙矾石，碱骨料反应生成碱硅酸凝胶不断吸水。由于环境介质造成的各种侵蚀性化学反应，一般总是从混凝土与环境接触的表面开始，由表及里向内发展，当侵蚀发展到一定深度达到保护层厚度，与铁元素能够发生化学反应的介质开始发挥反应作用，同时由量变到质变的过程逐渐完成，腐蚀破坏程度日趋严重，这就构成了工程耐久性问题。上述基于耐久性劣化的作用机理，说明提高混凝土密实度，减小孔隙率，切断或减少有害介质渗透侵入通路，特别是防水抗渗、防止或减少水的渗透，避免或削弱化学侵蚀的液相条件，是提高工程耐久性的关键所在，故此，保护层的厚度与密实性对提高工程耐久性具有重要作用。

3.4 耐久性控制的管理对策与技术措施

1. 管理对策

随着混凝土结构使用年限的增加，工程耐久性问题逐渐暴露，国内科技人员从20世纪80年代开始对结构耐久性质量重视力度加大，研究步伐加快，并进行有组织的系统研究，这方面的建议与研究成果已见之近年来较多的论文与书刊。考虑混凝土结构耐久性退化影响，提出了对使用时间较长的在役混凝土结构进行耐久性评估与剩余使用年限预测，揭示结构安全性、适用性的潜在危机，及时作出维修或拆除决策，避免重大事故发生；提出了对拟建结构进行耐久性设计，确定预期设计使用寿命与耐久性质量目标，采取相应技术措施控制，确保耐久性质量目标实现。

本着“质量兴业，科技推动，管理保证”的方针，国家已加强宏观政策与技术管理调控，尽快将研究技术理论转化为应用技术规定，修订国家标准规范，增加工程耐久性条款，形成拟建工程设计、施工、验收依据；建立权威性控制监测中心，提高检测鉴定手段，形成在役结构耐久性评估科技体制；推广能提高工程耐久性的技术，工程合同中应有耐久性条文，设计应明确建筑结构各部位环境条件，提出相应耐久性设计要求，施工应拟订控制耐久性技术措施；规定工程设计、施工、搅拌站、监理各方对工程耐久性应承担的相应责任，各地区行政主管部门和设计、施工、监理单位应组织培训，提高对工程耐久性认识和采取相应有效的工程技术措施。管理对策的制定与实施是技术措施制定与实施的前提保证，只有管理严格有力，技术措施才会严格执行、发挥作用。

2. 材料选用与合理配比

根据工程结构特点与施工使用环境合理选用水泥，硅酸盐水泥、普通硅酸盐水泥凝结硬化快，早期强度高，抗冻性好，冬期施工或有抗冻要求的混凝土结构应优先选用，矿渣硅酸盐水泥与火山灰质硅酸盐水泥，凝结硬化较慢，早期强度较低，中后期强度增长较大，水化热低，抗硫酸盐侵蚀能力强，对有硫酸盐侵蚀环境或大体积混凝土应优先选用。

目前国内水泥还多为小厂生产，强度较低且含碱量偏高，今后新建水泥厂应优选原料，改进工艺流程，生产高强低碱水泥。水泥中的 MgO、SO_3 含量不能超标，水泥熟料中如果含有过量游离 CaO、MgO 及掺入过量石膏(以 SO_3 计)，将导致水泥石体积安定性不良。因为游离 CaO、MgO 都是过烧的，水化初期不参加反应，在水泥石硬化后才慢慢开始水化生成 $Ca(OH)_2$、$Mg(OH)_2$，体积膨胀 2 倍以上，导致水泥石膨坏。当石膏掺量过多时(为防止铝酸三钙水化的瞬凝，一般掺水泥重量 3%左右二水石膏)，在水泥石硬化后还会与水化铝酸钙反应生成高硫型水化硫铝酸钙吸水膨胀，又称钙矾石，分子组团 $3CaO \cdot Al_2O_3 \cdot 3CaSO_4 \cdot 31H_2O$，难溶于水，呈针状晶体，体积增大 1.5 倍以上，对水泥石起极大的破坏作用，通常称为“水泥杆菌”。

骨料要质地密实坚硬，具有足够的强度与物理化学稳定性，有抗冻抗渗要求的混凝土粗骨料含泥量不应大于 1%，减少针片状含量，合理级配，应尽量减小水灰比，控制水泥用量；减小水灰比，减少水分蒸发的毛隙孔，增加密实度，减少水的渗透性，减少 O_2、CO_2、Cl^- 的渗透扩散；减少混凝土的收缩变形，减少或避免开裂；为了保证混凝土拌合物和易性与硬化后的密实度，水泥用量不宜太少，不能低于最小用量，但水泥用量太多，混凝土收缩加大，水化热加大，对耐久性也不利，同时增加单方造价，应合理控制采用最佳用量。增加混凝土密实度，减少构造孔隙，是提高混凝土结构工程耐久性重要条件。

3. 提高混凝土强度等级

混凝土结构耐久性损丧，往往是由于强度的降低而削弱结构承载能力，原规范(GBJ 10—89)中，混凝土包括 C7.5～C60 共 12 个强度等级，新规范中混凝土包括 C15～C80 共 14 个强度等级，提高了混凝土的强度等级。这主要是考虑为了减少材料用量，结构较高的安全度要靠强度较高的材料实现，高层建筑结构竖向墙柱受力构件采用强度较高的混凝土，可减小截面尺寸，减轻自重，增加使用空间，降低工程造价。同时提高强度等级也提高了混凝土抗拉与粘结强度，有利于提高结构抗裂能力，保证混凝土中后期持久强度(经调查混凝土使用50年，其强度损失降低30%左右）。混凝土强度的提高，混凝土密实度也相应加大，孔隙率减小，减少了环境中水、氧、氯离子、二氧化碳等有害介质的渗透侵入，对结构防水抗渗、减小碳化速度、避免钢筋锈蚀、减轻冻融破坏均为有利，对具有严重介质侵蚀或有抗渗抗冻要求的潮湿环境，结构混凝土的强度等级相应提高，一般不宜低于C30。

4. 提高水泥强度等级

对C60～C80高强混凝土必须采用较高强度等级水泥，因为一般水泥强度等级应为混凝土强度等级0.9～1.5倍。混凝土在等强度条件下，水泥强度高，水泥用量减少，在满足最小水泥用量，保证混凝土拌合物和易性条件下，减少水泥用量，混凝土收缩减小，大体积混凝土水化热减小。采用强度较高的硅酸盐水泥与普通硅酸盐水泥，提高早期强度，有利于提早拆模，对于冬期施工也能使混凝土较快地达到受冻临界强度。

5. 保护层应有足够厚度

混凝土保护层的作用除上述保证混凝土与钢筋之间的粘结力外，还具有保护钢筋不生锈的作用，钢筋生锈后铁锈吸水体积膨胀，一般要增大2～4倍，使保护层胀裂乃至剥落。在混凝土中含有较多的碱性物质（主要是氢氧化钙），pH值约为12～14，在高碱条件下，钢筋表面被氧化，形成一层致密的钝化膜，阻止水与氧气直接与钢筋接触发生锈蚀反应。但随着使用时间的延长，大气中的二氧化碳与混凝土中碱性物质发生碳化中和反应生成碳酸钙，结果使混凝土碱性降低，当钢筋表面混凝土的pH值降低到9～10时，钢筋表面的钝化膜将遭到破坏，水、氧气与钢筋直接接触开始发生锈蚀反应。如果保护层没有一定厚度，不能超过使用期限的碳化深度，必然使钢筋表面钝化膜过早遭到破坏，而且使O_2、H_2O容易渗入接触钢筋，这就要求混凝土结构根据设计使用年限应有一定的保护层厚度，但是保护层厚度也不宜过大，否则构件截面有效高度h_0减少、承载力降低，也易使混凝土表面开裂或加大裂缝开展宽度。根据混凝土碳化的试验资料，按照建筑物使用50年，测试50年的碳化深度如表3-1。

混凝土50年的碳化深度 **表3-1**

水泥品种	矿渣水泥		普硅水泥	
混凝土强度等级	C20	C30	C20	C30
碳化深度	25.5mm	14.5mm	18.4mm	8.1mm

由此可见，在相同使用年限内混凝土碳化深度与水泥品种有关，矿渣水泥比普硅水泥碳化深度大，这是因为单位体积的普硅水泥混凝土要比矿渣水泥混凝土的水泥熟料相对含量大，可供碳化的物质含量大，发生碳化反应所需消耗的 CO_2 多，从而使由表及里的碳化速度放慢。对同一种水泥混凝土碳化深度又与强度有关，强度提高，碳化深度减小，这是因为强度等级越高，其孔隙率越小，越密实，发生碳化的孔隙条件越差，碳化速度放慢。水灰比加大，混凝土孔隙率加大，CO_2 扩散系数加大，混凝土的碳化速度也加大。此外环境条件影响也是重要因素，环境相对湿度通过温湿平衡交换决定孔隙水的饱和度，由于碳化反应均需在溶液中或固液交接面进行，若环境湿度过高，混凝土孔隙接近饱水状态，CO_2 扩散速度放慢，碳化反应放慢且抵达深度减小，若环境湿度过低，混凝土处于干燥状态，CO_2 虽然扩散速度加快，但缺少碳化反应所需液相条件，碳化也难以进行，一般在相对湿度为 70%～80%的中等湿度条件下碳化反应速度最快，碳化抵达深度也最大。环境中 CO_2 浓度越高，混凝土内外 CO_2 浓度变化梯度越大，CO_2 越易扩散进入孔隙，使碳化速度越快，一般民用建筑室内相对室外空气中 CO_2 浓度要偏高，故碳化深度加大。随着温度升高，碳化加快，混凝土表面的覆盖层对碳化可起到延缓作用。规范规定的各种构件最小保护层厚度就是根据设计使用年限，保证粘结力与避免碳化深度超过保护层厚度，并针对各种不同使用环境加大有害介质渗透侵蚀距离的要求而确定的。如考虑防止保护层碳化，钢筋生锈，建议保护层厚度应从箍筋外缘算起，规范规定的纵向受力钢筋的保护层最小厚度见表 3-11，对处于二类潮湿环境的地下防水工程，其迎水面的钢筋保护层厚度不应小于 50mm，对一类环境设计使用年限为 100 年的结构保护层厚度相应增大 40%。

6. 限制氯离子含量

通常有两个因素作用可以导致保护钢筋免于生锈的钝化膜破坏，一是混凝土保护层碳化使钢筋位置的混凝土 pH 值降低（pH 值降低到 9～10），二是有足够浓度的游离氯离子（指能溶于水的 Cl^-）扩散到钢筋表面，Cl^- 半径小、活性大、具有很强的穿透能力，当钢筋表面混凝土孔隙溶液中的游离氯离子浓度超过一定值时，在氧化膜与钢筋表面之间 Cl^- 与铁元素反应生成易溶的 $FeCl_2$，使氧化膜溶解破坏。钢筋锈蚀是属于一种电化学反应过程，同一根钢筋相连的二点处，由于材质差异、温湿度不同、盐溶液浓度不同，可以引起二点之间电位差，形成阳极与阴极，当钢筋表面的钝化膜遭到破坏后，只要有一定数量的水与氧气，阳极区铁原子脱离晶格释放电子变成阳离子 Fe^{2+}，释放的电子通过钢筋向阴极区转移，阴极区溶于孔隙水中的 O_2 吸收阳极区传来的电子发生反应生成氢氧根 OH^-，OH^- 与 Fe^{2+} 通过相互渗透扩散接触发生反应生成 $Fe(OH)_2$，$Fe(OH)_2$ 进一步氧化脱水变为红锈 Fe_2O_3 或黑锈 Fe_3O_4，钢筋表面一旦生锈大量吸水，在钢筋表面生成一层锈蚀产物，体积膨胀 2～4 倍。

影响钢筋锈蚀速度的主要是：①环境湿度，钢筋所处部位水分越多，阴极区的 OH^- 与阳极区的 Fe^{2+} 通过水的传输越易接触，锈蚀加快；②钢筋位置水溶液中溶有的氯离子和氧越多，其钝化膜越易破坏，锈蚀加快；③混凝土密实性差，水、氧、Cl^- 越易侵入，混凝土裂缝有害介质更易侵入，锈蚀加快。

钢筋锈蚀之后，其强度与延性降低，当钢筋沿长度方向发生均匀锈蚀时，钢筋失重率近似等于截面损失率，钢筋所能承担的极限拉力降低与截面损失率成正比。实际发生的锈蚀多为非均匀的，锈蚀后钢筋表面凸凹不平，受力后在凹处缺口产生应力集中，使锈蚀钢筋的屈服强度与极限强度降低。有关研究表明，当钢筋锈蚀后截面损失率大于 10％时，其应力应变本构关系发生很大变化，抗拉强度已接近屈服强度，屈服台阶已不明显，其塑性伸长率已大大减小，不能满足设计规范的要求。由于钢筋锈蚀有效截面减小及屈服强度变形能力降低，其疲劳强度也明显降低。钢筋锈蚀初期，其锈蚀产物的膨胀作用使混凝土对钢筋的约束作用加大，钢筋与混凝土之间粘结作用增强，但随着钢筋锈蚀进一步发展严重，当钢筋与混凝土界面上生成疏松锈蚀层时，破坏了钢筋表面与水泥胶体之间的化学胶结力，并降低钢筋与混凝土之间的摩擦系数，而变形钢筋横肋锈蚀也降低了钢筋与混凝土之间的机械咬合力，使钢筋与混凝土之间的粘结强度大大降低或遭受破坏。锈蚀产生的体积膨胀作用，必然导致保护层的开裂乃至剥落，研究表明，当钢筋锈蚀截面损失率为 0.5％～10％时会产生纵向裂缝，大于 10％时，会导致保护层剥落，使钢筋与混凝土之间失去了承受荷载的合作基础，最终导致混凝土结构承载能力的降低。

由以上分析可见，混凝土的碳化与氯离子的侵蚀破坏了保护钢筋免于生锈的钝化膜，防线攻破后，造成钢筋锈蚀的是铁元素与水、氧气之间的化学反应，钢筋位置溶液的 Cl^- 浓度越大，对其钝化膜的破坏作用越大，钢筋锈蚀速度也越快，为此要限制混凝土中氯离子含量。混凝土中 Cl^-，一部分是由材料带入，一部分是由外界环境渗入，限制氯离子含量要控制材料带入量，材料带入量主要是外加剂带入量，特别是使用氯盐类外加剂；外界环境带入量主要是海水工作环境，海边潮湿工作环境及路面撒氯盐除冰的公路路面混凝土。有关的试验表明氯离子侵蚀的钢筋生锈与温度有关，温度小于 10℃时，腐蚀速度较慢，在10～60℃范围内，腐蚀速度随温度上升而加快；水灰比增大，孔隙率加大，降低混凝土电阻抗，增大了O_2与Cl^-渗透扩散速度，使腐蚀加快；混凝土养护期越长，混凝土密实度越高，电阻抗加大，O_2和Cl^-也不易渗透扩散，钢筋锈蚀放慢。上述华南、华东海港码头处于浅浪区的梁板底部钢筋锈蚀之所以严重是因为钢筋所处环境具有海水，海水中的氯盐及大气中的供氧并长期处于较高气温状态，使锈蚀反应速度加快造成的结果。

限制混凝土的氯离子含量除控制材料带入量外，控制环境渗入量也是关键所在。保护层不仅从防止混凝土碳化深度保护钢筋表面钝化膜免于破坏而保护钢筋不锈蚀，而保护钢筋不锈蚀的作用还体现在直接阻止Cl^-、O_2、H_2O的渗入扩散，减少氯离子对钢筋钝化膜的破坏与氧、水对钢筋的接触，起到保护钢筋作用。保护作用效果与混凝土密实度，保护层厚度密切相关，保护层越厚，有害介质渗透距离加长，混凝土越密实，孔隙越少，有害介质越不易渗透侵入，钢筋受到的保护作用越大，就不易锈蚀或开始发生锈蚀的时间越晚。根据有关资料介绍，保护层每减少10mm，混凝土透氧量增加10%，混凝土水灰比大时，这种现象更为明显；一般环境条件下，混凝土保护层厚度每减少25%，混凝土碳化到钢筋表面所需时间就缩短50%；钢筋失钝开始锈蚀所需时间与保护层的厚度平方成正比。为此，适当增加保护层厚度是提高混凝土结构耐久性，延长混凝土结构使用寿命的重要措施。

7. 减少冻融破坏措施

混凝土在饱水状态下因冻融循环产生的破坏作用称为冻融破坏。冻融破坏一般发生在寒冷地区经常与水接触的混凝土结构工程，如处于水位变化区域的海工、水工混凝土建筑结构物，城市配套设施水厂水池的构筑物，与水接触的混凝土道路路面以及房屋建筑的墙面、勒脚等。混凝土冻融破坏的表现是冻膨开裂和表面剥蚀脱落两个方面。

(1) 混凝土冻融破坏机理：根据静水压假说，硬化后混凝土的孔隙有凝胶孔、毛细孔、空气泡等。凝胶孔的孔径很小，一般为15～20 Å(1Å＝10^{-10}m)；毛细孔的孔径一般为0.01～10μm之间，而且往往互相连通；空气泡是在混凝土搅拌与振捣时由大气中吸入或掺引气剂产生，一般为封闭球状。混凝土在水中时，毛隙孔处于水饱和状态，而空气泡内壁虽也吸附水分，但在常压下很难达到饱和。混凝土孔溶液中由于溶有钾、钠、钙离子等，溶液饱和蒸汽压比普通水低，水泥浆体中的自由水冰点约为－2～－1℃，孔径越小，孔内水的饱和蒸汽压越低，冰点也越低，凝胶孔内的水由于孔径很小，冰点很低

（一般为－80～－70℃），实际上是不可能结冰的，结冰的水只能是毛隙孔中的水，而且往往是从表层的粗孔开始逐渐向内部细孔发展。水结冰体积膨胀9%，首先粗孔中的水结冰体积膨胀向外顶压，使未结冰的水溶液产生静水渗透压力，同时水结冰的膨胀作用也对水泥石固相产生压力，当固相的膨胀压力与液相的静水渗透压力对混凝土产生的环向拉应力超过混凝土抗拉强度，从而造成混凝土的破坏。如果混凝土拌合时掺入引气剂，混凝土硬化后生成大量独立封闭球形气泡，直径在25～500μm，且不易吸水饱和，空气泡的存在缩短了毛隙孔渗水渠道的距离使受压迫的孔隙水就近排入其中，减小了静水渗透压力，同时对固相的膨胀压力也起到卸压缓解作用，从而使混凝土抗冻性大大提高。

（2）影响因素：由上述混凝土冻融破坏机理可知，混凝土抗冻性与空气泡的间距、降温速度、可冻水的含量、材料渗透系数及结构抵抗破坏能力有关。其中空气泡的平均间距是影响混凝土抗冻性的最主要因素，平均气泡间距越大，则冻融过程毛细孔中静水压力和渗透压力越大，使混凝土冻融破坏作用越大；而平均气泡间距大小与混凝土中含气量大小、水泥浆体含量及平均气泡半径有关，水泥浆体含量取决于水灰比和水泥用量，平均气泡半径主要取决于引气剂质量及搅拌、振捣施工工艺条件，其中水灰比和含气量是影响气泡间距的主要因素。混凝土的水灰比越大，孔隙率越大，混凝土处于水饱和状态时的含水量越大，可冻水的含量越多，结冰速度越快，气泡结构越差，平均气泡结构间距增大。可见水灰比是影响混凝土抗冻性主要因素之一。

（3）预防措施：根据混凝土冻融破坏机理与影响因素分析，为了减少混凝土冻融破坏，应减小水灰比，混凝土的抗冻性随着水灰比的降低而提高。在含气量一定时，水灰比对抗冻性影响如图3-3所示。由图中可见，水灰比在0.45以下对抗冻性影响显著，大于0.45之后影响相对较小，由于抗冻混凝土

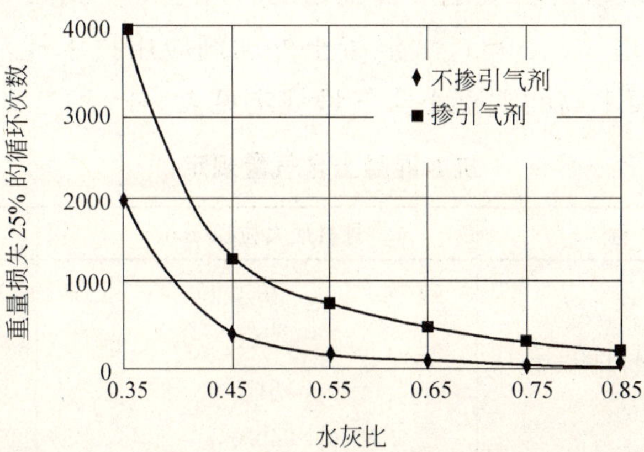

图3-3　水灰比对抗冻性影响

往往又有抗渗性要求，抗渗本身就有助于抗冻，为了防渗抗冻，对泵送流态混凝土采用高效减水型防水外加剂，将水灰比控制在0.45之下，可使混凝土取得抗渗与抗冻双重最佳理想效果。

新拌混凝土由搅拌和振捣带入的含气量一般不超过2%～3%，混凝土中封闭空气泡主要是由引气剂产生，引气剂产生的空气泡越多，平均气泡间距就越小，毛隙孔中静水压力和渗透压力就越小，混凝土抗冻性越好，掺引气剂的混凝土比相同条件下不掺引气剂的混凝土，抗冻性要成倍数提高，见图3-4所示。引气剂对混凝土抗冻性的显著提高，除降低混凝土结冰后毛隙孔中静水压力外，同时由于空气泡切断了毛隙孔渗水通路，使混凝土冻结时的饱和含水量降低，即可使冻水量降低，为此，有高抗冻要求的混凝土必须采用引气剂(指抗冻等级F100及以上)。

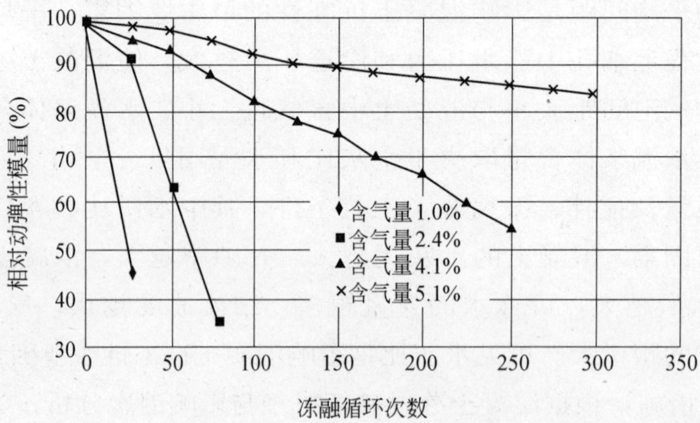

图3-4 引气剂对抗冻性影响

混凝土随含气量的增多强度要降低，一般含气量每增加1%，抗压强度下降3%～5%，因此一般规范均规定了含气量的合理范围，我国《水运工程混凝土质量控制标准》(JTJ 269—96)、《混凝土外加剂应用技术规范》(GB 50119—2003)，对抗冻性要求高的混凝土含气量规定见表3-2。

抗冻混凝土含气量规定 **表3-2**

标准名称	骨料最大粒径(mm)	含气量(%)
《水运工程混凝土质量控制标准》(JTJ 269—96)	10.0	5.0～8.0
	20.3	4.0～7.0
	31.5	3.5～6.5
	40.0	3.0～6.0
	63.0	3.0～5.0

续表

标准名称	骨料最大粒径(mm)	含气量(%)
《混凝土外加剂应用技术规范》(GB 50119—2003)	20(19)	5.5
	25(22.4)	5.0
	40(37.5)	4.5
	50(45)	4.0
	80(75)	3.5

注：括号内数值为《建筑用卵石、碎石》(GB/T 14685)中标准筛的尺寸。

在混凝土孔隙中的水由于结冰，膨胀作用使其产生的静水压力和渗透压力而导致的拉应力只有超过混凝土抗拉强度时，才造成混凝土的破坏。当含气量相同时，强度高的混凝土的抗冻性要高于强度低的混凝土，这是由于强度高的混凝土相对强度低的混凝土更为密实，为了提高材料和结构自身抵抗能力，混凝土强度等级提高也是必要的，规范对二类b环境规定混凝土最低强度等级为C30。骨料对抗冻性的影响主要是吸水率和粒径尺寸，粗骨料尺寸越大，受冻后越易破坏，因粗骨料粒径越大，水泥石收缩在粗骨料与水泥石界面容易形成较长的微裂缝，在冰的膨胀作用下使微裂缝进一步发展。根据有关试验，粉煤灰在15%～20%掺量下对抗冻性影响不大，高掺量会对抗冻性产生不利影响，硅灰掺量不超过10%，混凝土抗冻性有所提高，掺量超过20%则抗冻性明显降低。

8. 预防化学侵蚀

混凝土在某些侵蚀性液体或介质中，也会遭到化学侵蚀，侵蚀性介质包括酸、碱、硫酸盐和压力流动水，其侵蚀包括溶出性侵蚀，溶解性侵蚀和膨胀性侵蚀。

(1) 溶出性侵蚀：当混凝土密实性较差，环境中含钙量少的软水(如雨水、冰雪融化水、河水等)，渗入混凝土后将氢氧化钙溶解，含有氢氧化钙的水溶液在压力流动时，被溶出流失，使混凝土中水化硅酸钙和水化铝酸钙失去稳定性而水解，降低混凝土强度。

(2) 溶解性侵蚀：包括酸性与强碱侵蚀，在工业废水、污水、地下水、沼泽水中常含有无机酸和有机酸，它们与混凝土中 $Ca(OH)_2$ 反应后的化合物，或者溶于水，降低混凝土碱度与强度，或者体积膨胀，逐渐导致腐蚀破坏。

① 盐酸侵蚀是指盐酸与水泥石中氢氧化钙反应：

$$2HCl+Ca(OH)_2 = CaCl_2+2H_2O$$

生成的氯化钙易溶于水。

② 硫酸侵蚀是指硫酸与水泥石中氢氧化钙反应：

$$H_2SO_4+Ca(OH)_2 \xlongequal{} CaSO_4\cdot 2H_2O$$

生成的二水石膏，或者直接在水泥石孔隙中结晶膨胀，或者再与水泥石中水化铝酸钙反应，生成高硫型水化硫铝酸钙，即钙矾石，破坏性更大。

③ 碳酸腐蚀是指二氧化碳与水泥石中氢气化钙反应生成碳酸钙：

$$Ca(OH)_2+CO_2+H_2O \xlongequal{} CaCO_3+2H_2O$$

生成的碳酸钙再与含碳酸的水作用变成重碳酸钙，是可逆反应：

$$CaCO_3+CO_2+H_2O \rightleftharpoons Ca(HCO_3)_2$$

生成的重碳酸钙易溶于水，因此水泥石中的氢氧化钙也会通过转变为重碳酸钙而溶失。

④ 强碱的腐蚀是指在铝酸盐含量较高的硅酸盐水泥中，遇到强碱，如氢氧化钠，氢氧化钠与水泥熟料中未水化的铝酸盐反应，生成易溶的铝酸钠：

$$3CaO\cdot Al_2O_3+6NaOH \xlongequal{} 3Na_2O\cdot Al_2O_3+3Ca(OH)_2$$

当水泥石被氢氧化钠浸透后又在空气中干燥，与空气中二氧化碳作用而生成碳酸钠：

$$2NaOH+CO_2 \xlongequal{} Na_2CO_3+H_2O$$

碳酸钠在水泥石毛细孔中结晶沉积，而使水泥石胀裂。

（3）盐类的膨胀性侵蚀：主要是指硫酸盐的膨胀侵蚀，硫酸盐膨胀侵蚀是混凝土化学侵蚀中最广泛和最普遍形式。早在 1892 年，米哈埃利斯首先发现硫酸盐对混凝土的侵蚀作用，他在侵蚀的混凝土中发现一种针粒状晶体，并称之为“水泥杆菌”，这种水泥杆菌就是高硫型水化硫铝酸钙，一般也称为钙矾石。其反应机理，当环境水中含有钠、钾、镁、钙、铵等硫酸盐，与水泥石中的氢氧化钙反应生成硫酸钙即石膏($CaSO_4$)，硫酸钙再与水化铝酸钙反应生成高硫型水化硫铝酸钙(钙矾石)：

$$4CaO\cdot Al_2O_3\cdot 12H_2O+3CaSO_4+20H_2O \xlongequal{} 3CaO\cdot Al_2O_3\cdot 3CaSO_4\cdot 31H_2O+Ca(OH)_2$$

钙矾石溶解度很低，其中含有大量结晶水，比原有体积增加 1.5 倍，由于是在已经固化的水泥石中产生上述的反应，因此对水泥石起极大破坏作用，由于晶体呈针状，通常称为“水泥杆菌”，如图 3-5 所示。

（4）预防措施：通过上述化学侵蚀原因与机理分析，混凝土结构应根据使用工作环境侵蚀特点，合理选择水泥品种，为了抵抗硫酸盐的膨胀侵蚀，采用铝酸三钙含量低于 5%的抗硫酸盐水泥、矿渣硅酸盐水泥和火山灰质硅酸盐水泥。矿渣硅酸盐水泥与火山灰质硅酸盐水泥之所以抗硫酸盐能力强，也主要是由于掺合料使铝酸三钙含量相对降低，并对水泥、粗细骨料和各种矿物

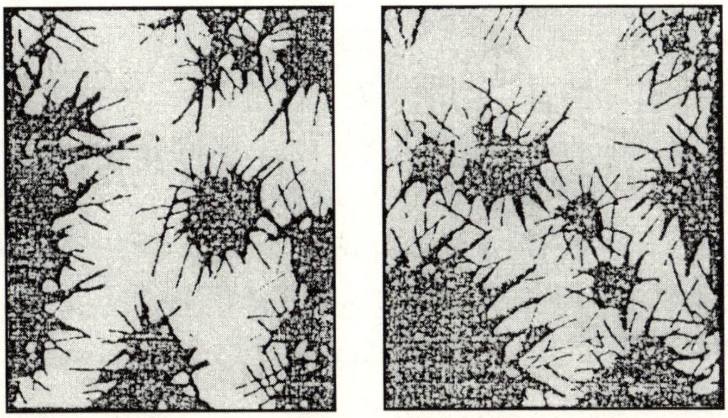

图 3-5　水泥石中的针状晶体——钙矾石

掺合料限制 SO_3 含量，降低水灰比，减少孔隙率，增加混凝土密实度，提高混凝土抗渗能力。当有侵蚀性介质时，结构表面加作防水、防侵蚀覆盖层，如耐酸陶瓷、面砖、涂料、防水层等。

9. 掺加矿物掺合料

矿物掺合料对提高混凝土结构工程的耐久性起着重要作用，矿物掺合料是指以氧化硅、氧化铝为主要成分，在混凝土中可以代替部分水泥，改善混凝土性能，且掺量不小于5%的具有火山灰活性的粉体材料。混凝土工程常用的矿物掺合料有粉煤灰、矿渣细粉、硅灰等。粉煤灰是以电厂煤粉燃料燃烧，在其炉烟道气体中收集的粉末；矿渣细粉是指炼钢厂炼钢时水淬取得的粒化高炉矿渣，经干燥，粉磨达到规定细度，并符合规定活性指数的粉体材料；硅灰是指炼钢厂生产硅钢或硅金属时，高纯度石英和煤在电弧炉中还原所产生的一种超细粉末，从炉中排出废气中经过滤收集而得到。

(1) 粉煤灰

我国粉煤灰在混凝土工程应用研究已有半个世纪历史，随着粉煤灰应用技术的发展，人们对粉煤灰的认识也逐渐深化。粉煤灰的作用不仅是活性的火山灰效应，还有微集料效应，用优质粉煤灰部分替代水泥，不仅降低工程造价，而且能以它特有的性能改善、提高混凝土的性能，被视为矿物外加剂，也被称为第二胶凝材料，成为混凝土的一种组分。

粉煤灰主要成分是 SiO_2、Al_2O_3、Fe_2O_3，我国粉煤灰中 $SiO_2+Al_2O_3+Fe_2O_3$ 的含量都大于70%，是属于低钙粉煤灰，在低钙粉煤灰中 CaO 的含量较少，绝大部分结合于玻璃相中，使玻璃微珠的活性加大。粉煤灰中有效碱 Na_2O、K_2O 会加速水泥水化反应，激发粉煤灰的化学活性，促进粉煤灰与$Ca(OH)_2$的二次反应；但碱性物质增加，对预防碱骨料反应不利，故对碱含量加以限制，不超过1.5%。低钙粉煤灰的堆积密度一般为600～1000kg/m³，粉煤灰中水分存在往往会降低活性，产生一定粘附力，易于结团，影响干状粉煤灰的包装运输、贮存和应用，标准规定含水量不大于1%。粉煤灰由于燃烧条件不同及组成、细度、含水量变化都会影响其颜色。组分中含碳量增加，会使其由乳白色变为灰黑色。对表观和色调有要求的混凝土，应选用浅色匀质的粉煤灰，同时颜色反映了含碳量多少和细度，也就成为质量控制指标之一。为了质量评定和生产控制需要，规定合格粉煤灰的颜色指数不得大于7.0。

1）主要作用

工程实践证明掺加粉煤灰对混凝土性能改善，使混凝土结构耐久性有显著提高。目前施工中一般掺量为水泥重量的20%左右作为替代，其主要作用有：

① 用粉煤灰替代等重量水泥，体积比水泥大约增大30%，增大了浆体与骨料的体积比，大量的浆体填充了骨料间空隙，包裹并润滑骨料颗粒，减少了浆体—骨料间的摩擦，提高流动性，改善保水粘聚性，降低泌水性。如保持流动性不变，可减少用水量，起到减水效果。

② 掺加粉煤灰对混凝土强度的影响，主要取决于粉煤灰的火山灰活性作用，这种活性作用主要指粉煤灰中玻璃态的活性氧化硅、氧化铝与混凝土中的氢氧化钙反应生成水化硅酸钙、水化铝酸钙的速度与数量。由于在氢氧化钙薄膜与粉煤灰颗粒之间存在着水解层，钙离子要通过水解层与粉煤灰的活性成分反应，当反应产物在层内逐渐集聚，随着水解层被反应物充满，粉煤灰颗粒与水泥水化物之间逐步形成牢固联系，从而导致混凝土强度的增长和不透水性的增强，故此掺入粉煤灰的混凝土凝结时间延长，早期强度增长缓慢，随着龄期增加，粉煤灰活性逐渐发挥，粉煤灰混凝土强度逐渐赶上普通混凝土，如以2～3倍水泥重量取代，则28d强度大致相等，90d强度高于不掺的。

③ 由于水泥与水发生水化反应的放热，用粉煤灰替代水泥，水化热减少，降低温度峰值并使温度峰值出现时间向后延迟，当等量替代30%时，水化热温度峰值可降低15%左右，这对大体积混凝土减少温度应力、避免温度裂缝具有重要作用。研究表明，温度升高，水泥水化速度加快，处于30℃相对处于20℃，硅酸盐水泥的水化速率要加快一倍。对于大截面混凝土结构，设计时一般混凝土强度等级取的较高，使用水泥强度等级与用量均需提高，实行水泥新标准后由于3d强度提高，使水泥中早强矿物硅酸三钙含量增加，粉磨细度加大，这些因素的叠加，导致混凝土硬化过程温升加剧，温峰升高；而目前施工中为了防止温度裂缝的出现，常采取外包保温办法，以减少内外温差；由于外包保温阻碍了混凝土水化热的散发，进一步加剧了体内温升，使

水泥水化速度加快，也会造成温峰升高。用粉煤灰替代水泥降低温度峰值并使其迟后出现的主要原因：水泥用量减少，水化总热量减少；凝结时间延长，硬化迟后，使已经减少的总热量产生在时间分布上后移，推迟峰值出现时间；由于水化热的减少与升温速度放慢，温度峰值降低并迟后出现，降低了温度应力，同时使混凝土在降温收缩前的时间延长，当降温收缩时具有较高强度，增加了结构的抗裂能力；为此用粉煤灰替代水泥对减少大体积混凝土水化热，减少温度应力是行之有效办法。

④ 由于粉煤灰浆体体积增大，充分填充骨料间空隙，减少了混凝土空隙率，混凝土拌合物保水黏聚性改善，提高密实性，减少收缩，提高改善混凝土抗渗性。由于铝酸盐成分相对降低，也提高了抗硫酸盐的侵蚀性。

2）分级

粉煤灰按品质可分为Ⅰ、Ⅱ、Ⅲ3个等级。Ⅰ级粉煤灰，一般为静电收尘器收集，细度较细(80μm以下颗粒约占95%以上)，富有大量表面光滑的球状玻璃体，火山灰活性大，需水量一般小于相同比表面积水泥的需水量，掺入可取代较多的水泥，提高混凝土密实性，主要用于钢筋混凝土结构和跨度小于6m的后张法预应力混凝土结构。Ⅱ级粉煤灰，大多数为火电厂排出物，颗粒细度较粗，烧失量较大，活性小，一般经磨细方能达到要求的细度，主要用于钢筋混凝土结构和无筋混凝土。Ⅲ级粉煤灰是电厂排出的原状灰或湿灰，颗粒较粗，且未燃尽的灰粒较多，掺入粉煤灰的混凝土，用水量较不掺粉煤灰的混凝土要大，主要用于无筋混凝土。

3）质量技术指标

粉煤灰的质量技术指标应符合国家标准《用于水泥和混凝土中的粉煤灰》(GB 1596)规定，见表3-3。

粉煤灰质量指标 **表3-3**

序号	项目	等级		
		Ⅰ	Ⅱ	Ⅲ
1	细度(0.045mm方孔筛筛余)(%)	≤12	≤20	≤45
2	需水量比(%)	≤95	≤105	≤115
3	烧失量(%)	≤5	≤8	≤15
4	含水量(%)	≤1	≤1	不规定
5	三氧化硫(%)	≤3	≤3	≤3

① 细度指标：粉煤灰颗粒粒径为 0.5～300μm，其中玻璃微珠粒径 0.5～100μm，大部分在 45μm 以下，平均粒径为 10～30μm；海绵状颗粒粒径（含碳粒）范围为 10～300μm，大部分在 45μm 以上，标准规定以 45μm 筛余百分数为细度指标，用以保证粉煤灰的火山灰活性。

② 需水量比：一般情况下在混凝土中用粉煤灰等量替代水泥，用水量不会增加，反而可能降低，但当粉煤灰含碳量较高时，也会明显增加用水量，需水量比之所以成为一项重要指标，是因为水既是参与水泥水化反应及粉煤灰的火山灰活性反应必要条件，同时混凝土中多余水分，也是形成混凝土中孔隙重要因素。根据实际经验，粉煤灰的需水量比指标在 105%以下。粉煤灰混凝土的用水量如与基准混凝土用水量相同，需水量比在 95%以下，则新拌的粉煤灰混凝土用水量就会比原来未掺粉煤灰混凝土用水量减少，需水量比在 100%左右，掺加粉煤灰就可能取得一定的减水效果。

③ 烧失量：是指粉煤灰中未燃尽的碳分，粉煤灰中未燃尽的碳分加大，惰性灰分增多，导致粉煤灰中活性成分减少，实践经验证明，粉煤灰中烧失量超过 7%，就会严重影响对混凝土中含气量控制。为此将粉煤灰中碳分作为一种有害成分，加以限制。

④ 三氧化硫：含硫量高的母煤烧成的粉煤灰中含有较多的硫酸盐，其含量一般以 SO_3 质量的百分数表示，此值通常在 0.5%～1.5%之间，但有些高钙粉煤灰的硫酸盐含量可达 30%，限量的目的主要是考虑 SO_3 含量过高生成破坏性的钙矾石。

4）注意事项

掺加粉煤灰的混凝土应注意如下事项：

① 由于粉煤灰中活性氧化硅、氧化铝与混凝土中 $Ca(OH)_2$ 发生的二次反应，消耗一部分 $Ca(OH)_2$，使混凝土碱度降低，影响混凝土抗碳化能力，削弱了混凝土对钢筋的保护作用，因此粉煤灰的最大掺量应加以限制，对普通钢筋混凝土结构其掺量最大限值如表 3-4 所示。

取代水泥百分率限值 **表 3-4**

水灰比	水泥种类		
	硅酸盐水泥	普通硅酸盐水泥	矿渣硅酸盐水泥
≤0.40	≤40	≤35	≤30
>0.40	≤30	≤25	≤20

② 一般新拌混凝土空气含量均在3%以下，由于粉煤灰细屑组分影响会使混凝土的含气量降低1%左右，降低混凝土的抗冻性，当粉煤灰应用于高抗冻性混凝土时，必须掺入引气剂。由于粉煤灰的表面活性及烧失量的影响，会降低引气剂的效果，烧失量超过6%的粉煤灰，由于碳颗粒在冷却过程中变成封闭玻璃态，阻碍了对引气剂气泡的吸附。为此要严格控制烧失量并适当增加引气剂掺量，以保证达到规定的含气量。

③ 由于粉煤灰混凝土早期强度增长较慢，在低温条件下施工，或用于提早拆模、提前负荷工程时，宜采取适当保温措施或掺加早强剂，粉煤灰与外加剂双掺复合作用，对改善混凝土拌合物和易性与提高混凝土性能具有明显效果。

④ 掺加粉煤灰混凝土，由于粉煤灰活性发挥较慢，一般情况下28d强度较基准混凝土低，随着龄期增长，由于粉煤灰活性逐渐发挥，混凝土强度逐渐显著增长，为了取得经济效益，充分利用后期强度，在保证设计要求前提下，粉煤灰混凝土设计强度等级宜采用较长龄期，地上结构宜用28d，地下结构或大体积混凝土可采用60d或90d。

⑤ 粉煤灰混凝土是由水泥、粉煤灰、砂、石、水5种组分组成的，如果掺有外加剂将变为6种组分。粉煤灰一般为粉料，遇水后容易结团，为了搅拌均匀应注意投料顺序。适当延长搅拌时间，宜比普通混凝土增加搅拌时间30s。当采用干粉煤灰时，必须把它与水泥和骨料同时投入搅拌机中，当采用湿粉煤灰时，可预先把它与一定量水制成浆料，然后投入搅拌机中，或先在搅拌机内把粉煤灰与水制成浆料，然后再投入其他物料。

⑥ 为防止粉煤灰混凝土泌水离析现象发生，必须控制好振捣时间，采用插入式振捣器振捣泵送粉煤灰混凝土时，当坍落度为80～120mm时，振捣时间宜为15～20s，当坍落度为120～180mm时，振捣时间宜为10～15s，为防止面层起粉，抹面时必须进行二次压光。

⑦ 要加强早期湿养护，注意保持表面始终潮湿。对防水混凝土至少养护14d，如果利用60d或90d作为设计强度等级龄期依据，除按规定加强早期养护，同时也应适当保持龄期前的养护。

⑧ 粉煤灰进场时应按表3-3要求，对其细度、需水量比、烧失量、三氧化硫进行检查，以连续供应200t、同一厂家、同一级别为一验收批，并应具有生产单位的出厂合格证，合格证内容包括厂名、合格证编号、级别、批号、出厂日期、代表数量，并应有按年度提供的质量检测报告。

(2) 硅灰(硅粉)

硅灰主要成分为SiO_2，代表性组成还有碳和氧化铁，当生产合金的种类或原料发生变化，则硅灰的成分也相应发生变化，如果合金中硅的含量高，

生产的硅灰 SiO_2 含量也高，SiO_2 为无色物质，硅灰的颜色由浅到深是取决于非硅的组成，含碳量与氧化铁成分增加，颜色加深。

硅灰是一种超细颗粒的活性矿物掺合料，硅灰的大部分颗粒粒径都小于 1μm，平均粒径为 0.1μm，约为水泥粒径 1/100，如硅灰掺量 10％在水泥的浆体中，每个水泥颗粒大约为 5 万个硅灰粒子所包围。掺入混凝土中主要作用有：

① 硅灰掺入混凝土后由于微细颗粒大量增加，硅灰粒子填充水泥颗粒之间空隙，增加了固体材料之间密实性，水泥颗粒水化所需用水也要通过包裹的硅灰层，故使其取得相同流动性的用水量比不掺加硅灰的基准混凝土有所增加，由于颗粒小，数量多，活性发挥快，使混凝土坍落度损失加大。由于固体颗粒接触距离减小，内聚力增加，混凝土拌合物保水黏聚性增加，泌水离析现象减少。

② 使混凝土强度能快速增长，提高早期与 28d 强度，这主要是因为硅灰颗粒超细，数量多，比表面积大，存在于水泥颗粒之间与水泥水化时析出的 $Ca(OH)_2$ 迅速反应生成硅钙化合物，同时硅灰本身也会吸水生成硅凝胶中间产物，然后生成水化硅酸钙(C-S-H)凝胶。掺硅灰后生成的 C-S-H 为Ⅲ型，后期为Ⅳ型，Ⅲ型的 C-S-H 为等大粒子体，形状接近扁平，约有几微米大小。Ⅳ型粒径更小，由极小颗粒构成的凝胶体，使凝胶体孔隙变得更小，形成了较高的强度。

③ 硅灰混凝土的耐久性有显著改善，由于混凝土密实度的提高，使透水性降低，抗渗性提高。硅灰混凝土具有良好的抗冻性，在水泥用量 $250kg/m^3$ 的混凝土中加入 10％的硅灰和 1％的高效减水剂，其抗冻性与每立方米 400kg 的硅酸盐水泥混凝土相同，若取代量增加到 15％～25％时效果更好，这主要是掺入硅灰后混凝土密实度的增强，混凝土水饱和时含水量降低，水结冰膨胀作用减弱与混凝土强度提高，使水结冰膨胀作用产生环向拉应力的抗拉强度提高形成的结果。掺入硅灰后的混凝土随着其火山灰反应消耗了一部分 $Ca(OH)_2$，但降低不明显，当掺入 30％时，pH 值仍保持在 11.5 左右，但由于混凝土密实度的增加与凝胶体孔结构的改善，O_2、H_2O、CO_2、SO_4^{-2}、Cl^- 的渗透扩散受阻；同时由于混凝土密实，提高了电阻抗，如在水泥用量为 $250kg/m^3$ 与 $400kg/m^3$ 的混凝土中分别加入 10％与 20％的硅灰时，其电阻抗分别为原混凝土的 210％、615％和 550％、1600％，由于有害介质渗透扩散受阻和电阻抗的增加，使钢筋电化学锈蚀反应不易发生，因而保护了钢筋不受锈蚀。抗硫酸盐的化学侵蚀能力增强，经工程实践检验，用 15％硅灰替代硅酸盐水泥，其抗硫酸盐侵蚀能力与 C_3A(铝酸三钙)含量小于 5％的抗硫酸盐水泥相等。能有效地抑制水泥浆体中的碱与活性硅质骨料之间的碱骨料反应。试验表

明，随着硅粉及高效减水剂的增加，硅灰混凝土的抗碳化能力提高。

硅灰质量指标应符合表 3-5 规定：

硅灰质量指标 **表 3-5**

项　　目	指　　标
比表面积(m^2/kg)	≥18000
二氧化硅(%)	≥85

比表面积按《水泥比表面积测定方法(勃氏法)》(GB/T 8074)进行测定；SiO_2 含量按《水泥化学分析方法》(GB/T 176)进行测定。

硅灰取代水泥重量百分率，应符合表 3-6 规定：

取代水泥百分率 **表 3-6**

矿物掺合料类别	强度等级	取代水泥百分率(%)		
		硅酸盐水泥	普通硅酸盐水泥	矿渣硅酸盐水泥
硅　　灰	C50 以上	≤10	≤10	≤10

硅灰混凝土在等强度情况下，由于密实性提高，其收缩变形值比基准混凝土略小，随着硅灰与减水剂掺量的增加，硅灰混凝土的早期收缩值偏大，这主要是早期水化加快，强度增长大造成，后期趋于正常。随着硅灰取代率的增加，为获得所要求的含气量，引气剂的用量将显著增大。

(3) 矿渣细粉

矿渣细粉掺入混凝土后对混凝土性能的影响有：

① 对混凝土拌合物性能影响：与未掺矿渣细粉的混凝土相比和易性得到改善，凝结时间延长，延长程度取决浇筑后的早期温度、矿粉的掺量及水泥的品种，通常情况下可延长 0.5～1.0h，气温较高接近 30℃时，几乎没有延长。当磨细矿粉比水泥颗粒细时，泌水减少，反之当磨细矿粉较粗时，泌水速度和泌水量可能增加。

② 对硬化混凝土性能影响：与硅酸盐水泥混凝土相比，早期 1～3d 强度下降，7d 之后强度增加较快，对大体积混凝土可以降低温升，其降低幅度随掺量加大而加大，对水的渗透性大大低于未掺的混凝土，这是由于细矿粉与水泥水化产生的 $Ca(OH)_2$ 反应生成 C-S-H 凝胶填充了混凝土孔隙，改变了胶凝基体的孔结构。同时也增强了抗硫酸盐的侵蚀性，由于密实性加大，渗透性减小，降低了氯离子、CO_2 的渗透侵入，对减少钢筋锈蚀也是有利的。

矿渣细粉的质量指标应符合表 3-7 规定，取代水泥百分率应符合表 3-8 规定，指标试验方法按《用于水泥和混凝土中的粒化高炉渣粉》(GB/T 18046)进行。

粒化高炉矿渣粉质量指标 **表 3-7**

项　　目		级　　别		
		S105	S95	S75
密度(g/cm^3)		≥2.8		
比表面积(m^2/kg)		≥350		
活性指数(%)	7d	≥95	≥75	≥55
	28d	≥105	≥95	≥75
流动度比(%)		≥85	≥90	≥95
含水量(%)		≤1.0		
烧失量(%)		≤3.0		

注：当掺加石膏或其他助磨剂时，应在报告中注明其种类及掺量。

取代水泥百分率 **表 3-8**

矿物掺合料种类	水　灰　比	取代水泥百分率 β_c(%)		
		硅酸盐水泥	普通硅酸盐水泥	矿渣硅酸盐水泥
粒化高炉矿渣粉	≤0.40	≤70	≤55	≤35
	>0.40	≤50	≤40	≤30

(4) 掺矿物掺合料混凝土的工程应用注意事项

① 配制强度等级 C60 以上的高强混凝土，宜采用Ⅰ级粉煤灰、硅灰及矿渣细粉或复合掺合料。

② 掺加矿物掺合料的混凝土，宜采用硅酸盐水泥、普通硅酸盐水泥和矿渣硅酸盐水泥，不宜采用火山灰质硅酸盐水泥、粉煤灰硅酸盐水泥和复合硅酸盐水泥。

③ 掺加矿物掺合料的混凝土宜同时掺加外加剂，外加剂与水泥、掺合料的适应性及合理掺量应由试验确定，外加剂掺量应以胶凝材料总量的百分比计。

④ 硅灰进场时应按表 3-5 要求对 SiO_2 含量进行检验，其细度可根据需要进行检验，应以连续供应 30t、同一厂家、相同级别为一验收批，不足 30t 者应按一批计。

⑤ 当矿物掺合料的质量标准不符合要求时，应降级使用或按不合格品处理。

⑥ 设计原则：掺矿物掺合料混凝土设计要求的强度等级、强度保证率、标准差等指标应符合《普通混凝土配合比设计规程》(JGJ 55)规定。配合比设计以基准混凝土配合比为基础，按等稠度、等强度等级的原则等效置换。

⑦ 按已选择矿物掺合料的取代百分率(β_c)，由下式求出每立方米掺矿物掺合料混凝土的水泥用量(m_c)：

$$m_c = m_w \cdot (1-\beta_c) \tag{3-1}$$

式中 m_w——取代前水泥用量。

⑧ 掺矿物掺合料混凝土的用水量，按基准混凝土配合比的用水量取用。

⑨ 掺合料用量确定：等量取代水泥，通过试拌，进行混凝土配合比调整，直到符合要求，再根据实测表观密度校正单方材料用量。

⑩ 碱含量计算：

$$A_{ma} = \beta \cdot m_f \cdot K_{ma} \tag{3-2}$$

式中 A_{ma}——每立方米混凝土由掺合料带入的有效碱含量(kg/m^3)；

m_f——每立方米混凝土中矿物掺合料量(kg/m^3)；

β——矿物掺合料有效碱含量占矿物掺合料碱含量的百分率(%)，对粉煤灰β=15%，硅灰β=50%，粒化高炉矿渣细粉β=50%；

K_{ma}——矿物掺合料的碱含量(%)。

⑪ 各种矿物掺合料的搅拌计量应按重量计，每盘计量允许偏差不应超过±2%，累计计量允许偏差不应超过±1%。

⑫ 掺矿物掺合料混凝土搅拌宜采用二次投料法，即先投入粗细骨料和1/3的水搅拌10s后，再投入水泥、矿物掺合料、剩余的2/3水及外加剂继续搅拌直至出机，搅拌时间宜适当延长。

⑬ 掺矿物掺合料混凝土抹面时，应至少进行二次槎压，最后一次应在泌水结束、初凝前完成。

⑭ 掺引气剂和矿物掺合料的混凝土，每工作班应至少测一次含气量，其测定值的允许偏差为±1.5%。

⑮ 掺矿物掺合料混凝土质量检验评定，按国家现行标准执行，设计允许时，强度验收龄期宜为60d或90d。

⑯ 掺矿物掺合料和防冻剂混凝土的冬期施工，当室外最低气温不低于－10℃时，受冻临界强度不得小于4.0MPa；当室外最低气温不低于－20℃时，受冻临界强度不得小于5.0MPa。出机温度不宜小于10℃，入模温度不得低于5℃，防冻剂不得含有氯盐及对人体健康和环境有害有毒物质，其他有关

规定按《建筑工程冬期施工规程》(JGJ 104)执行。

10. 使用性能良好的外加剂

从减少有害介质对钢筋混凝土结构材料与截面的侵蚀、提高结构工程耐久性考虑，采用性能良好的外加剂是重要的技术条件与有效措施。结构耐久性损丧与外加剂作用机理及长期工程实践证明：高效减水剂、引气剂及多功能高效复合型防水剂对保证与提高工程耐久性更为有效。外加剂通过高效减水、保水、改善混凝土孔隙结构、降低孔隙率、增加密实度作用，使混凝土达到低收缩、高抗渗、高抗冻的目的，同时也减弱了有害介质的渗透扩散通路及发生化学反应的液相条件，对增强结构耐久性起到重要作用。

外加剂的选用，应做到能够根据国家标准质量要求保证性能质量，能够根据结构施工条件与使用环境特点正确选择，能够根据国家规范要求与外加剂性能特点正确使用。各种混凝土外加剂性能质量、作用机理，将在本书“第 10 章混凝土外加剂”中作专题讨论。

11. 采取有利的构造措施

混凝土结构设计与施工，要合理采取施工缝、变形缝、后浇带等构造措施，减少结构混凝土的收缩与不均匀沉降应力，避免或减少裂缝，做好这些部位的施工质量，防止渗漏。设计中应避免结构受力不连续、不合理传递和构件截面突然变化，以防出现应力集中，形成裂缝。

尽量减少结构表面的直接外露，对地下防水工程一般应设置外防水层，对地面以上特别是处于潮湿或海边工作环境，可采取面砖、涂层等方法设置外包防护层，起到防潮、防介质侵蚀、防风化的增强作用；外露结构应作成不积水、有利排水的光滑表面，并对雨篷、阳台、挑檐等悬挑构件找坡、设置排水设施。

结构表面涂层可分为无机材料涂层与有机材料涂层，无机材料如水泥砂浆、防水砂浆、水泥基防水涂料，涂层的作用是增加了有害介质的渗透距离，相当于增加了保护层厚度；因覆盖层本身含有可碳化物质，能消耗一部分扩散侵入的CO_2，使CO_2接触混凝土表面时间延迟，穿过覆盖层后浓度降低，从而延缓碳化速度；同时覆盖层阻止氯离子、氧和水的渗透，也起到保护钢筋作用；而且水泥砂浆与混凝土之间粘结性好，具有和结构混凝土同步的抗老化耐久时间。有机材料涂料主要有聚氨酯类、橡胶类、树脂类、有机聚合物类及硅烷系列，有机材料一般抗化学侵蚀性能强，抗渗透能力强，而涂刷时能渗透到混凝土表面一定深度，但一般耐老化时间较短。

12. 施工管理与技术措施

目前施工单位的管理、技术、操作人员在施工中比较注意混凝土拌合物对满足泵送的工作性能要求和留置试件的强度指标以及现浇结构的构件轴线、垂直度、截面尺寸偏差、面观质量；而对结构耐久性质量缺乏了解，重视不足。为了提高结构耐久性质量，要加强施工管理，应通过培训，提高认识，落实责任，制定专项技术措施，通过检查验收，层层把关，其重点要注意以下几点：

（1）提高对保护层作用认识，保证保护层的设计厚度。施工和验收人员普遍对保护层作用缺乏了解，重视不足，没有作为专项指标进行施工和验收，使保护层薄厚不均现象严重。造成保护层薄厚不均的原因有：现场绑扎或焊接安装钢筋时发生位置偏移，尤以墙柱竖向构件为严重，由于钢筋绑扎或焊接一开始位置偏移，支模、浇筑混凝土后形成一侧保护层很厚、一侧很薄，墙柱最薄的保护层只有几毫米；竖向构件墙柱钢筋骨架侧向不设保护层垫块，浇筑混凝土时由于模板变形或钢筋位移，造成保护层薄厚不均；水平结构梁板下皮钢筋垫块间距过大，上皮钢筋马凳支持不足，造成混凝土浇筑时钢筋变形位移，使保护层薄厚不均；超长水平结构梁板，由于钢筋整体绑扎扭曲变形使保护层薄厚不均。特别值得注意的是，当现浇楼板采用大块竹胶模板时，由于脱模后混凝土表面平整光滑，施工中省略一道抹灰工序，如保护层厚度不足，混凝土的碳化更易加快钢筋的锈蚀。

（2）混凝土搅拌时材料计量准确，投料顺序合理，保证搅拌时间。施工中容易出现的通病是对外加剂和矿物掺合料没有专门计量措施，对粉状外加剂每盘的掺量往往用铁锹估计掺加；为了追求提高搅拌工作效率，缩短搅拌时间，达不到搅拌均匀程度，影响混凝土质量。

（3）严格控制用水量，不得随意改变水灰比。施工中容易出现的通病是为了增加混凝土流动性，减少泵送管道摩阻和增大浇筑自流效应，随意加水增加坍落度；雨天施工浇筑按原配合比搅拌，或雨后施工骨料中含水率大大增加，搅拌时没有扣除增加的含水量，结果使混凝土水灰比加大，对雨期或雨天的混凝土浇筑施工没有采取专门的防雨技术措施。

（4）保证振捣密实，合理掌握浇筑厚度、布料间距、振捣间距与振捣时间。对采用插入式振捣器，每层浇筑厚度宜为400mm左右，振捣间距400～500mm，插入拔出振捣时间10～30s，泵送布料间距2m左右。施工中容易出现的通病是对水平板式构件泵送布料间距过大，完全靠振捣效应的自流，不能合理布置振点，往往是对布料堆积部分，振点密，振捣时间长，形成过振；中间自流部分，振点稀，振捣时间短，形成欠振。过振部分容易造成骨料下沉和泌水，靠混凝土振捣自流效应的布料中间欠振区段，粗骨料减少，由于欠振密实度不佳，这对流动性偏小的混凝土，其浇筑振捣质量对混凝土质量将会造成更为严重影响。

(5) 及时充分湿养护，减少水分蒸发。施工中容易出现的通病是一般终凝后开始浇水湿养护，终凝前没有采取保水措施，如在高温干燥有风时蒸发水分较多；浇水养护没有专人负责，浇水时间间隔过长，没有保持混凝土表面始终处于湿润状态；养护时间较短，没有达到规范所要求的至少 7d、对防水混凝土和掺缓凝剂的混凝土至少 14d 的要求。

13. 耐久性控制的专题讨论

考虑到混凝土裂缝控制、混凝土结构工程防水、混凝土碱骨料反应预防对工程耐久性影响的重要性、控制影响因素的复杂性，同时裂缝控制、工程防水也是工程满足使用要求的重要标志，故此分别在第 5、6、7 章予以讨论。

3.5 规范的耐久性规定

《混凝土结构设计规范》(GB 50010—2002)对混凝土结构耐久性设计提出了基本规定，现说明如下：

1. 耐久性设计原则

混凝土结构耐久性的损丧主要是结构在使用期间环境有害介质的物理化学侵蚀丧害，随着环境条件与设计使用年限不同，其可能出现的侵蚀丧害程度也不同，一般情况下，随着环境条件的劣化与设计使用年限的延长，其耐久性损丧可能越大。为此，结构耐久性设计应按环境类别和设计使用年限进行。规范对拟建混凝土结构使用寿命提出了设计使用年限 50 年和 100 年 2 个耐久性预期目标，并将混凝土结构在役使用工作环境划分为 5 类，见表 3-9。

混凝土结构的环境类别 **表 3-9**

环境类别		条 件
一		室内正常环境
二	*a*	室内潮湿环境；非严寒和非寒冷地区的露天环境、与无侵蚀性的水或土壤直接接触的环境
	b	严寒和寒冷地区的露天环境、与无侵蚀性的水或土壤直接接触的环境
三		使用除冰盐的环境；严寒和寒冷地区冬季水位变动的环境；滨海室外环境

续表

环境类别	条　　件
四	海水环境
五	受人为或自然的侵蚀性物质影响的环境

注：严寒和寒冷地区的划分应符合国家现行标准《民用建筑热工设计规程》(JGJ 24)的规定。

混凝土结构耐久性设计，首先须明确结构各部位所处环境类别，表 3-9 中二类环境 a 与 b 的主要差别在于有无冰冻，a 是属于无冰冻环境，b 是属于有冰冻环境，三类环境中“使用除冰盐的环境”是指北方城市冬季依靠喷洒盐水除冰化雪的立交桥及类似环境，“滨海室外环境”是指在海水浪溅区之外，但其前面没有建筑物遮挡的混凝土结构。四类与五类环境的详细划分、耐久性设计方法由《港口工程技术规范》及《工业建筑防腐蚀设计规范》标准解决。关于严寒与寒冷地区的界定，由《民用建筑热工设计规程》规定如下：严寒地区，累年最冷月平均气温低于或等于－10℃的地区；寒冷地区，累年最冷月平均气温高于－10℃，低于或等于 0℃的地区。累年系指近期 30 年，不足 30 年的取实际年数，但不得少于 10 年，各地区可根据当地气象台站的气象参数确定所属气候区域。

2. 设计使用年限 50 年的混凝土结构

一类、二类和三类环境中，设计使用年限为 50 年的结构混凝土，应符合表 3-10 规定。

结构混凝土耐久性的基本要求　　表 3-10

环境类别		最大水灰比	最小水泥用量 (kg/m^3)	最低混凝土强度等级	最大氯离子含量 (%)	最大碱含量 (kg/m^3)
一		0.65	225	C20	1.0	不限制
二	a	0.60	250	C25	0.3	3.0
	b	0.55	275	C30	0.2	3.0
三		0.50	300	C30	0.1	3.0

注：① 氯离子含量系指其占水泥用量的百分率；

② 预应力构件混凝土中的最大氯离子含量为 0.06%，最小水泥用量为 $300kg/m^3$；最低混凝土强度等级应按表中规定提高两个等级；

③ 素混凝土构件的最小水泥用量不应少于表中数值减 $25kg/m^3$；

④ 当混凝土中加入活性掺合料或能提高耐久性的外加剂时，可适当降低最小水泥用量；

⑤ 当有可靠工程经验时，处于一类和二类环境中的最低混凝土强度等级可降低一个等级；

⑥ 当使用非碱活性骨料时，对混凝土中的碱含量可不作限制。

限制最大水灰比，主要是为减少混凝土中自由水分蒸发和泌分，降低孔隙率、增加密实度、减少收缩、避免或减少开裂；提高抗渗性、减少冻融破坏、减少有害介质渗透扩散通路、削弱各种介质侵蚀的液相条件，有利于混凝土强度的提高。

保证最小水泥用量，主要是为了保证混凝土中要有一定数量的胶凝材料浆量，进而保证水泥砂浆的数量和质量，特别是泵送混凝土砂率较大，只有保证最小水泥用量，才能保证混凝土拌合物的流动性、保水黏聚性，保证水泥砂浆质量，同时水泥最小用量也是保证混凝土强度的必要条件。

保证混凝土最低强度等级，主要是考虑混凝土结构随着使用年限延长，其持久强度降低，混凝土强度越高、越密实，越有利于耐久性提高，相应抗拉强度与粘结强度也有所提高，其抗裂能力有所提高。

最大氯离子含量限值，主要是考虑防止钢筋锈蚀，限制混凝土原材料带入量。最大碱含量限值，主要是考虑在潮湿环境条件下预防混凝土的碱骨料反应破坏，限制混凝土原材料带入量。试验研究表明，对中等碱活性骨料，混凝土碱含量大于 3.0kg/m^3 时将会发生碱骨料反应破坏。

防止介质侵蚀的混凝土结构耐久性，从侵蚀作用的机理根源上说，关键在于：一是限制原材料带入量，从源头上开始控制；二是增加混凝土密实度，切断或减少环境有害介质向混凝土内的渗透扩散通路，抑制环境渗入量；三是削弱介质发生侵蚀反应的液相条件，防止或减少水的渗透，防止或减少环境干湿变化而导致的混凝土中水的蒸发与吸收循环。上述 3 点是控制混凝土结构耐久性、采取各项设计与施工措施的基本出发点。

3. 设计使用年限 100 年的混凝土结构

（1）一类环境，设计使用年限为 100 年的结构混凝土应符合下列规定：

① 钢筋混凝土结构的最低混凝土强度等级为 C30；预应力混凝土结构的最低混凝土强度等级为 C40；

② 混凝土中最大氯离子含量为 0.06%；

③ 宜使用非碱活性骨料，当使用碱活性骨料时，混凝土中最大碱含量为 3.0kg/m^3；

④ 混凝土保护层厚度应按规范规定（见表 3-11）增加 40%，当采取有效的表面防护措施时，保护层厚度可适当减少；

⑤ 在使用过程中，应定期维护。

纵向受力钢筋的混凝土保护层最小厚度(mm)　　**表 3-11**

环境类别		板、墙、壳			梁			柱		
		≤C20	C25～C45	≥C50	≤C20	C25～C45	≥C50	≤C20	C25～C45	≥C50
一		20	15	15	30	25	25	30	30	30
二	a	—	20	20	—	30	30	—	30	30
	b	—	25	20	—	35	30	—	35	30
三		—	30	25	—	40	35	—	40	35

注：基础中纵向受力钢筋的混凝土保护层厚度不应小于 40mm；当无垫层时不应小于 70mm。

规范上述规定的可行性在于，根据国内混凝土结构耐久性状态调查，一类环境设计使用年限为 50 年的基本可以保证，国内一类环境实际使用年数超过 100 年的混凝土结构极少，实际使用年数在 70～80 年一类环境中的混凝土构件基本完好。因此，对混凝土中氯离子含量相对设计使用 50 年进一步严加限制，再适当提高混凝土强度等级和保护层厚度，特别规定需定期进行维护，一类环境中的混凝土结构设计使用年限 100 年的预期耐久性是可以得到保证的。一类环境影响混凝土结构耐久性主要是混凝土碳化与氯离子侵蚀对钢筋造成锈蚀影响。

（2）二类和三类环境中，设计使用年限为 100 年的混凝土结构，由于环境条件的劣化及影响因素的复杂，加之国内二、三类环境实际使用年数超过 100 年的混凝土结构极少，应当说工程耐久性实践检验资料不足，规范没有提出明确条文规定。但规范指出应采取专门有效措施，要求在设计中限制混凝土的水灰比，适当提高混凝土强度等级，保证混凝土抗冻性，提高混凝土的抗渗透能力，使用环氧涂层钢筋，构造上注意避免积水，构件表面增加防护层，使构件不直接承受环境作用等。特别是规定维修年限或局部更换，都可以延长主体结构的实际使用年数。

4. 混凝土的抗冻性与抗渗性

混凝土在饱水状态下的冻融循环破坏，是混凝土结构耐久性损丧的重要表现，规范规定：严寒与寒冷地区的潮湿环境中，结构混凝土应满足抗冻要求，混凝土抗冻等级应符合有关标准规定。混凝土抗冻性一般以抗冻等级表示，抗冻等级有 2 种检验测试方法。一种是以龄期 28d 标养试块吸水饱和后，经反复冻融循环，以抗压强度降低不超过25%，而且重量损失不超过5%时所能承受的最大冻融循环次数确定。将混凝土抗冻等级划分为F25、F50、F100、F150、F200、F250、F300共7个等级，表示混凝土在抗压强度降低不超过25%，重量损失不超过5%条件下能承受反复冻融的循环次数分别为25、50、100、150、200、250、300次。另一种方法是以龄期28d标养试块吸水饱和后，经反复冻融循环，以相对动弹性模量不小于60%，而且重量损失不超过5%时所能承受的最大循环次数确定。

混凝土结构设计时，对处于寒冷或严寒地区潮湿环境与水接触的工程，设计文件中不仅对混凝土强度等级提出要求，还应根据当地气候条件，混凝土所处部位及冬季水位变化频繁程度，结构设计使用年限按有关标准，对混凝土提出抗冻等级要求。为了提高混凝土抗冻性，保证达到设计要求的抗冻等级，应按上述减少冻融破坏措施对抗冻混凝土规定如下：

（1）混凝土强度等级不得小于C30。

（2）应选用硅酸盐水泥或普通硅酸盐水泥，不宜采用火山灰质硅酸盐水泥，水泥用量不得低于275kg/m^3。宜选用连续级配的粗骨料，含泥量不得大于1.0%，泥块含量不得大于0.5%，细骨料含泥量不得大于3%，泥块含量不得大于1.0%。

（3）抗冻等级F100及以上的混凝土所用粗细骨料均应进行坚固性试验，经试验循环后其重量损失不应大于8%。

（4）抗冻混凝土宜采用减水剂，对抗冻等级F100及以上的混凝土应掺引气剂，掺入后混凝土的含气量应符合表3-2规定。

（5）最大水灰比：抗冻等级F50，无引气剂时为0.55，掺引气剂时为0.60；抗冻等级F100为0.55（掺引气剂），F150及以上为0.50（掺引气剂）。

（6）进行配合比设计时，应按上述方法增作抗冻性能试验，检查混凝土是否达到设计要求的抗冻等级，如不满足，对配合比应予以重新调整，以同时满足和易性、强度和抗冻性为准。

对有抗渗要求的混凝土结构，混凝土的抗渗等级应符合有关标准要求，混凝土地下防水工程，其设计与施工应符合《地下工程防水技术规范》与《地下防水工程质量验收规范》的有关规定。（详见本书第6章）

3.6 混凝土结构耐久性质量控制框图

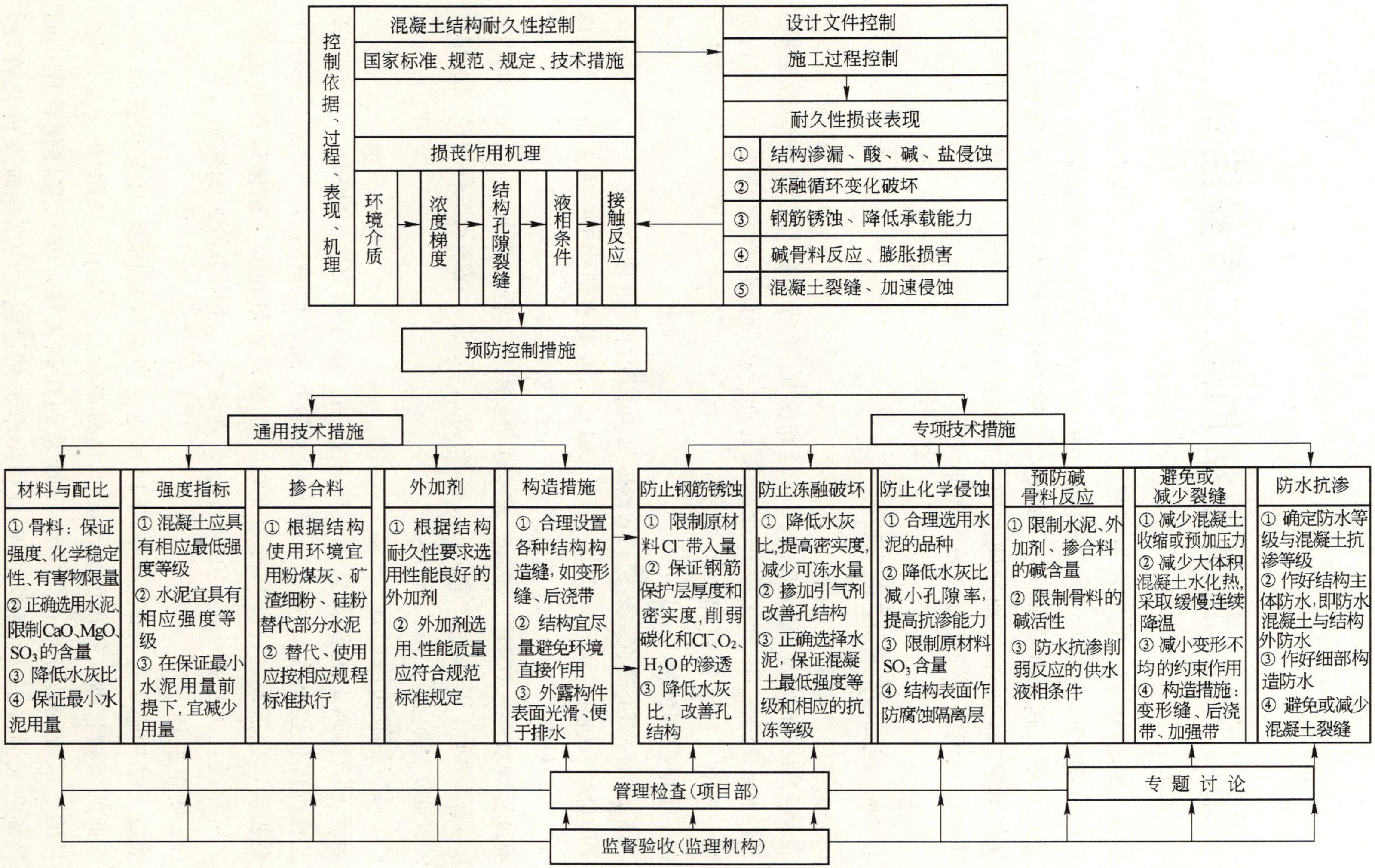

图 3-6　混凝土结构耐久性质量控制

第4章　混凝土结构施工质量控制

混凝土结构施工，是集人力、材料、机械设备、工艺流程在建筑地点环境条件的有限空间，于规定的工期内，通过人的管理操作物化劳动，实现工种交叉、工序交接的工艺过程，将设计文件的蓝图转化为空间的物质实体。建筑实体的完成，必须达到预期的质量目标及标准，为此，对施工过程的质量及质量影响因素必须加以有效地控制。

4.1　施工质量控制概述

混凝土结构施工质量控制主要通过科学的策划管理与严格的检查验收，指导、控制、监督、评价工序作业，施工质量控制应包含控制依据、控制阶段内容、控制手段及控制程序4个方面。

（1）质量控制依据

混凝土结构施工过程质量控制的依据是国家现行标准规范，主要有：《建筑工程施工质量验收统一标准》（GB 50300—2001）、《混凝土结构工程施工质量验收规范》（GB 50204—2002）、《地下防水工程质量验收规范》（GB 50208—2002）、《建筑工程项目管理规范》（GB/T 50326—2000）、《建筑工程监理规范》（GB 50319—2000）。规范规定了工程质量验收的内容、标准、方法、程序及工程质量控制相关部门的管理实施职责、方法、程序。

（2）质量控制阶段内容

混凝土结构施工过程质量分三阶段控制：施工准备阶段控制，施工阶段的工艺流程操作控制和结构子分部工程验收控制；控制内容针对那些影响工序质量要素，包括人的技能与行为准则，原材料质量检验，机械设备的适用、操作、可靠性，工艺方法流程的规范性、先进性，环境条件影响措施等。

（3）质量控制手段

混凝土结构施工过程质量控制手段是建立质量管理体系（质量保证体系），进行全面的质量管理。管理的主要特点是科学化、系统化、制度化、文件化，将科学的、系统的、制度的管理编制成系列控制文件，实行文件化管理，通过文件规范人的行为，控制物的质量和操作工艺过程。为了实现文件化管理，根据基本建设程序和国家标准规范规定并结合建设施工项目具体特点，施工过程质量控制一般要编制 4 个层次的管理技术文件：编制施工项目的施工组织设计(项目管理规划大纲)，作为全面规划控制施工的依据；制定项目经理部各部门各成员的岗位责任制及相应的规章制度，作为部门、人的工作范围、履行职责、管理业绩评价的依据；对重要技术、复杂的分部工程和关键的分项工程编制施工技术方案及施工作业条例(施工作业指导书)，作为具体指导、控制施工操作的依据。

(4) 质量控制程序

混凝土结构施工质量控制程序是将质量目标按分部、分项工程进行目标与过程的分解，并将分解的质量目标进行层层落实，落实到相关管理部门的管理人员与基层作业班组人员。对阶段性的工序质量目标采取三步控制程序：工序执行前的控制、工序执行过程控制与工序执行结果控制。工序执行前的质量控制包含原材料质量、机具设备质量、相关人员责任及操作技能；工序执行过程质量控制是指采用工艺方法流程、作业行为必须依据设计要求、国家规范规定、施工技术方案或施工作业条例进行；工序执行结果控制包含检查、验收、改正、签证。分项工程工序的检验批完成之后经验收合格签证，方可进行下道工序施工，如经验收不合格，令其整改，经整改后再次验收合格，方可转入下道工序施工。

4.2 施工组织设计

施工组织设计是施工招投标和施工中标后指导施工的纲领性控制文件，其编制依据：一是设计文件要求，二是国家规范标准规定，三是建设单位(业主)与施工单位双方签订的《工程建设施工合同》的工期与质量目标要求，四是结合工程实际特点及本单位实际情况。其编制内容包括组织机构、施工准备、施工部署、施工工艺、施工管理等。施工组织设计的作用是使施工能按设计要求、国家规范规定做到有计划、有组织、有步骤、有控制地运行。

1. 组织机构

组织机构是建设项目施工完成与质量目标实现的组织和管理保证，要求组成成员具有相应的管理能力、相应的工作责任心、相应的技术理论与工程实践经验。根据规范规定，建设项目应在施工现场组建项目经理部，项目经理部应根据建设规模、结构特点、质量控制体系要求，一般按三个梯队层次组建。对大型复杂工程，宜按矩阵式管理模式组建，项目部应设项目经理、副经理、总技术负责人(总工程师)，下设四部一站一室，即：物资部，负责施工材料采购，运输和储存；工程部，负责施工组织、施工计划实施及现场施工的协调管理；技术部，负责施工方案及技术措施制定、试验检验及资料管理；质量部，负责工序质量检查和控制，对工程质量负责；安全站，负责施工现场的安全管理，贯彻执行安全法规，对职工进行安全教育，检查安全措施，消除安全隐患，确保施工安全；办公室，负责日常行政、后勤、公共关系、财务的协调管理。在其下设相应专业施工作业队伍。对一般中小型工程，宜按直线式职能模式组建，项目部应由项目经理、技术负责人、施工员、放线员、质检员、安全员、材料员、资料员、预算员、库管员组成，下设相应专业施工作业班组。

项目经理必须具有“建设工程施工项目经理资格证书”，对大中型工程应具有一级项目经理资格证书，应经历过同类规模施工项目的施工，具有项目施工总体统筹、组织、协调能力；具有一定的技术理论与丰富的工程实践经验，具有良好的道德品质。技术负责人应具有较高的技术理论与丰富的工程实践经验，能审查设计图纸，熟悉国家规范标准，编制施工技术文件，解决施工现场发生的技术问题。施工项目经理部组建模式如图 4-1 所示。

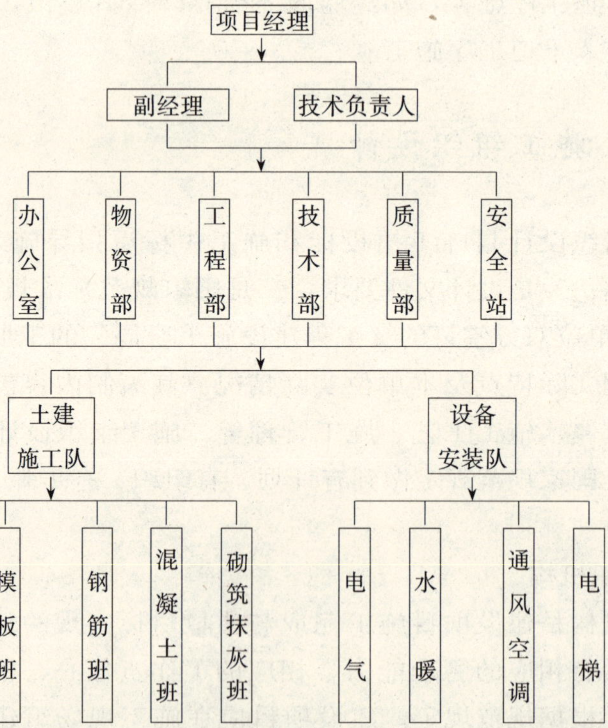

图 4-1　施工项目经理部组建模式

2. 施工准备

施工准备包括技术准备与生产准备，混凝土结构施工过程质量控制应从施工准备开始。

（1）技术准备

① 对施工现场的环境条件进行调查，收集有关资料数据，可参照本书第1.1节中“环境影响”进行。

② 编制施工技术方案和施工作业条例(施工作业指导书)。

③ 组织有关人员熟悉设计图纸，组织设计图纸会审，进行设计交底，进行施工组织设计交底，并对分部或分项工程编制的施工方案、施工作业条例进行交底。

④ 校准测量仪器，将国家城市测量的平面和高程基准点引测到施工现场，建立施工的平面与竖向控制网，作为施工放线的依据，并对测量控制点线妥善保护，严禁擅自移动。

⑤ 施工作业人员应经培训考核后持证上岗，应按操作规程、作业指导书和技术交底进行施工作业。

⑥ 开工前应尽早向检测部门送交原材料样品，进行复试检验，进行混凝土、砂浆配合比试验，以便获得配合比通知单。

（2）生产准备

① 做好三通一平，按施工总平面要求平整场地，做到路通、水通、电通，将水源、电源接到指定地点。

② 根据施工总平面布置，在相应地点位置，搭设临时办公(包括建设、施工、监理三方)、职工临时居住、食堂、厕所暂设；搭设原材料、施工用品的储存保管库房。

③ 根据施工形象进度计划，提前做好成品、半成品、原材料的加工订货。

④ 施工所用原材料、机具设备、计量检测器具应按计划进入现场，根据施工总平面图，分别堆放入库保管，安装混凝土搅拌站、混凝土泵、吊车和钢筋加工等机械设备，并对其进行调试、保养和校准。

⑤ 对施工现场进行封闭围挡，准备好防火消防设备与器材。

混凝土结构施工准备控制程序见图4-2。

3. 施工部署

施工部署是施工过程总体的战略决策。包括制定施工总体方案，根据总体方案进行施工总平面布置，进行分区划段组织流水作业，对施工作业排出

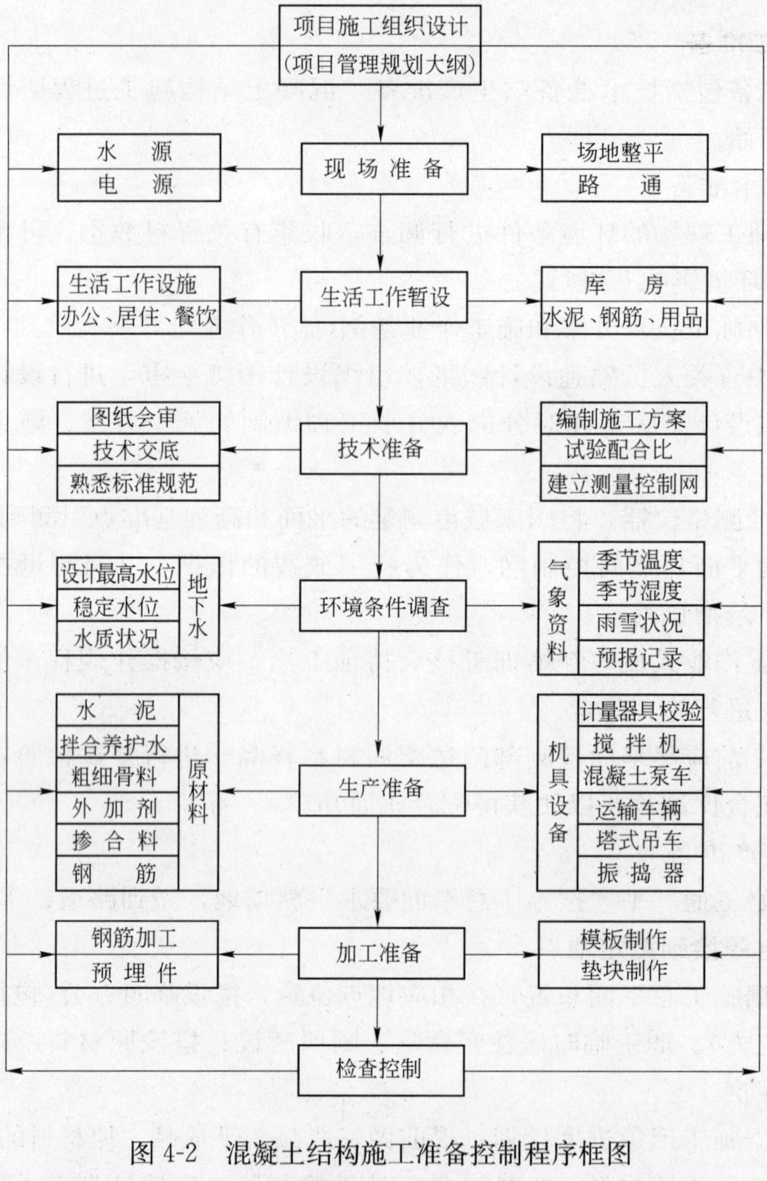

图 4-2 混凝土结构施工准备控制程序框图

进度计划，根据进度计划发生的实物工作量，决定原材料供应计划、劳动力组织和施工机械要求。

（1）施工总体方案

钢筋混凝土结构施工的总体顺序，应本着先地下后地上、先基础后主体、先主体后安装的原则，对大型公建项目，根据建筑规模、结构特点、工期进度要求、机械设备和劳动力组织的供需可能性，对分部与分项工程分区划段，利用几支综合施工队伍在各区段进行平行作业，在每个区段内组织流水作业，进行平面与立面交叉，充分有效地利用劳动力、机械设备和建筑空间，以便加快施工进度。对由多个建筑单体组成的小区建筑群，可根据总工期要求与本项目部的施工能力，采取一个一个单体先后推进或几个单体同时交叉推进的方式。

（2）施工总平面布置

根据施工总体方案的平面施工先后顺序及立体交叉作业要求，确定现场施工采用的施工机械设备性能类别和安装位置及原材料堆放加工场地。一般混凝土结构施工现场主要施工机械设备是混凝土搅拌站、混凝土泵和塔式吊车。搅拌站的搅拌能力应满足施工进度计划浇筑量要求，设置地点应距各施工单体相对较近，并在周边有堆放砂、石料的场地；混凝土泵的泵送能力与安放位置应与要求的计划浇筑量相适应，与要求的输送高度、输送距离相适应；塔式吊车是现场模板、钢筋水平与垂直运输工具，其高度、额定起重量、回转半径应满足建筑施工高度与覆盖建筑平面内的建筑及相应钢筋、模板堆放场地的要求，即钢筋、模板的堆放不应超过吊车回转半径的控制范围。办公、生活、仓库等暂设应设在不影响施工的场区外边缘。

（3）施工进度计划

施工进度计划是根据建设单位与施工单位双方签订的施工合同的工期要求并结合本项目部施工能力编制，一般以日为时间单元，绘制施工进度横道图。施工单位要按工程施工进度横道图要求，控制施工进度，同时施工进度也是合同工程拨款的依据。

（4）施工原材料、机具、劳动力需求计划

根据施工各工种、各工序总工程量和施工进度计划的阶段需求量，编制建筑材料购置计划表、施工机具配置计划表、劳动力需求计划表，以便在施工前和施工过程中提前做好成品、半成品、原材料的加工订货，并及时运入施工现场，及时作好施工机具的安装、调试和配置各施工阶段所要求的劳动力。

4. 施工工艺

施工工艺方法既是建筑实体完成的实际操作过程，又是工程建设施工过程执行质量形与物的直接体现，对工程质量产生直接重要影响，应采取相应的技术措施加以控制。整体现浇混凝土结构基础与主体的施工工艺方法，主要包括模板工程、钢筋工程、混凝土工程、现浇结构 4 个分项工程。由于施工工艺方法对工程质量影响的直接性和重要性、质量控制与工艺过程的不可分割的相融性，其有关内容将在下述的“4.4 施工工艺作业控制”中加以详述。

5. 施工管理

为了使建设项目的施工过程作到有计划、有组织、有步骤、有控制地进行，能在合同规定的工期竣工完成，并达到预期的质量目标，施工管理既是实现的手段也是保证的前提。管理应遵循基本建设的规律，具有科学性，项目管理每一过程应体现目标、计划、实施、结果、检查、处理的持续改进过程；管理应按部门分工负责落实到人，具有操作执行的责任性，应以相应的规章制度加以保证。项目管理包括进度控制、质量控制、安全控制、成本控制，人力资源管理、材料管理、机械设备管理、技术管理、资金管理、合同管理、现场管理，以及项目的组织协调、竣工验收、考核评价、回访保修。

4.3 施工质量控制体系

施工组织设计中的组织机构、施工准备、施工部署、原材料机具选用、劳动力组织、施工工艺方法，不仅对过程执行起到指导作用，而且也包含了对质量影响因素的控制。考虑到工程质量的重要性和影响因素的复杂性，在施工过程中建立质量控制体系的目的是进一步强化人们的质量意识与责任，进一步强化管理与技术措施，确保预期质量目标的实现。

质量控制体系是质量控制组织化、文件化、系统化、制度化的体现，应按本单位 GB/T 19000—ISO 9000 系列标准认证的质量管理体系并结合工程项目具体实际建立。工程项目的施工质量控制体系的组织管理，一般应由项目经理牵头，总工程师主持，质量部参与，形成组织机构，控制管理相关部门以及相关工序的人、材料、机械、工艺、环境影响因素。为了实现最终的质量目标，应对质量目标进行过程分解，按分部分项工程将分解的质量目标，层层落实到各部门、各基层班组；为了履行质量目标，要文件化管理，通过控制文件规范人的行为职责，规定物的质量标准，明确执行过程，并对行为的过程和结果进行验证性追查。

4.4 施工工艺作业控制

对整体现浇混凝土结构的模板工程、钢筋工程、混凝土工程，应按规范规定并结合具体工程实际特点编制施工作业条例(施工作业指导书)。

1. 模板工程

模板工程质量要素控制如下：

(1) 现浇混凝土目前采用的模板种类有组合钢模板、大型定型钢模板、竹胶模板、木模板、滑升模板等。组合钢模板由于组合灵活，应用普遍，一般可用于各种水平与竖向结构构件的支模；大型定型钢模板主要用于高层建筑竖向剪力墙的支模；竹胶模板主要用于楼板或墙板。

模板工程安装体系应包括模板、支架、连接加固配件，支架一般由焊接或无缝的定型钢管作为支柱、水平拉杆或斜向支撑并由连接件连接组成。

(2) 模板、支架所用钢材、胶合板、塑料、木材，其材质应符合有关国家标准规定，保证材料的性能质量。

(3) 模板及支架应根据工程结构形式、荷载大小、施工设备和材料供应等条件进行设计，使其具有足够的承载能力、刚度和稳定性；并应做到构造简单，装拆方便。

(4) 模板制作应保证规格尺寸准确、棱角平直光滑、面层平整、拼缝严密。

(5) 模板安装前应于内侧涂表面隔离剂，隔离剂不得影响结构与装修质量，采用柴油、机油涂刷时，油层应均匀适度，不得汪油淌油，严禁沾污钢筋与混凝土接槎部位，新钢模安装前在外侧表面应刷防锈漆。

(6) 模板安装应根据设计和施工方案(或施工作业条例)保证安装位置准确，以保证结构构件的轴线、标高、水平度、垂直度、构件尺寸、门窗洞口位置符合设计要求。梁板跨度大于或等于 4m 的底模应按设计要求起拱，当设计无要求时，起拱高度宜为跨度的1/1000～3/1000，拱线要顺直，不得有折线。

(7) 现浇多层与高层混凝土结构，应采取分层分段的支模方法。

① 水平梁板结构模板的竖向支架，支柱底部当支承在土层地基时，基土必须夯实并铺设垫板或在支架立柱下进行特殊加固处理，雨期施工应有排水与防沉措施，冬期施工应有防冻胀与防融陷措施；当支承在下一层楼板时，也应铺设垫板，且下一层楼板应具有承受上层荷载的能力，如承载力不能满足则该层的模板与支架不应拆除，应使上下层支架的支柱对准在同一条中心线上。

② 当层间高度大于 5m 时，防止支架变形失稳是关键所在，对水平结构的支模宜采用多层支架或桁架支模，采用多层支架支模时，上下层支架间应铺设水平横垫板，上下层支架立柱应垂直在同一条中心线上，为保证支架立柱或桁架的侧向稳定，应用水平拉杆与斜向撑杆连结固定。

③ 对层间高度较大的墙柱竖向构件，防止模板变形鼓胎和变形位移是关键所在，变形鼓胎往往发生在底部，变形偏移往往发生在顶部。为了防止模

板变形鼓胎，在模板内要设置嵌固模板的梅花筋和必要的外侧加固支撑；为了防止上部模板变形偏移，要有可靠的侧向拉结或支撑。梅花筋的直径、间距及端头的紧固螺栓要满足混凝土侧压力的要求。

（8）模板拼装的接缝要严密平整，以防漏浆，当采用竹胶模板时应采用胶条封堵缝隙，要特别注意竖向构件与水平结构交接的根部防止漏浆烂根与顶部的角模错位。梁柱节点、主次梁节点、墙与楼板节点的交角及楼梯、阳台、檐口、腰线等模板应位置准确，棱角顺直，拼缝平整。木模板在混凝土浇筑前应浇水湿润，但模板内不得有积水。

（9）现浇结构模板安装的允许偏差及检验方法，应符合规范规定，见表4-1。

现浇结构模板安装的允许偏差及检验方法　　表4-1

项目		允许偏差(mm)	检验方法
轴线位置		5	钢尺检查
底模上表面标高		±5	水准仪或拉线、钢尺检查
截面内部尺寸	基础	±10	钢尺检查
	柱、墙、梁	+4，−5	钢尺检查
层高垂直度	不大于5m	6	经纬仪或吊线、钢尺检查
	大于5m	8	经纬仪或吊线、钢尺检查
相邻两板表面高低差		2	钢尺检查
表面平整度		5	2m靠尺和塞尺检查

注：检查轴线位置时，应沿纵、横两个方向量测，并取其中的较大值。

（10）固定在模板上的预埋件、预留孔、预留洞、预留插筋不得遗漏，且应安装牢固，其位置偏差应符合表4-2的要求。

预埋件和预留孔洞的允许偏差　　表4-2

项目		允许偏差(mm)
预埋钢板中心线位置		3
预埋管、预留孔中心线位置		3
插筋	中心线位置	5
	外露长度	+10，0

续表

项目		允许偏差(mm)
预埋螺栓	中心线位置	2
	外露长度	+10，0
预留洞	中心线位置	10
	尺寸	+10，0

注：检查中心线位置时，应沿纵、横两个方向量测，并取其中的较大值。

（11）混凝土浇筑前模板内杂物要清理干净，混凝土浇筑时应有专人监护，注意观察模板、支架是否有异常现象发生。

（12）模板拆除时，混凝土强度应符合设计要求，当设计无要求时，侧模拆除时混凝土强度应以能保证其表面与棱角不因拆模而受损坏，底模及支架拆除时混凝土强度(同条件养护)应符合规范规定，见表4-3。

底模拆除时的混凝土强度要求　　表4-3

构件类型	构件跨度(m)	达到设计的混凝土立方体抗压强度标准值的百分率(%)
板	≤2	≥50
	>2，≤8	≥75
	>8	≥100
梁、拱、壳	≤8	≥75
	>8	≥100
悬臂构件	—	≥100

（13）模板拆除后，应及时清除表面浮浆，合理堆放，应定期维修，对已多次重复使用变形严重、表面凸凹不平、锈斑明显的模板不宜继续使用。

2. 钢筋工程

普通钢筋混凝土结构采用的钢筋主要是HPB235级、HRB335级、HRB400级、RRB400级钢筋及冷轧带肋钢筋(主要用于现浇楼板)，钢筋工程质量要素控制如下：

（1）钢筋质量

钢筋质量应符合现行国家规范标准与设计要求，进场应具有出厂合格证、检验报告，进行外观质量检查，包括直径、平直、局部损伤、裂纹、油污、锈蚀、标志等；并按规定抽样作力学性能复试检验，检验项目包括屈服强度、抗拉强度、伸长率和冷弯性能。如使用过程发现脆断、焊接性能不良或力学性能不稳定还应做化学成分检验。

对有抗震设防要求的按一、二级抗震设计的框架结构，其纵向受力钢筋强度应符合：钢筋抗拉强度的实测值与屈服强度的实测值的比值不应小于1.25；钢筋屈服强度的实测值与强度的标准值的比值不应大于1.30。

（2）保管存放

钢筋进场经验收后，应按品种、级别、规格分别入库存放，使用前在现场分别堆放时要有标牌注明生产厂家、品种、级别、规格，钢筋入、出库应有交接手续。

（3）加工成型

钢筋的加工成型应按设计与规范要求进行。

① 钢筋在加工前应有专职人员根据设计图纸抽筋编制配料单，配料单经审核后，根据配料单的钢筋品种、级别、直径、外形及下料长度在钢筋加工专用场地进行钢筋调直、切断、加工成型，然后在指定地点分别标识堆放，以便运输安装。

② 钢筋的调直采用冷拉方法时，对HPB235级钢筋冷拉率不宜大于4%，对HRB335级、HRB400级、RRB400级钢筋冷拉率不宜大于1%。

③ 钢筋的弯钩或弯折应符合下列规定：

HPB235级钢筋末端应作180°弯钩，如图4-3所示，其弯弧内直径不小于$2.5d$，弯后平直部分长度不小于$3d$；弯起钢筋弯折处的弯曲直径不应小于$5d$，如图4-4所示；箍筋末端应作弯钩，其弯曲的直径应大于纵向受力钢筋直径，且不小于箍筋直径2.5倍，对一般结构弯折角不应小于90°，平直部分长度不小于箍筋直径5倍，对有抗震要求的弯折角应为135°，平直部分长度应不小于箍筋直径的10倍，如图4-5所示。

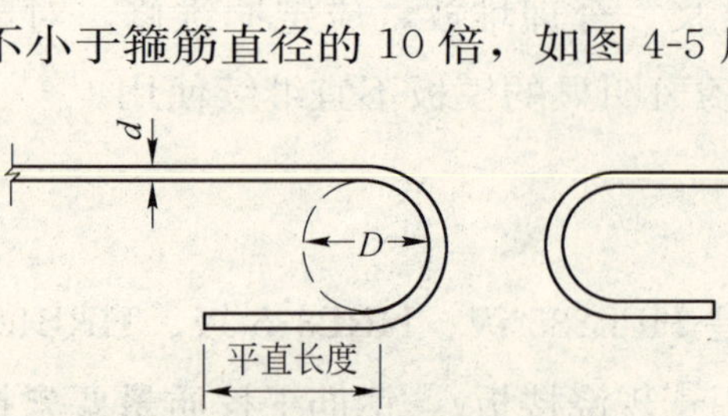

图4-3　钢筋末端180°弯钩

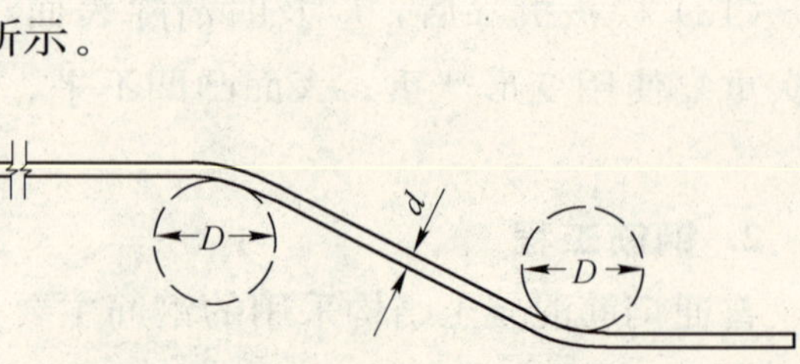

图4-4　钢筋弯折加工

④ 钢筋加工的允许偏差，应符合表4-4规定：

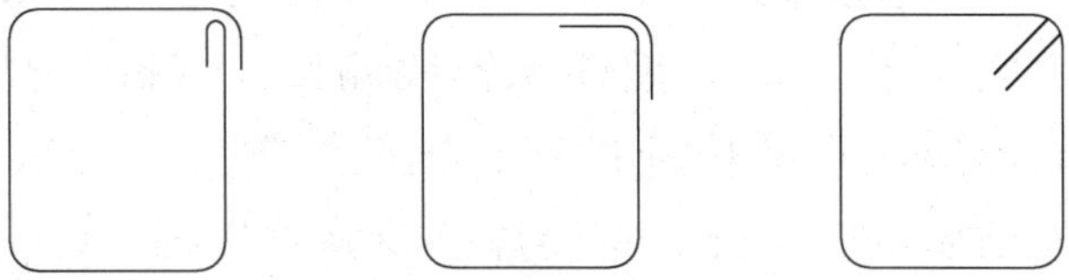

(*a*)　　(*b*)　　(*c*)

图 4-5　箍筋末端弯钩

(*a*)90°/180°；(*b*)90°/90°；(*c*)135°/135°

钢筋加工的允许偏差　　**表 4-4**

项　　目	允许偏差(mm)
受力钢筋顺长度方向全长的净尺寸	±10
弯起钢筋的弯折位置	±20
箍筋内净尺寸	±5

（4）钢筋的连接

钢筋接头连接形式主要根据构件受力性质与钢筋直径大小确定。一般承受静荷载构件的较小直径钢筋可采用绑扎搭接，对轴心受拉、钢筋直径较大或有抗震设防要求构件的钢筋一般需采用焊接，对承受重复动力荷载或钢筋直径更大构件的钢筋可采用机械连接。结构构件受力钢筋选用的接头连接方式及相应的连接质量应符合设计和相应国家标准规程的要求。钢筋接头宜设置在构件受力较小处，同一纵向受力筋不宜设二个或二个以上接头，接头末端至钢筋起弯点的距离不应小于钢筋直径的 10 倍。

① 轴心受拉、小偏心受拉构件的钢筋接头，有抗震要求的一级抗震等级与二级抗震等级的框架结构底层柱、剪力墙加强部位的纵向受力钢筋接头均应采用焊接接头。普通混凝土结构中直径大于 22mm，有抗震要求的二、三级抗震等级的纵向受力钢筋宜采用焊接接头。

② 钢筋焊接接头：操作焊接接头的焊工，必须经培训考试合格，具有焊接资质证书。普通热轧钢筋的焊接可采用闪光对焊、搭接电弧焊、电渣压力焊或气压焊。采用搭接电弧焊时(主要是梁的纵向受力钢筋)，钢筋搭接端应先预弯后焊接，保证二根钢筋轴线在同一条直线上；焊接长度，单面焊不小于 $10d$，双面焊时不小于 $5d$，焊缝宽度不小于主筋直径的 0.7 倍，焊缝厚度不小于主筋直径 0.3 倍，焊药皮要清理干净。采用闪光对接焊接时，钢筋对接端头应清除锈及油污，不得弯曲。采用电渣压力焊连接竖向钢筋(主要是柱

子纵向受力钢筋)时，钢筋端头应平整无锈，焊包均匀，清除表面焊渣，凸出钢筋表面高度大于或等于 4mm，钢筋无轴线偏移、弯折、咬边、烧伤等质量缺陷。冷拉钢筋的焊接应在冷拉前进行。钢筋焊接接头应按规定抽样作力性能检验，其接头连结质量应符合《钢筋焊接及验收规程》(JGJ 18)规定。

焊接接头不宜设置在有抗震设防要求的框架梁端、柱端的箍筋加密区内，设置在同一构件内焊接接头应相互错开，同一根钢筋的任一焊接接头中心至长度为钢筋直径 d 的 35 倍且不小于 500mm 的区段内不应再设焊接头，在该区段内有焊接接头的钢筋面积占受力钢筋总面积的百分率，对受拉区不宜超过 50%。

③ 钢筋绑扎搭接接头：钢筋绑扎搭接接头不宜位于弯矩较大部位的受拉区，同一构件相邻纵向受力钢筋的绑扎搭接接头宜相互错开，绑扎搭接接头中钢筋横向净距不应小于钢筋直径且不应小于 25mm；在同一连结区段内(连接区段长度为 $1.3l_l$，l_l 为搭接长度)，凡搭接接头中点位于该区段内的钢筋面积与全部纵向钢筋面积的比值，对梁、板、墙构件不宜大于 25%，对柱类构件不宜大于 50%。对梁、柱在钢筋搭接长度内的箍筋应按设计要求配置，当设计无要求时，箍筋直径不应小于搭接钢筋较大直径的 0.25 倍，处于受拉搭接区，箍筋间距不应大于搭接钢筋较小直径的 5 倍，且不应大于 100mm，处于受压搭接区，箍筋间距不应大于搭接钢筋较小直径的 10 倍，且不大于 200mm，当柱中纵向受力钢筋直径大于 25mm 时，应在搭接接头两个端面外 100mm 范围内，各设二个箍筋，其间距宜为 50mm。钢筋绑扎搭接接头及连接区段如图 4-6 所示。

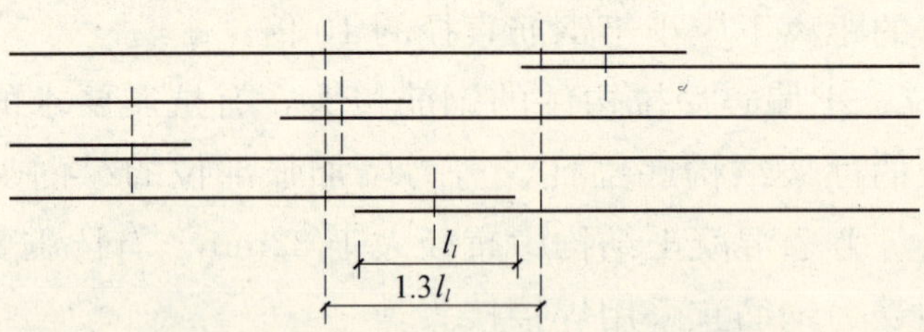

图 4-6 钢筋绑扎搭接接头及连接区段

注：图中所示搭接接头在同一区段 $1.3l_l$ 内的搭接钢筋为二根

当各钢筋直径相同时，接头面积百分率为 50%

④ 机械连接接头：其接头位置，在同一连接区段内接头面积的百分率等要求，均同焊接接头，其连接工艺及质量应符合国家现行标准《钢筋机械连接通用技术规程》(JGJ 107)规定。

(5) 钢筋安装

钢筋安装时，其受力钢筋的品种、级别、规格、根数、位置、排距、间距、搭接、锚固位置及长度必须符合设计要求。钢筋的交叉点应采用铁丝扎牢，板与墙的钢筋网除靠近外围两行钢筋交点全部绑扎外，中间部分交界点交错扎牢，双向受力的钢筋网必须全部扎牢，梁柱箍筋应与受力钢筋垂直设置，弯钩叠合处应沿钢筋方向错开设置。钢筋安装允许偏差应符合表 4-5 的规范规定。

钢筋安装位置的允许偏差和检验方法　　表 4-5

<table>
<tr><th colspan="3">项　目</th><th>允许偏差(mm)</th><th>检　验　方　法</th></tr>
<tr><td rowspan="2">绑扎钢筋网</td><td colspan="2">长、宽</td><td>±10</td><td>钢尺检查</td></tr>
<tr><td colspan="2">网眼尺寸</td><td>±20</td><td>钢尺量连续三档，取最大值</td></tr>
<tr><td rowspan="2">绑扎钢筋骨架</td><td colspan="2">长</td><td>±10</td><td>钢尺检查</td></tr>
<tr><td colspan="2">宽、高</td><td>±5</td><td>钢尺检查</td></tr>
<tr><td rowspan="5">受力钢筋</td><td colspan="2">间　距</td><td>±10</td><td rowspan="2">钢尺量两端、中间各一点，取最大值</td></tr>
<tr><td colspan="2">排　距</td><td>±5</td></tr>
<tr><td rowspan="3">保护层厚度</td><td>基　础</td><td>±10</td><td>钢尺检查</td></tr>
<tr><td>柱、梁</td><td>±5</td><td>钢尺检查</td></tr>
<tr><td>板、墙、壳</td><td>±3</td><td>钢尺检查</td></tr>
<tr><td colspan="3">绑扎箍筋、横向钢筋间距</td><td>±20</td><td>钢尺量连续三档，取最大值</td></tr>
<tr><td colspan="3">钢筋弯起点位置</td><td>20</td><td>钢尺检查</td></tr>
<tr><td rowspan="2">预　埋　件</td><td colspan="2">中心线位置</td><td>5</td><td>钢尺检查</td></tr>
<tr><td colspan="2">水平高差</td><td>+3，0</td><td>钢尺和塞尺检查</td></tr>
</table>

注：① 检查预埋件中心位置时，应沿纵、横两个方向量测，并取其中的较大值；

② 表中梁类、板类构件上部纵向受力钢筋保护层厚度的合格点率应达到 90%及以上，且不得有超过表中数值 1.5 倍的尺寸偏差。

（6）保护层厚度

对梁、板下部主筋的保护层厚度，一般采用水泥砂浆垫块或塑料垫块保证。对现浇板上部钢筋为防止浇筑混凝土施工过程中钢筋位移并保证保护层的均匀厚度，应增设铁马凳支架；对柱子、墙体竖向构件的钢筋骨架的侧向保护层厚度，宜采用水泥砂浆挤压吊挂垫块或塑料卡保证。

（7）钢筋代换

当钢筋品种、级别或直径需作变更时，应办理设计变更文件，钢筋代换应按钢筋受力承载能力设计值相等原则进行。对重要受力构件不宜采用HPB235级光圆钢筋替代强度等级高的变形钢筋，对有抗震设防要求的框架结构，不宜以强度等级高的钢筋替代强度等级低的钢筋，当构件有抗裂、限裂要求或挠度控制较严时，应进行抗裂、裂缝宽度或挠度验算。

3. 混凝土工程

现场浇筑的混凝土结构工程，混凝土按生产供应方式可分为搅拌站预制的预拌混凝土与施工现场自行搅拌的混凝土；按其作用性质可分为普通混凝土、高强混凝土、防水混凝土、抗冻混凝土等；按其浇筑运送方法可分为泵送混凝土与其他方式浇筑运送的混凝土。混凝土工程质量要素控制如下：

（1）原材料质量：水泥、水、砂、石子、掺合料、外加剂的性能质量应符合设计与国家现行标准要求。原材料进场应检查出厂合格证，妥善保管、合理堆放，水泥、外加剂、掺合料应入库防潮防雨；砂、石子骨料应堆放在硬底便于排水和输送的场地上，严防混料或杂物混入，并挂牌标识产品名称、强度等级、厂家、产地、规格及质量状态。其中水泥为主控项目，进场时应对品种、级别、包装或散装仓号、出厂日期进行检查，并应对强度、安定性及其他必要性能指标进行复检。检查数量：按同一生产厂家、同一品种、同一等级、同一批号连续进场的水泥，袋装不超过200t为一批，散装不超过500t为一批，每批抽样不少于一次。混凝土中氯化物和碱含量、外加剂的碱含量、氯离子含量、氨含量均要符合国家现行标准规定。

（2）施工配合比：施工配合比应根据国家现行标准《普通混凝土配合比设计规程》（JGJ 55），为满足设计强度、耐久性和施工工作性要求，由具有相应试验资质的试验室经配合比设计并采用施工中所用原材料、掺合料、外加剂经试配确定给出。

（3）混凝土搅拌：商品混凝土生产供应单位，应具有企业资质等级证书，施工现场自行搅拌生产应将搅拌生产工艺设备系统安装在防风避雨的搅拌机房内，搅拌能力应与工程计划浇筑量相适应，上料系统合理、运行可靠、计量准确。混凝土搅拌台必须设“混凝土搅拌配合比标牌”，注明工程名称部位、强度等级、坍落度、施工配合比及每盘混凝土的水泥、水、砂、石子、掺合料、外加剂的实际用量，并应配备相应试验检测设备、标准养护室及经专业培训考核的试验人员。混凝土原材料每盘称量偏差应符合表4-6规定。

原材料每盘称量的允许偏差 **表 4-6**

材 料 名 称	允 许 偏 差	材 料 名 称	允 许 偏 差
水泥、掺合料	±2%	水、外加剂	±2%
粗、细骨料	±3%		

(4) 混凝土浇筑：混凝土浇筑前，应完成钢筋工程隐蔽验收，核查模板工程可靠性与密封性，清除模板内杂物或冰雪。浇筑振捣施工中应注意对上道工序的成品保护，严防踩压钢筋位移变形，破坏暗埋铺设的管线。同一施工段的混凝土应连续浇筑，混凝土的运输、浇筑及间歇全部时间不应超过初凝时间，混凝土相邻二个浇筑带或上下层之间的接槎时间一旦超过初凝时间应按施工缝处理。

(5) 施工缝与后浇带位置应按设计要求或施工技术方案确定，其构造处理、混凝土的浇筑应按设计要求或施工方案进行。

(6) 混凝土养护：混凝土浇筑完毕后 12h 内对混凝土加以覆盖保湿养护，待终凝后浇水养护时间不得少于 7d，掺缓凝型外加剂或有抗渗要求的防水混凝土不得少于 14d。每天浇水次数应能保持混凝土始终处于湿润状态，其养护用水应与拌制用水相同；采用塑料布覆盖养护的混凝土，应覆盖严密，并应保持塑料布内有凝结水。混凝土强度达到 1.2MPa 之前不得在其上踩踏或安装模板及支架；当日平均气温低于 5℃时，不得浇水，当混凝土表面不便浇水或使用塑料布时，应涂刷养护剂。

(7) 混凝土试件留置：为了检验混凝土强度，在混凝土浇筑过程中应在浇筑地点随机抽样留置试压试件，其留置应符合下列规定：①每拌制 100 盘且不超过 $100m^3$ 的同配合比的混凝土，取样不得少于一次；②每工作班拌制的同一配合比的混凝土不足 100 盘时，取样不得少于一次；③当一次连续浇筑超过 $1000m^3$ 时，同一配合比的混凝土每 $200m^3$ 取样不得少于一次；④每一楼层、同一配合比的混凝土，取样不得少于一次；⑤每次取样应至少留置一组标准养护试件，同条件养护试件的留置组数应根据实际需要确定。

对有抗渗要求的防水混凝土，其混凝土试件在浇筑地点随机取样，同一工程、同一配合比的混凝土，取样不少于一次，留置组数根据实际需要确定。

(8) 混凝土强度检验评定：结构构件的混凝土强度应按国家现行标准《混凝土强度检验评定标准》(GBJ 107)规定分批检验评定。

① 每组试件强度代表值：每组标养 3 个试件应在同一盘混凝土中取样制做，其强度代表值按如下方法确定：取三个试件强度的算术平均值作为每组

试件强度代表值；当一组试件中强度的最大值或最小值与中间值之差超出中间值15%时，取中间值作为该组试件的强度代表值；当一组试件中强度的最大值和最小值与中间值之差均超过中间值的15%时，该组试件的强度不应作为评定的依据。标准试件采用边长为150mm立方体试件，当采用非标准尺寸时，对边长为100mm的立方体试件应乘以0.95折算系数；对边长200mm立方体试件乘以1.05折算系数，将其强度折算为标准试件抗压强度。

② 混凝土强度的检验评定一般可采用两种统计方法以及非统计方法：

(A) 当混凝土的生产条件在较长时间内能保持一致，且同一品种混凝土的强度变异性能保持稳定时，应由连续的三组试件组成一个验收批，其强度应同时满足下列公式要求：

$$m_{fcu} \geqslant f_{cu,k} + 0.7\sigma_0 \tag{4-1}$$

$$f_{cu,min} \geqslant f_{cu,k} - 0.7\sigma_0 \tag{4-2}$$

$$f_{cu,min} \geqslant 0.85 f_{cu,k} \quad \text{(混凝土强度等级不高于 C20 时)} \tag{4-3}$$

$$f_{cu,min} \geqslant 0.90 f_{cu,k} \quad \text{(混凝土强度等级高于 C20 时)} \tag{4-4}$$

式中 m_{fcu}——同一验收批混凝土立方体抗压强度的平均值(N/mm^2)；

$f_{cu,k}$——混凝土立方体抗压强度标准值(N/mm^2)；

σ_0——验收批混凝土立方体抗压强度的标准差；

$f_{cu,min}$——同一验收批混凝土立方体抗压强度的最小值。

验收批混凝土立方体抗压强度标准差，应根据前一检验期内同一品种混凝土试件强度为依据，按下式确定：

$$\sigma_0 = \frac{0.59}{m}\sum_{i=1}^{m}\Delta f_{cu,i} \tag{4-5}$$

式中 $\Delta f_{cu,i}$——第 i 批试件立方体抗压强度中最大值与最小值之差；

m——用以确定验收批混凝土立方体抗压强度标准差的数据总批数。

(B) 当混凝土的生产条件在较长时间内不能保持一致，且混凝土强度变异性不能保持稳定时，或在前一检验期内的同一品种混凝土没有足够数据用以确定验收批混凝土立方体抗压强度标准差时，应由不少于10组的试件组成一个验收批，其强度应同时满足下列公式要求：

$$m_{fcu} - \lambda_1 s_{fcu} \geqslant 0.9 f_{fcu,k} \tag{4-6}$$

$$f_{cu,min} \geqslant \lambda_2 f_{cu,k} \tag{4-7}$$

式中 s_{fcu}——同一验收批混凝土立方体抗压强度的标准差(N/mm^2)，当 s_{fcu} 的计算值小于 $0.06 f_{fcu,k}$ 时，取 $s_{fcu} = 0.06 f_{fcu,k}$；

λ_1、λ_2——合格判定系数，按表4-7取值。

混凝土强度的合格判定系数 **表 4-7**

试件组数	10～14	15～24	≥25
λ_1	1.70	1.65	1.60
λ_2	0.90	0.85	

混凝土立方体抗压强度标准差 s_{fcu} 可按下式计算：

$$s_{fcu}=\sqrt{\frac{\sum_{i=1}^{n}f_{cu,i}^{2}-nm_{fcu}^{2}}{n-1}} \tag{4-8}$$

式中 $f_{cu,i}$——第 i 组混凝土试件的立方体抗压强度值（N/mm^2）；

n——一个验收批混凝土试件组数。

（C）当混凝土强度的检验评定采用非统计方法时，应满足下列公式：

$$m_{fcu}\geqslant 1.15f_{fcu,k} \tag{4-9}$$

$$f_{cu,min}\geqslant 0.95f_{fcu,k} \tag{4-10}$$

③ 混凝土强度的合格性判断：当检验结果能满足上述(A)或(B)或(C)的规定时，则该批混凝土强度判为合格，当不满足时则判为不合格。由不合格批混凝土制成的结构或构件，应进行鉴定，对不合格的结构或构件必须及时处理。当对混凝土试件强度的代表性有怀疑时，可采用从结构或构件中钻取试件方法或采用非破损检验方法，按有关标准的规定对结构或构件中混凝土的强度进行推定。

（9）对有特殊要求的混凝土，如高强混凝土、防水混凝土、抗冻混凝土、大体积混凝土等，其原材料选用、配合比设计、施工工艺应符合国家现行有关标准的专门规定。

4.5 施工注意事项

为了保证混凝土的施工质量，还应对施工中容易出现的质量问题加以注意。

（1）概念界定

混凝土工程施工必须对混凝土强度概念有清晰的界定，施工中往往把抗压强度值等同强度等级，谈到工程质量问题容易把缺陷与事故相混淆。

① 混凝土强度是混凝土试件加载破坏时，单位面积所能承受的力。由于混凝土是非均质复合型材料，其强度是在凝结硬化过程中逐渐形成的，受到

各种因素影响，其强度的变异离散性很大。混凝土强度包括抗压强度、抗拉强度、抗剪强度，而抗压强度又包含立方体抗压强度、棱柱体抗压强度、局部抗压强度。由于混凝土抗压不抗拉，它与钢筋相匹配，从受力角度主要作为受压，又由于各强度指标间存在着一定的定量关系，实际工程中是以立方体抗压强度作为强度的质量指标。立方体抗压强度是指 150mm×150mm×150mm 立方体试块，按标准制作养护 28d，并按规定的试验测试方法测得的抗压强度值。考虑到混凝土强度的变异离散性，工程设计中取用了保证率为 95％的数值指标称为强度的标准值，混凝土强度等级就是立方体抗压强度的标准值，如强度等级 C30，符号 C 代表混凝土，30 代表混凝土立方体抗压强度标准值为 $30N/mm^2$，即 30MPa。强度标准值比平均值小 1.645 倍标准差。施工时为了保证达到设计要求的强度等级，配合比设计在试验室试配时取其试配强度(相当平均值)，试配强度应等于标准值(强度等级)加上 1.645 倍标准差，对 C15～C60 混凝土其试配强度一般比强度标准值要高出 6～10MPa。

② 工程质量事故是指在施工中出现质量偏差，没有达到设计或规范标准要求而对工程质量产生较大或严重影响。出现一般性工程质量事故应由施工方出示改正措施报告、经监理审查、设计与建设单位认可同意，再由施工方实施。出现重大的工程质量事故，需由国家认定的专门检测鉴定单位检测鉴定(或组成专家组鉴定)，追查产生原因和责任，拟定修改补救方案，经审核批准后，由施工方实施、监理检查验收。在此要划清质量缺陷与质量事故的界限，划清一般性工程质量事故与重大工程质量事故的界线。

由于施工质量低劣，工程质量事故在施工中时有发生。例如，1994 年某 12 层办公楼，框架剪力墙结构，在地上二层主体结构施工时，框架柱混凝土拆模后，发现有些柱子竖向轴线发生严重偏移，最大者已达到 40～50mm；剪力墙采用 8 号铁丝嵌固模板，由于混凝土的侧压力、底部铁丝被拉断，模板发生严重变形鼓胎；现浇楼板的组合钢模安装凸凹不平，楼板各处薄厚不均；通长的主梁钢筋绑扎安装后上下左右扭曲，不在同一条直线上；现浇楼板上皮负弯矩钢筋支撑不足，普遍踩踏下移。后经当地建设工程质量监督站检查发现，立即勒令停工整改，对施工单位提出严重警告，予以罚款处理，对工程建设监理单位提出严肃批评教育。又如 1995 年秋某工程在砌筑框架内填充墙时，设计采用炉渣空心砖，M5 混合砂浆砌筑。施工时偷工减料，砌筑后的砂浆强度很低，只能达到设计等级的 1/3，填充墙四周靠近梁、柱、门框部位没有采用普通黏土砖砌筑，其顶部与梁下皮之间也不采取斜砌顶靠措施，柱子预埋的抗震拉结筋数量不足、间距过大、长度过短，不符合规范要求，后经监理工程师发现、令其拆除整改。

（2）水泥使用

水泥使用应注意新老标准差别，防止受潮结块，严防使用过期、过热水泥。

① 水泥新老标准差别：新的《水泥强度检验方法》(GB/T 17671—1999)与原标准(GB 177—1985)的差别，主要在于标准砂组成、水灰比、灰砂比的变化，新标准更接近于混凝土实际，有利于改善和易性与泌水性，提高了3d抗压强度。新标准实行以兆帕(MPa)为单位表示强度等级，水泥分3个强度等级，硅酸盐水泥分为42.5MPa、52.5MPa、62.5MPa，其他水泥均分为32.5MPa、42.5MPa、52.5MPa，水泥强度等级的数值与28d抗压强度指标的最低值相接近。

② 受潮过期：应严防使用过期水泥(出厂期超过3个月)，严防水泥受潮结块。由于水泥熟料矿物成分都是亲水性极强物质，加上水泥熟料是经1350～1450℃高温煅烧，处于绝对干燥状态，极易吸收外界水分。受潮吸水后发生化学反应生成$Ca(OH)_2$，$Ca(OH)_2$又与空气中CO_2反应生成$CaCO_3$与水，放出的水又与水泥继续反应，以此反复，使水泥结块，失去活性，强度不断降低，一般3个月强度降低10%～20%，6个月降低15%～30%。

③ 水泥过热：由于水泥供应紧张，供不应求，往往对刚磨细还未经过一段时间散热冷却的水泥(一般在60～70℃)，运至现场搅拌浇筑，造成混凝土急缩开裂。

（3）拌合用水

按国家标准《混凝土拌合水标准》(JGJ 63—1989)规定，水中杂质不得超过规定含量，要特别注意水与水泥的相容性，例如某工程混凝土是采用42.5MPa的“拉法基”普通硅酸盐水泥与施工现场地下水拌合，混凝土浇筑后泌水严重，500mm厚底板表面经抹光后出现30～50mm的泌水深度，后经水泥净浆泌水试验发现，是水与水泥不相容性所导致，具体试验结果见表4-8。

水与水泥相容性试验 **表4-8**

组　次	水泥种类（普硅水泥）	强度等级（MPa）	水泥重量（g）	水的出处	水重量（g）	泌水量（g）	泌水率
Ⅰ	拉法基牌	42.5	300	施工现场地下水	127	30	24%
Ⅱ	拉法基牌	42.5	300	当地饮用自来水	127	5	4%

续表

组　次	水泥种类（普硅水泥）	强度等级（MPa）	水泥重量（g）	水的出处	水重量（g）	泌水量（g）	泌水率
Ⅲ	建强牌	32.5	300	施工现场地下水	127	4.5	3.5%
Ⅳ	建强牌	32.5	300	当地饮用自来水	127	2	1.6%

试验表明，该工程采用“拉法基”水泥与施工现场地下水拌制混凝土出现严重泌水，但“拉法基”水泥与当地饮用自来水搅拌、“建强”水泥与施工现场地下水和饮用自来水搅拌均无严重泌水发生，说明了水与水泥的不相容性。水与水泥的不相容性还表现在对和易性影响，如某工程的混凝土配合比在试验室试配时发现，两组配合比相同的混凝土拌合物，采用的砂、石骨料与拌合水完全相同，而采用的水泥是属于同一品种、同一强度等级，只是厂家不同，其和易性相差很大。

（4）砂、石骨料

有些工程施工所用砂、石骨料由于受当地产地限制或价格因素影响，所用砂子粒径太细，含泥量超标，对重要防水工程使用的骨料不进行碱活性检验，对强度较高的混凝土，石子强度不足。目前混凝土浇筑普遍采用泵送技术，石子最大粒径受到不应超过最小截面尺寸 1/4、钢筋净距 3/4、输送管径 1/3 的限制，使石子粒径偏于均匀，砂率提高，一般均在 40%～45%。如果砂子过细，对粗骨料的填缝级配不佳，影响混凝土的和易性与强度，对强度高的混凝土如果石子强度不足，混凝土试件强度试验的破坏面不是沿着石子与水泥石的交界面而是穿过石子本身，说明强度已受到影响。

（5）外加剂

外加剂使用应控制最佳掺量、注意与水泥相容性、严防使用结块变质粉状外加剂。

① 外加剂掺量：外加剂掺量一般按胶凝材料（水泥＋掺合料）重量百分比表示。外加剂对混凝土性能的影响程度与掺量多少有关，但不是掺的越多性能改变越大，比如就减水剂对流动性影响而言，并不是成正比增加。所谓最佳掺量是指只在一个狭小的掺量范围内减水剂稍微有增加，拌合物流动性就有显著提高，超过此范围即使用量增加，效果已不显著，由于水泥、砂石骨

料与拌合水的不同，最佳掺量要通过试配确定。试验表明，减水剂对掺加粉煤灰或矿渣为混合材料的水泥，减水塑化效果优于硅酸盐水泥；对含碱量低的水泥，减水塑化效果好，随着含碱量增大，凝结时间缩短，坍落度损失加大；减水塑化效果也随着水泥颗粒变细而减弱。

② 与水泥相容性：指产品质量符合国家标准的外加剂掺入混凝土拌合物达到预定功能效果的适应性，适应性表现为混凝土拌合物的和易性及凝结硬化过程是否有异常现象发生。比如，同种高效减水剂分别掺入几种不同普通硅酸盐水泥拌制的混凝土，其中某种水泥的混凝土减水率严重不足，说明外加剂与这种水泥的不适应性。又如，某工程采用木钙减水剂配制泵送混凝土，出现急凝现象，造成不易泵送并导致工程质量事故，后经研究检验，确认是由于水泥中掺入的硬石膏与木钙不适应性造成，而无水石膏碰到木钙、糖蜜减水剂时更会产生严重的不适应性。

③ 质量事故：由于对外加剂选择使用不当或外加剂质量不佳，也会造成工程质量事故，如大连市某净水厂的水池池壁，混凝土浇筑拆模后，多处出现局部凸出鼓起现象，经鉴定单位检测鉴定，是由于膨胀型外加剂受潮结块引起，受潮结块但还未失效的外加剂带入混凝土后遇水膨胀，导致局部体积增大外凸。又如某地下商场顶盖，混凝土浇筑后，发现局部混凝土没有强度，后经分析认定，也是由于膨胀型外加剂结块时间较长失效，被带入混凝土内失去强度导致。

(6) 施工放线

现浇混凝土结构构件的轴线尺寸偏差、截面形状尺寸偏差及竖向构件垂直度尺寸偏差，一般是由于施工放线尺寸偏差、支模尺寸偏差、钢筋绑扎尺寸偏差及混凝土浇筑过程中模板的位移变形造成的。如果偏差过大超出规范要求，将对结构受力、使用与耐久性产生影响，构件较大的位移与截面尺寸偏差直接造成的是构件受力钢筋保护层厚度沿周边的薄厚不均，有时钢筋几乎外露失去保护层厚度，这种问题在施工中经常可见，而又不被重视。例如某住宅工程，现浇框架结构，首层 72 根 400mm×400mm 框架柱，拆模后经复检，30%的柱子截面尺寸偏差超出了规范规定。施工放线是施工支模先行工序与依据，模板安装位置准确与否，主要取决于放线的准确程度。为了保证施工放线的质量，一是要保证施工放线所用仪器、量尺精度，对仪器进行定期核查校准；二是放线人员应经专业培训考核，取得相应资质证书，熟悉图纸，熟悉仪器并具有放线工程实践经验；三是放线后必须进行二次核查验线，包括对建筑物放线引出的坐标基准线与高程控制点进行引出核查。

4.6 施工技术方案

1. 施工技术方案的作用

现浇混凝土结构施工中，对技术复杂的关键工程部位或大体量混凝土的浇筑，为了控制施工质量、加快施工进度、保证施工有序进行，必须编制施工技术方案，这对控制施工、保证工程质量具有重要作用。因为施工技术方案能够根据工程结构、环境场地具体特点，结合工地机械设备、人力组织，编制施工程序，排出进度计划，对关键工序技术难点采取相应措施，特别是对混凝土连续浇筑制定合理的浇筑方案，同时提出相应管理要求。使施工做到有计划、有步骤、有控制、有检查、有验收地进行，使过程和事后可能出现的质量隐患完全置于方案的事先考虑之中。

工程实践证明，凡不编制施工方案或方案不合理的，很容易出现质量问题。例如，某工程大型设备基础短柱，长×宽×高＝3m×3m×6m，混凝土C30，采用组合钢模板，现场浇筑。为了防止模板变形鼓胎，柱子四周模板利用钢管作斜支撑，其东、北两侧斜支撑钢管顶靠在已有的混凝土矮墙根部，其西、南两侧斜钢管支撑在下地锚的地面水平粗钢管上（地面下为粉质砂土层，地锚一排是利用钢管打入地下3m）。混凝土浇筑终凝前，由于混凝土侧压力很大，通过斜支撑传递给地表的水平粗钢管将地锚上端推出位移，造成西、南两侧模板变形鼓胎。这是由于粉质砂土抗压、抗剪强度很小，而地锚根数与排数不足引起。

又如，某单层地下停车场工程，框架结构，长×宽＝198m×38m，现浇屋面顶盖，混凝土C25，板厚0.6m，上下双排配筋，后浇带间距80m。纵向钢筋是采用每3根搭接焊后现场整体绑扎，混凝土的浇筑是在相邻两条后浇带之间利用两台泵分别由两端向中间推进，当浇筑还有近5m接槎时，发现板的上皮纵筋已变形起鼓30mm左右，同时浇筑当天下雨时间较长没有停工，结果混凝土浇筑3天后陆续发现多条裂缝。裂缝走向基本垂直板的纵向沿横向延伸，部分沿横向已经通长，部分没有通长，最大间距19m，最小间距0.9m，其中在接槎中间部位严重，裂缝间距小，基本通长，最大缝宽0.3mm。后经分析研究认为，这是由于板的纵筋很长，整体焊接绑扎后发生扭曲，当利用两台泵由两端向中间浇筑时，钢筋的累积变形造成中间起鼓，保护层厚度减小，经振捣粗骨料下沉形成表面砂浆层收缩加大，特别是下雨没有采取遮挡复盖措施增大了水灰比，使收缩进一步加大，导致混凝土开裂。之后在浇筑另一段两个后浇带之间80m长的混凝土时也是利用两台泵，但浇筑顺序改为由中间(两个相邻后浇带的中间位置)向两端推进浇筑时，就没有发生钢筋变形起鼓现象，浇筑后楼板也没有裂缝出现。以上两个例子是混凝土施工中由于模板的侧向支撑失稳和混凝土施工浇筑顺序不合理而导致的工程质量问题。

2. 某工程地下室基础底板施工方案

某高层住宅建筑，建筑面积 22100m²，地上 17 层，地下一层，混凝土灌注桩基础，主体为钢筋混凝土现浇框架剪力墙结构；一层地下室为商场，工作为二类地下潮湿环境，设计使用年限为 50 年。考虑到地下室底板对结构承载、工程防水的重要性及工程量较大、施工工艺较为复杂，为严格控制施工工艺过程，保证施工质量，特编制施工技术方案，并请建设、监理单位予以审查。

(1) 编制依据

①《混凝土结构工程施工质量验收规范》(GB 50204—2002)；

②《地下工程防水技术规范》(GB 50108—2001)；

③《地下防水工程质量验收规范》(GB 50208—2002)；

④ 设计单位编制的设计文件：基础平面布置图、基础结构图、结构节点详图。

(2) 底板设计

① 结构

地下室底板长×宽＝88.4m×18.5m＝1635.4m²，板厚 h＝400mm，底板上皮标高－4.55m，板上返地梁 QDL-1 沿①、㉒、Ⓐ、Ⓛ边轴外连续墙下周边布置，截面 300mm×600mm；板下返地梁 QDL-2 沿 8 道剪力墙下布置，截面 500mm×800mm；DL-1 为长跨地梁，沿柱距 6900、6580、7800mm 布置，截面 500mm×500mm；DL-2、DL-3 为短跨地梁，沿柱距 5700mm 以下布置，截面分别为 500mm×300mm、300mm×300mm。桩承台高 1000mm，截面直径 d＋300mm(d 为桩直径)。底板、地梁、桩承台混凝土均为强度等级 C30，抗渗等级 S8，混凝土总量约为 620m³。

② 节点构造

底板与侧墙、底板与桩承台连接的构造及结构卷材外防水层做法如图4-7、4-8 所示。

(3) 施工程序与进度计划

① 施工程序，如图 4-9 所示：

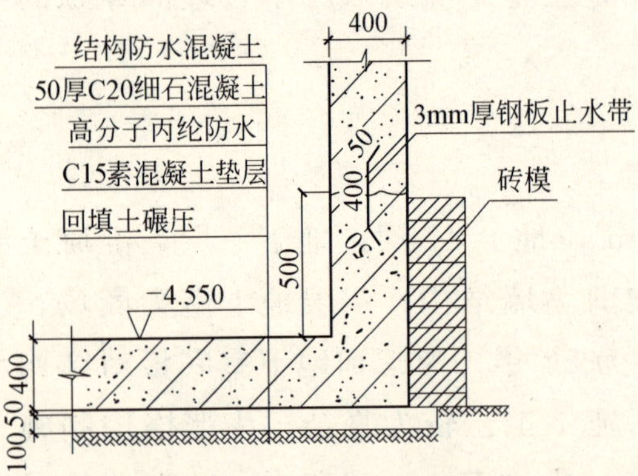

图 4-7　底板与侧墙

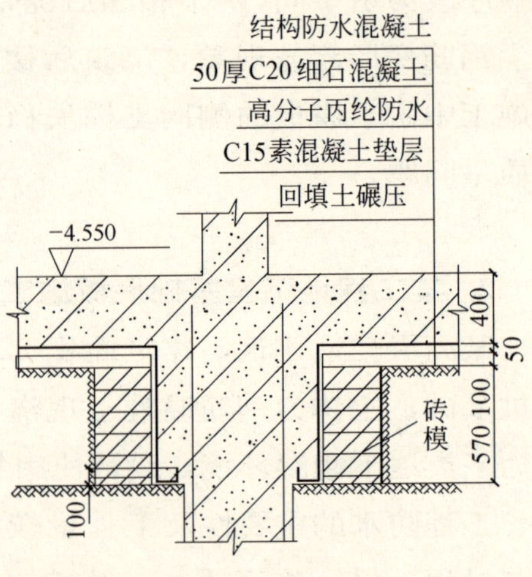

图 4-8　底板与桩承台

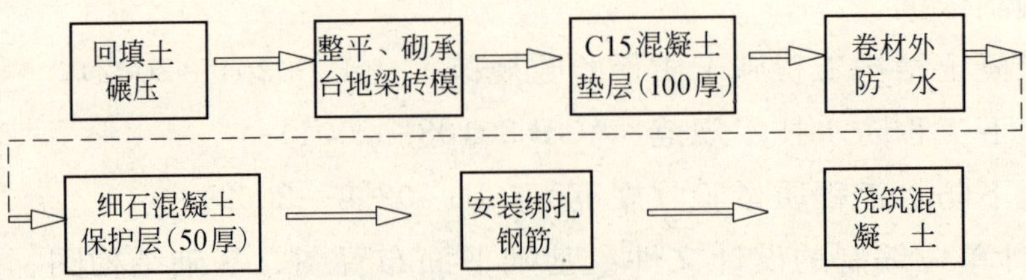

图 4-9　施工程序框图

② 进度计划，如表 4-9 所示：

施工进度计划表　　　　**表 4-9**

序号	工序名称	9月（2003年）																	
		1d	1d	1d	1d	1d	1d	1d	1d	1d	1d	1d	1d	1d	1d	1d	1d	1d	1d
1	回填土碾压																		
2	整平、砌承台地梁砖模																		
3	C15 混凝土垫层（100厚）																		
4	卷材外防水																		
5	细石混凝土保护层（50厚）																		
6	绑扎钢筋																		
7	浇筑混凝土																		

(4) 关键工序与技术措施

地下室工程底板施工具有 3 道关键工序，即卷材外防水、钢筋安装绑扎与现浇混凝土。

1) 卷材外防水

① 卷材外防水层所用卷材及主要配套材料其材质、外观质量、品种规格应符合现行国家或行业标准要求，进场后应检查出厂合格证、质量检验报告，并现场抽样试验检测。

② 卷材防水应铺在底板与侧墙迎水面，封闭交圈，采用改性沥青卷材单层时其厚度不应小于 4mm，防水层基面应平整牢固、清洁干燥。阴阳角处应做成圆弧或 45°折角，并增贴一层，宽度不宜小于 500mm。

③ 所用基层处理剂、胶粘剂、密封配套材料与卷材应具有相容性。

④ 不应在雨天或 5 级风以上天气施工，铺贴前应在基面涂刷处理剂，当基层较湿时，应涂刷湿固化型胶粘剂或潮湿界面隔离剂。

⑤ 铺改性沥青卷材应用热熔法施工，对底板垫层之上卷材可采用空铺法或点粘法，侧墙部位应采用满粘法，卷材表面热熔后立即滚铺，排除卷材下面空气。铺贴时应展平压实，保证卷材与基层粘结紧密，不得有空鼓、皱褶，厚度小于 3mm 卷材严禁采用热熔法施工。

⑥ 采用高分子丙纶卷材应用冷粘法施工，施工要求同上。

⑦ 两幅卷材长边与短边搭接宽度均应不小于 100mm，搭接接缝处要粘贴封严，并在端部用密封材料封严，宽度不小于 10mm。

⑧ 铺贴底板防水卷材时，应将卷材上返铺至底板四周的砖砌胎模顶部并留出搭接长度，临时铺放在墙顶注意保护，当侧墙混凝土拆模后，将其揭开表面清理干净，如有损坏应进行修补，进行自上而下的粘贴，其接茬的搭接长度为 150mm。

⑨ 后浇带及止水作法：本地下室设计在⑫～⑬轴之间沿底板、侧墙至地上二层顶板设置一条宽 800mm 的后浇带，后浇带作成平直缝接茬，采用补偿收缩混凝土(加膨胀剂)，强度同两侧混凝土。待两侧混凝土龄期达 28d 进行施工浇筑，浇水养护 28d，对二级防水其接茬可采用遇水膨胀止水条或外贴式止水带做法(选其中一种)，其构造如图 4-10。

2) 钢筋工程

地下室底板采用 HRB、HPB 两个级别 7 种规格钢筋：Φ 25、Φ 22、Φ 20(地梁)、Φ 16(底板)、ϕ12(承台)、ϕ8、ϕ10(梁箍筋)。

① 材料要求：

(A) 钢筋进场后检查产品合格证、出厂检验报告，并按规定抽取试件作

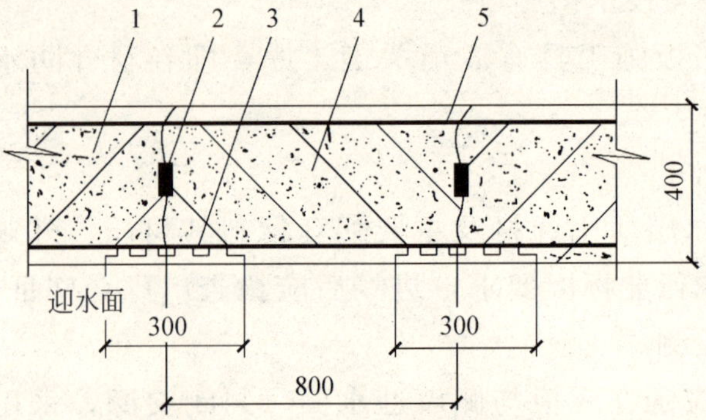

图 4-10　后浇带防水构造

1—先浇混凝土；2—遇水膨胀止水条；3—外贴式止水带；4—后浇膨胀混凝土；5—结构主筋

力学性能检验，其质量必须符合现行国家标准。

(B) 检查钢筋表面、每捆标志、外观有无缺陷及量测直径，对加工中发现脆断或力学性能不稳定者应进行化学成分检验。

② 加工成形：

(A) 由专职人员根据施工图纸抽筋确定钢筋下料长度，填写下料单后经审查进行下料加工。

(B) 钢筋在加工场地加工成形后，应按牌号分批分类架空堆放。

③ 钢筋安装绑扎

底板准备用一个钢筋作业队由①轴开始向㉒轴推进绑扎，在相邻两个轴线间绑扎顺序为：承台与地梁钢筋→底板钢筋→墙柱插筋。

④ 钢筋的连接、锚固按规范与设计要求进行。

⑤ 梁与板的保护层厚度采用混凝土垫块，底板上排钢筋应每隔一定间距设钢筋马凳支撑。

⑥ 钢筋安装完成应进行隐蔽工程验收。主要检验内容如下：

(A) 根据设计图纸检查各种构件的钢筋品种、直径、根数、间距、排距。

(B) 钢筋在支座锚固、搭接位置、长度，焊接质量(抽样检验)，保护层厚度。

(C) 钢筋设计位置是否偏移，钢筋是否发生扭曲变形，钢筋安装位置偏差应符合规范规定。

3) 混凝土工程

地下室底板(包括侧墙)，设计采用的防水混凝土强度等级 C30，抗渗等级 P8，底板混凝土总量 620m^3，采用现场搅拌泵送施工方法，搅拌与泵送能力为 30m^3/h。

① 原材料质量

(A) 水泥进场时对其品种、级别、包装或散装仓号、出厂日期进行检查，检查产品合格证、出厂检验报告；并对强度、安定性进行复试，其质量应符合现行国家标准。抽查数量：同一厂家，同一品种，同一级别，袋装200t为一批，散装500t为一批。

(B) 外加剂性能质量应符合现行国家标准，检查产品合格证、出厂检验报告和进场复验报告。本地下工程属二类a环境，最大氯离子含量不应超过0.3%，最大碱含量每立方米混凝土不应超过3.0kg。

(C) 砂、石骨料质量应符合相应国家标准，砂子应为中砂，含泥量不应超过3%，泥块含量不应超过1%，石子宜采用连续级配，其强度应为混凝土强度等级的1.5倍，针片状颗粒不宜超过10%，最大粒径不宜大于40mm，含泥量不得大于1.0%，泥块含量不得大于0.5%。

② 浇筑前准备

(A) 应提前将水泥、砂、石、外加剂送到有关法定单位作配合比试配(防水混凝土水灰比不应大于0.6)，给出施工配合比，并测3d、7d、28d强度，坍落度值及抗渗等级。本工程现场搅拌泵送，坍落度值宜为150mm左右，过小泵送困难，过大水灰比偏大，使混凝土收缩加大。

(B) 基层之上的垃圾、杂物与积水应清理干净。

(C) 拟订混凝土浇筑施工方案，掌握水电情况，保证连续浇筑。

(D) 向有关施工技术人员进行技术交底，按浇筑施工方案执行。

(E) 经监理单位签证同意后方可浇筑。

③ 浇筑方案

采用施工现场自行搅拌混凝土，搅拌机房与浇筑地点距离不大，地泵放于搅拌机旁。在气温条件下(15～20℃)，其初凝时间一般为2～4h，现浇混凝土必须保证连续浇筑，相邻两个浇筑宽度的接槎时间间隔不应超过初凝时间以防出现冷缝。按搅拌泵送每小时30m^3计算，取每次浇筑宽度为6m(混凝土量约45m^3，18.4m×6m×0.4m=44.16m^3)，需浇筑时间约1.5h。由①轴向㉒轴推进。在每6m浇筑宽度内从Ⓛ轴向Ⓐ轴推进，底板混凝土总量为620m^3，需浇筑时间620/30=21h。其浇筑示意如图4-11。

④ 振捣与养护

混凝土振捣与浇水保水湿养护是保证混凝土密实、减少收缩、避免收缩裂缝与保证混凝土强度增长的有效措施。混凝土浇筑后及时振捣，合理布置振点，掌握好振捣时间，既不漏振也不过振，应本着快插慢抽原则。混凝土

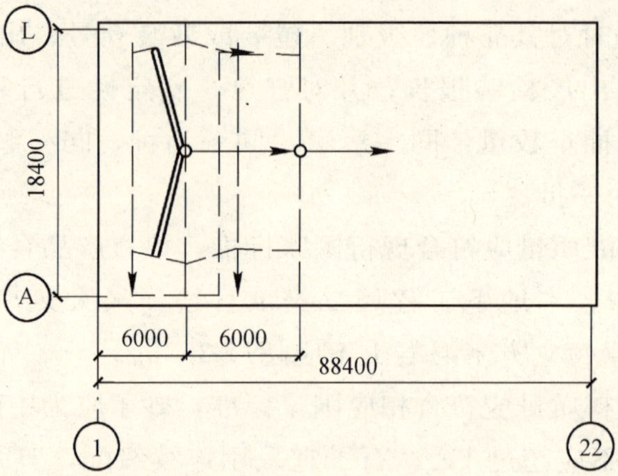

图 4-11　混凝土浇筑示意图

浇筑后经抹平压光，每推进 2 个轴线(10～12m，浇筑后约 3h)用塑料薄膜覆盖养护，既可保温又可保水，待终凝后应由专人负责浇水养护至少 14d，控制每次浇水间隔时间，始终保持混凝土表面湿润。

⑤ 试件留置

混凝土浇筑过程中应按照规范规定留置抗压、抗渗试件，进行抗压强度与抗渗等级检测。

(5) 施工管理

为保证基础底板施工质量及施工进度与安全，施工现场项目部从管理角度主要抓 6 个环节：领导、熟悉、交底、检查、验收、安全。

① 领导：项目经理、技术负责人及有关专业技术人员亲临现场分工负责监督检查。

② 熟悉：提前熟悉设计图纸保证按图施工；熟悉国家相关规范与标准，保证按规范要求施工；熟悉本施工方案，保证按本方案组织施工。

③ 交底：进行方案交底，将本施工方案层层交底。

④ 检查：对每道工序，特别是关键工序，项目经理、技术负责人、质检员要进行跟踪监督检查，及时发现问题，及时整改。

⑤ 验收：每道工序完成，经自检合格后，及时请监理验收，每道工序未经验收合格签证，决不允许下道工序施工。

⑥ 安全：由项目经理、安全员、各专业技术管理人员各自负责施工安全，专职安全员要亲临施工现场，根据安全规则监督检查，及时发现安全隐患，及时处理防范，保证施工安全。

3. 某水厂清水池混凝土施工浇筑方案

（1）工程概况

某水厂清水池构筑物为有顶盖保温复土全地下式现浇钢筋混凝土结构，结构安全等级为二级，设计使用年限 50 年，所处环境类别为二类 b。结构尺寸 75m×105m×4.45m，底板厚 0.45m，外连续墙厚 0.40m、高 4.45m，顶盖为柱支承的无梁楼盖，板厚 0.25m，柱网尺寸纵横间距均为 5m，柱子截面尺寸为 0.4m×0.4m，结构平面沿⑫轴设剪力墙一道，截面厚为 0.4m。底板下垫层厚 100mm，地基持力层为卵石层、承载力特征值 f_k＝400kPa。

垫层混凝土 C10，池体结构各构件混凝土强度等级均为 C30，抗渗等级 P6，抗冻等级 F200。清水池现浇混凝土工程量 $Q_{总}$＝Σ(底板、外连续墙壁、竖向隔墙、柱、顶盖混凝土工程量)＝3691＋641＋245＋435＋1969＝6981m^3。混凝土采用普通硅酸盐水泥拌制，通过外加剂缓凝，初凝时间按 4h 考虑，考虑泵送水平输送距离较大，泵送坍落度按 150～160mm 考虑。

为了避免或减小现浇混凝土结构的收缩温度变形裂缝，设计采用了设伸缩缝办法，将结构底板、墙体与顶盖沿平面两个方向每隔 15m 设一道伸缩缝，共为 35 块分隔；并根据棋盘跳跃式分仓浇筑顺序，将 35 块板划分为Ⅰ～Ⅴ5 个单元顺序浇筑。为使先单元混凝土早期收缩尽量完成，设计要求接续单元的浇筑应待前一个单元混凝土达到设计强度 80%后方可进行。

清水池计划于 2005 年 5 月 1 日开始浇筑，连同其他水池于本年度 10 月 1 日全部浇筑完成。采用现场搅拌泵送施工方法，现场搅拌机两台，每台实际搅拌能力为 25m^3/h，地泵两台，每台实际泵送能力为 30m^3/h；地泵设于搅拌机旁，至清水池的水平运输距离为 200～300m。

为便于施工、缩短与保证计划工期，减少伸缩缝总长度，由于混凝土配制的水灰比小(0.37)，实际收缩变形较小，施工中可以通过加强湿养护及对结构采取减少温度变化措施；现建议将伸缩缝间距改为沿纵向 35m、沿横向 25m，使结构由原设计 35 块分隔的五单元施工顺序改为 9 块分隔的二单元施工顺序。

清水池结构平面、二单元的分块单元编号及结构剖面如图 4-12、图 4-13、图 4-14、图 4-15 所示。

（2）编制依据

①《混凝土结构设计规范》（GB 50010—2002）；

②《混凝土结构工程施工质量验收规范》（GB 50204—2002）；

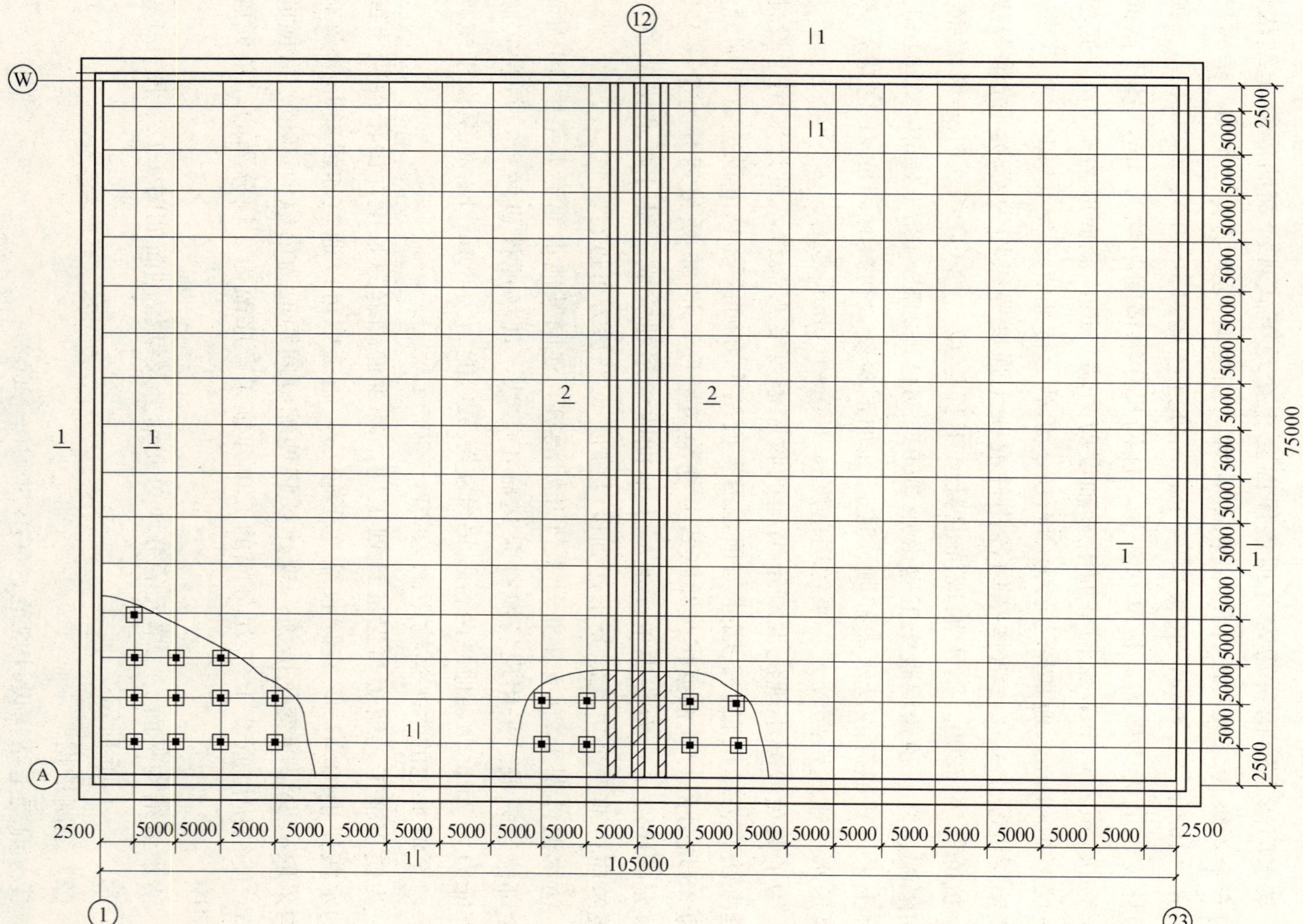

图 4-12　清水池结构平面（1：666）

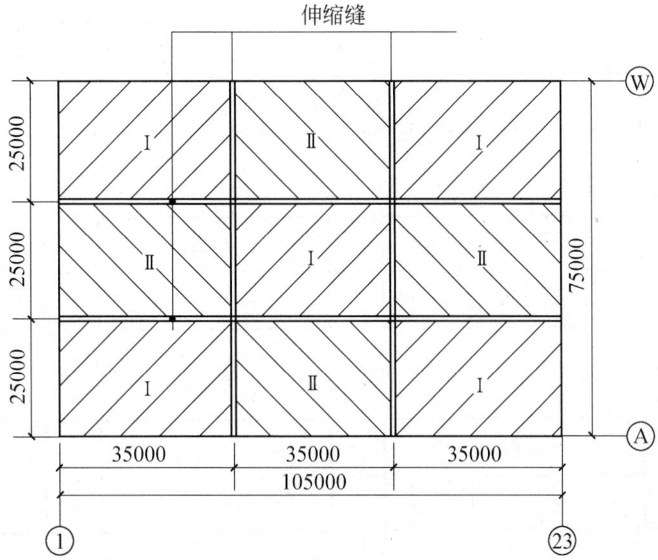

图 4-13　二单元 9 块分隔伸缩缝布置（1∶1000）

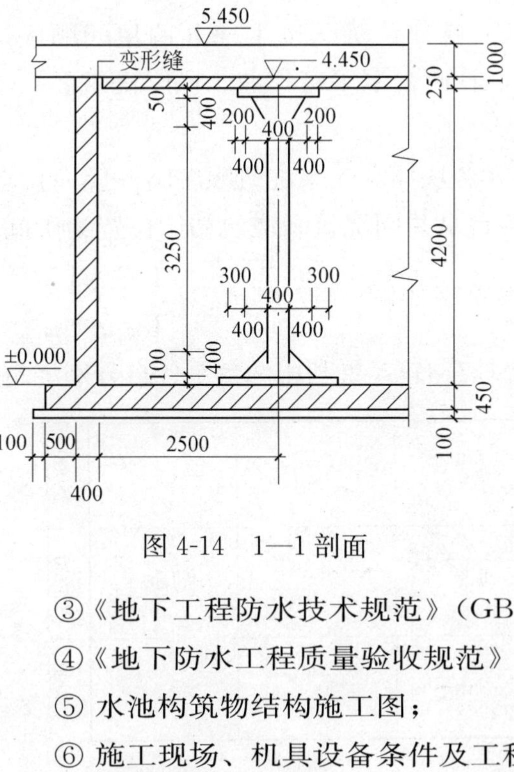

图 4-14　1—1 剖面

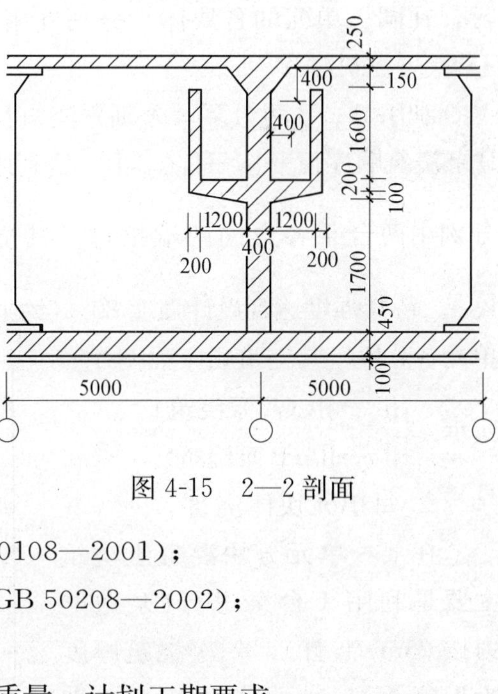

图 4-15　2—2 剖面

③《地下工程防水技术规范》（GB 50108—2001）；

④《地下防水工程质量验收规范》（GB 50208—2002）；

⑤ 水池构筑物结构施工图；

⑥ 施工现场、机具设备条件及工程质量、计划工期要求。

（3）施工浇筑方案

1）总体施工程序

混凝土浇筑的总体施工程序按图 4-16 要求进行。

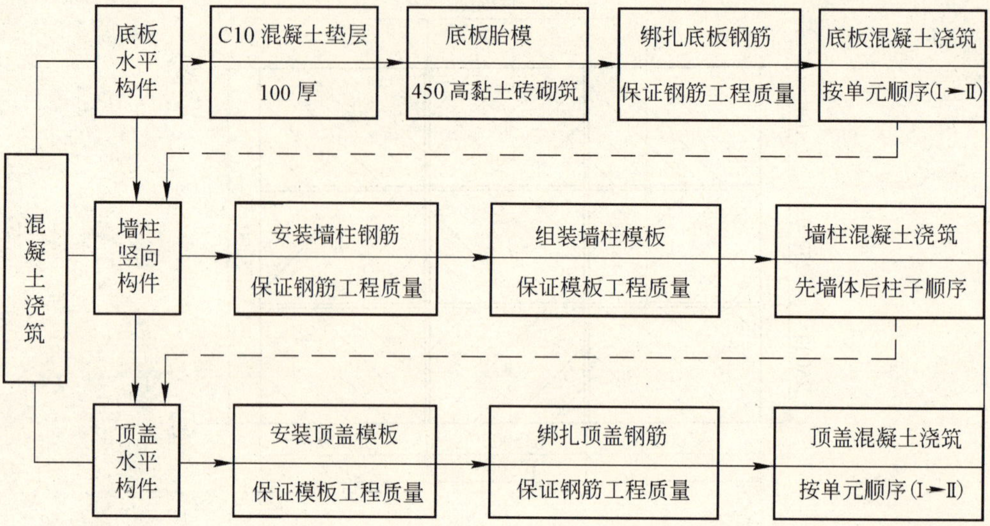

图 4-16　总体施工程序框图

2）底板混凝土浇筑

底板混凝土浇筑是以伸缩缝兼作施工缝分仓跳跃按Ⅰ→Ⅱ两单元顺序进行，在同一单元的各块体，分别利用A、B两台泵平行作业、同时浇筑。

① 浇筑顺序

利用A、B两台泵，分别先浇筑Ⅰ单元各块体。A泵浇筑顺序$Ⅰ_{A1}\rightarrowⅠ_{A2}\rightarrowⅠ_{A3B3}$；B泵浇筑顺序$Ⅰ_{B1}\rightarrowⅠ_{B2}\rightarrowⅠ_{A3B3}$。$Ⅰ_{A3B3}$是利用两台泵共同浇筑，浇筑初始位置为中间、分别由两台泵各自向两端推进。其浇筑顺序如图4-17所示：$\left\{\begin{matrix}Ⅰ_{A1}\rightarrowⅠ_{A2}\\Ⅰ_{B1}\rightarrowⅠ_{B2}\end{matrix}\right\}\rightarrow Ⅰ_{A3B3}$。待其强度达到设计强度80%(约半个月左右)，再利用两台泵各自分别浇筑Ⅱ单元各分块，其浇筑顺序如图4-17所示：$\left\{\begin{matrix}Ⅱ_{A1}\rightarrowⅡ_{A2}(A泵浇筑)\\Ⅱ_{B1}\rightarrowⅡ_{B2}(B泵浇筑)\end{matrix}\right.$。

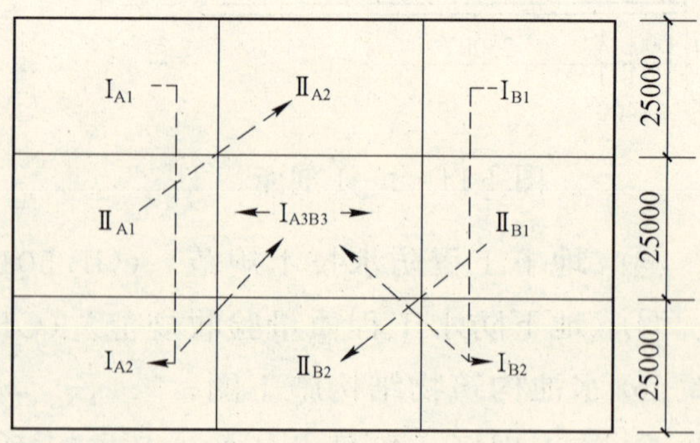

图 4-17　混凝土泵A、B在Ⅰ、Ⅱ单元的浇筑程序

② 每单元块体浇筑

在某一单元分块混凝土浇筑主要是利用1台泵进行(泵送能力按$25m^3/h$计)，一次浇筑厚度为板厚0.45m。浇筑由短边一端开始沿纵向推进，沿纵向每次浇筑宽度取5m。每5m浇筑工程量：$5\times25\times0.45=56.3m^3$，所

需时间 56.3/25＝2.25h，每块板浇筑所需时间 2.25×7＝15.8h。如利用两台泵同时浇筑，平行连续作业，完成Ⅰ单元 5 块的浇筑需要 15.8×2＋7.9＝39.5h，考虑作业中的倒管及间歇，实际需 2 昼夜时间。Ⅱ单元的浇筑也需 2 昼夜时间，如考虑Ⅰ单元强度达 80％的间隔时间为 15d，则底板混凝土浇筑大约需经历 20d 工期。单元分块混凝土的浇筑如图 4-18 所示。

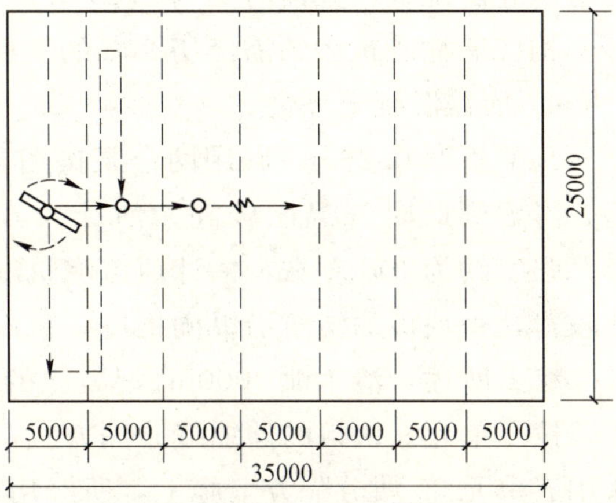

图 4-18　单元分块混凝土的浇筑

3）墙柱混凝土浇筑

① 浇筑顺序

墙柱混凝土浇筑顺序按图 4-19 所示进行。

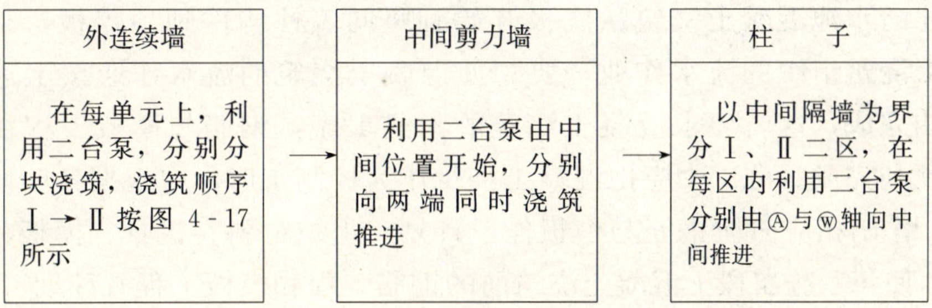

图 4-19　墙柱混凝土浇筑程序

② 单元构件浇筑

外连续墙 $Ⅰ_{A1}\rightarrow Ⅰ_{A2}$、$Ⅰ_{B1}\rightarrow Ⅰ_{B2}$ 各段利用一台泵所需浇筑时间 $t=\frac{(35+25)\times4.45\times0.4}{25}=4.3h$，每台泵在每单元各负责两个区段，需浇筑时间 4.3×2＝8.6h。$Ⅱ_{A1}\rightarrow Ⅱ_{A2}$、$Ⅱ_{B1}\rightarrow Ⅱ_{B2}$ 各段利用一台泵送所需时间 $t=4.3h$，每台泵在两单元需浇筑时间为 8.6＋4.3＝12.9h。考虑Ⅰ、Ⅱ单元间隔时间，需经历约半个月工期。

中间隔墙(剪力墙)伸缩缝可按 25m 间距与板同步布置，但混凝土浇筑可不分单元一次完成，在外连续墙Ⅱ单元浇筑完成后进行，利用两台泵由中间位置开始分别向两端推进，浇筑时间 $t=245/50=5h$。

柱子混凝土浇筑可以纵向中间的横向剪力墙为界，分为Ⅰ区与Ⅱ区两个区段分别进行，每个区具有 150 根柱子。利用两台泵在Ⅰ区中分别由Ⓐ轴与Ⓦ轴两端沿横向向中间推进浇筑，浇筑时间 $t=217/50=4.5h$，当Ⅰ区浇筑完成再进行Ⅱ区浇筑，共需时间为 4.5×2＝9h，考虑倒管间歇时间需 1 昼夜时间。竖向构件墙柱浇筑大约需经历 20d 的工期时间。

4）顶盖混凝土浇筑

顶盖板厚 0.25m，利用两台泵按图 4-17、图 4-18 底板混凝土浇筑方案执行，考虑到此时气温已较高，估计为 6 月中下旬，Ⅰ单元先浇混凝土达到 80％强度约为 10d 左右，估计顶盖浇筑混凝土经历的时间约为 15d 工期。由于板较薄，每块板的浇筑沿纵向推进，每次的浇筑宽度可取 7m。

综上所述，清水池 7000m^3 混凝土的浇筑，利用两台泵同时浇筑、平行作业，按二单元 9 块板的伸缩缝分隔方式，经历施工周期大约需用 55～60d；如采用五单元 35 块分隔方案施工，所经历的施工周期至少增加一倍以上；其主要原因是伸缩缝的设置使结构分块较多，先后浇筑的单元较多，单元间停浇的时间较长造成的结果。由此可见对现浇结构伸缩缝间距的设置不是越小越好，应结合工程具体情况全面考虑加以确定。

5）流水作业与工序协调

上述清水池混凝土浇筑从底板开始到竖向墙柱构件到顶盖板，是混凝土工程施工浇筑组织的流水作业，要想使混凝土浇筑的流水作业按上述分阶段计划工期完成，这就要求混凝土浇筑的紧前工序，钢筋与模板工程在混凝土浇筑前顺利完成。施工中应把混凝土浇筑作为控制工序，应根据各阶段浇筑计划要求，作出相应阶段钢筋与模板作业计划，组织材料、机具、模板、各工种劳动力，使每一施工段上混凝土浇筑前的钢筋工程和模板工程有计划、有组织、有控制、有协调地进行，这是在预定工期内完成混凝土浇筑的前提条件。

同时也应考虑，为了充分有效地利用混凝土搅拌机与混凝土泵，保证整个建设项目的工期，要利用清水池混凝土浇筑过程相邻单元的间歇时间(10～15d)，组织与其他水池之间的交叉作业，形成建设项目各单位工程之间的作业交叉协调。

（4）施工质量控制与注意要点

本工程清水池混凝土施工质量包括满足施工工作性要求，达到设计要求的强度、防水、抗冻等级，保证工程耐久性等。考虑到本工程地处西北高原，应根据当地原材料具体情况、结构工作环境、气候条件特点，制定专项技术措施。

1）原材料质量与配比控制

拌制混凝土所用水泥、水、砂、石、外加剂、掺合料均按防水抗冻要求，其性能质量、所含有害物质限量均应符合现行国家标准规范要求。根据防水抗冻要求，水泥选用普通硅酸盐水泥；石子采用连续级配，最大粒径为 40mm，含泥量不超过 1.0％，泥块含量不超过 0.5％，针片状含量不超过

15％；砂子为中砂，含泥量不大于3.0％，泥块含量不大于1.0％，硫化物的含量(折算为SO_3)不大于1.0％，云母含量不大于2.0％；应测定骨料碱活性，对水泥、混凝土碱含量提出限值。混凝土最大水灰比限值为0.55，最小水泥用量275kg/m^3，最大氯离子含量为水泥重量的0.2％，最大碱含量为3.0kg/m^3。

原材料进场应检查出厂合格证，妥善保管、合理堆放，水泥、外加剂、掺合料应入库防潮防雨，砂、石骨料应堆放硬底便于排水和输送的场地上，严防混料或杂物的混入，并挂牌标识产品名称、产地、厂家、强度等级、规格、质量状态。其中水泥为主控项目，进场时对品种、级别、包装或散装仓号、出厂日期进行检查，并对强度、安定性进行复验；检验数量：按同一厂家、同一品种、同一等级、同一批号连续进场的水泥，袋装不超过200t，散装不超过500t为一批，每次抽样不少于一次。

2）施工工艺作业控制

① 混凝土搅拌

现场搅拌混凝土应将生产工艺设备系统安装在防风避雨的搅拌机棚内，上料系统合理，运行可靠，计量准确。防水混凝土水泥、水、外加剂、掺合料计量允许偏差为±1％，砂、石为±2％，实际搅拌用水量应扣除砂石含水量；投料顺序合理，液体外加剂一般先掺入拌合水中搅拌均匀后随拌合水一起掺入。搅拌台应设“混凝土搅拌配合比标牌”，注明搅拌的混凝土所用工程部位、强度等级、坍落度、施工配合比及每盘混凝土的水泥、水、砂、石、外加剂、掺合料的实际用量。混凝土的搅拌时间应以达到搅拌均匀，满足施工和易性为准，一般不少于1～2min。

② 混凝土泵送浇筑

现场搅拌泵送混凝土，一般混凝土泵与搅拌机相毗邻，混凝土搅拌后直接送入泵内喂料，再由混凝土泵通过输送管道泵送浇筑地点。为此搅拌机房的位置选择应尽量靠近浇筑量最大的单位工程并兼顾全局。混凝土的泵送浇筑应根据计划浇筑量合理选择泵的泵送能力与台数，应根据骨料最大粒径与输送距离正确选用管径规格，合理布置管线。泵送操作人员须经上岗培训，按使用说明书要求进行使用操作，泵送前应进行全面检查，泵送过程如发生堵管现象时，应及时处理。

浇筑底板与顶盖时，确定合理的布料间距，一般2～3m，浇筑竖向构件墙与柱时，分层浇筑厚度宜为400～500mm，由于浇筑高度大(4.45m)，对浇筑高度超过2.9m的底部，可采用溜槽或软管下伸办法。浇筑混凝土应注意对上道工序钢筋安装绑扎成品的保护，严防踩压钢筋的位移变形，一旦发生位移变形应有专人跟踪调整，同一施工段的混凝土应连续浇筑，接槎间断的浇筑时间不得超过初凝时间，一旦超过应按施工缝处理。

③ 混凝土振捣

防水混凝土必须采用高频振捣器振捣密实，每层浇筑的振捣厚度为 400～500mm，振捣间距 400～500mm，既不要漏振，也不要过振，振捣时间 10～30s，对流动性较大混凝土取偏下限时间，对流动性较小混凝土取偏上限时间，本水池混凝土振捣时间宜取 20s。

④ 保水浇水湿养护

混凝土浇筑后的保水浇水湿养护是提高强度、增大密实性、减少收缩变形关键性技术措施。湿养护应派专人负责，对底板每浇筑一定宽度经抹平压光后及时铺塑料薄膜保水，当每分块底板浇筑完成待终凝稍有强度后采用储水养护，储水深度可为 50～100mm，至少养护 14d。对外连续墙拆模后应及时浇水养护，每次浇水间隔时间应以能始终保持表面湿润为准则，至少湿养护 14d。顶盖板混凝土浇筑一定宽度经抹平压光后及时铺塑料薄膜保水，待每块分隔板浇筑完成终凝后进行浇水养护至少 14d，每次浇水间隔时间应以能始终保持混凝土表面湿润为准则。

3）检查验收控制

混凝土结构工程施工检查验收控制是将质量目标按分部、分项工程进行目标与过程分解，将分解的质量目标进行层层落实，落实到相关部门的管理人员与基层作业班组。对阶段性的工序质量目标采取三步控制程序：工序执行前的准备控制、工序执行的操作控制、工序执行结果控制。工序执行前与执行过程控制包括人（管理职责、操作技能）、材料（性能质量）、机具（功能的适应性与可操作性）、工艺方法（先进合理性）的控制；工序执行前与执行过程质量控制主要通过检验方式实施，工序执行结果控制主要通过验收方式实施。

检查与验收要有依据、有目标、有方法、有程序、有结论，对钢筋混凝土结构的模板、钢筋、混凝土分项工程，在检验批上的检查验收程序如图4-20所示。

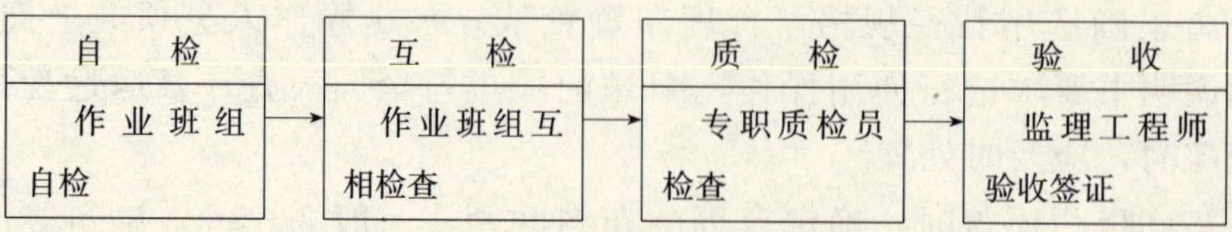

图 4-20 分项工程在检验批上的验收程序

本工程清水池结构底板、墙体、顶盖的施工检验批，就是由伸缩缝（施工缝）所划分的块体（施工段），柱子施工验收批可根据施工顺序具体情况确定。

在同一验收批上只有上道工序经验收合格后，方准下道工序施工；如经验收发现质量不合格，令其整改，经整改后验收合格，方可下道工序施工。

混凝土现浇结构分项工程的构件尺寸偏差应符合规范规定，外观质量不得有严重缺陷；如出现，应提出处理方案，经监理（建设）单位认可进行处理，对处理部位，应重新检查验收。

4）施工注意要点

为保证施工质量，结合本工程实际特点，提出注意如下：

① 混凝土搅拌过程中，应经常查视随时进场的砂、石、水泥、外加剂、掺合料的质量状态，防止使用受潮过期水泥或过热水泥，过热水泥是指水泥在水泥厂刚经磨细，还没有经过一段时间冷却散热的水泥（温度一般在60～70℃）。

② 混凝土施工过程中，如遇有下雨天气，使砂、石含水量增大，混凝土搅拌时应扣除增加的含水量；如混凝土的浇筑不能停止，对已浇筑的部位应采取覆盖遮挡措施。

③ 外连续墙、内隔墙的水平施工缝留在距底板上皮标高的500mm处，作好钢板止水带，浇筑上部墙体混凝土时，应将表面浮浆和杂物清理干净，先铺30～50mm厚1∶1水泥砂浆，然后浇筑混凝土。

④ 按规范和设计要求，认真做好伸缩缝的细部构造防水，以防使用过程的渗、漏水。

⑤ 在绑扎安装钢筋过程中，一定做好钢筋保护层的垫块的铺设与支承架立筋的设置，这是保证保护层的设计厚度、防止钢筋锈蚀、保证工程耐久性的关键性技术措施。底板的下层钢筋一般采用水泥砂浆垫块，上层钢筋采用钢筋焊成的马凳支承，竖向墙柱构件的钢筋骨架用侧向挤压挂吊垫块或专用塑料卡垫块。

⑥ 混凝土在浇筑过程中，按规范规定随机取样留置试块，进行标准条件或工程同条件养护，做相应抗压强度、抗渗等级与抗冻等级试验检测。

⑦ 对竖向墙柱构件的支模，防止下部侧压力鼓胎、漏浆烂根与顶部位移变形，角模错位是关键，本水池墙体支模下部可采取斜向顶靠措施、顶部可采取斜向拉结措施。

⑧ 对墙体固定模板的拉结筋（梅花筋），为防止水的渗漏，其中间止水环穿孔与钢筋之间应焊接密实，并应在迎水面端头设置预留木方，待木方拆除后，使钢筋端头断于槽内，用防水砂浆封堵。

⑨ 柱子模板安装后，应将顶盖模板安装完成，再进行柱子混凝土浇筑，以便为柱子浇筑形成工作面，同时顶盖模板利用已经浇筑的四周墙体嵌固，

使柱子顶部模板在浇筑过程中不易发生位移变形。

⑩ 外连续墙拆模经浇水养护后，要及时隐蔽回填，减少外露时间，顶盖混凝土经浇水养护后及时做外防水与覆盖保水保温。

⑪ 设计要求水池构件应待达设计强度 100％方可拆模（主要指顶盖模板），故此建议顶盖应预留工作孔，以便拆模的外运，其留孔大小、位置视具体情况而定，待模板运出后封堵。

⑫ 根据上述施工状况，建议清水池施工能设置一部临时工作塔吊，以便施工中钢筋与模板运输。

⑬ 上述混凝土浇筑相邻单元，待前一单元混凝土强度达 80％的时间间隔取 10～15d 是基于气温 20～25℃的考虑，具体间隔时间可根据施工现场的气温条件确定。

（5）施工管理

为了实现上述技术措施，保证施工质量，必须加强施工管理。施工管理应遵循基本建设规律具有科学性；应遵照国家规范标准规定具有控制性；应根据施工技术要求具有责任性。在此，对施工过程的质量管理制定如下措施：

① 建立质量管理体系，由项目经理牵头，技术负责人指导，质检部门专人负责，对影响工程质量的人、材料、机具、工艺、环境因素，进行有组织的系统化、文件化、制度化管理控制。

② 制定并落实项目管理人员的岗位责任制，作为规范人的职责范围、行为准则的依据。

③ 对钢筋工程、模板工程及其他工种工序编制作业指导书，以便全面保证工程质量和工序间的有机协调。

④ 每道工序在施工前应组织有关人员认真熟悉设计图纸，熟悉相应国家规范标准，进行设计文件交底，进行施工技术措施交底。

⑤ 对原材料质量，对工序中的模板工程，钢筋工程，混凝土的搅拌、浇筑、振捣、养护，进行随时抽检，及时发现问题及时整改。

⑥ 定期召开工作例会，特别是建设、监理、施工三方例会，及时总结已进行的工程质量，部署下一步工程质量要求。

4.7 检查验收控制

1. 检查与验收

混凝土结构工程施工，检查与验收是工程项目施工质量控制体系的重要组成部分，是全面质量管理的重要一环，检查验收应有依据、有目标、有方法、有标准、有程序、有结论地进行。

检查是项目部职能部门或相关人员，在项目施工过程的验收单元，对验收前的工序作业过程和质量状态，以相关标准进行指导、查视、检验，并以口头或书面形式将检查结果通告被检查的作业班组或个人。随时和定期的检查对施工作业可以起到监督与控制作用，随时发现问题，随时通告对方，随时整改，可以避免重大返工，也为验收作了准备，检查是施工单位自身监督和评价的内控行为。

验收是指对工程项目施工过程的验收单元，对每道工序在项目部自行检查评定的基础上，由参与建设活动的有关单位共同对验收单元已完成的工序进行抽样复验，根据相关标准以书面形式对工程质量合格与否做出确认。验收是施工单位考核评价的外控行为，检查与验收体现了对施工工序质量的双控原则。

2. 验收单元与程序

作为工程建设项目，根据建筑施工先地下后地上、先基础后主体、先首层逐渐到顶层积零为整的建筑程序特点，为了实现施工过程质量检查验收评定的直接跟踪，必须将建设项目化整为零进行分解，根据施工顺序划分出不同层次的验收单元。一个建设项目可划分为几个单项工程，一个单项工程可划分为几个单位工程，一个单位工程可划分为若干个分部工程，一个分部工程可划分为若干个分项工程，为了便于检查验收每一分项工程，可以划分为若干个检验批。单项工程的划分主要着眼于竣工后能否独立发挥作用，单位工程的划分主要着眼于能否独立委托设计、施工、独立结算，分部工程的划分主要着眼于使用性质，分项工程的划分主要着眼于工种，检验批的划分主要着眼于工序的操作与验收的执行。

工程验收的直接跟踪目标是组成建设项目的基本单元细胞，即分项工程，在每个检验批上完成各分项工程的检查验收，通过分项工程的检查验收完成分部工程的检查验收，再完成单位工程、单项工程直到整个建设项目，建设项目的单元划分与验收程序如图 4-21 所示。

在同一检验批上只有上道工序经验收合格后，方准下道工序施工，对现浇混凝土结构工程只有模板工程经验收合格后，方准进行钢筋工程(指水平承重梁板结构)，只有钢筋工程经隐蔽验收合格后，方准浇筑混凝土。如在验收中发现质量不合理，令其整改。经整改后验收合格方准下道工序施工，在同一验收批中对某一分项工程的检查验收程序如图4-22所示。

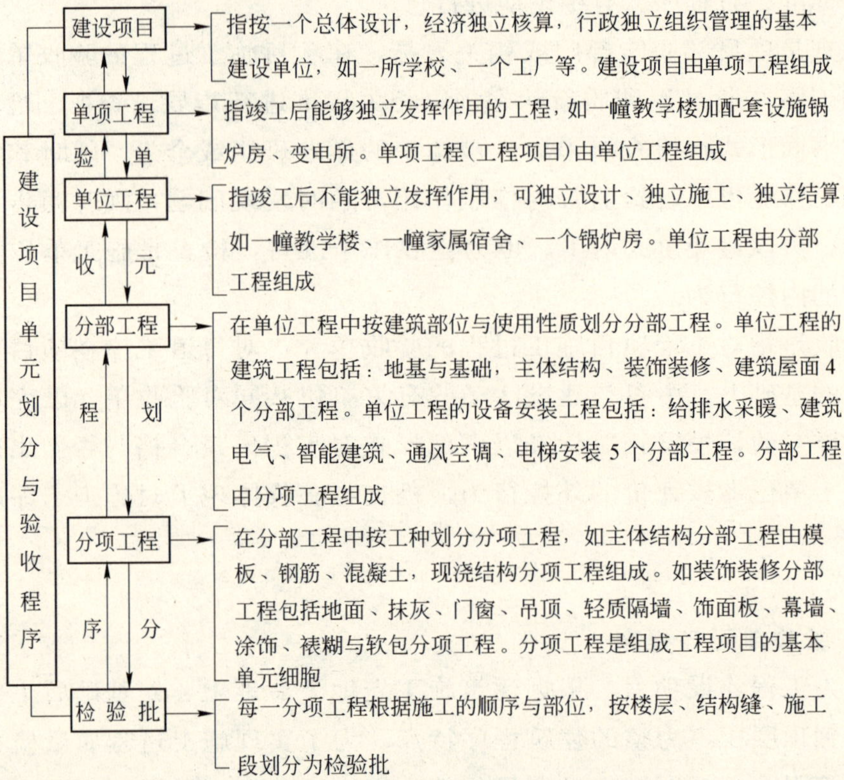

图 4-21　建设项目单元划分与验收程序

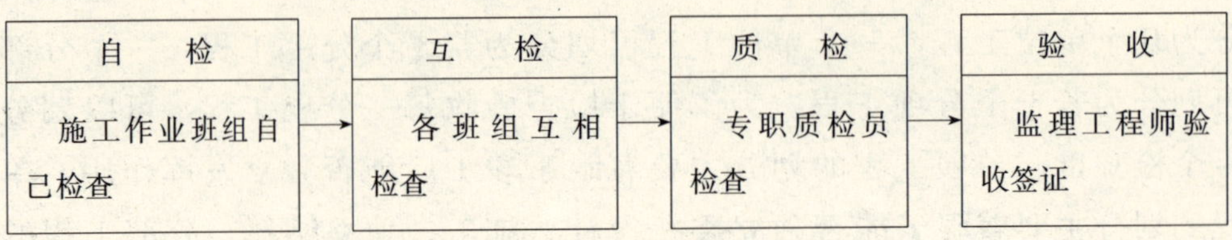

图 4-22　分项工程在检验批上的验收程序

3. 验收项目与标准

(1) 建筑成果

根据国家规定，建筑工程执行全部建筑程序后，最终应完成3个成果：一是经过建设者物化劳动所形成的空间物资成果，即建筑工程产品的载体；二是收集、累积、整理人们物化劳动过程中的资料，作为技术成果，形成工程技术档案，工程竣工后，一般至少形成3套，一套作为建设单位备案存档，一套作为施工单位备案存档，重大工程还应在当地档案馆备案存档一套；三是根据建筑工程载体所达到的质量标准和工程技术档案，评定出优良、合格的质量等级，其中对优秀者还要优中择优，评定出国优、省优、市优精品工程，予以不同的荣誉称号，加以表彰奖励。

（2）验收项目与标准

现浇混凝土结构工程按规范规定验收的项目包括：

① 模板分项工程，钢筋分项工程，混凝土分项工程：其验收方法、标准按规范规定执行，其主要内容为上述施工工艺作业控制中的模板工程、钢筋工程、混凝土工程有关的质量控制要素。

② 现浇结构分项工程的混凝土外观质量与结构尺寸偏差验收：现浇结构的外观质量不应有严重缺陷，对已出现的严重缺陷，应由施工单位提出技术处理方案，并经监理(建设)单位认可后进行处理，对经处理的部位，应重新检查验收。现浇结构不宜有一般缺陷，对已出现的一般缺陷，应由施工单位按技术处理方案进行处理，并重新检查验收。现浇结构外观质量缺陷的表现与严重程度界定，见表 4-10 规定，现浇结构尺寸偏差和检验方法应符合规范规定，具体规定见表 4-11，混凝土设备基础尺寸允许偏差和检验方法应符合表 4-12 规定。

③ 结构实体检验：对涉及混凝土结构安全的重要部位，应进行结构实体检验。结构实体检验应在监理工程师见证下，由施工项目技术负责人组织实施，承担检验的试验室应具有相应资质。检验内容包括混凝土强度、钢筋保护层厚度及工程合同中约定项目。对混凝土强度检验，应以在混凝土浇筑地点制备并与结构实体同条件养护的试件强度为依据，其试件留置、养护和强度代表值均应符合规范规定。其检验也可采用非破损或局部破损的检测方法。当同条件养护试件强度检验结果符合现行国家标准《混凝土强度检验评定标准》的规定时，应判定为合格。对钢筋保护层厚度检验，抽样数量、检验方法、允许偏差和合格条件应符合规范规定。当检验强度被判为不合格或钢筋保护层厚度不满足要求时应委托具有相应资质等级的检测机构按国家有关标准规定进行检测。

④ 混凝土结构子分部工程验收：包括有关分项工程验收、观感质量验收、结构实体验检、质量控制资料验收。

现浇结构外观质量缺陷 **表 4-10**

名　称	现　象	严重缺陷	一般缺陷
露　筋	构件内钢筋未被混凝土包裹而外露	纵向受力钢筋有露筋	其他钢筋有少量露筋
蜂　窝	混凝土表面缺少水泥砂浆而形成石子外露	构件主要受力部位有蜂窝	其他部位有少量蜂窝

续表

名　称	现　象	严重缺陷	一般缺陷
孔　洞	混凝土中孔穴深度和长度均超过保护层厚度	构件主要受力部位有孔洞	其他部位有少量孔洞
夹　渣	混凝土中夹有杂物且深度超过保护层厚度	构件主要受力部位有夹渣	其他部位有少量夹渣
疏　松	混凝土中局部不密实	构件主要受力部位有疏松	其他部位有少量疏松
裂　缝	缝隙从混凝土表面延伸至混凝土内部	构件主要受力部位有影响结构性能或使用功能的裂缝	其他部位有少量不影响结构性能或使用功能裂缝
连接部位缺陷	构件连接处混凝土缺陷及连接钢筋、连接件松动	连接部位有影响结构传力性能的缺陷	连接部位有基本不影响结构传力性能的缺陷
外形缺陷	缺棱掉角、棱角不直、翘曲不平、飞边凸肋等	清水混凝土构件有影响使用功能或装饰效果的外形缺陷	其他混凝土构件有不影响使用功能的外形缺陷
外表缺陷	构件表面麻面、掉皮、起砂、沾污等	具有重要装饰效果的清水混凝土构件有外表缺陷	其他混凝土构件有不影响使用功能的外表缺陷

现浇结构尺寸允许偏差和检验方法 **表 4-11**

项　目			允许偏差(mm)	检验方法
轴线位置	基　础		15	钢尺检查
	独立基础		10	
	墙、柱、梁		8	
	剪力墙		5	
垂直度	层　高	≤5m	8	经纬仪或吊线、钢尺检查
		>5m	10	经纬仪或吊线、钢尺检查
	全高(H)		H/1000 且≤30	经纬仪，钢尺检查
标　高	层　高		±10	水准仪或拉线、钢尺检查
	全　高		±30	

续表

项　　目		允许偏差(mm)	检 验 方 法
截 面 尺 寸		+8，-5	钢尺检查
电 梯 井	井筒长、宽对定位中心线	+25.0	钢尺检查
	井筒全高(*H*)垂直度	*H*/1000 且≤30	经纬仪，钢尺检查
表 面 平 整 度		8	2m靠尺和塞尺检查
预埋设施中心线位置	预 埋 件	10	钢尺检查
	预 埋 螺 栓	5	
	预 埋 管	5	
预留洞中心线位置		15	钢尺检查

注：检查轴线、中心线位置时，应沿纵、横两个方向量测，并取其中的较大值。

混凝土设备基础尺寸允许偏差和检验方法　　表 4-12

项　　目		允许偏差(mm)	检 验 方 法
坐标位置		20	钢尺检查
不同平面的标高		0，-20	水准仪或拉线、钢尺检查
平面外形尺寸		±20	钢尺检查
凸台上平面外形尺寸		0，-20	钢尺检查
凹穴尺寸		+20，0	钢尺检查
平面水平度	每　米	5	水平尺，塞尺检查
	全　长	10	水准仪或拉线、钢尺检查
垂直度	每　米	5	经纬仪或吊线、钢尺检查
	全　高	10	
预埋地脚螺栓	标高(顶部)	+20，0	水准仪或拉线、钢尺检查
	中 心 距	±2	钢尺检查

续表

项　　目		允许偏差(mm)	检　验　方　法
预埋地脚螺栓孔	中心线位置	10	钢尺检查
	深　　度	+20，0	钢尺检查
	孔垂直度	10	吊线，钢尺检查
预埋活动地脚螺栓锚板	标　　高	+20，0	水准仪或拉线、钢尺检查
	中心线位置	5	钢尺检查
	带槽锚板平整度	5	钢尺、塞尺检查
	带螺栓孔锚板平整度	2	钢尺、塞尺检查

(3) 验收项目质量合格规定

① 检验批质量合格规定：主控项目和一般项目的质量经抽样检验合格，具有完整的施工操作依据，质量检查记录。

② 分项工程质量合格规定：分项工程所含的检验批均符合合格质量规定，所含的检验批的质量验收记录完整。

③ 混凝土结构子分部工程合格规定：模板、钢筋、混凝土、现浇结构分项工程施工质量经验收合格，现浇结构观感质量验收合格，结构实体检验结果满足规范要求，应有完整的质量控制资料。质量控制资料应包括设计变更文件、原材料出厂合格证和进场复验报告、钢筋接头试验报告、混凝土工程施工记录、混凝土试件性能试验报告、隐蔽工程验收记录、分项工程验收记录、混凝土结构实体检验记录、工程重大质量问题的处理方案和验收记录、其他必要的文件和记录。

(4) 施工资料管理验收

建设项目工程竣工验收时，要形成完整的施工资料，作为工程技术档案，对工程施工资料的管理验收主要是对施工资料的内容、编制、汇总及整理的要求：

① 施工资料内容应包括：(A)施工管理资料：如项目部编制的有关各部门、管理人员的岗位责任，各工种作业的规章制度、工作守则等；(B)施工技术资料：如编制的施工组织设计、施工技术方案、工种作业指导书、试验检测报告等；(C)施工物资资料：如原材料出厂合格证，检验报告、进场复验报告、抽样检测报告等；(D)施工记录及认证性资料：如测量记录，试验记录、对结构重要部位的实体检验报告、施工验收签证、质量验收资料、竣工图、出现工程质量事故的分析鉴定意见及提出的处理方案等。

② 施工资料编制应符合：(A)按结构分部分项工程施工进度，随发生随

整理，具有及时性；(B)从管理、技术、材料、质量全方位全过程收集，内容齐全、简明扼要、结论清楚、签证手续齐全，具有完整性；(C)分类整理、目录清晰、有序排列、层次清楚，具有系统性；(D)内容准确、数据可靠、不得弄虚作假和随意涂改，具有真实性。

③ 施工资料管理应做到：(A)按部门各负其责，分工整理；(B)设专人负责、统一汇总；(C)装订成册，精心保管；(D)随时监督检查，准确无误。

施工资料即工程技术档案的及时性、完整性、系统性、真实性，才能够完整、系统、准确地反映工程施工建设过程与相应的质量状态，做到资料在工程使用和查询的可追逆性，为在役使用的工程耐久性评估、使用过程出现质量问题的责任划分，定期维修的原因分析与采取措施提供依据。

4.8 施工监理控制

自20世纪90年代初国家对建设项目开始实施建设监理以来，经过十余年的执行实施证明，工程建设监理对工程施工质量控制起到了重要保证作用。根据国家规定，对建设工程项目的建设施工，建设单位必须以书面合同方式委托具有相应资质的工程建设监理单位进行施工现场监理。按照《建设工程监理规范》规定，受委托的工程建设监理单位要组织相应的机构人员派驻施工现场，编制监理规划和监理实施细则，规定相应监理工程师的各自工作职责，在施工现场公正、独立、自主地开展监理工作。

1. 监理机构

监理工程师必须取得国家监理工程师执业资格证书并经注册。监理机构的组织形式与规模，应根据委托监理合同规定的服务内容、期限及工程类别、规模、技术复杂程度确定。项目监理机构组成成员应包括总监理工程师、专业监理工程师及相应的监理员。监理机构的现场服务，应按委托的监理合同规定，对建设工程项目的工程质量、造价、建设进度进行全面控制和管理。为了做到科学、严格、有计划、有程序的控制和管理，监理机构应在总监理工程师主持下编制监理规划并经监理单位技术负责人批准，作为指导项目监理机构全面开展监理工作的指导性文件。根据监理规划再由专业监理工程师编写监理实施细则，并经总监理工程师批准，作为工程项目专业监理工作的操作性文件。

2. 监理规划

监理规划应根据国家工程建设的相关法律法规、标准规范、项目审批文件、委托监理合同、设计文件并针对项目实际情况编制。监理规划应具有监理工作的目标性、程序性、制度性和实施的可操作性。其主要内容包括：①工程项目概况；②监理工作范围、工作内容、工作目标、工作依据；③项目监理组织形式、人员配备；④监理人员的工作岗位责任制；⑤监理工作程序、工作制度、工作方法。

3. 监理职责

（1）总监理工程师应履行下列职责：

① 确定项目监理机构人员分工和相应的岗位责任制度；

② 主持编制监理规划，审批项目监理实施细则，负责管理监理机构日常工作，主持监理工作会议，签发项目监理机构文件和指令；

③ 审定承包单位开工报告、施工组织设计、技术方案、进度计划，审核签署承包单位的申请、支付证书和竣工结算；

④ 审查和处理工程变更，主持参与工程质量事故调查；

⑤ 调解建设单位与承包单位的合同争议，处理索赔，审批工程延期；

⑥ 审核签认分部工程和单位工程的质量检验评定资料，审查承包单位的竣工申请，参与工程竣工验收；

⑦ 组织编写并签发监理月报、监理工作阶段报告、监理工作总结，主持整理工程项目的监理资料。

（2）专业监理工程师应履行下列职责：

① 负责编写本专业的监理实施细则，负责本专业监理工作具体实施；

② 审查承包单位提交的涉及本专业的计划、方案、申请、变更，并向总监理工程师提出报告；

③ 核查进场材料、设备、构配件的原始凭证、检测报告、质量认证文件及质量情况，合格时予以签认；

④ 负责本专业分项工程验收及隐蔽工程验收；

⑤ 做好本专业的监理日记，定期向总监理工程师提交本专业监理工作报告，对重大问题及时向总监理工程师汇报请示；

⑥ 负责本专业的工程计量工作，审核工程计量的数据和原始凭证；

⑦ 负责本专业监理资料的收集、汇总及整理，参与编写监理月报。

4. 监理质量控制

项目监理机构对建设项目施工的工程质量控制主要是根据监理规划、监理实施细则与监理职责要求，通过对施工承包单位的施工资质、施工管理、施工所用原材料、施工工艺方法及相应技术措施，采取审核、监督、旁站、验收、签认方式进行实施。

（1）开工前质量控制

① 设计图纸会审交底前，总监理工程师应组织监理人员熟悉设计文件，并对设计图纸中存在问题提出书面意见和建议，项目监理人员应参加由建设单位组织的设计技术交底会，总监理工程师应在交底会议纪要签认。

② 工程项目开工前，总监理工程师应组织专业监理工程师审查承包单位报送的施工组织设计报审表，提出审检意见，并经总监理工程师审核签认后报建设单位。

③ 总监理工程师应审查承包单位现场项目管理机构质量控制体系的质量管理、技术管理的组织形式、制度，专业管理人员和特种作业人员的资质上岗证书。

④ 分包开工前，专业监理工程师应审查承包单位报送的分包单位的资格证件、营业执照、特殊行业施工许可证、工作业绩、分包工程作业内容范围及相应人员的资格上岗证。

⑤ 专业监理工程师对承包单位报送的测量放线控制网及保护措施进行核查，检查承包单位专职测量放线人员的岗位证书及测量设备的检定证书。

⑥ 专业监理工程师应审查承包单位报送的工程开工报告及有关资料，当具备以下开工条件时，由总监理工程师签发，并报建设单位：

（A）施工许可证已获得政府主管部门批准；

（B）征地拆迁工作已能满足工程进度要求；

（C）施工组织设计已取得总监理工程师批准；

（D）承包单位现场管理人员已到位，机具、施工人员已进场，主要工程材料已落实；

（E）进场的道路、水、电、通讯等已满足施工要求。

⑦ 工程开工前，监理人员应参加由建设单位主持召开的第一次工地会议，会议主要内容包括：

（A）建设单位、承包单位、监理单位，分别介绍各自驻现场的组织机构、人员及分工；

（B）建设单位根据委托监理合同宣布对总监理工程师的授权；

（C）建设单位介绍工程开工前的准备情况；

（D）承包单位介绍施工准备情况；

（E）总监理工程师介绍监理规划主要内容；

（F）确定施工过程中工作例会制度，包括参加成员、例会、周期、地点及主要议题；第一次会议应形成会议纪要，由项目监理机构起草，与会各方代表签字。

（2）开工后的质量控制

① 施工过程中，当承包单位对已批准的施工组织设计进行调整、修改、补充时，应经专业监理工程师审查，并经总监理工程师签认。

② 专业监理工程师应要求承包单位报送重点工程部位与关键工序的施工技术方案与工艺流程的质量保证控制措施。

③ 当承包单位采用新材料、新工艺、新技术、新设备时，专业监理工程师应要求承包单位报送相应的工艺措施和证明材料，组织专题讨论，经审定后予以签认。

④ 专业监理工程师应对承包单位报送的施工测量放线成果进行复验和确认。

⑤ 专业监理工程师应对承包单位的试验室进行核查，包括资质等级、试验范围、法定单位对试验设备出具的检定证明、管理制度、试验人员资格证书、本工程的试验项目及要求。

⑥ 专业监理工程师应对承包单位报送拟进现场的工程材料、构配件和设备的报审表及质量证明材料进行审核，并对实物采取平行或见证性检验，对其质量不合格者拒绝签字使用。

⑦ 监理人员对施工过程应进行巡视检查，对重要工程部位的关键工序施工进行旁站。

⑧ 专业监理工程师应对承包单位报送的隐蔽工程、分项工程质量检评资料进行审核，并进行现场验收，符合要求后予以签认。总监理工程师组织监理人员对承包单位报送的分部工程和单位工程质量检评进行审核和现场验收，符合要求后予以签认。

⑨ 对施工中出现的质量缺陷，专业监理工程师及时下达整改通知，经承包单位整改后并进行检查验收；对施工存在重大质量隐患或已造成质量事故，应通过总监理工程师及时下达工程暂停令，要求承包单位停工整改。整改完毕并经监理人员复查，符合要求后，总监理工程师应及时签署工程复工报审表。总监理工程师下达工程停工令和签署复工报审表，宜事先向建设单位报告。

⑩ 对需要返工处理或加固补强的质量事故，总监理工程师应责令承包单位报送质量事故调查报告和经设计单位等相关单位认可的处理方案，项目监理机构应对质量事故的处理过程和处理结果进行跟踪检查和验收。总监理工程师应及时向建设单位及本监理单位提交有关质量事故的书面报告，并应将完整的质量事故处理记录整理归档。

4.9 混凝土结构施工过程质量控制程序框图

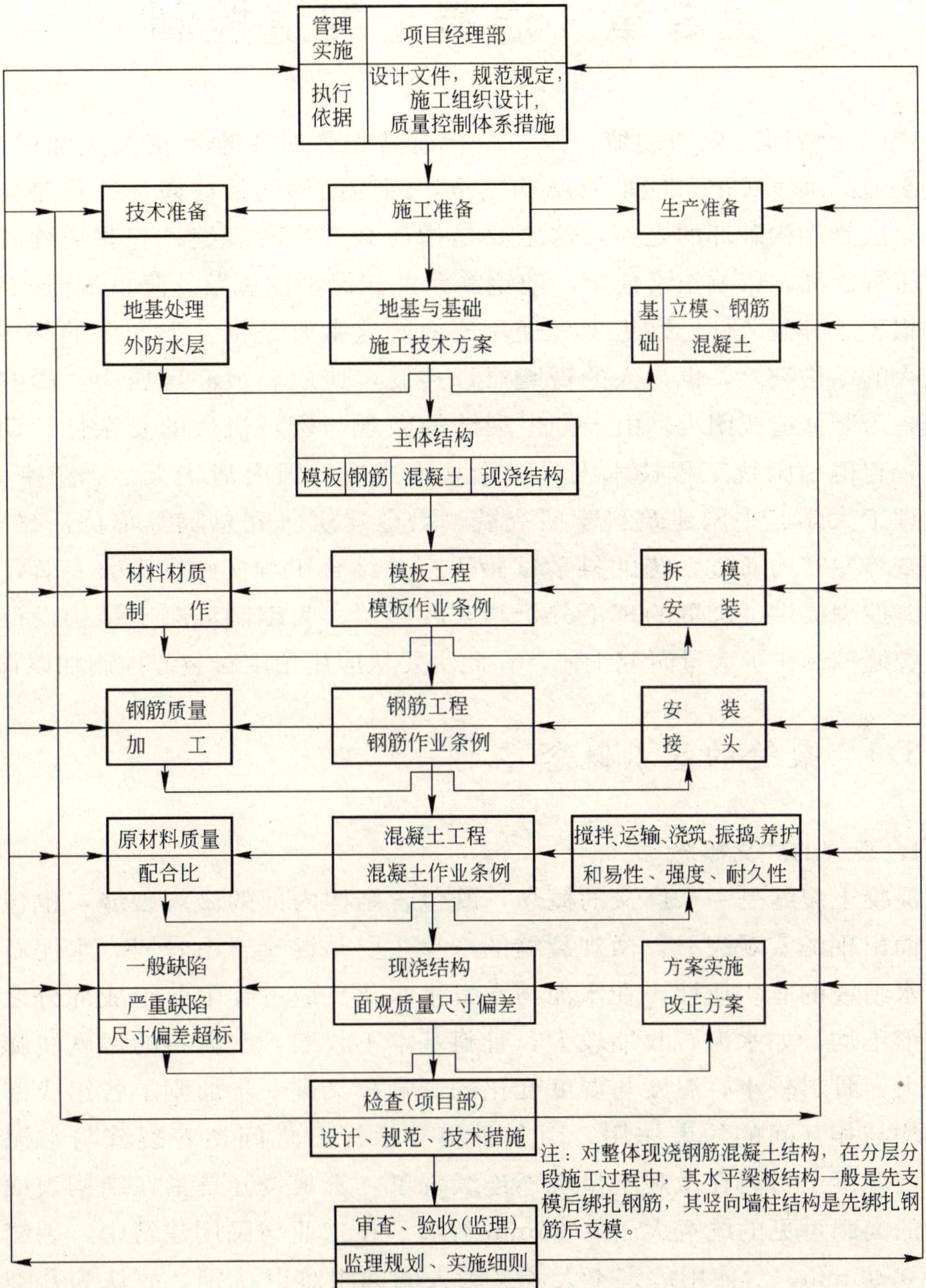

图 4-23 混凝土结构施工过程质量控制程序框图

第 5 章　混凝土裂缝控制

混凝土结构工程的裂缝，是一个带有普遍性被工程界很为关注的问题。有些裂缝的继续扩展可能危及结构安全，因为结构的最终破坏往往是从裂缝开始，成为结构破坏的先兆，这主要是指荷载产生的裂缝；有些裂缝的出现造成工程渗漏，影响正常使用，使钢筋锈蚀，保护层剥落，降低混凝土强度，严重损害工程耐久性，缩短工程使用寿命，这主要是指变形产生的裂缝；同时较大的结构裂缝，也为人的观瞻难以接受，造成恐惧心理压力，影响建筑美观，为装修造成困难。由于产生裂缝的微观与宏观机理的复杂性、动态变化性，它也是困扰工程技术人员一个技术难题。国内清华大学、东南大学、大连理工大学、中国建筑科学研究院、冶金建筑研究总院等单位，赵国藩、王铁梦等专家均通过系统的科学试验研究并结合工程实践，发表专著，为解决裂缝控制提供了宝贵的理论分析与实践经验，为编制混凝土结构设计规范有关裂缝控制作了大量研究工作，在此主要从应用角度对裂缝控制加以探讨。

5.1　裂缝的基本概念

1. 裂缝的广义概念

混凝土裂缝是一个广义的概念，既包含结构内部的微观裂缝，也包含结构表面出现的宏观裂缝。微观裂缝的产生主要是混凝土由骨料、水泥石、气体、水组成的非均质性，在水泥与水发生水化反应过程中各组成部分之间发生变形不均，如水泥石收缩较大，骨料基本不收缩，水泥石的温度线膨胀系数较大，骨料较小，温度与湿度变化的影响，又进一步加剧了各组成部分变形不均与相互间的约束作用，引起骨料与水泥石之间粘着裂缝与水泥石裂缝，使混凝土材料在微观下呈现不连续现象。宏观裂缝是指在结构表面出现的人的肉眼可见的缝宽大于 0.05mm 裂缝。在工业与民用建筑中，裂缝宽度小于 0.05mm，对使用危害不大，又为人的肉眼难以认别，故认为凡裂缝宽度小于 0.05mm 的结构均为无缝结构。宏观裂缝的出现是结构在荷载或变形约束作用下微观裂缝的扩展、连接与贯通，在这里所界定的微观裂缝与宏观裂缝实际上是裂缝宽度在直接或间接荷载因素作用下由量变到质变的因果关系转化。试验表明，混凝土受压当荷载在30%极限强度以上时，微裂缝开始扩展，应力应变呈非线性关系。应变的增长速度大于应力的增长速度，出现了塑性变形，在70%以上时开始连接贯通，最终导致破坏，如图5-1所示。

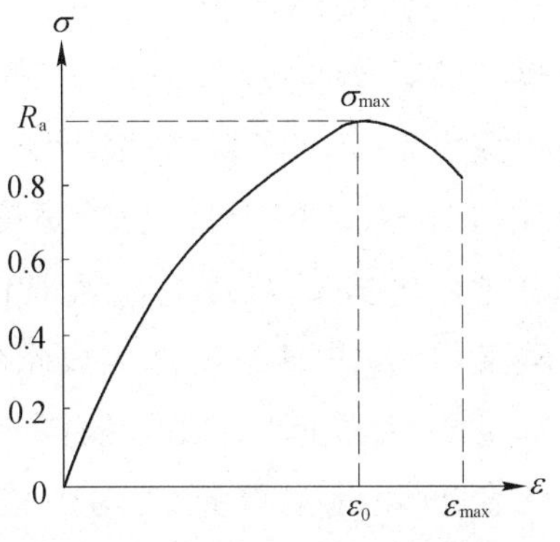

图5-1　混凝土受压应力应变曲线

由于微裂缝分布的非均匀性与沿截面的非贯穿性，使混凝土具有一定抗拉能力。但是由于混凝土材料的非均质脆性、微裂缝对拨离型抗拉作用与挤密型的抗压作用，其受力的反应效应不同，其抗拉强度的离散性要比抗压强度的离散性大得多，容易在微裂缝薄弱部位形成应力集中，造成微裂缝的扩展与贯通，这也是混凝土抗压不抗拉的重要原因。实际工程中出现的裂缝不论是荷载裂缝还是变形约束裂缝，绝大多数是由于混凝土抗拉强度不足或抗拉变形能力不足引起，即使构件直接承受剪力或冲切，由于混凝土的抗剪强度要高于抗拉强度，也是由于主拉应力造成斜裂缝，裂缝与主拉应力垂直。

所谓裂缝宽度一般是指裂缝的表面宽度，同一条裂缝上的裂缝宽度沿着裂缝长度方向是不均匀的，裂缝控制的最大宽度是指某条开裂宽度最大的裂缝，在缝宽最大的10%～15%区段范围内的平均裂缝宽度，一般用ω_{max}表示。在某一构件同一受力区，出现多条裂缝时，各条裂缝最大宽度的平均值称为平均最大裂缝宽度。

2. 裂缝的种类

所谓裂缝控制是指对裂缝开展宽度大于0.05mm以上宏观裂缝的控制，宏观裂缝产生与扩展原因：一是结构或构件直接在外荷载作用下产生，除在施工阶段过早拆模外，一般发生在使用期间，通常称为荷载裂缝；二是在变形约束的间接作用下产生，一般发生在施工阶段的早期，通常称为变形裂缝。混凝土非均质的脆性与微裂缝的存在，使其抗拉能力很低，混凝土结构出现裂缝可以说是不可避免的。对于设计本身在荷载作用下按限裂验算的构件，在正常使用期间出现裂缝也是允许的，只是应将其裂缝宽度控制在某一有效范围之内，不至使工程造成严重危害。世界各国由于各自情况不同，其规范对混凝土裂缝开展宽度的规定要求也不同。

我国《混凝土结构设计规范》(GB 50010—2002)对结构构件在荷载作用下按正常使用极限状态验算分三级控制，其中对限裂构件的最大裂缝宽度限值，一类使用环境为 0.3mm，二、三类使用环境为 0.2mm。这是基于经剖形观察发现，缝宽为 0.2mm，裂缝处钢筋只有轻微的表面生锈；同时对防水工程经研究也发现，当裂缝宽度小于 0.1mm 时，一般不会渗水；当压力水头≤15～20m(0.15～0.2MPa)，裂缝宽度在 0.1～0.2mm，即使出现渗水，水与混凝土中 CaO 化合生成 $Ca(OH)_2$，氢氧化钙溶于水沿着裂缝向室内浸出，空气中的二氧化碳又与 $Ca(OH)_2$ 化合生成碳酸钙结晶沉积在裂缝表层，形成白色覆盖层，起到一定的封闭止水作用，使渗水程度减弱，渗水量减小，称为裂缝的自愈。

变形裂缝主要指结构由混凝土收缩变形、温度变化变形、地基不均匀沉降变形受阻所产生的拉应力（或主拉应力）超过混凝土抗拉强度而导致；工程中的大部分裂缝是由于变形作用引起，其中收缩变形裂缝占了主要部分。对变形裂缝的控制，设计规范没有明确的计算规定，而主要是采取工程构造措施，对各种超长超宽结构规定每隔一定间距设置伸缩缝，见表 5-1。同时规范也规定了伸缩缝最大间距可适当减少或可适当增大的条件，其中适当增大的条件是：混凝土浇筑采用后浇带分段施工；采用专门的预加应力措施；采取能减少混凝土温度变化或收缩的措施。

钢筋混凝土结构伸缩缝最大间距(m)　　表 5-1

结构类别		室内或土中	露天
排架结构	装配式	100	70
框架结构	装配式	75	50
	现浇式	55	35
剪力墙结构	装配式	65	40
	现浇式	45	30
挡土墙、地下室墙壁等结构	装配式	40	30
	现浇式	30	20

注：① 装配整体式结构房屋的伸缩缝间距宜按表中现浇式的数值取用；

② 框架-剪力墙结构或框架-核心筒结构房屋的伸缩缝间距可根据结构的具体布置情况取表中框架结构与剪力墙结构之间的数值；

③ 当屋面无保温或隔热措施时，框架结构、剪力墙结构的伸缩缝间距宜按表中露天栏的数值取用；

④ 现浇挑檐、雨罩等外露结构的伸缩缝间距不宜大于 12m。

对结构荷载分布、地基岩土分布、基础形式变化较大处设置沉降缝，可作为防止发生不均匀沉降产生裂缝的控制手段。大量的工程实践证明，由于变形裂缝影响因素复杂，留缝与否，并不是决定结构变形开裂与否的惟一条件，留缝的不一定不裂，不留缝的不一定就裂。实际工程的裂缝有80%以上是属于变形裂缝，研究变形裂缝与裂缝控制对混凝土结构工程具有重要的实际意义。

由以上分析可见，混凝土结构的裂缝种类包括在直接荷载作用下的荷载裂缝和在变形约束间接作用下的变形裂缝，而变形裂缝又包括了收缩裂缝、温度裂缝、地基不均匀沉降裂缝。

3. 裂缝的分布与形式

研究混凝土裂缝问题，一是要分析裂缝产生原因，从原因上加以控制，以预防为主，采取防范措施；二是对已经出现的裂缝划清性质界限，分析危害程度，采取补救措施。裂缝的分布与形式包括裂缝的走向、间距、排列规律、表面开展宽度、发展深度、是否贯穿、延伸长度、出现的时间、发展变化动态等。裂缝产生原因种类的不同，必然呈现分布与形式的不同。比如荷载裂缝，对梁板水平结构在竖向荷载作用下，由于弯矩作用产生，一般均为分布在跨中或支座弯矩最大部位的受拉区，裂缝垂直于构件轴线，是属于具有一定开展宽度与进深的表面裂缝，由于剪力作用产生，一般分布在支座附近剪力最大部位，裂缝从受拉区开始斜向受压区延伸，垂直于主拉应力，如图5-2所示。对于混凝土收缩变形，温度变形的变形约束裂缝一般发生在面积较大的板式构件，如房屋建筑的地下室基础底板、外连续墙、现浇的楼板、构筑物水厂水池的侧墙与底板。由于构件长宽尺度较大，累积约束变形量较大，当构件截面厚度较大，容易产生内部与表面的变形不均导致表面裂缝；当构件长宽比较大、截面厚度较小、构件间变形不均约束作用较大，容易导致贯穿性裂缝。这种裂缝一旦出现，往往是首先在构件长度方向中间部位产生，垂直于纵向轴线，每隔一定间距，一般通长相互接近平行。裂缝的分布形式、施工中所处外界环境及结构构件间约束状态是分析判断混凝土裂缝产生原因与种类的重要依据。一般情况下，混凝土变形越大，构件间变形越不均匀，相互间的约束就越大，越易出现表面或贯穿性裂缝。混凝土变形裂缝的产生除决定于材料自身特性之外，由于现

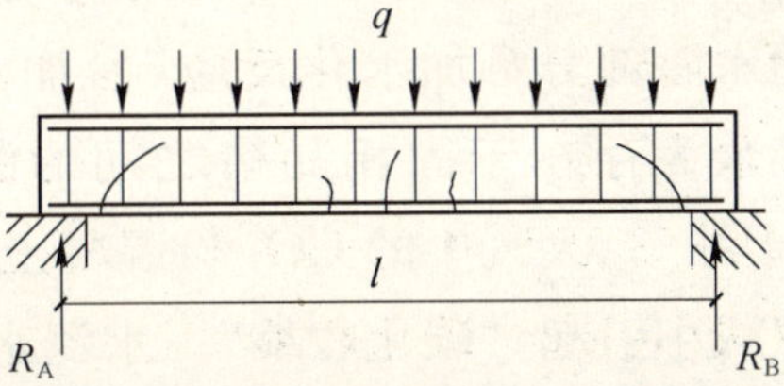

图5-2　简支梁在均布荷载作用下跨中垂直裂缝与支座斜裂缝

浇实现了构件间的刚性连接，多数为超静定结构，构件间变形不均的约束程度加大；由于变形随着外界环境变化（如温度、湿度）发生动态变化，也使约束程度发生相应动态变化，也就必然造成过程的结果，即裂缝的产生与扩展表现为明显的时间传递过程特点，而非同于外荷载直接作用下的一次性完成。为此，对混凝土变形裂缝控制的研究实际应当归结于对变形与变形约束的研究。

5.2 混凝土的收缩与徐变

混凝土的收缩变形与徐变变形是混凝土材料的重要变形特征，它是结构或构件产生变形的间接作用并对变形的过程变化产生重要影响。

1. 混凝土的收缩变形

混凝土的收缩变形主要是指浇筑成形拆模后混凝土在凝结硬化过程中体积的减少。混凝土浇筑后一般在 8～12h 之内处于凝结阶段。此阶段尽管水泥水化反应激烈，由于水化物尚不甚多，包有水化物膜层的水泥颗粒之间还是分离的，凝胶作用并不显著。混凝土中的水主要处于游离状态，可能出现的泌水和水分的急骤蒸发形成“凝缩”，如果此阶段气温高，干燥有风，养护不良，混凝土表面容易出现无规则的凝缩裂缝。进入硬化阶段之后，混凝土中的水除部分参加水化反应（参加水化反应用水量约为水泥重量的 23%左右），其余为存在于固相晶格之间的游离水，在环境干燥条件下，水分蒸发形成“干缩”；大气中的 CO_2 与混凝土中的 $Ca(OH)_2$ 发生化学反应生成 $CaCO_3$，体积减小引起“碳化收缩”；水泥水化反应的硬结也会使体积有所减小，产生一定的“硬化收缩”。由此可见，混凝土的收缩变形包括凝缩、干缩、硬化收缩及碳化收缩，其中凝缩与干缩一般占主导地位。

混凝土浇筑成形后，混凝土的泌水与蒸发失水是形成收缩变形的主要因素，通过试验测定，环境干燥过程混凝土的失水主要发生在浇筑后前 40～60d 的早期，收缩变形也相应发生在前 2 个月的早期，其中前 30d 约占 60%左右，如图 5-3、5-4 所示。经过有关的试验分析，影响混凝

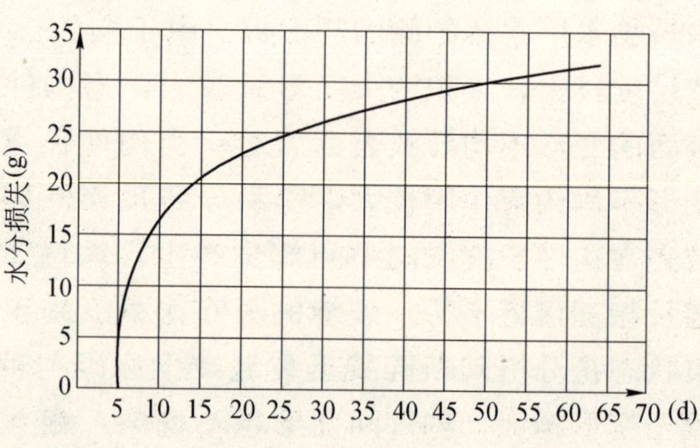

图 5-3 构件干燥过程中的水分损失

土收缩变形的主要因素有：

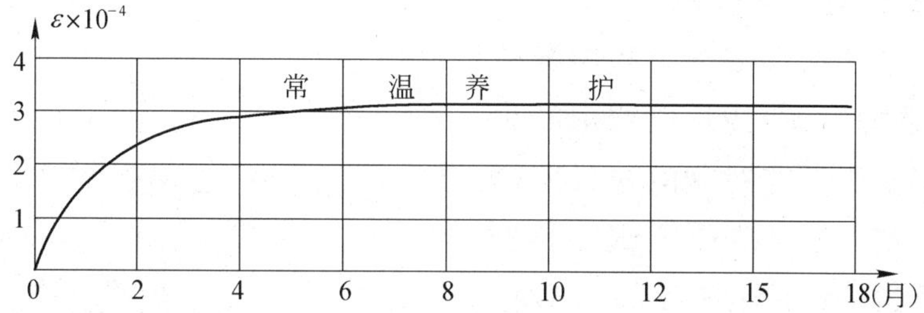

试件尺寸 10cm×10cm×40cm，f_{cu}＝40.3MPa，水灰比 0.45，原 500 号硅酸盐水泥，恒温 20±1℃，恒湿 65±5%。

图 5-4　混凝土的收缩变形

(1) 水灰比：水灰比加大，单位用水量加大，混凝土中自由水分增多。同时水灰比加大，碳化收缩也加大。根据有关试验资料统计，水灰比在 0.3～0.6，每增加 0.1，其收缩量大约可增大 15%～20%。

(2) 水泥用量：水泥用量增加，其硬化收缩加大。其用量每增加 5%，其收缩量大约可增大 5%～10%，水泥颗粒越细，收缩加大。

(3) 振捣影响：混凝土的浇筑振捣是增大混凝土密实度最有效的措施，对于插入式振捣，既要防止漏振与欠捣(漏振与欠捣造成混凝土不密实，容易形成蜂窝孔洞，特别是对流动性较小的混凝土)，同时也不宜过振(过振容易造成泌水与骨料下沉，特别是对流动性较大、保水黏聚性较差的混凝土)。根据振捣棒长度与振捣的有效半径合理确定每层浇筑厚度、振捣间距及插入拔出的振捣时间，加大混凝土密实度，可以减少收缩变形，混凝土越密度，收缩变形就越小。

(4) 构件表面系数(构件临空的表面积除以其体积)：构件表面系数越大，表明构件厚度越小，与大气环境接触面越大，蒸发失水的面积加大，水分蒸发量加大。由于混凝土内水分蒸发也是由表及里的过程，这就使薄板最容易形成通长的贯穿裂缝。

(5) 环境气候条件：如果处于高温干燥有风气候条件，气温越高，空气湿度越小，混凝土越易蒸发失水；水分的蒸发与风速基本成线性关系，风速越大，水分蒸发量越大。混凝土在常温下养护，其收缩变形可达 3×10^{-4}以上。

为了减少混凝土的收缩变形，工程施工中应降低水灰比，宜减少水泥用量，保证振捣密实，加强早期的保水浇水湿养护，尤其是对在干燥有风高温时表面系数大的结构施工，保水浇水湿养护尤为重要，对一般的工业民用建筑结构，如能采取上述措施，除表面系数大的薄板外，其 2 个月之内的早期收缩一般都不会超过$(1.5～2.0)\times10^{-4}$。

2. 混凝土的徐变变形

徐变变形是指混凝土在长期荷载作用下（如结构自重）或长期变形约束作用下，其变形随着时间的延长而增加的部分。图 5-5 为棱柱体试件长期加载的变形曲线（加荷应力 σ_a 为棱柱体抗压强度 f_c 的 0.5 倍），从图中可见徐变开始增加较快，头 6 个月完成 80％，一年以后趋于平稳，3 年基本终止，最终徐变变形可为加载瞬时变形 2～3 倍。徐变产生原因可以认为是没有转化成晶体的水泥凝胶体在荷载的长期效应作用下黏性流动的积累与混凝土内微裂缝不断扩展的结果。试验表明混凝土的徐变与加载应力大小密切相关，应力越大，徐变也越大；当应力较小时（$\sigma_a \leqslant 0.5f_c$），徐变与应力成正比，加载时混凝土龄期越早，徐变越大；水泥用量越大，徐变越大；水灰比越大，徐变也越大。

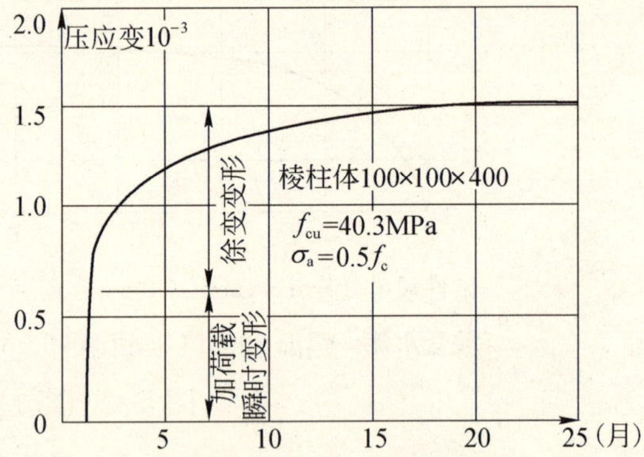

图 5-5 混凝土徐变变形

徐变是在应力保持不变情况下变形随时间增加而加大，使结构最终总变形加大，如混凝土梁的变形挠度，由于自重长期荷载作用的徐变影响，使其长期挠度可能达到加载时挠度 2～3 倍。工程中另一种情况是变形保持不变，由于徐变的影响其内力会随时间的延长而逐渐减小，称为“应力松弛”，这对缓慢加荷、逐渐形成的混凝土约束变形，起到了有利的减缓作用，降低了混凝土内的拉应力，增大了抗拉变形能力。由于混凝土徐变的卸荷将引起构件中内力重分布，使钢筋应力增加，这也是构造配筋时规定最小配筋率的一个重要原因。我们将构件徐变使应力降低的松弛应力与按弹性方法计算应力的比值称为应力松弛系数，用 $H_{(t,\tau)}$ 表示，它与加载（或产生约束应力）时的龄期 τ 有关，又与作用延续时间 t 有关，有关研究提供了应力松弛系数如表 5-2，可供实际分析与计算参照。

一般条件下应力松弛系数表 **表 5-2**

τ_1＝2 天		τ_1＝5 天		τ_1＝10 天		τ_1＝20 天	
t(d)	$H_{(t,\tau)}$	t(d)	$H_{(t,\tau)}$	t(d)	$H_{(t,\tau)}$	t(d)	$H_{(t,\tau)}$
2	1	5	1	10	1	20	1

续表

$\tau_1=2$ 天		$\tau_1=5$ 天		$\tau_1=10$ 天		$\tau_1=20$ 天	
t(d)	$H_{(t,\tau)}$	t(d)	$H_{(t,\tau)}$	t(d)	$H_{(t,\tau)}$	t(d)	$H_{(t,\tau)}$
2.25	0.426	5.25	0.510	10.25	0.551	20.25	0.592
2.50	0.342	5.5	0.443	10.5	0.499	20.5	0.549
2.75	0.304	5.75	0.410	10.75	0.476	20.75	0.534
3	0.278	6	0.383	11	0.457	21	0.521
4	0.225	7	0.296	12	0.392	22	0.473
5	0.199	8	0.262	14	0.306	25	0.367
10	0.187	10	0.228	18	0.251	30	0.301
20	0.186	20	0.215	20	0.238	40	0.253
30	0.186	30	0.208	30	0.214	50	0.252
∞	0.186	∞	0.200	∞	0.210	∞	0.251

注：表中 τ_1 表示产生约束应力时的龄期，t 表示约束应力延续时间。

从表 5-2 可以看到，混凝土结构浇筑 20d 以后，硬化强度已大部分完成，黏性流动减弱，这时龄期影响已经很小，可以忽略。松弛系数只与发生约束变形后经历的时间 t 有关，为此计算可按表 5-3 取值，简化计算就是将按弹性计算出的应力乘以应力松弛系数，便得出考虑徐变的应力，这对低配筋率的构件是可行的。

忽略混凝土龄期影响的松弛系数表　　表 5-3

$t-\tau_1$(天)	0	0.25	0.5	0.75	1	3	10	20	40	∞
$H(t)$	1	0.667	0.626	0.617	0.611	0.570	0.462	0.347	0.306	0.283

应当指出，混凝土材料由于非均质性，虽然从总体上是属于一种脆性材料，但又具有一定黏流蠕变特征，具有一定塑性与明显徐变特点。如果降低加荷速度，变为缓慢加载，或降低约束变形变化速度，它的极限拉应变可提高 1～3 倍，即松弛应力比按弹性方法计算的应力降低 1～3 倍。如果约束变形全部一次瞬时出现，其瞬时约束应力取得最高值，并接近弹性应力，以后逐渐松弛现象对工程已无实际意义。为此，对实际工程中的约束变形应尽量争取缓慢、连续、小台阶的渐变方式，如采取措施缓慢降温、缓慢收缩、缓慢沉降，以便借助于时间过程的应力松弛，降低截面拉应力(或提高极限拉应变)，避免或减小开裂。

5.3 变形约束

1. 变形裂缝的动态理解

一般所述及的混凝土变形裂缝或裂缝不可避免，如果理解为只要产生变形就会产生裂缝，只能是一种片面狭义的静态理解，因为这种理解忽视了变形的发生发展过程，忽视了变形量随着过程的变化与积累，忽视了结构本身内部与表面及相连接构件之间可能存在的变形不均，忽视了变形不均可能产生的阻抗约束作用，忽视了混凝土在不同条件下的不同抗拉能力。全面的动态理解应当包括：(1)变形发生发展量的积累；(2)构件表面与内部构件间存在的变形不均；(3)变形不均发生的相互约束作用；(4)相应条件下混凝土的抗拉能力；(5)当变形不均产生的约束拉力作用大于混凝土相应条件下的抗拉能力时，混凝土才会产生裂缝；(6)混凝土开裂后变形与约束进一步发展，使裂缝宽度进一步扩展。

混凝土变形裂缝产生与扩展过程机理图示如下：

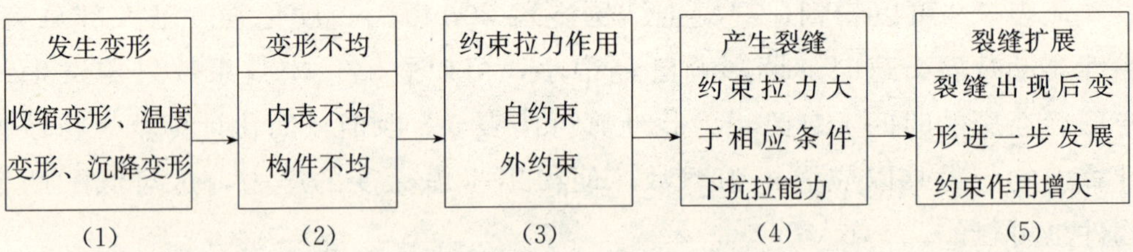

图 5-6 混凝土裂缝产生与扩展过程机理

混凝土从变形到裂缝是一个复杂的机理与动态变化的时间过程，尽管目前国内外很多单位、有关专家的研究取得了可喜的纵深成果，但有些问题还尚待进一步研究解决，如果能将深化复杂的动态过程研究结果，归结成较简化的定性或定量因果关系表达，可能更便于实际工程应用。

对混凝土变形特性的研究，定性的分析与定量的计算同样重要，定性分析往往成为定量计算的前提；由于影响变形因素复杂(包括材料因素、结构因素、环境因素)，而且又处于动态变化，往往使定量计算附带较多的假定或边界条件，计算结果往往具有估算性质。试验研究给出的计算公式在实际工程应用的重要意义，多半体现在工程技术人员根据计算公式所表达的作用机理关系与参数间的量的相互影响关系，直接把握、分析、处理施工中可能出现的各种技术问题。

为了说明不是有了变形就一定产生裂缝的道理，现举简单一例。用相同配合比的细石混凝土做现浇室外地面（厚均为 50mm），施工工艺及养护条件相同，同时浇筑，其垫层与规格尺寸采用 3 种不同作法：*A*：碎石垫层，长宽尺度为 3m×3m，*B*：砂垫层，长宽尺度为 30m×3m，*C*：碎石垫层，长宽尺度为 30m×3m，如图 5-7、5-8、5-9 所示。混凝土浇筑后，就混凝土在硬化过程产生的收缩贯穿性裂缝而言，*A* 不会出现，因长宽尺度较小，累积收缩变形较小，碎石垫层对混凝土收缩约束长度只有 1.5m，在混凝土内不会产生较大的拉应力；*B* 不会出现，尽管混凝土浇筑长度较大，累积收缩变形较大，但砂垫层的抗剪强度很小，即对混凝土收缩变形的摩擦阻力约束较小；*C* 可能出现，因碎石垫层对混凝土收缩变形的约束作用、约束长度均较大，如出现一条裂缝，一般发生在垂直长度方向中间部位，如出现 2～3 条裂缝，一般发生在垂直长度方向每隔一定间距，相互接近平行。

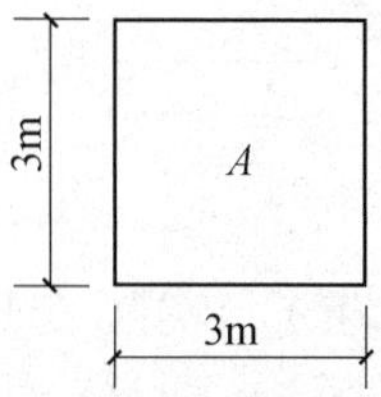

图5-7　碎石垫层地面

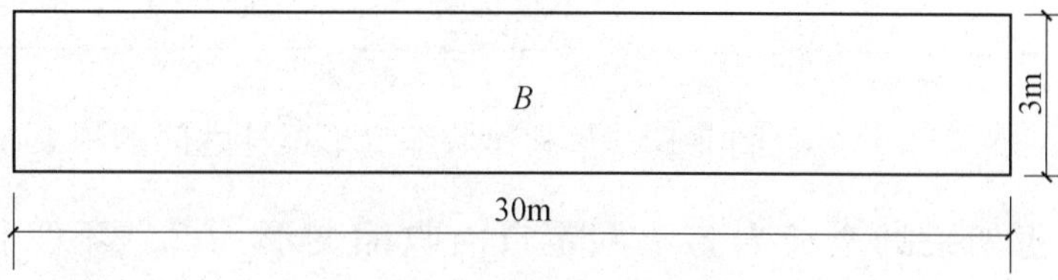

图 5-8　砂垫层地面

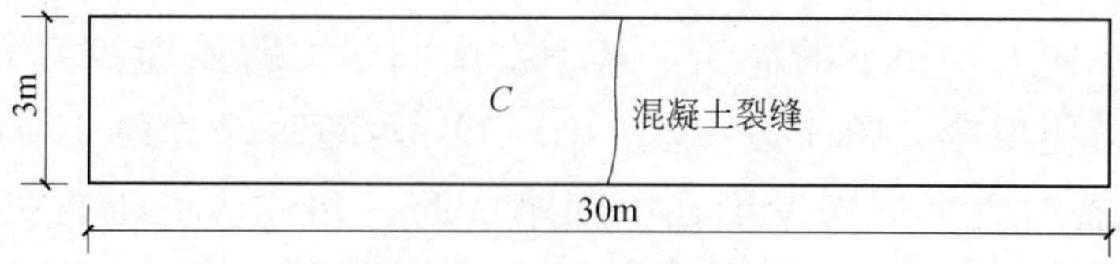

图 5-9　碎石垫层地面

2. 变形约束

混凝土结构的变形约束，根据约束的作用形式，可分为自约束与外约束两种。

（1）自约束：是指同一构件本身各质点变形不均而引起的相互约束作用，自约束作用一般使混凝土出现表面裂缝。随着约束程度加大，裂缝宽度也相应加大，裂缝宽度越大，纵向发展深度也越大，其延伸长度也越长，混凝土自约束作用产生的表面裂缝包括：混凝土内部与表面收缩变形不均出现的表面裂缝，混凝土内部与表面温度变形不均出现的表面裂缝。

（2）外约束：指不同构件之间由于变形或变形不均而引起的互相约束作用，外约束作用一般使混凝土出现表面或贯穿性裂缝。混凝土外约束作用产生的裂缝包括：构件间收缩变形不均、温度变形不均、地基沉降不均而造成的结构裂缝。如筏形基础底板变形受到地基约束、基础底板之上的外连续墙变形受到底板约束、楼板变形受到竖向构件墙柱约束。为了说明约束与被约束构件之间的受力关系，现例举五跨等截面框架梁柱由于梁的收缩变形引起的梁柱之间的相互作用，如图 5-10 所示。

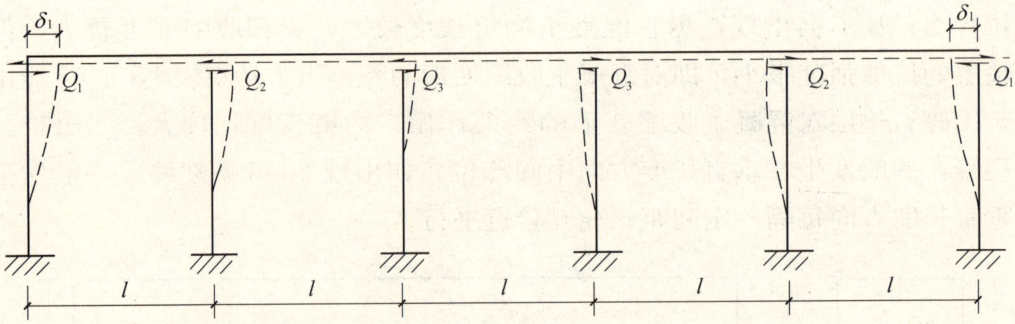

图 5-10　框架梁收缩变形梁柱之间的约束作用

框架梁的全长为 $5l$，假定自由收缩变形为 2Δ（不受柱顶约束），实际变形为 $2\delta_1$（两端柱顶位移），则 $2\Delta-2\delta_1=2\delta_2$ 为变形被约束部分，$2\delta_2$ 的被约束是因为梁的收缩变形在柱顶截面产生剪力 Q，使梁受拉，$2\delta_2$ 也就相当梁发生自由变形 2Δ 后在剪力拉动下的伸长，其中在中间第 3 跨截面拉力为最大（$N_3=Q_1+Q_2+Q_3$），边属第 2 跨次之（$N_2=Q_1+Q_2$），两边跨为最小（$N_1=Q_1$），如果梁一旦出现裂缝应当首先发生在中间第 3 跨，裂缝应为垂直梁轴线的贯穿性裂缝。柱顶剪力其中以边柱的 Q_1 为最大，靠近中间 Q_2、Q_3 依次减小，在柱顶剪力 Q 作用下柱的弯矩沿柱高为三角形分布，其中以边柱底截面为最大，如果柱子出现裂缝必然首先在边柱根部外侧，是属于垂直柱子轴线的表面裂缝。至于梁是否会出现贯穿性裂缝，柱子是否会出现弯曲垂直裂缝，关键取决于梁的混凝土收缩大小，梁的纵向线性刚度与柱子侧向刚度相比较的大小两个因素有关；梁的线性刚度与梁的截面尺寸、梁全长有关，柱子侧向刚度与组成一榀框架柱的根数、柱子截面尺寸及柱子的层间高度有关；如果梁的线性刚度比柱子侧向刚度大得多，收缩变形受到柱子约束作用就较小，梁的实际变形 $2\delta_1$ 接近于自由变形 2Δ，梁就不易产生裂缝；此时柱顶位移加大，柱顶剪力增大，柱子各截面弯矩也随之加大，柱底容易出现裂缝。反之，如果梁的线性刚度比柱子侧向刚度弱得多（如柱子根数多，间距小，高度小、截面大或柱间加剪力墙），说明柱子对梁收缩变形约束加大，梁的实际变形 $2\delta_1$ 小，与自由变形 2Δ 差值加大，即被约束变形 $2\delta_2$ 变大，梁就容易产生裂缝，此时柱顶位移较小，柱顶剪力减小，柱子各截面弯矩变小，柱底不易出现裂缝。混凝土桩基础承台板的收缩变形，在桩的约束作用下；现浇楼板的收缩变形，在横向剪力墙约束作用下；承台板与桩之间、楼板与剪力墙之间也会出现上述类似约束与被约束构件间的受力关系。

(3) 外约束种类：外约束按其约束程度可分为 3 种：无约束、弹性约束、嵌固约束。

① 无约束：指一个物体或一个构件，其变形不受其他物体或构件约束，处于完全自由状态，在构件截面不产生约束内力，如图 5-11 道桥工程中，设有滚轴支座的单跨简支梁，又如图 5-12 所示的悬臂梁。

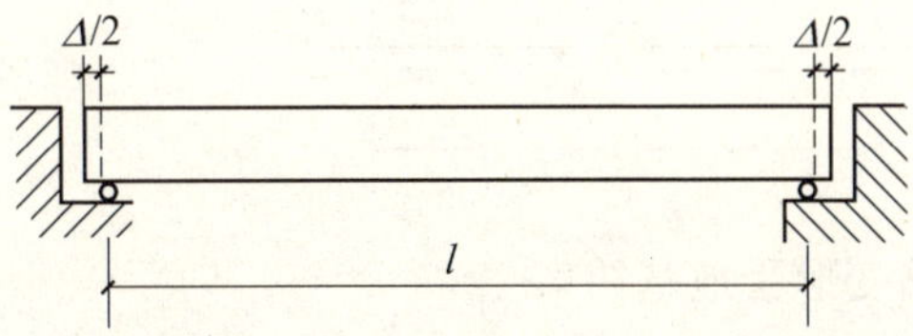

图 5-11　简支梁的变形无约束

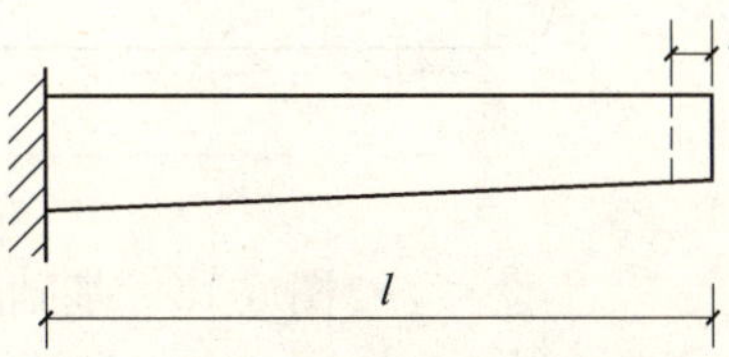

图 5-12　悬臂梁的变形无约束

② 弹性约束：指一个物体或构件的变形，其变形受到其他物体或构件的约束，处于非自由状态。但其约束的程度还没有达到完全的程度，由于变形已部分受到约束，构件截面已经产生约束内力，如上述分析的图 5-10 中，框架梁的收缩受柱的约束。

③ 嵌固约束：指一个物体或构件的变形受到其他物体或构件的完全约束，实际变形没有发生，构件截面将产生最大的约束内力。实际工程中当被约束构件与约束构件二者在变形约束方向的线性刚度比 i 很小时(一般 $i \leqslant 1/15$)，就可以认为嵌固约束；当二者的线性刚度比很大时(一般 $i > 15$)，就可以认为是无约束的。

构件的自由变形 Δ 在处于有约束状态下可分为两部分，一部分是实际发生的变形 δ_1，另一部分是被约束的变形 δ_2，其关系表达式：

$$\Delta = \delta_1 + \delta_2 \tag{5-1}$$

现将 δ_1/Δ 定义为自由系数 η，δ_2/Δ 定义为约束系数 R，两个系数均介于 0 与 1 之间，并成互补，即

$$\eta + R = 1 \tag{5-2}$$

当构件处于无约束状态时，$\eta = 1.0$，$R = 0$；

当构件处于弹性约束状态时，η 与 R 均在 0 与 1 之间变化；

当构件处于嵌固约束状态时，$\eta = 0$，$R = 1$。

由此可见，构件处于弹性约束状态时，当 R 越接近 1.0，即 η 越接近 0，

说明构件变形受到约束程度越大，在构件内产生的约束内力也越大。

外约束按其约束形式又可分为“集中式”和“连续式”两种，如果约束体对被约束体(变形体)通过有限节点截面集中地传递约束作用，称为集中式约束，例如图 5-10 中框架梁的变形通过柱头节点截面受到柱子的约束。如果约束体对被约束体通过无限节点截面连续地传递约束作用，称为“连续式”约束，例如基础底板的收缩变形受到地基约束，基础底板之上外连续墙收缩变形受到底板的约束，如图 5-13、5-18 所示。

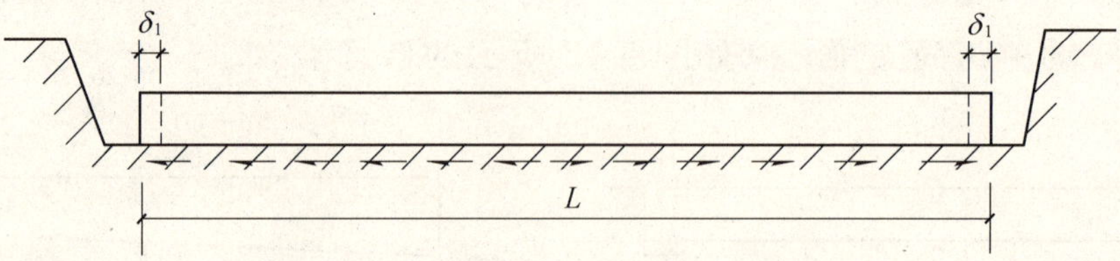

图 5-13 基础底板收缩变形受地基约束

3. 混凝土的不裂条件

混凝土在荷载直接作用下或变形约束间接作用下的不裂条件：

其应力表达式：
$$\sigma_{l\max} \leqslant f_{tk} \tag{5-3}$$

其应变表达式：
$$\varepsilon_{l\max} \leqslant \varepsilon_l \tag{5-4}$$

式中 $\sigma_{l\max}$——构件在荷载直接或变形约束间接作用下产生的最大拉应力(或主拉应力)；

f_{tk}——混凝土抗拉强度标准值；

$\varepsilon_{l\max}$——构件在荷载直接或变形约束间接作用下产生的最大拉应变；

ε_l——混凝土的极限拉应度。

由于混凝土应力与应变的比值在荷载较小时为弹性模量(一般为破坏荷载30%之前阶段)，在荷载较大时的非弹性阶段为变形模量，故(5-3)与(5-4)式均为同一不裂条件的两种不同表达方式，两个表达式计算结果应大体相同。实际计算时，在荷载直接作用下，便于用(5-3)式，式中的 $\sigma_{l\max}$ 当考虑混凝土一定的塑性特征时，应将按弹性计算的最大应力值，除以相应的塑性调整系数(一般取 1.70)；在变形约束间接作用下计算，用(5-4)式更符合实际。由于混凝土材料抗压不抗拉，对变形裂缝控制主要讨论的是约束受拉作用，收缩变形受到约束时使构件受拉，式中 $\varepsilon_{l\max}$ 相当(5-1)式中的 δ_2 除以构件长度 l，式中的 ε_l 经有关轴拉的试验研究与下列因素有关：与约束作用的时间长短有关，时间越长，ε_l 增大，这主要是混凝土徐变的影响；在适当配筋率情况下，ε_l 相应有所提高，这主要是适量配筋对混凝土的塑性有所改善，潮湿的养护环境也会使 ε_l 明显提高，这主要是湿养护减少了水泥石的收缩，降低了水泥石与粗骨料界面的初始收缩应力，使微裂缝减小。根据国内外科技工作人员所作试验研究，对轴拉状态的 ε_l，一般可为(0.5～2.65)$\times10^{-4}$，不考虑徐变时可按 1.0$\times10^{-4}$取值，考虑塑性徐变时可按(1.5～2.5)$\times10^{-4}$取值。

5.4 荷载裂缝

1. 拉弯构件一般试验分析

在截面受有拉力的构件中，其截面应力应变随荷载的变化关系，可通过构件的加载试验分析研究，加载的应力应变试验分析是研究裂缝的必要条件。例如某一受弯构件的加荷试验：随着荷载的增加，受拉区混凝土与钢筋承受的拉应力不断增加，当荷载较小时混凝土可假定为均质弹性体，其应力应变分布可按符合平截面假定考虑，应力与应变成正比，在截面为三角形直线分布。同时在此阶段混凝土与钢筋应力均随着荷载增加，而成正比增加$\left(\text{钢筋应力 } \sigma_s=\dfrac{E_s}{E_h}\sigma_t\right)$；当受拉边缘混凝土应力接近抗拉极限强度，混凝土将开始发挥塑性作用，此时混凝土的变形模量比其弹性模量大约降低 50%左右，受拉区混凝土应力与应变关系已呈曲线变化，其应变的增长速度比应力的增长速度为快；随着弯矩 M 的加大，受拉区应力图形曲线部分范围不断沿梁高向上发展，塑性区的范围不断向上扩大。当荷载增加到裂缝荷载，即弯矩达到截面开裂弯矩 M_f 时，受拉区边缘的应变恰好达到混凝土受弯时的极限拉应变 ε_l，梁的工作处于将裂还未裂的极限状态，这就是所谓第一阶段末尾，称为 $\mathrm{I_a}$ 阶段，如图 5-14 所示，它是受弯构件抗裂验算所依据的应力图形。

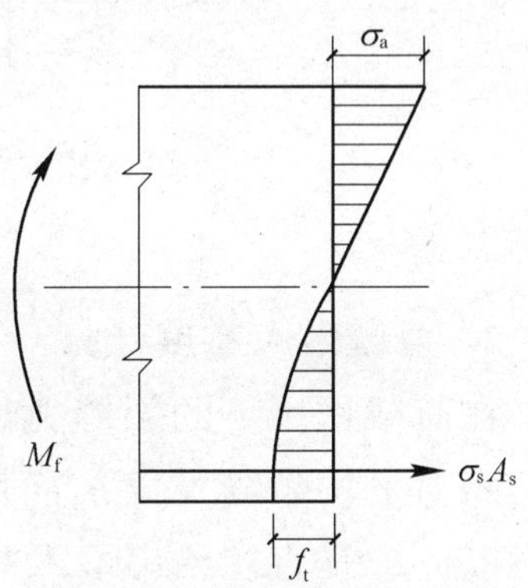

图 5-14 混凝土梁 $\mathrm{I_a}$ 阶段截面应力图形

当荷载产生的弯矩 M，超过构件裂缝弯矩 M_f 时，(对普通钢筋混凝土受弯构件，此时荷载接近破坏极限荷载 30%左右)则受拉区边缘就会产生裂缝；受拉区边缘一旦开裂，意味着裂缝截面混凝土脱离工作，拉力完全由钢筋承受，由于裂缝截面钢筋应力与应变的急骤增加，使裂缝随即具有一定开展宽度。同时由于裂缝截面两侧混凝土的回缩滑移引起的局部粘结应力，又限制了裂缝的扩展，故随着荷载的加大，使裂缝截面钢筋的应力与应变进一步加大，导致裂缝不断加宽，逐渐向上延伸，中和轴不断上移。受弯构件受拉区出现裂缝后，受拉区混凝土与钢筋的应力分布如图 5-15 所示；从图中可以看到：在裂缝截面处钢筋的应力最大，混凝土的应力为零，随着离开裂缝截面距离加大，混凝土的应力逐渐加大，而钢筋应力逐渐减小。这说明通过局部粘结应力使混凝土随着离开裂缝截面距离加大，参加工作的程度逐渐加大，当混凝土的应力在某截面增加到其抗拉极限强度之后，就会出现第二条裂缝，两条裂缝之间的距离，称为裂缝间距。

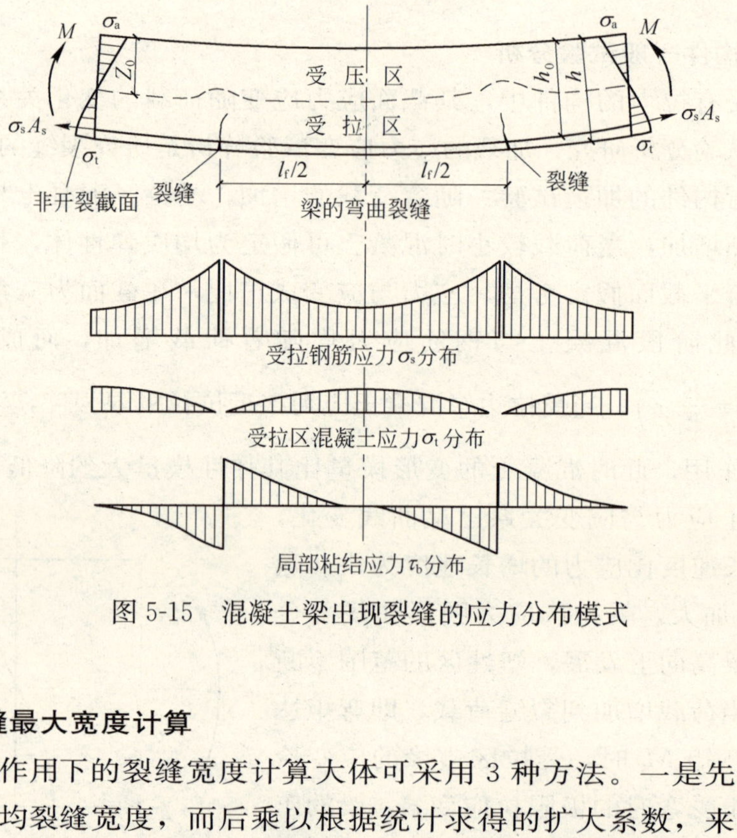

图 5-15　混凝土梁出现裂缝的应力分布模式

2. 裂缝最大宽度计算

在荷载作用下的裂缝宽度计算大体可采用 3 种方法。一是先确定平均裂缝间距与平均裂缝宽度，而后乘以根据统计求得的扩大系数，来确定裂缝最大宽度。二是直接给出最大裂缝间距，而后计算最大裂缝宽度。三是确定主要影响参数，根据统计在一定保证率条件下，给出计算最大可能裂缝宽度的经验公式。正截面裂缝对受弯、偏心受压构件一般产生在跨中、支座与柱端弯矩最大处，并垂直于构件轴线。规范采用的是第一种方法，给出了矩形、T 形、倒 T 形和工字形截面的钢筋混凝土受拉、受弯、偏心受拉和偏心受压构件按荷载效应标准组合并考虑长期作用影响的计算公式。

$$\omega_{\max}=\alpha_{cr}\psi\frac{\sigma_{sk}}{E_s}\left(1.9C+0.08\frac{d_{eq}}{\rho_{te}}\right) \tag{5-5}$$

$$\psi=1.1-0.65\frac{f_{tk}}{\rho_{et}\sigma_{sk}}$$

$$d_{eq}=\frac{\sum n_i d_i^2}{\sum n_i v_i d_i}$$

$$\rho_{te}=\frac{A_s}{A_{te}}$$

$$A_{te}=0.5bh+(b_f-b)h_f$$

式中 ω_{max}——裂缝最大宽度(mm)；

α_{cr}——构件受力特征系数，受弯、偏心受压取 2.1，偏心受拉取 2.4，轴心受拉取 2.7；

ψ——裂缝间纵向受拉钢筋应变不均匀系数，当计算的 $\psi<0.2$ 时取 0.2，当计算的 $\psi>1$ 时取 1.0；

σ_{sk}——按荷载效应标准组合计算的裂缝截面纵向受拉钢筋应力，对受弯构件计算公式为：$\sigma_{sk}=\frac{M_k}{0.87h_0A_s}$；

M_k——按荷载效应标准组合计算的截面最大弯矩值；

A_s——纵向受拉钢筋面积；

h_0——截面有效高度($h_0=h-a$，h 为截面高度，a 为纵向受拉钢筋重心至截面受拉边缘的距离)；

E_s——钢筋弹性模量；

C——最外层纵向受拉钢筋保护层厚度，当 $C<20$ (mm) 时，取 $C=20$(mm)；

ρ_{te}——按有效受拉混凝土截面面积计算的纵向受拉钢筋配筋率，当 $\rho_{te}<0.01$时取 0.01；

A_{te}——有效受拉混凝土截面面积：对轴心受拉构件取截面面积，对受弯、偏心受压和偏心受拉构件，取 $A_{te}=0.5bh+(b_f-b)h_f$；

d_{eq}——受拉区纵向钢筋等效直径；

d_i——受拉区第 i 种纵向钢筋公称直径(mm)；

v_i——受拉区第 i 种纵向受力钢筋粘结特征系数，光面钢筋取 0.7，带肋钢筋取 1.0；

b_f、h_f——截面受拉翼缘的宽度、高度。

设计时如经验算求得的最大裂缝宽度超过了规范的限值，对有关影响参数将予以调整，其中最主要的是：增加截面高度 h、增加钢筋用量 A_s、减小钢筋直径增加根数、缩小钢筋间距、增大粘结力。

3. 实际工程可能出现最大裂缝宽度讨论

结构在正常使用期间往往没有出现裂缝或较小的裂缝，这主要是因为结构在正常使用期间出现的荷载很难达到设计所采用的荷载组合，一般在破坏极限荷载的30%左右(构件破坏标志：如梁为受拉钢筋屈服，受压区混凝土达到弯曲抗压强度)；同时结构往往是多跨连续的超静定结构；例如多跨连续梁，相对单跨简支梁而言，在竖向荷载作用下，支座负弯矩的出现，减少了跨中正弯矩值，使内力分布趋于均匀；再加上作用时间有限，裂缝扩展的时间效应并不明显。在此应特别强调引起注意的是结构在正常使用期间出现超规范裂缝宽度的可能性。当(5-5)式用于实际荷载作用下进行正截面裂缝分析时，可将公式中的σ_{sk}改为σ_s，此时σ_s代表了实际荷载作用下裂缝截面纵向受拉钢筋的应力值，σ_s的大小是影响裂缝开展宽度的主要因素；一般在正常使用期间由于荷载达不到设计荷载及长期作用影响，纵向钢筋应力σ_s也达不到σ_{sk}，故也不会出现或产生较宽的裂缝，但在下列情况有可能出现超规范限值的较宽裂缝：

(1) 改变设计使用要求，使用期间出现较大的超载，使σ_s加大。例如某个人委托设计四层框架结构，对设计的使用功能要求不明，使用时改作洗浴中心，将水池设于二楼，无托梁支承，结果造成原有梁板超载产生裂缝。

(2) 设计的构件截面高度不足，或施工时放线、支模发生错误将截面高度做小，使h_0减小，σ_s加大，同时选用钢筋直径较粗，间距过大，粘结力也不易保证。

(3) 施工中对连续板支座上方负弯矩钢筋、悬挑构件根部上方负弯矩钢筋不加支撑保护、被踩下移，减少了截面有效高度h_0，使σ_s加大。

(4) 使用强度较高的钢筋，如现浇楼板使用冷轧钢筋，由于设计强度f_y比HPB235级钢筋提高1.5～2.0倍以上，钢筋面积A_s成正比减少，降低了钢筋的工程造价，末端不用弯钩，减少了一道加工工序，同时钢筋刚度较强，作为上部负弯矩钢筋不易踩弯，故在现浇楼板中广泛采用；但正常使用时钢筋应力σ_s要成正比增加，使受拉区应变加大，特别是使用直径较大的冷轧扭钢筋，由于直径与节距加大，粘结作用不强；当板厚度不大，混凝土强度等级不高，容易在使用期间出现较宽裂缝，裂缝一般发生在楼板穿线管的下皮。为此建议对现浇楼板使用冷轧钢筋时板厚与混凝土强度等级宜适当提高，板厚不宜小于100mm，混凝土强度等级不宜小于C25，冷轧带肋钢筋宜用550级，直径小于10mm以下，冷轧扭钢筋宜用Ⅰ型，直径10mm以下，对使用环境潮湿、板厚100mm以下、混凝土强度等级C25以下的，不宜选用10mm以上的直径，特别是不宜选用直径10mm以上的冷轧扭钢筋。

(5) 施工中出现裂缝另一种情况是对受弯构件与悬挑构件拆模过早，由于混凝土强度较低，在自重与施工荷载作用下受拉区容易开裂，为此规范对各种受力构件拆模时的混凝土强度作了规定。

(6) 构件斜截面裂缝：当受弯构件或受冲切构件(板式独立基础，在地基应力作用下)的混凝土强度、截面尺寸、箍筋用量不足，在支座弯矩剪力最大部位或截面变高部位，由于抗剪强度不足，在主拉应力作用下产生斜裂缝，这种裂缝一旦出现，并进一步发展，有可能导致构件发生斜截面破坏。

5.5 收缩变形裂缝

收缩变形裂缝表现为两种形式：一是自约束作用产生的表面裂缝，二是外约束作用产生的表面或贯穿性裂缝。

1. 自约束裂缝

同一构件混凝土表面与内部收缩或沉缩不同，内部的较小收缩对表层较大收缩、沉缩较小部位对沉缩较大部位均会形成约束拉力或剪力作用，现浇板的早期表面裂缝就属于这种情况，大体可表现为 4 种形式：

(1) 沉缩裂缝：这种裂缝主要发生于混凝土拌合物流动性不足出现漏振、欠振或流动性较大出现过振；由于漏振或欠振，混凝土不密实，在自重作用下的缓慢下沉要受到钢筋的阻碍，或构件截面变化下沉程度不同，结果在钢筋下形成孔隙，在截面变化处形成下沉约束，造成表面裂缝；由于过振，粗骨料下沉，形成表面砂浆层，收缩加大(水泥浆、水泥砂浆、混凝土的收缩比为 5∶2∶1)，也会造成表面裂缝。

这种沉缩裂缝主要发生在混凝土浇筑后 1～3 个小时的初凝阶段，如图 5-16、5-17 所示。

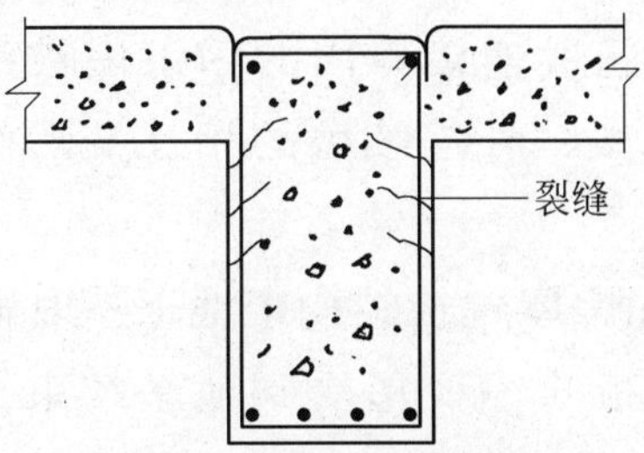

图 5-16 梁板结构混凝沉缩不均引起裂缝

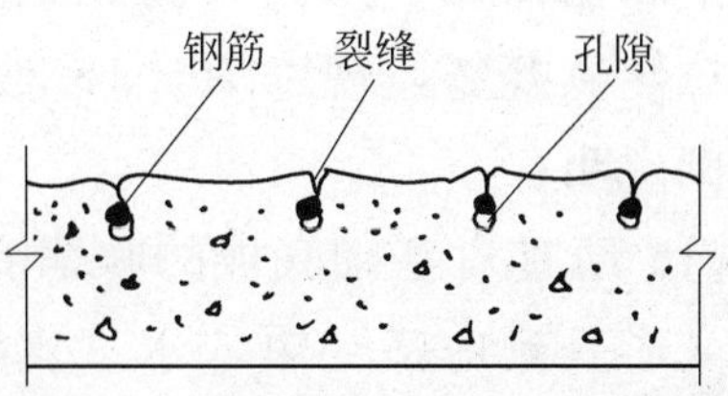

图 5-17 板式结构混凝土沉缩引起钢筋上表面裂缝下表面孔隙

(2) 凝缩裂缝：这种裂缝主要发生于混凝土浇筑后的泌水严重或蒸发失水较多的凝结阶段，由于过量的失水，混凝土急骤收缩导致表面裂缝。实际工程中的混凝土在凝结阶段的早期裂缝，往往是沉缩与凝缩共同作用导致的结果。

为了避免混凝土在初凝阶段的早期沉缩与凝缩裂缝，应保证施工振捣密实，特别应注意对流动性小的混凝土不得漏振或欠振，对流动性大的混凝土，尤其构件表层混凝土不应过振；保证及时充分湿养护，在干燥有风的高温季节施工，随即浇筑混凝土，随即抹光，铺塑料薄膜，不宜等待终凝后才开始养护；施工中一旦出现沉缩与凝缩裂缝，应采取二次抹平处理。

(3) 干缩裂缝：混凝土拌合物经凝结阶段(包括初凝与终凝)进入硬化阶段后，如果在凝结阶段泌水严重，进入硬化阶段天气干燥有风，气温又很高，没有采取有利的湿养护措施，尤其是对表面系数大的薄壁结构，蒸发失水较多，容易形成混凝土表面干缩裂缝。因为混凝土的蒸发失水也是由表及里的过程，不仅是表面粗骨料下沉，形成砂浆层收缩加大；由于表面失水比内部要大，也必然造成混凝土强度内部与表层的不同，一般其内部要比表层大；这就使混凝土内部小的收缩对表面大的收缩的约束拉应力很容易达到表面的极限抗拉强度，导致表面开裂。这种裂缝一般发生在混凝土浇筑完成终凝后的早期，相对沉缩与凝缩裂缝要晚些。

(4) 热缩裂缝：这主要指当地施工的工程项目多，工期要求紧，水泥生产厂家少，供应紧张，往往对水泥厂家刚磨细还未经过一段时间散热冷却的高温水泥(一般在 60～70℃)，运至施工现场进行搅拌浇筑，造成结构表面开裂。例如大连某工程框架结构二层楼板的浇筑、银川某污水处理厂水池池壁的浇筑出现裂缝，就是属于这种情况。其原因主要是过热的水泥用拌合水搅拌后，造成水分大量急骤蒸发，同时水泥的热量传递给水，相当水化温度急骤提高，混凝土凝结硬化速度加快，急骤收缩量加大，而导致混凝土开裂。

2. 外约束裂缝

不同物体或不同构件间收缩变形不均，通过连接界面的约束使被约束构件受拉导致开裂，现以图 5-18 地基、基础底板、外连续墙的相互变形约束裂缝为例说明：

(1) 地基对基础底板的收缩变形约束：如房屋建筑结构中地下室基础底板收缩变形受到地基约束，水厂水池构筑物底板收缩变形受到地基约束。根据 $\Delta=\delta_1+\delta_2$，如果基础底板自由收缩 Δ 越大，约束变形 δ_2 越大，则自由系数 η 值越小，产生的约束拉力 N 越大。Δ 的大小主要取决于底板混凝土水灰比大小、水泥用量多少及施工中的养护条件；δ_2 的大小主要取决于底板变形受到地基约束的程度大小，而地基约束是通过底板与地基接触面的岩土抗剪实现的，为此地基对底板的约束程度大小(约束拉力 N)，将取决于岩土的抗剪强度及接触面的约束长度；底板本身在地基约束拉力 N 的作用下是否开裂除与 N 的大小有关外，与混凝土强度、截面高度、截面底部配筋多少有关。

由上述分析可见，底板在地基约束作用下是否会开裂主要取决于下列因素：

① 底板混凝土收缩变形大小。

② 底板混凝土变形所受到的地基约束作用大小，而地基约束作用大小主要取决于底板收缩地基岩土的摩擦阻力（即岩土抗剪强度）与接触面的约束长度（即构件长度）。

③ 底板截面厚度及截面底部配筋多少。

为了工程防水，保证工程耐久性，避免底板收缩变形产生裂缝，要控制混凝土的水灰比，控制水泥用量，加强湿养护，减少收缩变形；对超长超宽的基础底板每隔一定间距设置后浇带，减少累积摩擦阻力，降低约束作用；底板要保证一定截面厚度并适当提高截面底部的配筋率。对地下防水工程底板截面厚度不宜小于 400mm，如能满足上述条件，底板混凝土一般不会产生贯穿性裂缝。

（2）基础底板对其之上外连续墙的变形约束：工程实际中外连续墙收缩变形在底板约束作用下产生竖向通缝常常可见，这是设计与施工防范的重点。产生裂缝的通常状况是：

① 外连续墙长高比较大，厚度较薄（$h \leqslant 300 \sim 400$mm），使墙体在高度方向抗拉能力较低。

② 外连续墙与底板混凝土收缩差较大，形成二者收缩差主要是底板先浇，当浇筑外连续墙时底板的部分收缩变形已经完成，二者浇筑时间间隔越长其差值越大；形成收缩差的另一个原因是：外连续墙有二个邻空面，与底板相比较，表面系数大，湿养护较为困难，体形外露，蒸发失水受风的影响较大，即使采用与底板相同配合比的混凝土，由于蒸发失水较大，其收缩变形一般要比底板大。

③ 外连续墙拆模后没能及时做外防水层、隐蔽回填，较长时间裸露在外蒸发失水，收缩较大。

④ 底板一般要比外连续墙厚度大，而且长宽尺度较大，对外连续墙收缩变形的约束刚度很大。

底板对外连续墙收缩变形约束作用是通过底板与外连续墙连接界面的剪力传递使外连续墙受拉，当拉应力超过混凝土抗拉强度时便会产生贯穿性裂缝。裂缝一般首先从墙的长度方向中间部位下边缘开始向上延伸，裂缝间距一般 2～3m，相互接近平行，如图 5-18 所示。为了避免外连续墙通缝的发生，设计与施工时应保证截面有一定厚度，一般不宜小于 350mm，控制水灰比应尽量减小，保证振捣密实，加强湿养护，缩短外连续墙与底板浇筑的时间间隔，及时隐蔽回填，争取入冬前封顶保温。

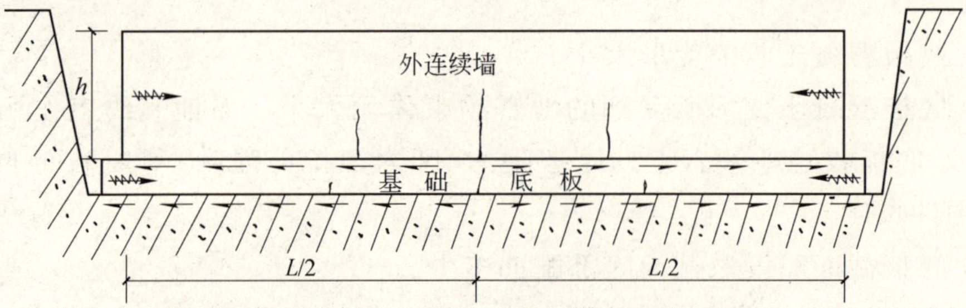

图 5-18　地基、基础底板、外连续墙约束变形裂缝

5.6　温度变形裂缝

1. 温度变形与温度应力

热胀冷缩是物质的物理属性，物体单位长度温度每升高一度或降低一度的伸长或缩短，称之为这种物体的温度线膨胀系数。如图 5-19 所示混凝土悬臂梁，承受一均匀的降温温差 Δt，梁将自由缩短 ΔL，此时构件内不产生应力，梁的自由缩短变形 $\Delta L=\alpha\Delta tL$，梁的全长变为 $L-\Delta L$，梁的收缩应变为：

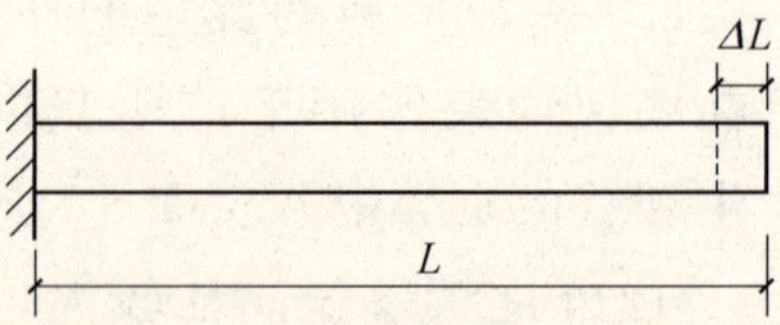

图 5-19　悬臂梁的降温自由变形

$$\varepsilon=\frac{\Delta L}{L}=\frac{\alpha\Delta tL}{L}=\alpha\Delta t \tag{5-6}$$

式中　ε——混凝土梁由于降温引起的单位长度的缩短，也称相对自由变形；

α——混凝土温度线膨胀系数(可取 1.0×10^{-5})；

Δt——降温温差；

L——悬臂梁的梁长。

如果悬臂梁的右端呈嵌固状态，如图 5-20 所示，则梁的降温收缩受到约束阻碍，完全不能位移，梁内便产生约束应力，此时就相当梁的全长 $L-\Delta L$，受到一拉力 P 的作用伸长了 ΔL。

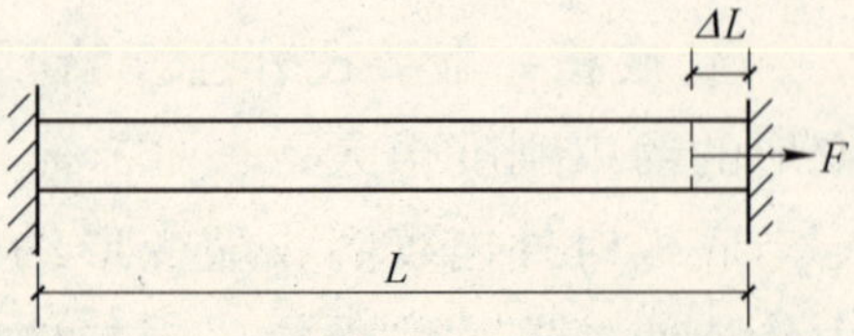

图 5-20　悬臂梁降温自由变形后承受拉力 P 恢复变形

$$\Delta L=\frac{PL}{EF}\quad P=\frac{EF\Delta L}{L}$$

$$\sigma=\frac{P}{F}=E\varepsilon=E\alpha\Delta t \tag{5-7}$$

式中 P——梁发生收缩变形嵌固受阻产生的约束拉力；

E——混凝土弹性模量（或变形模量）；

F——悬臂梁截面面积；

σ——由于拉力 P 作用产生的截面的拉应力，也称为约束应力；

ε——约束应变，也称相对约束变形。

上述例证说明，只要构件温度变形一旦受到约束，不能完全自由实现，构件内在约束方向便会产生约束应力，而约束应力与约束应变之间存着式(5-7)的定量关系。实际工程中各构件之间的约束关系，大部分为弹性约束。自由伸长或自由缩短是由两部分组成，即 $\Delta L=\delta_1+\delta_2$，$\delta_1$ 为实际发生的变形，δ_2 为被约束的变形，$\delta_2/\Delta L=\varepsilon_2$ 为约束应变，也称为相对约束变形，产生的约束应力 $\sigma=E\varepsilon_2$；当约束的拉应力 σ 大于混凝土的抗拉强度时，或约束应变 ε_2 大于混凝土极限拉应变时，混凝土就会开裂。上述由于混凝土温度变化变形受阻，其应力应变关系是属于一维空间的单向约束问题，实际工程中由于温度变化变形，或温度分布不均引起体积变化不均的相互约束，其应力应变关系也可能是属于二维空间的双向约束或三维空间的三向约束问题，尽管计算表达不同，但是开裂原理是一样的。

引起混凝土结构温度变化，主要是环境大气的季节、昼夜温差引起结构的温度变化及混凝土内水化热的导热散热不均造成内部与表层、表层与大气的温差，造成混凝土温度裂缝一般主要是突然急骤的降温收缩受到约束与大体积混凝土的水化热而导致的。

2. 混凝土的水化热

水泥与水发生水化反应要产生热效应，即水化反应放热，称之为水泥的水化热，相对混凝土工程而言，也可称为混凝土的水化热。水化放热量与放热速度主要取决于水泥熟料的矿物成分、水泥细度、水泥中掺合料多少及外加剂的性能。铝酸三钙水化速度最快，放热速度快、放热量也大，其次是硅酸三钙，硅酸二钙放热量低，速度也慢。水泥越细，水化速度越快，放热量越大。对于相同重量的水泥，如果水泥熟料中铝酸三钙（$3CaO\cdot Al_2O_3$）、硅酸三钙（$3CaO\cdot SiO_2$）相对含量越高，则水泥水化放热量越大，一般硅酸盐水泥，铝酸三钙含量为 7%～15%，硅酸三钙含量为 36%～37%。水泥中掺合料多，相对降低了铝酸三钙与硅酸三钙的含量，这就是为什么硅酸盐水泥放热量大，次之是普通硅酸水泥，矿渣硅酸盐水泥与粉煤灰硅酸盐水泥放热量较小的原因。外加剂性能影响主要是指如果外加剂能较大地提高混凝土 28d 强度，可以减少水泥用量（如提高 20%，可减少水泥用量 15%），以及外加剂有缓凝作用，减少或推迟水泥水化热的温度峰值。

对于硅酸盐水泥，水泥水化的放热，主要集中在浇筑后的 1～3d 早期，放热量约为总放热量 50%，7d 为 75%，以后逐渐减少。水泥水化的放热，可以进一步加快水泥水化反应，加快混凝土硬化速度，这对气温较低特别是冬季的非大体积混凝土施工，如果能利用浇筑后的模板保温（如用木模板，竹胶模板）及覆盖保温（塑料薄膜或塑料布），利用水化热，提高其早期强度是有利的。但对大体积混凝土（在工业与民用建筑中通常认为构件的短边尺寸大于 800mm，主要是高层建筑的基础底板或大型设备基础），由于单位面积上混凝土厚度加大，产生的水化热很大，往往造成很大温度应力，导致混凝土开裂。

3. 大体积混凝土温度裂缝

由于混凝土水化热主要集中在浇筑后的早期，对硅酸盐水泥主要集中在浇筑后的 1～3d，对矿渣硅酸盐水泥或粉煤灰硅酸盐水泥主要集中在浇筑后的 1～5d。在此期间由于水化热的累积，使混凝土的温度急剧上升形成所谓的升温阶段，出现了温度峰值（一般出现在浇筑后 24～48h）。对于大体积混凝土，随着浇筑厚度不同、采用水泥品种不同及浇筑时环境气温的不同，其温度峰值也会有所不同，混凝土厚度越大，所用水泥放热量越大，浇筑时气温越高，原材料带入热量越多，温度峰值就越高，其核心区的温度峰值可达60～70℃以上。当混凝土水化热达到温度峰值后，保持短时间的平稳段，随着混凝土的散热，温度开始下降，称之为“降温阶段”（随着混凝土厚度、温度峰值大小不同，环境温度不同，一般要经历 10～30d 时间）。混凝土在升温阶段很快形成并提高强度，随之形成并提高弹性模量，则混凝土的体积热膨胀效应开始出现；混凝土在达到温度峰值时，应当说具有较大的强度与弹性模量，随着温度的降低，体积也要相应缩小，同时还要考虑混凝土自身可能产生的收缩变形。大体积混凝土水化热温度曲线如图 5-21 所示。

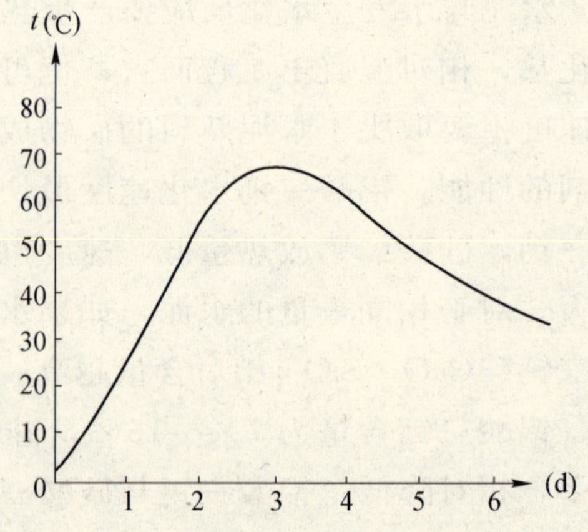

图 5-21　大体积混凝土水化热温度曲线

（1）自约束应力引起裂缝：混凝土在升温阶段的中后时段，已经取得一定的强度与弹性模量，并在混凝土内已经有较高温度，表面混凝土由于直接与大气接触散热，温度降低，而混凝土导热系数很小，这就必然形成混凝土表层范围内由表及里的降温梯度大，即降温收缩的变化梯度也大。混凝土内部的热胀与表层的降温收缩变形不均，及表层范围内降温收缩变形的变化梯度过大，必然引起混凝土表面较大的拉应力而导致开裂，这种裂缝是无规则的表面裂缝，称之为“自约束应力引起的裂缝”。

（2）外约束应力引起裂缝：混凝土升温达到温度峰值后，开始降温，随着不断的降温，体积相应开始逐渐收缩，加之本身的收缩变形影响，这种降温收缩与自身收缩如果作为地基基础底板，必然受到地基的约束。如果基础底板水化热温度峰值越大，降温速度越快，底板长宽尺度较大，地基对底板收缩变形的摩擦阻力加大（如底板在岩基上），则地基对底板的约束变形很大，其约束应力也很大，有可能将底板拉裂。由于形成的约束拉力 N 是作用于底板下皮，对底板而言是属于偏心受拉，这种裂缝一般出现在底板下皮是属于表面裂缝，垂直于板的纵向沿着横向扩展，每隔一定间距，相互接近平行，随着降温收缩而不断加宽，沿着截面高度不断向上延伸。由于底板截面厚度一般较大，一般不会形成贯穿截面的通缝。

4. 季节降温引起裂缝

主要指混凝土的施工浇筑是在气温较高的夏季，进入冬季是属于降温过程，我国北方有些地区，冬夏温差很大，有的可达 40～50℃。尽管温差较大，但降温过程时间较长，一般要经历 5～6 个月，同时从总体上说是渐变连续过程，即使受到变形约束、相当缓慢连续加载，结构只要按规范规定设置伸缩缝，一般不会出现降温裂缝。但在有些情况，如上述基础底板及底板之上的外连续墙或顶层现浇屋盖，进入冬季之前没有封顶隐蔽回填或没作屋面保温层，直接裸露在外，再加上结构已经存在较大的约束收缩变形，二者的共同叠加作用也有可能出现裂缝。现分析如下：

（1）底板温度变化应力状态：现假定底板厚 h，冬夏气温温差为 Δt_1（夏季气温最高月平均温度与冬季气温最低月平均温度的差值），底板下地基土冬夏温差为 Δt_2，则底板混凝土冬夏平均温差为 $\Delta t=\dfrac{\Delta t_1+\Delta t_2}{2}$。底板混凝土在平面内二个方向应产生 $\alpha\Delta t$ 的自由变形，由于受到地基约束，产生轴向偏心拉力，使下表面产生约束拉应力。底板上表面温差为 Δt_1，下表面温差为 Δt_2，则上下表面形成了温度的不均变化，其差值为 $\Delta t_1-\Delta t_2$，这个差值可以认为沿着板厚度 h 为线性变化，上表面温差大的收缩要受到内部温差变化小的约束，也会使上表面产生约束拉应力。如果板较薄，Δt_2 加大轴向约束拉力较大，可能出现贯穿性通缝，如果板较厚，Δt_2 减小，底板上表面拉应力加大，可能导致表面裂缝，如图 5-22 所示。

(2) 底板之上外连续墙温度变化应力状态：由于外连续墙较薄（一般为 400～500mm），双面邻空，可以认为构件温度与气温相同，构件冬夏温差为气温的温差 Δt_1，应当产生 $\alpha\Delta t_1$ 的自由收缩变形，$\alpha\Delta t_1$ 与底板实际完成的相对变形的差值将受到底板约束，约束拉应力达到混凝土抗拉强度时将会导致开裂。

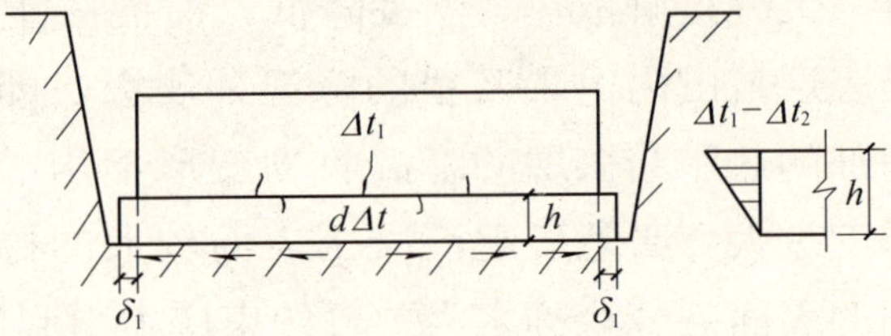

图 5-22　底板与外连续墙温度变化产生裂缝

为了减少温度收缩变形，一般应尽量避开夏季高温浇筑超长、超宽、大体积混凝土，一旦浇筑进入冬季，应争取入冬前封顶回填，对敞口外露的水池底板与外连续墙，如不能储水投入使用，应采取保温措施，减少温度变化。

5. 突然降温引起裂缝

对混凝土构件，由于混凝土材料的导热系数很小，短时间的突然降温，只能限于构件表面的散热降温，构件表面的突然降温收缩变形受到内部基本不变形的约束而产生表面裂缝。这种情况多半发生在气温较低时，采用木模板或竹胶模板浇筑体量较大的竖向构件墙与柱，由于水化热较大与模板的保温，构件表面温度较高，拆模时，突然降温收缩较大，在内部混凝土约束下（内部降温小）容易开裂。例如，银川市某污水处理厂，春季 4 月浇筑 800mm 厚的水池池壁混凝土，采用大块的竹胶模板，3 天拆模时表面光滑，之后发现表面出现不规则裂缝。后经分析原因是：构件拆模时表面温度较高接近 40℃，环境气温 15℃，温差较大，同时银川地区昼夜温差较大，到了夜间又进一步降温，导致构件表面开裂。为了防止突然降温构件表面的开裂，一般在气温较低时浇筑混凝土，拆模后采用塑料薄膜或塑料布包裹构件表面，使构件脱模时其表面与大气的温差不大于 20℃，以保证降温能连续缓慢进行。

6. 应力集中引起裂缝

这主要发生在大体积混凝土的截面厚度突变处，如高层建筑塔楼与裙房基础底板整体连接而截面厚度发生变化，电梯井道下基础底板的局部加厚，特别是电缆沟与管道沟在基础底板上的局部下凹，在水化热的升温与降温过程由于约束变形而形成剪切应力集中造成裂缝。例如某市站前胜利广场，地下四层商场，在 1000mm 厚地下室基础底板施工时，靠近地下室四边的凹式电缆沟在根部拐角处，普遍出现裂缝，这主要是混凝土水化热产生的应力集中造成的。为了避免应力集中裂缝，设计时在截面高度变化处，不应采取突变的直角形式，而采取45°斜坡过渡，并相应配置斜向构造钢筋，用以抵抗与传递温度应力。

5.7 大体积混凝土温度裂缝控制措施

大体积混凝土的概念界定是指混凝土结构或构件实体最小尺寸大于等于1m，因水泥水化热引起混凝土内外温差过大，或最小尺寸虽在1m以下，因降温收缩约束作用较大，预计会导致裂缝的混凝土，称为大体积混凝土。在工业与民用建筑中前者主要指民用建筑高层、超高层地下室的基础底板与工业建筑的大型设备基础；后者主要指基础底板与其上的连续墙、桩基础的承台板与其下的桩基之间的温度变化受力关系。大体积混凝土的温度收缩裂缝，往往是降温收缩与自身收缩共同作用的结果。

由于大体积混凝土结构或构件多处于地下，使用上有防水抗渗要求，安全上有耐久性要求，抗裂、限裂显得尤为重要。对大体积混凝土降温收缩裂缝的控制应采取设计与施工全方位的综合技术措施，混凝土施工浇筑前应制定合理的施工浇筑方案，其控制的主要方面有：控制混凝土水化热及凝结硬化过程的收缩变形；控制混凝土内部与表面、表面与环境的温差；控制混凝土在降温阶段的降温速度，使其变为连续缓慢降温；采取隔离层措施，减小约束作用，采取构造缝，减小约束长度；采取增加配筋与构造措施，提高结构抵抗温度应力的抗拉能力。其要点如下：

1. 混凝土强度等级

在保证承载能力条件下，宜采用C30～C45中等强度混凝土，如强度等级过高，水泥强度等级与用量要相应提高，其水泥水化热与收缩相对加大；特别是新的《水泥强度检验方法》提高了3d抗压强度，使水泥磨细程度加大，使水泥水化热、收缩变形均会加大，为此水泥细度应低一些为好，不宜选用高强度等级水泥。

2. 材料选择

应优先选择铝酸三钙含量小的低水化热和凝结时间长的水泥，如矿渣水泥、粉煤灰水泥、火山灰水泥。大体积混凝土一般采用泵送施工浇筑，最宜采用普通硅酸盐水泥，施工时再掺加粉煤灰或矿渣细粉活性矿物掺合料。提高骨料与掺合料含量，减小水灰比，减少水泥用量；粗骨料宜采用连续级配，细骨料宜采用中砂，其泥土、游离氧化钙、氧化镁、三氧化硫含量，碱活性指标等均应符合现行国家规范标准规定。

3. 外加剂选用

大体积混凝土，由于长、宽、厚、尺度大，采用泵送浇筑要求坍落度较大(120±20mm 以上)，特别是气温较高时浇筑，采用缓凝型高效减水剂对降低水灰比，提高 28d 强度、减少水泥用量、降低水化热、推迟水化热温度峰值时间均具有明显效果。

4. 强度龄期

对地下工程的大体积混凝土，特别是掺加活性矿物掺合料的混凝土，在满足设计要求条件下，宜采用 60d 作为强度指标的龄期，以便充分利用掺合料的后期强度，节省水泥用量，降低水化热。

5. 浇筑时间

大体积混凝土温度峰值大小，与原材料带入的初始热量有关，其施工浇筑宜选在气温较低季节进行，由于环境气温低，砂、石、水泥、拌合水、掺合料温度均较低，原材料带入热量小；由于气温低，水泥水化速度放慢，使水化热温度峰值降低并向后延迟，同时也会减小季节降温的温差值。如果工期要求需要在气温高的夏季施工，必须采取能降低原材料温度的措施，控制入模温度使其尽量减小；如采用地下水拌制混凝土(埋深 10m 以下，一般为10～15℃)，砂、石、水泥、掺合料堆放应遮挡通风，避免阳光直接照晒，混凝土搅拌运输车、泵送输送管道应覆盖遮挡避免阳光直接照晒。

6. 温控措施

大体积混凝土要结合工程实际与施工浇注方案拟订温控措施。其要点有：

(1) 根据浇筑气温、采用水泥品种用量及混凝土短边尺寸，参照有关公式计算混凝土水化热可能达到的温度峰值及温度应力；

(2) 在混凝土表面与内部核心区布置一定数量的测温点，每隔一定时间间隔测出表面与核心区的温度，绘制温度曲线；

(3) 结合具体养护措施控制内部与表面，表面与大气温差，使其不超过 20℃；控制降温阶段的降温速度，使其能够连续缓慢降温。

7. 养护措施

大体积混凝土由于水化热大，温度峰值高，其养护目的与方式不同于非大体积混凝土，这一点应予以特别注意。大体积混凝土养护的目的：一是保证混凝土表面湿润，即湿养护，避免或减少水分蒸发，减少自身收缩；二是实现温控，使其内部与表面、表面与大气的温差不超过 20℃；三是控制降温速度，使其达到连续缓慢进行。

（1）基础底板

为了达到上述目的，以往通常的养护方式是混凝土浇筑凝结后，采取表面浇水铺设保温材料，用以减少上述温差。笔者认为这种传统的保水保温办法很有探讨必要，利弊各有；因为对过热的混凝土还要采取保温，热量难以散发，反而会进一步加快水泥的水化反应、使水化热的增长速度加快、进一步加大温度峰值，这是很不利的一面。如果混凝土初凝后用塑料薄膜覆盖保水，待终凝后进入硬化阶段，当混凝土升温达到一定温度、混凝土浇筑已经完成一定工作面，改为有一定深度的储水养护，并使水的温度能接近混凝土的表面温度。这样既起到湿养护作用，同时由于混凝土继续升温，其内部与表面热量必然传给储水层底部水，底部水与上部水通过热交换及表层水的散热蒸发起到散热作用，这样可以保持储水层水的温度与混凝土表层温度的基本相同，对混凝土又起到保温作用；至于混凝土内核心区与表面温差大小，可以通过调节储水深度并通过测温加以控制(深度越小、混凝土内部温度与表面温度越接近)，这样也可使混凝土的降温过程不会因天气的突然变化而影响降温发生突然性变化。

（2）连续墙体

实际工程地下室基础底板之上的外连续墙(包括水厂水池的外连续墙)在施工期间出现竖向通缝时有可见，防止降温收缩裂缝应予以特别注意。出现裂缝原因除变形因素外，墙体相对较薄，沿纵向配筋不足，底板较厚对墙体变形的约束刚度很大。具体措施如下：

① 外连续墙的截面厚度不宜过小(宜为 350mm 以上)，适当提高沿纵向配筋率，提高墙体沿纵向的抗拉能力；或采用变截面，加强底部沿纵向的配筋。

② 缩短外墙与底板混凝土浇筑的时间间隔，减小二者降温收缩差；当底板与外墙被后浇带分块时，也可采取在一个分块内先浇底板后浇侧墙，再依次进行下一分块的浇筑顺序方法。

③ 加强外连续墙的湿养护，始终保持湿润，至少养护 14d，对气候干燥环境必要时可适当延长养护时间。

④ 及时做好外防水，及时隐蔽回填，不应较长时间裸露在外蒸发失水，争取入冬前封盖保温。

⑤ 在气温较低时脱模，特别是对采用木模或竹胶模板的脱模，注意脱模时混凝土表面与环境的温差，当温差超过 20℃时，应采取保温覆盖措施。

8. 冷却水管

在混凝土内埋设冷却循环水管，通过温度较低的循环水吸热散热，降低温度峰值，待降到一定温度后，将水管通过加压方式浇筑同强度等级混凝土；但由于造价高，一般工程较少采用。

9. 构造措施

(1) 设置伸缩缝、后浇带、加强带，减小约束长度，加强易裂部位抗裂限裂能力。后浇带间距 30～60m，对硬质岩石地基取偏下限，对软土地基取偏上限。

(2) 设计合理的平面与截面，减少平面不规则变化，避免截面突变，避免或减小应力集中。

(3) 基础的配筋除满足承载力及构造要求外，还应增配水化热引起温度应力及控制温度裂缝开展的钢筋；限制最小配筋率，控制裂缝的构造配筋一般为 0.2%～0.5%，截面较厚时取偏下限，截面较薄时取偏上限；合理布置分布钢筋，尽量采用小直径、较密间距，增加粘结力，减小裂缝宽度。

10. 减小约束措施

对抗剪强度大的地基，即基础降温收缩时摩擦约束阻力大的岩石类地基，可在其表面铺一定厚度的砂垫层或炉渣垫层(50～80mm)，并对垫层进行浇水压实处理；或在混凝土垫层之上铺设油毡(一毡二油或一毡一油)滑动层，减小地基对基础底板的降温收缩的约束阻力。值得注意的是减小约束的上述措施，对地震设防区的无裙房落地面积小高宽比大的塔式高层建筑不应采用。

11. 施工要求

大体积基础混凝土，一般处于地下，有防水抗渗要求，故混凝土施工还应符合防水混凝土的有关要求，详见本书第 6 章相关内容。

12. 表面处理

大体积混凝土表面水泥砂浆较厚，混凝土浇筑后要认真处理，一般在初凝前先用长刮尺按标高刮平，在接近初凝时用抹光机抹压或用铁滚筒碾压数遍，并用木楔打磨压实，提高密实度，减少收缩。

5.8 地基不均匀沉降引起裂缝

工程结构的地基可分为：岩石类地基，强风化岩、中风化岩、弱风化岩；软土类地基，砂土、黏土、碎石土等。各种岩土地基承受压缩变形能力差异很大。混凝土结构工程的基础，根据建筑结构特点与地基持力层岩土特性，可选择板式单基础，板式条形基础，板式筏形基础，箱形或桩基础。对建筑规模大，占地面积较大的单层、多层、高层建筑，当整栋房屋各部分建筑高度不同，荷载变化或整块地基范围内岩土分布不均，设计时通过基础形式选择，对岩土分布不均、荷载分布变化较大处采用沉降缝，或混凝土结构本身包括基础与上部结构加强结构整体连接刚度的约束调解，一般不会发生不均匀沉降裂缝。所谓地基不均匀沉降裂缝，实际上是结构相邻的两部分，由于荷载或地基承受压缩能力不同形成结构间的剪切作用，这种剪切作用大于结构抗剪能力，造成结构开裂发生相对位移，即沉降差，也就是不均匀沉降，不均匀沉降裂缝由于剪切作用，裂缝一般是斜向的。

混凝土结构发生不均匀沉降裂缝，通常有两种情况：一是本应设沉降缝的部位没设，而是加强连接刚度，由于基础与上部结构整体连接刚度不足，通过剪切作用产生斜裂缝，造成结构不均匀沉降；二是独立单基础的框架结构，处于软土地基，由于地基土质的差异或上部结构荷载作用差异，各基础沉降量不同，而上部结构整体连接刚度又较弱，对不均匀沉降的调节能力有限，发生整体结构楼板的斜裂缝。此外独立单基础框架结构，施工期间首层楼盖的模板支撑在回填土地面上，回填土压实加固不足，支撑立柱也没有作好防沉加固，浇筑混凝土时支撑立柱下沉，导致楼板早期开裂。

综上所述，本专题“混凝土裂缝控制”，主要是立足于以预防为主，对裂缝产生的种类、原因、过程、结果进行分析；对于荷载产生超规范限值裂缝，除进行原因及危害程度分析判定外，应注意观察发展变化动态，采取必要的加固或补救措施。对变形产生的裂缝，一般不影响结构承载能力，如果出现超规范限值的裂缝，特别是防水工程由于裂缝已造成渗漏现象，应采取堵漏措施；具体堵漏处理方法，在此不加详述，可参照有关技术规定或有关技术措施执行；本书只以第 6.2 节地下工程防水设计与施工中“5.某供水厂水池伸缩缝堵漏处理方案”工程实例说明。

5.9 混凝土变形裂缝控制框图

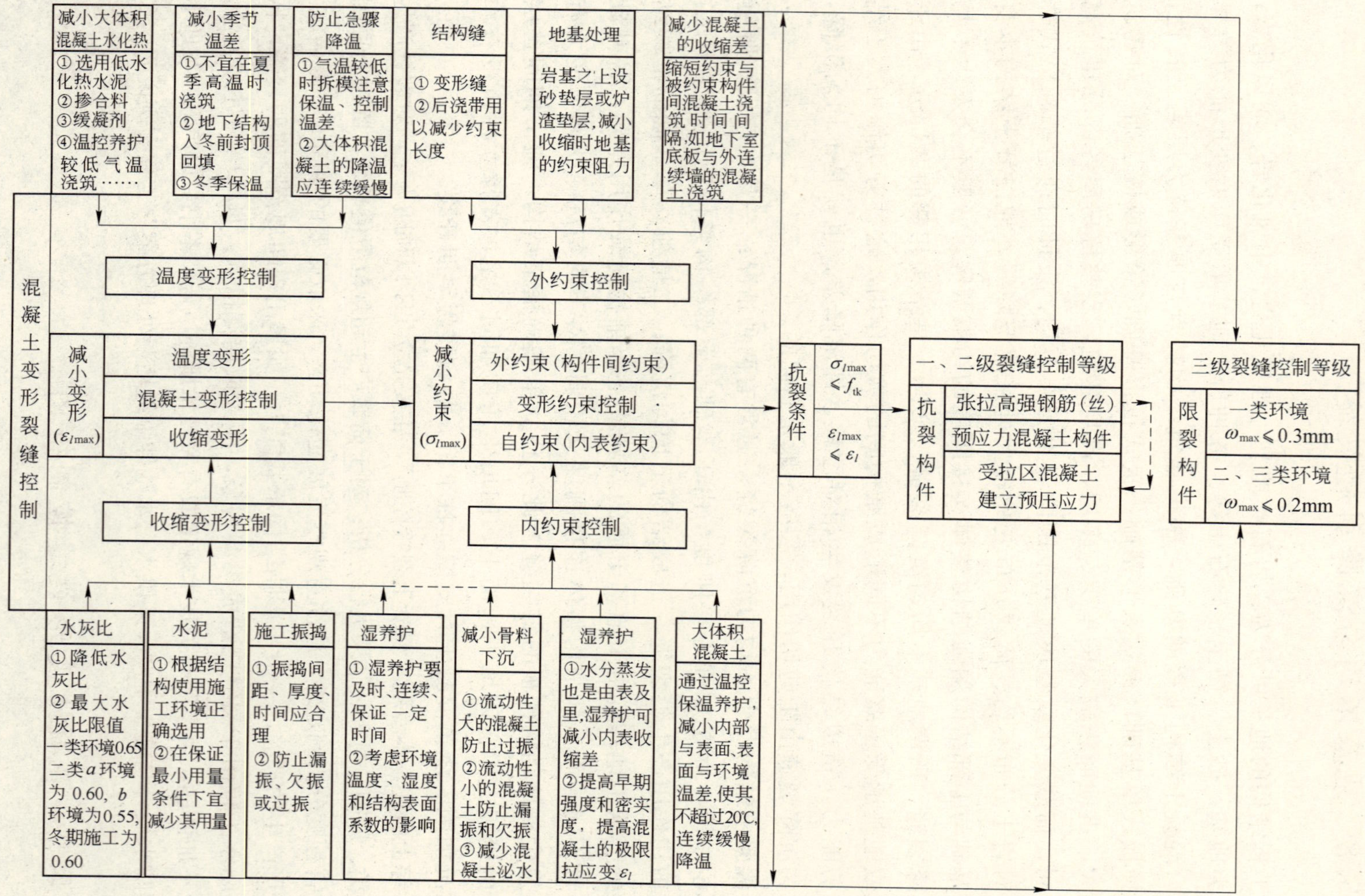

图 5-23 混凝土变形裂缝控制框图

第6章　混凝土结构工程防水

随着现代城市建筑结构向高层大跨发展，使用功能不断提高，配套设施要求齐全；为了保证高层超高层建筑地基承载力，建筑结构侧向稳定，增加地下使用空间，相应要加大建筑结构地基基础的地下埋置深度；出现了大体量，多层地下室(一般为1～4层)，使设计的地下最高水位往往在基础底板之上。地下室一般作为办公、设备、停车、人防、商业经营性质使用，为了防水防潮，地下室基础底板与外连续墙必须按地下工程防水设计与施工。此外，以地下人防、地下商场、地下停车场为目标的全地下建筑与城市建设基础配套设施大中型供水厂、污水处理厂、地下铁道等的大量修建，使地下防水工程应用量大面广；特别是地下工程处于主体结构基础位置环境条件、承受与传递上部主体结构荷载，受力状态复杂，如果一旦发生渗漏，不仅严重影响正常使用，而且也严重降低了工程耐久性。对地下防水工程往往是抗渗性决定工程耐久性，要求结构混凝土要低收缩、高抗渗。对已经出现的渗漏现象，由于隐蔽回填，堵漏处理一般在室内背水面，难度较大，即使耗用较多人力、物力、财力，反复堵漏多次重复但效果往往不佳。为此做好混凝土工程地下防水具有重要意义。

本专题主要讨论混凝土地下工程防水，其重点是讨论混凝土结构自防水，只有提高混凝土自身防水能力，才能可靠地更好满足现代建筑特定使用功能的防水要求与保证结构长期的工程耐久性要求。分析结构渗漏原因，采取相应技术措施控制，防止工程结构渗漏仍然是解决问题的关键所在；为此国家分别制定颁发实施了《地下工程防水技术规范》(GB 50108—2001)与《地下防水工程质量验收规范》(GB 50208—2002)，作为设计与施工质量验收依据，配套执行使用。同时对地基的地下岩土当含有高浓度氡时，作为民用建筑，地下工程的防水抗裂措施也相应起到防氡污染的作用。

6.1　结构渗漏原因分析

1. 结构孔洞漏水

混凝土蜂窝、狗洞、麻面可导致施工孔洞的连接贯通，直接造成渗水漏水渠道；或虽未贯通，但对结构防水截面削弱减薄，使截面的抗渗能力大大减弱造成渗水。这些结构孔洞主要发生在施工浇筑时，混凝土流动性较小，振捣的自流效应较低，钢筋密集，一旦出现漏振或欠振，或模板封闭不严漏浆严重，往往会出现在构件截面尺寸较小的侧墙根部或拐角部位。蜂窝、狗洞、麻面的漏水表现是在结构背水面，即地下室墙面，地面出现局部冒水点或成片漏水面，往往夹带泥砂，形成泥砂流。

2. 构造孔隙渗水

混凝土在水化凝结硬化过程中，多余水分蒸发后，形成毛细孔道。其毛细孔的孔径越粗，渗水可能性越大，数量越多越易渗水；毛细孔的数量、大小与微裂缝发展状况与骨料粒径、水灰比、砂率、灰砂比、水泥品种和用量、振捣、养护密切相关。

（1）水灰比：水灰比对硬化的混凝土孔隙数量、孔隙率大小起决定作用，直接影响了混凝土密实性，在保证水泥完全水化所需用水量前提下，水灰比越小，密实性越好，抗渗性与强度越高。但水灰比过小、造成混凝土过于干稠，不易振捣密实，对混凝土抗渗性也是不利的。防水混凝土水灰比选择可参照表 6-1。

普通防水混凝土水灰比的选择 **表 6-1**

抗渗等级	水灰比	
	C20～C30	＞C30
P6～P8	0.6	0.55
P8～P12	0.55	0.50
＞P12	0.5	0.45

（2）泌水影响：一般情况下，水灰比加大，单位用水量增多，混凝土坍落度加大；或混凝土保水黏聚性较差；或振捣时间较长形成过振；或水、水泥、外加剂存在不相容性；在上述条件下容易形成泌水，泌水率越大，骨料下沉作用越剧烈，在混凝土内形成开放式毛隙孔越多，对混凝土抗渗性影响越大，同时泌水率加大也使混凝土碳化速度加快。

（3）水泥用量与砂率：在一定水灰比限值内，足够水泥用量与较高砂率可以保证混凝土中水泥砂浆的数量与质量，因水泥砂浆除填充石子的空隙并包裹石子外，还必须有一定厚度的砂浆层将石子相互拨开，增加混凝土拌合物的流动性，并使混凝土硬化后在石子表面出现的微裂缝间距加大。同时胶凝材料的体积也应略大于骨料的空隙率，当砂石级配适当时，骨料的最小空隙率可在20%～22%之间，胶凝材料浆量的富余值对大流动性混凝土可为9%～10%。如砂率过小或水泥用量不足，不能保证在粗骨料之间有足够的砂浆层，既降低混凝土拌合物流动性，又严重影响黏聚性和保水性，容易造成泌水或离析。试验表明：在水灰比≤0.6，水泥用量不少于320kg/m^3，砂率不小于35%，灰砂比在1∶2.0～1∶2.5条件下，可取得最佳防水效果，其试验结果见表6-2所示。

水泥用量、砂率、灰砂比对抗渗性影响　　表6-2

灰砂比（重量比）	相应的砂率（%）	水泥用量（kg/m^3）	坍落度（cm）	拌合物表观密度（kg/m^3）	抗压强度（MPa）		抗渗压力（MPa）
					砂　浆	混凝土	
1∶1.0	28.5	500	16	2470	34.1	26.5	0.4(P4)
1∶1.5	34.2	417	12	2485	26.8	26.4	0.8(P8)
1∶2.0	37.4	357	7	2480	24.3	24.3	1.0(P10)
1∶2.5	39.4	312	4	2475	19.5	25.4	1.0(P10)
1∶3.0	41.0	278	2.5	2460	17.7	22.2	0.6(P6)

注：P4、P8、P10、P6为抗渗等级。

（4）骨料影响：混凝土的粗骨料有碎石与卵石二种，骨料本身是密实不透水的。碎石表面粗糙、多棱角与水泥石的粘着力较大，对强度提高有利，与卵石相比较，在获得相同的流动性条件下，必须适当增大水泥用量与砂率，一般每立方米混凝土要多用10～20kg水泥，其抗渗性只有在提高一定砂率与增加水泥用量条件下才与卵石相当。为了控制混凝土中孔隙，减少分层离析，需限制石子最大粒径，这是由于石子粒径越大，周边越长，与砂浆硬结收缩差值越大，越易使水泥石与石子界面产生微裂缝。防水混凝土石子最大粒径不应大于40mm，当然最大粒径的限值也与钢筋净距，构件最小截面尺寸及泵送混凝土的泵送管径与泵送距离、高度有关。

（5）养护条件：湿养护对防水混凝土极为重要，是混凝土获得强度和抗渗性的必要条件，混凝土在潮湿环境中硬化，可减少混凝土中水分蒸发，降低孔隙率，减少收缩，提高密实性和抗渗性。同时由于湿养护能够减小水泥石的收缩速度与收缩量，降低了水泥石与粗骨料之间的初始收缩应力，减少了混凝土内的微裂缝，增大混凝土抗拉能力，提高了抗裂性。不同养护条件对混凝土抗渗性影响见表6-3。防水混凝土不宜采用蒸汽养护，因蒸汽会使混凝土中毛隙孔受蒸汽压力作用而扩张，导致混凝土抗渗性急剧下降。

不同养护条件对混凝土抗渗性影响　　　　表 6-3

养护方式	水灰比	砂率（%）	坍落度（cm）	抗压强度（MPa）	抗渗压力（MPa）
标准养护 28d	0.6	45	3.5	29.3	>2.2
标准养护 14d 后，在水中放置 14d	0.6	45	4.5	29.6	2.0
标准养护 14d 后，在空气中放置 14d	0.6	45	4.0	30.6	1.2
标准养护 28d	0.5	35	7.1	—	>3.5
在室内干空气中放置 28d	0.5	35	6.4	—	<0.4
蒸汽养护	0.6	—	3.3	17.1	0.4

3. 混凝土裂缝渗水

混凝土结构出现的缝宽大于 0.1mm 的表面或贯穿裂缝，前者削弱截面加大水力梯度增加渗水程度，后者造成直接渗水渠道，混凝土结构渗水 50％以上是由裂缝引起，裂缝渗水表现是在结构室内背水面出现线流。通过试验发现，当裂缝宽度在0.1～0.2mm 之间时，开始渗水量较大，随着时间延长逐渐减少，一年之后已经很小，这是由于裂缝的自愈与自封造成。有关科研人员通过试验研究还发现，当贯穿裂缝宽度超过自愈范围之后，其裂缝渗水量与裂缝宽度的三次方成正比。可见在结构受拉总变形保持不变条件下，将结构出现较少的宽缝转化为较多的狭缝，使裂缝分散，这对工程防水抗渗具有重要意义。

4. 薄弱工程部位渗漏

主要指结构的沉降缝、伸缩缝、施工缝、后浇带、穿墙管、固定竖向构件墙体模板的穿墙梅花筋等细部防水构造设计与施工处理不当，引起渗水。穿墙梅花筋一般在中间部位设有止水环钢板，如果穿孔的止水环钢板与钢筋之间漏焊，或钢筋端头切断后外露生锈，水会顺着钢筋与漏焊的部位渗透。

由以上分析可见，混凝土结构工程防水关键在于增加混凝土密实度，改善孔结构，降低孔隙率，减少收缩，避免或减少裂缝，特别是避免出现超规范限值缝宽为 0.2mm 以上的贯穿裂缝。为实现上述防水根本目标，应按照国家规范要求做好地下工程防水设计与施工，通过精心设计与施工达到结构防水的最佳效果。

6.2 地下工程防水设计与施工

1. 防水等级与防水设防要求

(1) 防水等级：地下工程防水根据使用要求，分一、二、三、四级，各级防水标准及工程适用范围见表 6-4。

地下工程防水等级标准与适用范围　　表 6-4

防水等级	标　　准	适用范围
一　级	不允许渗水，结构表面无湿渍	人员长期停留的场所；因有少量湿渍会使物品变质、失效的贮物场所及严重影响设备正常运转和危及工程安全运营的部位；极重要的战备工程
二　级	不允许漏水，结构表面可有少量湿渍 工业与民用建筑：总湿渍面积不应大于总防水面积(包括顶板、墙面、地面)的 1/1000；任意 $100m^2$ 防水面积上的湿渍不超过 1 处，单个湿渍的最大面积不大于 $0.1m^2$ 其他地下工程：总湿渍面积不应大于总防水面积的 6/1000；任意 $100m^2$ 防水面积上的湿渍不超过 4 处，单个湿渍的最大面积不大于 $0.2m^2$	人员经常活动的场所；在有少量湿渍的情况下不会使物品变质、失效的贮物场所及基本不影响设备正常运转和工程安全运营的部位；重要的战备工程
三　级	有少量漏水点，不得有线流和漏泥砂 任意 $100m^2$ 防水面积上的漏水点数不超过 7 处，单个漏水点的最大漏水量不大于 2.5L/d，单个湿渍的最大面积不大于 $0.3m^2$	人员临时活动的场所；一般战备工程
四　级	有漏水点，不得有线流和漏泥沙 整个工程平均漏水量不大于 $2L/m^2 \cdot d$；任意 $100m^2$ 防水面积的平均漏水量不大于 $4L/m^2 \cdot d$	对渗漏水无严格要求的工程

(2) 防水设防：是指工程根据已经确定的防水等级，对结构主体应采取的防水技术措施，其中包括主体结构混凝土应采用的防水混凝土自防水，结构外防水，施工缝、变形缝、后浇带等细部防水构造作法，当施工采用明挖法时防水设防要求如表 6-5。

明挖法地下工程防水设防　　表 6-5

工程部位		主体						施工缝					后浇带				变形缝、诱导缝						
防水措施		防水混凝土	防水砂浆	防水卷材	防水涂料	塑料防水板	金属板	遇水膨胀止水条	中埋式止水带	外贴式止水带	外抹防水砂浆	外涂防水涂料	膨胀混凝土	遇水膨胀止水条	外贴式止水带	防水嵌缝材料	中埋式止水带	外贴式止水带	可卸式止水带	防水嵌缝材料	外贴防水卷材	外涂防水涂料	遇水膨胀止水条
防水等级	一级	应选	应选一至二种					应选二种					应选	应选二种			应选	应选二种					
	二级	应选	应选一种					应选一至二种					应选	应选一至二种			应选	应选一至二种					
	三级	应选	宜选一种					宜选一至二种					应选	宜选一至二种			应选	宜选一至二种					
	四级	宜选	—					宜选一种					应选	宜选一种			应选	宜选一种					

2. 防水混凝土

防水混凝土指按照工程防水要求，对掺有防水外加剂进行防水配合比设计，并经具有相应资质的试验室试配，取得具有一定抗渗能力的混凝土(抗渗等级≥P6)，防水混凝土应满足下列要求。

(1) 抗渗等级：设计时应根据工程地下埋置深度，提出设计抗渗等级要求。防水混凝土实际的抗渗等级应比设计要求的高出一级，即高出 0.2MPa。防水混凝土的设计抗渗等级应符合表 6-6 要求。

防水混凝土设计抗渗等级　　表 6-6

工程埋置深度(m)	设计抗渗等级	工程埋置深度(m)	设计抗渗等级
<10	P6	20～30	P10
10～20	P8	30～40	P12

注：① 本表适用于Ⅳ、Ⅴ级围岩(土层及软弱围岩)；

② 山岭隧道防水混凝土抗渗等级可按铁道部门的有关规范执行。

抗渗等级的定义与测试：指工程结构防水混凝土，承受自由水头(水压)作用，抵抗水的渗透能力大小的指标。防水混凝土的抗渗等级通过试验测定，在试验室内将经配合比设计并经试配满足施工和易性与试配强度的防水混凝土，或在施工现场(搅拌站)搅拌的防水混凝土，利用锥形圆柱体钢胎模，作成上下直径分别为 175mm、180mm，高 150mm 的锥形圆柱体试件，如图 6-1 所示。共 3 组，每组 6 块，标养 28d，拆模后圆锥体侧边做成封闭不透水，其一端加水压，当一组六块试件中有 2 个发现另一端有渗水现象发生时的水压力值，为该组的抗渗等级，三组平均值代表了防水混凝土的实际抗渗等级。防水混凝土抵抗水渗透的压力值以 MPa 表示，如 0.8MPa 代表抗渗等级 P8，由于 $0.8MPa = 0.8N/mm^2 = 8kg/cm^2 = 80t/m^2$，故 P8 抗渗等级代表了能承受 80m 水深的水头压力作用才开始渗水。

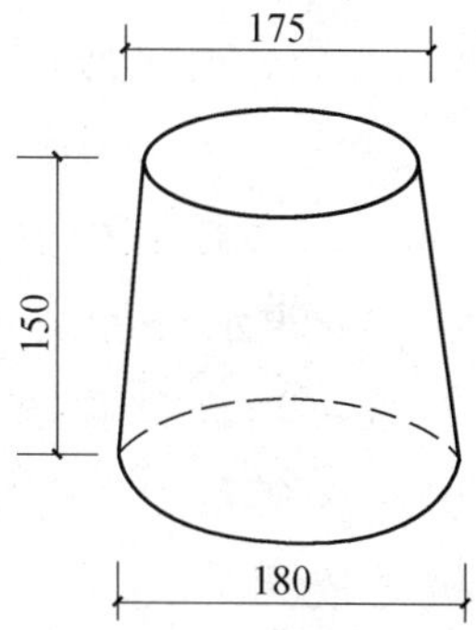

图 6-1　混凝土抗渗试件

（2）主体结构与构造：主体结构防水混凝土处于二类 a 环境，强度等级不得低于 C25，处于二类 b 与三类环境，强度等级不低于 C30，防水混凝土工程结构厚度对防水抗渗能力有显著影响，据有关资料防水混凝土结构厚度从 100mm 增加到 500mm，每增加 100mm，其防水抗渗能力增大 5 倍，这是因为在一定水头作用下，结构厚度增大，水力梯度减小，截面抗渗能力增强，规范规定防水混凝土结构厚度不应小于 250mm。设计中根据承载能力要求，地下室基础底板与板上外连墙厚度一般不小于 300～400mm，同时板厚加大，在构件间变形不均，外约束作用下也不易产生贯穿性裂缝，为了提高结构防水抗渗能力，保证工程耐久性，建议底板厚不宜小于 400mm，外连续墙厚不宜小于 300mm。前文已述及在拉弯构件中提高受拉钢筋配筋率，对裂缝能够起到分散作用，规范GB 50010—2002 规定，拉弯构件受拉一侧纵筋最小配筋为 0.2％与 $0.45f_t/f_y$％中的较大者，对卧置于地基上的混凝土板，板中的受拉钢筋的最小配筋率可适当降低，但不应小于 0.15％。编者认为，当板厚不大，长宽尺度较大，卧置的地基岩土对混凝土收缩变形摩擦阻力较大时，最小配筋应适当加大，用以减小表面裂缝宽度与避免贯穿性通缝的产生。防水混凝土结构的混凝土垫层，强度等级不应小于 C15，厚度不应小于 100mm，在软弱土层厚度不应小于 150mm。迎水面钢筋保护层厚度不应小于 50mm，裂缝宽度不得大于 0.2mm，并不得贯通。

（3）环境条件影响：处于有侵蚀性介质的地下防水工程，应采用耐侵蚀的防水混凝土，处于冻土层中的防水混凝土结构，其混凝土的抗冻等级不得小于 F100，寒冷地区室外外露防水工程的结构防水混凝土还应满足相应抗冻等级的要求。

（4）原材料与配比：防水混凝土原材料的质量与级配配比，对混凝土的密实性，收缩裂缝、抗渗性均具有重要影响。防水混凝土所用砂、石子、水泥、水、外加剂、掺合料技术质量均应符合现行国家规范标准要求，石子的最大粒径不宜大于 40mm，泵送时不大于输送管径 1/4，吸水率不大于 1.5％，含泥量不得大于 1.0％，不应使用高碱活性骨料。砂子宜为中砂，含泥量不大于

2%～3%，泥块含量不得大于1.0%，泵送时砂率应提高，一般为35%～45%。灰砂比宜为1：2～1：2.5，水灰比不得大于0.55。应优先选用普通硅酸盐水泥。水泥用量不得少于320kg/m^3，掺有活性掺合料时不得少于280kg/m^3。掺有引气剂的防水混凝土，其含气量宜控制在3%～5%。

（5）防水外加剂：混凝土结构只要有一定结构厚度，一般均可达到P6抗渗等级，当设计要求P6抗渗等级时，实际混凝土的抗渗等级应比设计要求高出一个等级(0.2MPa)。为了增加混凝土防水抗渗可靠性，提高混凝土防水抗渗能力，防水混凝土一般均需掺加防水外加剂。作为混凝土防水外加剂使用，目前国内主要品种有：减水剂、引气剂、三乙醇安、氯化铁、多功能高效复合型防水剂。其各种外加剂性能指标、防水机理、适宜掺量、选择使用详见“第10章混凝土外加剂”。其中多功能高效复合型防水剂对有高抗渗要求的泵送防水混凝土更为有效，同时也便于施工，避免了多种外加剂复合使用可能造成的化学不相容性。

（6）施工要求：防水混凝土的施工，除满足前述第4章有关混凝土工程要求外，尚应满足如下要求：

① 搅拌配料计量准确，计量允许偏差：水泥、水、外加剂、掺合料为±1%，砂、石为±2%，实际搅拌用水量应扣除砂、石骨料含水量，特别是下雨后砂、石骨料含水率加大，应进行测定，加以扣除。

② 搅拌时间应根据搅拌机的机械性能，每盘搅拌量，外加剂要求，以达到搅拌均匀，满足施工和易性为准，一般不小于2min。

③ 防水混凝土采用预拌时，入泵坍落度宜控制在120±20mm，坍落度总损失值不应大于60mm。

④ 对超长、超宽、超厚大体积混凝土，一般要做浇筑施工方案，根据运输、泵送能力与混凝土初凝时间确定每次浇筑宽度，为了使每次浇筑宽度不至于太小，特别是夏季高温，混凝土初凝时间缩短，往往需要通过外加剂，延缓混凝土的初凝，缓凝时间宜为6～8h。

⑤ 防水混凝土拌合物在运输后如出现离析，必须进行二次搅拌，当坍落度损失后不能满足施工要求时，应加入原水灰比的水泥浆或二次掺加减水剂进行搅拌，严禁直接加水。

⑥ 防水混凝土必须采用高频机械振捣密实，振捣时间宜为10～30s，对流动性较小混凝土相对时间可长些，特别注意不要漏振，防止形成蜂窝、狗洞、麻面，对流动性较大的混凝土相对时间可短些，防止泌水和骨料下沉。

⑦ 防水混凝土应连续浇筑，宜少留施工缝，墙体水平施工缝不应留在剪力弯矩最大处或底板侧墙交接处，应留在高出底板上表面不小于300mm的

墙体处，顶板底板不宜留施工缝。墙体水平施工缝浇筑混凝土时，应将其表面浮浆和杂物清除，先铺净浆，再铺 30～50mm 厚 1：1 水泥砂浆，及时浇筑混凝土。垂直施工缝应避开地下水和裂隙水较多地段，宜与变形缝相结合并按变形缝构造处理。

⑧ 对超长、超宽、后浇带间距大的板式混凝土浇筑、注意控制浇筑厚度，防止薄厚不均，注意施工浇筑顺序，对两个后浇带之间宜分块绑扎分块浇筑，当采用二台泵送时宜从二个后浇带的中间部位开始分别向后浇带的二端推进浇筑以防过长的纵筋扭曲变形，导致表面混凝土的开裂。

⑨ 防水混凝土应在浇筑后 12h 之内（一般初凝后终凝前）用塑料薄膜覆盖保湿养护，以防水分蒸发凝缩开裂，终凝后应有专人负责浇水养护，至少养护 14d。

⑩ 对冬季施工应按国家《建筑工程冬期施工规程》（JGJ 104—97）执行。对大体积混凝土施工应采取能降低水化热的有关技术措施。

3. 细部构造防水

地下混凝土结构防水工程细部构造防水包括：变形缝、施工缝、后浇带、预埋穿墙管、穿墙梅花筋等的防水构造作法。如果细部构造防水做得不好，往往成为工程结构渗漏的薄弱部位，形成渗漏隐患。

（1）变形缝：变形缝包括伸缩缝与沉降缝，用于伸缩的变形缝宜不设或少设，可采用后浇带、加强带等替代。对于房屋建筑结构，当高层与低层之间，存在下列条件，可将二部分连成整体，加强基础的整体连接刚度而不设沉降缝：①塔楼与裙房均座落于较强的岩石地基，地基承载力较高，变形较小，经计算沉降差能控制在允许范围内；②采用桩基础均支承在基岩上，经计算沉降差能控制在允许范围内；③塔楼与裙房采用不同基础型式，或地基承载力较高，经调整基底压力，使后期沉降基本接近。

用于沉降的变形缝其最大允许沉降差不应大于 30mm，当计算沉降差超过 30mm 时，应在设计时采取措施，变形缝处混凝土结构厚度不应小于 300mm，缝的宽度宜为20～30mm。

① 变形缝防水构造如图 6-2 所示：

一级防水：中埋式止水带＋防水填缝材料＋外贴止水层。

二级防水：中埋式止水带＋防水填缝材料或外贴止水层。

三级防水：中埋式止水带。

② 材料与施工：橡胶止水带的外观质量，尺寸偏差，物理性能应符合 HG 2288—92 规定，填缝材料最大拉伸强度不应小于 0.2MPa，最大伸长率应

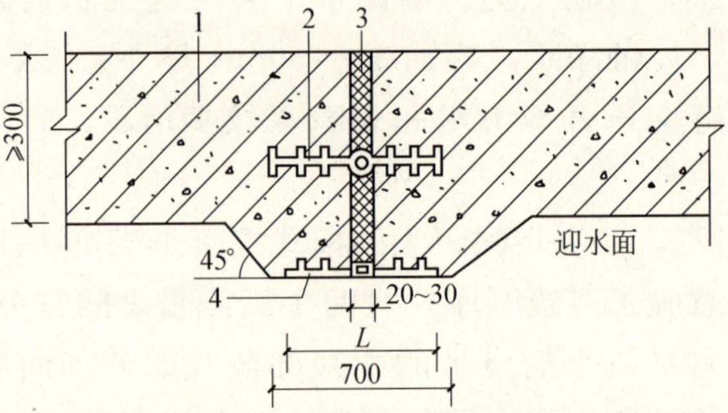

图 6-2　变形缝防水构造

外贴式止水带 $L \geqslant 300$；外贴防水卷材 $L \geqslant 400$；外涂防水涂料 $L \geqslant 400$

1—混凝土结构；2—中埋式止水带；3—填缝材料；4—外防水层

大于 300%，防水卷材与防水涂料性能质量应符合相应国家标准要求。中埋式止水带埋设位置应准确，其中间空心圆环应与变形缝的中心线重合，宜采用专门钢筋套或扁钢固定，并将钢筋套或扁钢与结构内钢筋焊牢。填缝两侧应平整、清洁、无渗水，并涂刷与填缝材料相容的基层处理剂，嵌填密实，与两侧粘结牢固。在缝上粘结卷材或涂刷涂料前，应先作隔离层而后施工，卷材防水层，涂料防水层施工应符合规范规定。

（2）施工缝：防水构造如图 6-3、6-4、6-5 所示。

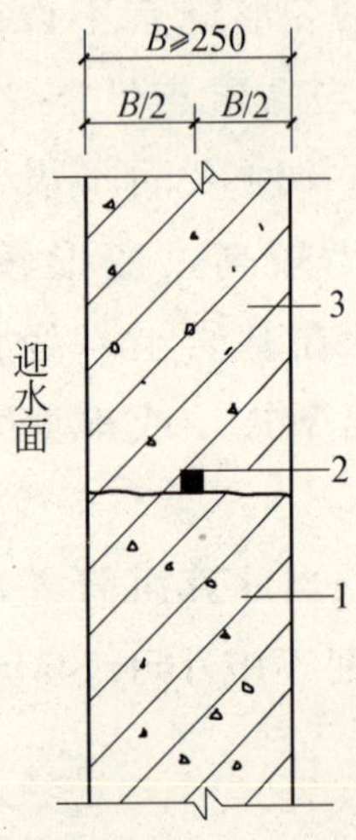

图 6-3　防水基本构造(一)

1—先浇混凝土

2—遇水膨胀止水条

3—后浇混凝土

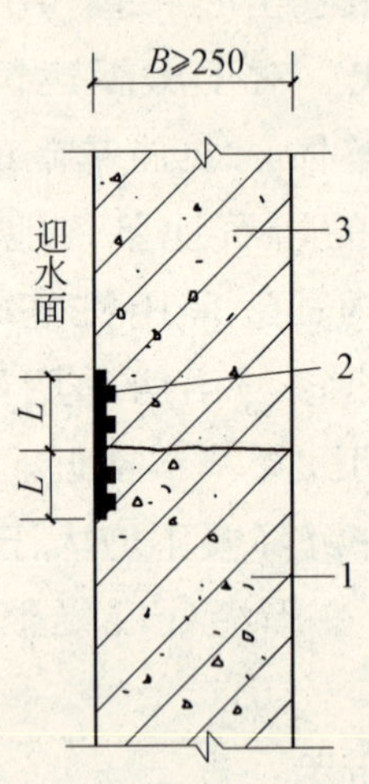

图 6-4　防水基本构造(二)

1—先浇混凝土

2—外贴防水层

外贴止水带 $L \geqslant 150$

外涂防水涂料 $L=200$

外抹防水砂浆 $L=200$

3—后浇混凝土

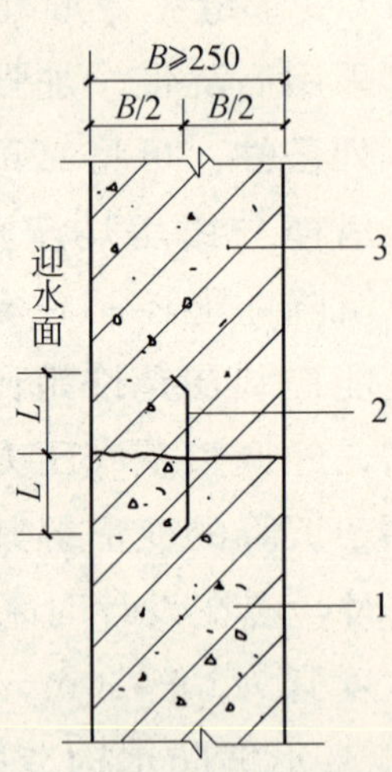

图 6-5　防水基本构造(三)

1—先浇混凝土

2—中埋式止水

钢板止水带 $L \geqslant 100$

橡胶止水带 $L \geqslant 125$

钢边橡胶止水带 $L \geqslant 120$

3—后浇混凝土

遇水膨胀止水条应具有缓膨胀性能，其 7d 的膨胀率不应大于最大膨胀率的 60％，应牢固地安装在缝表面中间位置或预留槽内。

（3）后浇带：由上述分析可以看到，工程结构基础底板与底板之上的外连续墙，随着结构长度的加大，地基对底板的变形约束与底板对外连续墙的约束随之加大；而混凝土自身收缩或大体积混凝土的降温收缩主要发生在施工阶段的早期；为了减少收缩变形的受拉约束作用，避免混凝土在过大约束拉力作用下的裂缝，施工时根据设计要求往往采取后浇带的分段施工方法，待后浇带混凝土浇筑时，其各段早期的收缩已大部分完成，可使伸缩缝取消或间距加大，并兼作分段施工的施工缝。后浇带的设置既是施工措施，又是设计手段，其目的是替代结构中的永久性变形缝。

后浇带应设在结构受力与变形较小部位，间距宜为 30～60m，宽度宜为 700～1000mm，一般作成 800mm，后浇带可作成平直缝，结构主筋不宜在缝中断开，其防水构造如图 6-6 所示。后浇带的施工应符合下列规定：后浇带浇筑前应清除其内的杂物、积水，及粘结在钢筋上水泥砂浆，后浇带混凝土应在两侧混凝土龄期达 42d 后采用补偿收缩混凝土浇筑，其强度等级不应低于两侧混凝土的强度等级，浇水养护不少于 28d。

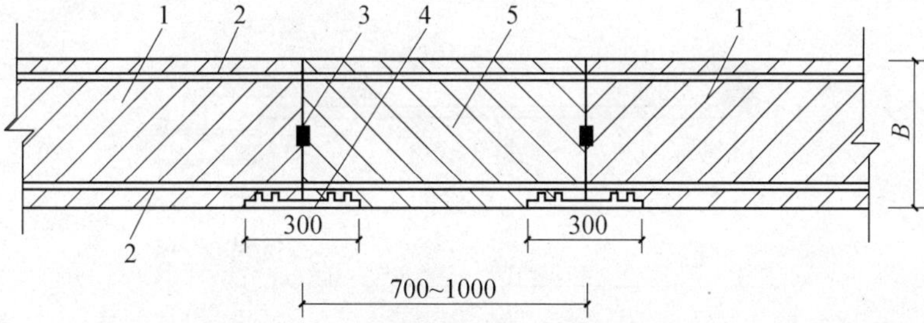

图 6-6　后浇带防水构造

1—先浇混凝土；2—结构主筋；3—遇水膨胀止水条；4—外贴止水带；5—膨胀混凝土
一级防水：应选 3＋4 二种；三级防水：宜选 3、4 一至二种；
二级防水：应选 3、4 一至二种；四级防水：宜选 3、4 一种

（4）穿墙管：穿墙管应在混凝土浇筑前预埋，与内墙角距离应大于 250mm，当结构变形不大或管道伸缩较小时，穿墙管可直接埋入混凝土内固定，其防水构造如图6-7、6-8 所示。采用金属止水环时应与主管满焊密实，采用遇水膨胀止水圈时，管径宜小于 50mm，止水圈应用胶粘剂满粘固定于管上，并应涂缓胀剂。

当结构变形较大或管道伸缩量较大或有更换要求时，应采用套管式防水法，套管应加焊止水环，见图 6-9 所示。

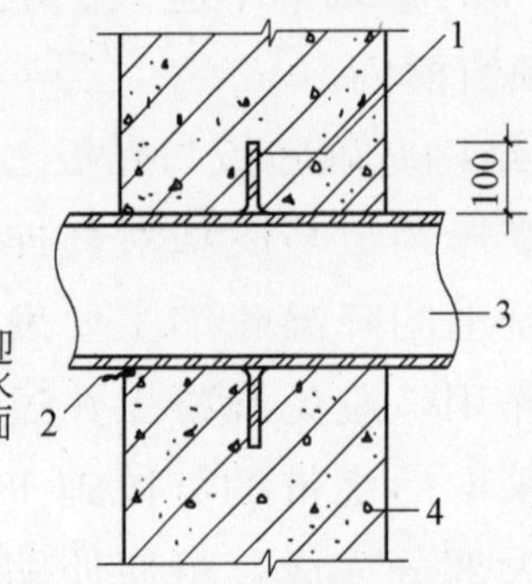

图 6-7　固定式穿墙管防水构造(一)

1—止水环；2—嵌缝材料；
3—主管；4—混凝土结构

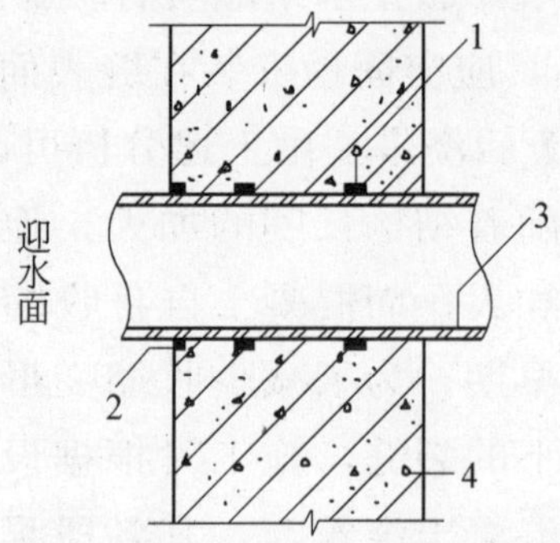

图 6-8　固定式穿墙管防水构造(二)

1—遇水膨胀橡胶圈；2—嵌缝材料；
3—主管；4—混凝土结构

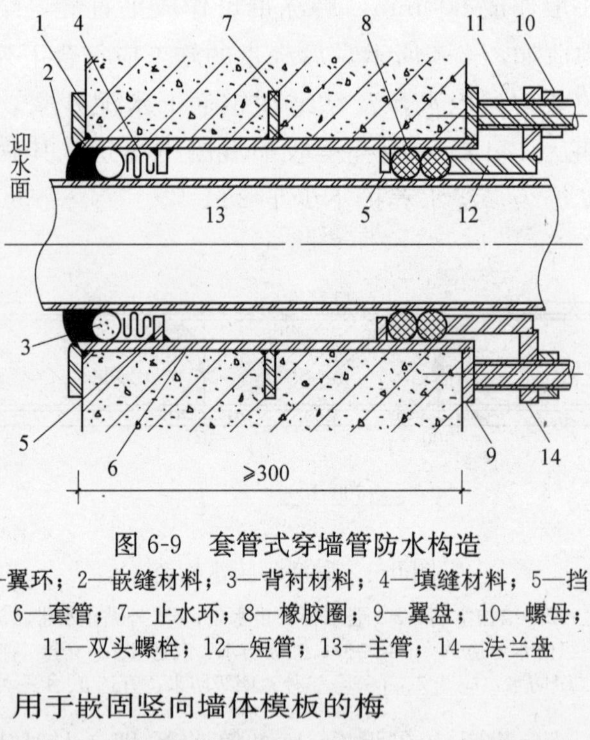

图 6-9　套管式穿墙管防水构造

1—翼环；2—嵌缝材料；3—背衬材料；4—填缝材料；5—挡圈；
6—套管；7—止水环；8—橡胶圈；9—翼盘；10—螺母；
11—双头螺栓；12—短管；13—主管；14—法兰盘

(5) 梅花筋：用于嵌固竖向墙体模板的梅花筋，为了防止水沿着穿墙筋的渗透，中间止水环的穿孔与钢筋之间应满焊无缝，迎水面端头宜预埋木方、待拆模后取出，将钢筋端头切断于槽内，用防水砂浆封堵。如不放预留木方，钢筋端头切断后，应作砂浆找平层，将钢筋端头埋入水泥砂浆层内，再作卷材外防水层，见图 6-10 所示。

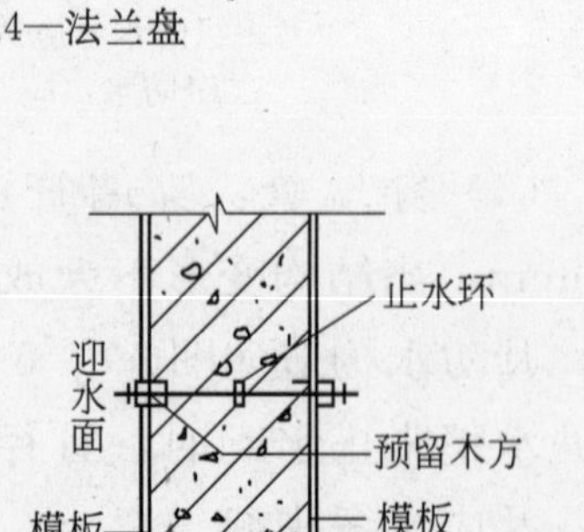

图 6-10　穿墙梅花筋防水构造

4. 刚柔相济防水

地下防水工程，混凝土结构的自身防水一般称为刚性自防水，相对混凝土结构使用50～100年的耐久性要求，结构的刚性自防水是防水的第一道主防线，结构的外防水只能是第二道辅助防线。规范GB 50108—2001提出的地下工程防水采取刚柔相济设计原则，主要是基于混凝土材料的抗拉强度与抗拉变形能力低，容易产生裂缝渗水，此外地下水中含有侵蚀性介质时容易通过混凝土中孔隙渗透，对钢筋与混凝土造成侵蚀影响。

(1) 结构外防水形式

结构外防水可以是水泥砂浆防水层(水泥砂浆掺防水外加剂)、卷材防水层、涂料防水层及塑料板、金属板防水层。所谓柔性外防水一般是指卷材防水层或涂料防水层，防水卷材包括沥青防水卷材，高聚物改性沥青防水卷材与合成高分子防水卷材。地下工程防水卷材一般多采用高聚物改性沥青，高聚物改性沥青防水卷材是在沥青防水卷材基础上，为克服沥青含蜡量高，延伸率低，脆性大，温度敏感性强，在高温下易流淌，在低温下易脆裂，而对沥青进行改性处理后制成的防水卷材。它是以玻纤毡、聚酯毡、黄麻布、合成膜或二种复合材料为胎基，合成高分子聚合物(掺量不少10%)改性沥青，以优质氧化沥青为浸涂材料，以粉状、片状、粒状、薄膜、金属箔等为覆面材料而制成。高聚物改性沥青防水卷材主要包括：SBS改性沥青防水卷材、APP改性沥青防水卷材、PVC改性焦油沥青防水卷材、再生胶改性沥青防水卷材。根据各种卷材防水性能，设计时多采用SBS与APP防水卷材，SBS与APP防水卷材随着胎体的不同性能差异较大，其中以聚酯毡胎体性能为最佳。SBS改性沥青防水卷材主要特点是：提高卷材耐高低温性能，在常温下具有橡胶状弹性，加热到90℃，观查2h，卷材表面不起泡、不流淌；当温度降到－75℃时，仍具有一定柔软性，抗拉强度与延伸率均较高，适于寒冷与炎热地区，可采用热熔法或冷粘法施工。APP改性沥青防水卷材主要特点是：抗拉强度高，延伸率大，具有良好的耐热性，适于温度范围－15～130℃，耐紫外线的能力强，更适于炎热地区，分子结构稳定，耐老化时间长(20年以上)，可采用热熔法或冷粘法施工。规范对高聚物改性沥青防水卷材主要物理性能要求，见表6-7。

合成高分子防水卷材是用合成橡胶、合成树脂或塑料与橡胶混合材料为主要原料，掺入适量的稳定剂、促进剂、硫化物和改进剂等化学辅助材料，经混炼、压延或挤出等加工工艺而制成的可卷曲的片状防水材料。其产品可包括：橡胶系列，如三元乙丙橡胶防水卷材、丁基橡胶防水卷材；树脂系列，如氯化聚乙烯防水卷材、聚氯乙烯防水卷材；橡塑共混型，如氯化聚乙烯—橡胶共混防水卷材，三元乙丙橡胶—聚乙烯共混防水卷材。合成高分子防水卷材主要用于各种不同气候环境条件，防水要求较高或耐久年限较长的屋面防水工程。

高聚物改性沥青防水卷材的主要物理性能　　表 6-7

<table>
<tr><th colspan="2" rowspan="2">项　目</th><th colspan="3">性 能 要 求</th></tr>
<tr><th>聚酯毡胎体卷材</th><th>玻纤毡胎体卷材</th><th>聚乙烯膜胎体卷材</th></tr>
<tr><td rowspan="3">拉伸性能</td><td rowspan="2">拉力(N/50mm)</td><td rowspan="2">≥800(纵横向)</td><td>≥500(纵向)</td><td>≥140(纵向)</td></tr>
<tr><td>≥300(横向)</td><td>≥120(横向)</td></tr>
<tr><td>最大拉力时延伸率(%)</td><td>≥40(纵横向)</td><td>—</td><td>≥250(纵横向)</td></tr>
<tr><td colspan="2" rowspan="2">低温柔度(℃)</td><td colspan="3">≤−15</td></tr>
<tr><td colspan="3">3mm 厚，$r=15$mm；4mm 厚，$r=25$mm；3s，弯 180°，无裂纹</td></tr>
<tr><td colspan="2">不 透 水 性</td><td colspan="3">压力 0.3MPa，保持时间 30min，不透水</td></tr>
</table>

（2）结构外防水规定

规范对地下工程卷材防水层的设计、材料、施工作了相应规定：

① 卷材防水层适用于受侵蚀性介质作用或受振动作用的地下工程；

② 卷材防水层应铺设在混凝土结构主体的迎水面上；

③ 卷材防水层应铺设在结构主体基础底板垫层之上，伸至外墙体顶端基面上，在外围形成封闭交圈的防水层；

④ 卷材防水层可为一层或二层，高聚物改性沥青防水卷材厚度不应小于 3mm，单层使用时不小于 4mm，双层使用时总厚度不小于 6mm；合成高分子防水卷材单层使用时厚度不小于 1.5mm，双层使用时总厚度不小于 2.4mm；

⑤ 阴阳角处应做成圆弧或 45°折角，并增加 1～2 层相同卷材，宽度不小于 500mm；

⑥ 卷材外观质量、品种、规格应符合现行国家或行业标准；

⑦ 卷材与粘结剂应具有相容性，均应具有良好耐水性、耐久性、耐刺穿性、耐腐蚀性，高聚物改性沥青卷材间的粘结剥离强度不应小于 8N/10mm；

⑧ 施工要点请见本书第 4 章有关卷材外防水的相关内容。

（3）结构外防水探讨

地下工程防水刚柔相济原则主要是指卷材或涂料防水层耐介质侵蚀的能力强，抗渗透性强，阻止水与有害介质的渗透，或结构由于受振动荷载作用，以及自身收缩变形较大，受到约束时容易产生裂缝，而卷材防水层延伸率较大，不致于被拉断，能起到防水抗渗作用。但是卷材外防水层对地下工程防水，从技术应用、经济合理、受力影响，也存在下述问题值得探讨：

① 由于现代建筑地下室的空间体量较大，卷材外防水层从地下室底板下伸至外墙顶面需全部封闭交圈，材料用量较大，而且卷材防水层还需作保护层，工程造价较高，建设单位往往提出在主体结构采取措施能够保证自防水的条件下，是否可以取消设计中的外防水；

② 卷材外防水层的抗老化耐久年限，虽然有些产品介绍的技术性能中说明耐老化，具有耐久性，但没有确切的年限指标，尽管有耐老化的试验数据，但毕竟是试验室模拟条件数据，很难代表实际工作环境和实际工作状态的耐久性。据我们不完全了解，目前卷材防水其耐老化的耐久年限一般均在 10～20 年，也可能更长些，虽然不能否定在老化前的防水作用，但毕竟与混凝土使用50～100 年的耐久性不相匹配；

③ 有些地下防水工程，虽然作了卷材防水，工程交付使用后，仍然出现渗漏水现象，说明结构刚性自防水与卷材外防水均存在问题，卷材防水问题主要发生在防水卷材搭接头的粘结剂质量不过关，粘结的耐水性不强，抗老化时间较短，或施工粘结质量较差，特别是筏式基础底板的肋梁下返与承台下的桩基础，阴阳角过多，造成卷材防水层反复凸凹弯折，难以施工，不能封闭交圈，处于弯折处的卷材在混凝土受力状态下或不均匀变形下容易断裂，且耐老化时间也必然缩短。工程实践已经证明，设了卷材外防水层的工程不一定不渗水，不设卷材外防水的工程不一定渗水，关键还是处理好结构自防水；

④ 处于基础底板下的卷材外防水层，尽管厚度很小，从结构受力角度，它相当在基础底板与混凝土垫层之间(相当与地基之间)设置了一道软弱夹层，在主体结构竖向荷载很高压应力作用下，将发生很大压缩变形，在主体结构承受水平荷载时，特别是承受水平地震荷载时，又将承受很大剪应力作用，在这种高应力状态下的卷材，是否会遭到破坏，其性能指标是否会发生改变，防水效果如何值得探讨；

⑤ 由于卷材防水层抗剪强度毕竟不大，在主体结构承受较大水平剪力作用时(如地震水平剪力)，防水层能否将剪力传给混凝土垫层与地基，是否会改变主体结构的荷载传递与受力状态，而对结构侧向稳定造成影响，特别是对无裙房，建筑高宽比较大，基础埋置深度不大，座落于基岩上的高层塔式建筑的侧向稳定是否会产生较大影响，更值得探讨。

(4) 结构不设柔性外防水层条件建议

基于上述分析，笔者认为，对环境不具有侵蚀性介质，不具备发生碱骨料反应条件的二、三级防水工程在下述情况下可以考虑不设柔性外防水层：

① 虽然地下设计最高水位高于基础底板室内地坪之上，但高差不大，而长年稳定地下水位在室内地坪之下；基础底板与外连墙具有一定结构厚度，如基础底板厚 500mm 以上，外墙厚 400mm 以上，防水混凝土通过原材料选用、合理级配配比、保证施工质量、结构基本无裂缝产生，防水混凝土实际抗渗等级高出设计要求的二个等级(0.4MPa)；

② 不受振动荷载作用，结构整体刚度强，主体结构已经按规范规定设置沉降缝、伸缩缝或后浇带，不会发生不均匀沉降；

③ 基础底板厚度超过 800mm 的大体积混凝土，按规范要求设置了后浇带，底板下可不作柔性外防水层；

④对无裙房或建筑落地面积较小，高宽比较大的塔式高层建筑，当基础埋置深度不大(一般为岩石地基)，底板厚度较大，底板下可不作柔性外防水层。

为了增加结构防水抗渗的可靠性，上述情况宜在结构迎水面作防水砂浆防水层。由于卷材防水的搭接密封和折角在结构受力和变形状态下是薄弱部位，有些情况下可能涂料防水层更有利，特别是无机水泥基防水涂料，它既与混凝土之间具有较强的粘结强度，同时耐老化的使用寿命也基本与混凝土相同。

上述③、④情况不设外防水层，除基于底板厚度较大，结构自身具有较大抗渗能力，卷材防水层实际工作受力状态可能对结构受力产生不利影响外；同时也是考虑到底板混凝土处于地下，埋置深度较大，基本处于与大气隔离状态，大气中 CO_2、Cl^- 很难渗透侵入，加之保护层厚度、垫层厚度较大，钢筋锈蚀的可能性较小。

5. 某供水厂水池伸缩缝堵漏处理方案

(1) 工程概况

某供水厂水池构筑物混凝土结构，长×宽＝120m×80m，底板厚 h＝500mm，池壁为变截面、高为 6.9m，底部厚 500mm，顶部厚为 400mm。水池沿横向设缝宽为 40mm 三条伸缩缝，沿纵向设缝宽 40mm 二条伸缩缝。经使用发现已在池壁和底板伸缩缝部位渗漏水严重，已不能维持正常使用需堵漏处理。伸缩缝的布置与原构造作法如图 6-11、图6-12所示，需堵漏长度为 549m。

(2) 堵漏处理方案

堵漏处理是在底板与池壁的迎水面，即底板上皮，池壁内侧采取防水堵漏处理。

1) 堵漏实施方案如图 6-13、图 6-14 所示，堵漏方案是采取了五道防水防线。

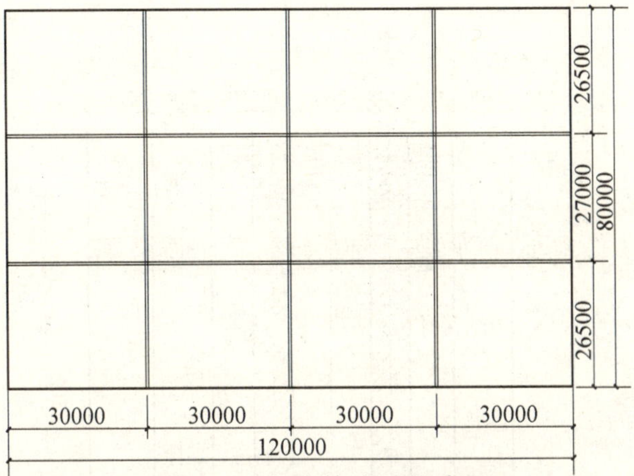

图 6-11　水池伸缩缝的布置

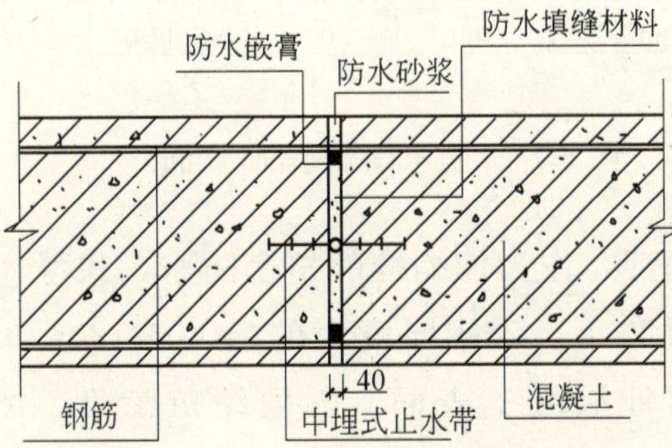

图 6-12　原伸缩缝防水构造作法

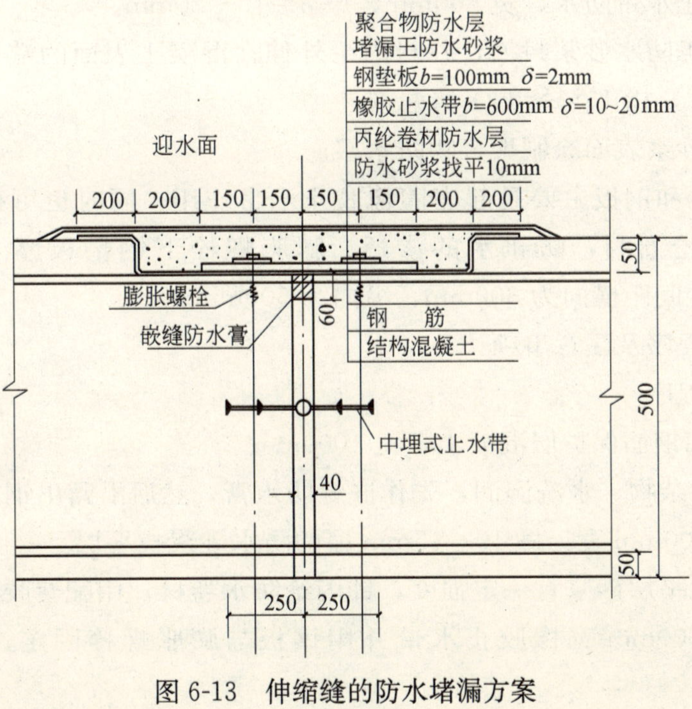

图 6-13　伸缩缝的防水堵漏方案

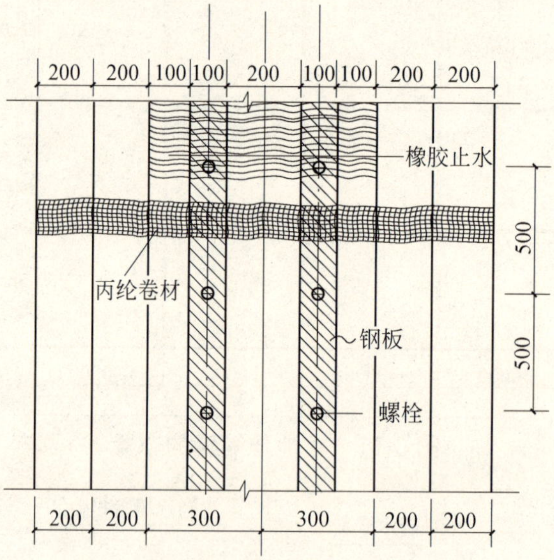

图 6-14 防水堵漏平面(立面)

① 伸缩缝的防水嵌膏，作为伸缩缝的挤密防水，尺寸 40mm×60mm。

② 高分子丙纶卷材防水，采用厚度大的(100～120g/m^2)与配套粘结剂，冷粘法施工，铺至凿槽外混凝土表面。因丙纶抗渗性、耐老化、抗折能力较强。

③ 橡胶止水带防水，宽 600mm，厚 δ=10～20mm。

④ 堵漏王防水砂浆封槽，并封丙纶外伸在混凝土表面的端头。防水砂浆灰砂比为1∶2，掺 15%堵漏王堵漏剂。

⑤ 防水砂浆表面涂刷聚合物防水层。

膨胀螺栓和钢板主要是起嵌固橡胶止水带作用，同时也可挤密橡胶止水带与其下丙纶卷材，防止水的渗透。膨胀螺栓下钢垫板厚 δ＝2mm，宽 100mm，螺栓间距横向为 300mm、纵向为 500mm。

2) 施工程序及注意事项

① 施工程序

(A) 凿除钢筋保护层混凝土，宽 1000mm。

(B) 清除杂物、水洗湿润，先作嵌缝防水膏，然后沿露出钢筋表面、凿槽侧边至顶面 200mm 宽，做 10～15mm 厚的防水砂浆找平层。

(C) 待找平层砂浆有一定强度，铺丙纶防水卷材，用配套胶粘剂满粘。

(D) 铺 600mm 宽橡胶止水带并用钢板与膨胀螺栓固定，钢板应钻预留孔。

（E）清理基槽，用防水砂浆封堵，至卷材防水端头。

（F）涂刷聚合物防水层。

② 注意事项

（A）施工过程注意保护已铺好防水卷材，封堵前检查是否有破损，如有破损应予以修补。

（B）对立面用防水砂浆封槽时，为保证挂浆可采用放铁丝网或竖向支模方法。

（C）卷材防水在凿槽拐角处作45°斜坡过渡，并增贴一层，铺贴时采用满粘法，排除卷材下面的空气，要展平压实，不得有空鼓、折褶，搭接长度为150mm。

（D）堵漏王具有速凝和膨胀性能。

（E）不应在雨天或5级风以上的天气条件下进行施工。

6.3 后浇带的取消与间距确定条件

1. 兼作沉降缝的取消条件

设于高层建筑塔楼与裙房之间兼作沉降缝的后浇带，从地下基础底板、侧墙，直到地上裙房将结构全部断开，而且需塔楼主体封顶后予以浇筑，后浇带将经历整个结构施工全过程，需数月乃至1～2年时间才能进行二次浇筑。后浇带处落进各种垃圾杂物，雨期灌水，钢筋易锈蚀，往往粘结水泥砂浆，二次浇筑清理凿毛难度很大，同时接槎新老混凝土处理不好，容易造成渗漏，成为工程渗漏的薄弱部位。对此往往施工单位出于施工难度角度，建设单位出于提前使用角度，建议或要求取消后浇带。如塔楼与裙房之间的地基与基础能满足上述“3 细部构造防水（1）变形缝”中的三个条件，可以在塔楼与裙房之间不设兼作沉降缝的后浇带，而采取加强整体连接刚度方式。

某市中山大厦工程主体结构，裙房4层、塔楼37层、地下3层、建筑面积5.7万m^2，框架剪力墙结构，中风化板岩地基，混凝土筏式基础底板，设计时在塔楼与裙房交接处设有一条800mm宽后浇带兼作沉降缝。在地下室主体结构施工过程中，业主提出裙房部分需要提前装修，投入营业使用，要求后浇带提前浇筑，当时设计单位提出不同意见，并要求论证；后经有关专家计算论证，塔楼与裙房间相对沉降差很小，只有2mm，才予以提前浇筑，使用至今并未发现有不均匀沉降现象发生。这说明在压缩变形很小的中风化岩或较坚硬的地基之上的高层建筑，在一定高差范围内只要在塔楼与裙房基础底板变高处采取加强连接刚度是可以不用后浇带兼作沉降缝。

2. 作为伸缩缝的间距确定条件

《地下工程防水技术规范》（GB 50108—2001）规定，后浇带应设在受力和变形较小部位，间距宜为 30～60m，应在两侧混凝土龄期达 42d 后再施工。对于大面积超长超宽的地下防水工程，如水厂水池基础底板设置后浇带，分块混凝土已浇筑完成后，有时要专等后浇带浇筑，严重延误工期，往往施工单位要求取消或扩大间距减少后浇带数量，对此进行如下分析计算。

（1）基础底板变形约束应力计算

超长的基础底板收缩变形（包括自身收缩与降温收缩）受到地基约束，将对底板混凝土产生偏心拉力，在底板长度有限范围内，其最大拉应力 $\sigma_{l\max}$ 一般产生在底板构件长度 $l/2$ 处的截面下边缘，如图 6-15所示。如果构件在 l 长度内产生的变形约束最大应力 $\sigma_{l\max}$ 能满足公式 $\sigma_{l\max} \leqslant f_{tk}$ 条件，说明在 l 长度内不会产生变形约束裂缝，底板也就不用设置后浇带。对 C25～C40 混凝土，f_{tk} 值为 1.78～2.39MPa，对板式构件计算 $\sigma_{l\max}$ 时，可取单宽考虑，假定构件收缩变形地基约束的最大偏心拉力 N 等于地基土的抗剪强度 τ 与单宽底面积乘积，即

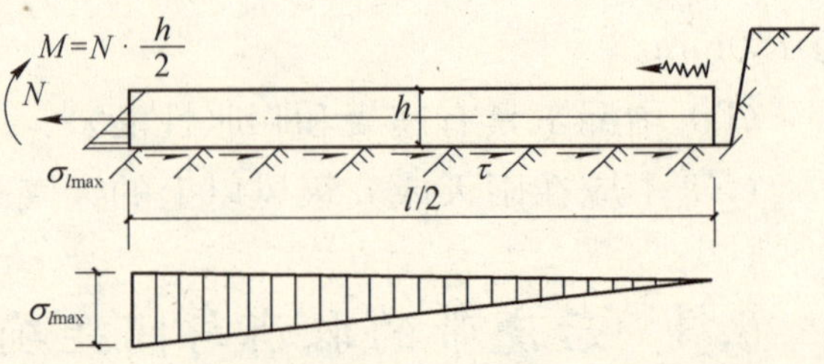

图 6-15　基础底板收缩变形受地基约束在 $l/2$ 处截面下边缘产生 $\sigma_{l\max}$ 拉应力

$$N = \tau \times \frac{l}{2} \times 1$$

$$\tau = P\tan\alpha + c \tag{6-1}$$

式中　P——垂直压力，$P = \gamma \times 1 \times h = 2.5h$；

γ——混凝土容重，取 2.5t/m^3；

h——基础底板厚(m)；

α——土的内摩擦角，一般黏性土 15°～20°

$\tan\alpha = 0.27 \sim 0.40$　砂土 22°～25°　$\tan\alpha = 0.40 \sim 0.46$

c——土的内聚力，一般黏性土 $c = (1 \sim 5)\text{t/m}^2$，砂土为 0，对矩形截面的偏心受拉构件考虑塑性变形影响，取塑性影响系数 $\nu = 1.75$。

$$\sigma_{l\max} = \frac{N}{A} + \frac{M}{\nu W} = \frac{N}{1 \times h} + \frac{N \times \frac{h}{2}}{1.75 \times \frac{h^2}{6}}$$

$$= N\left(\frac{1}{h} + \frac{1.72}{h}\right) = \frac{2.72N}{h} \tag{6-2}$$

将 N、τ、P 代入

$$\sigma_{l\max}=\frac{2.72}{h}\tau\frac{l}{2}=\frac{1.36l}{h}(2.5h\tan\alpha+c)$$

$$=3.4l\tan\alpha+\frac{1.36l}{h}c \tag{6-3}$$

对砂土地基

$$\sigma_{l\max}=3.4\times(0.40\sim0.46)l=(1.36\sim1.56)l \tag{6-4}$$

对一般黏性土地基

$$\sigma_{l\max}=3.4l(0.27\sim0.40)+\frac{1.36l}{h}(1\sim5)$$

$$=\left[(0.92\sim1.36)+\frac{1}{h}(1.36\sim6.8)\right]l \tag{6-5}$$

根据式(6-4)与式(6-5)分别计算砂土地基与黏土地基不同长度基础底板的 $\sigma_{l\max}$，列表 6-8、6-9。

砂土地基基础底板 $\sigma_{l\max}$ **表 6-8**

l(m) / 应力	30	50	70	90	110	130	150
N/mm^2(MPa)	0.41～0.47	0.68～0.78	0.95～1.10	1.22～1.40	1.50～1.72	1.77～2.03	2.04～2.34
t/m^2	40.8～46.8	68～78	95.2～109.2	122.4～140.4	149.6～171.6	176.8～202.8	204～234

一般黏性土地基基础底板 $\sigma_{l\max}$ **表 6-9**

l(m) / $\sigma_{l\max}$(MPa) / h(m)	20	30	40	50	60	70	80	90
0.40	0.86～3.67	1.29～5.51	1.73～7.34	2.16～9.18	—	—	—	—
0.50	0.73～2.99	1.09～4.49	1.46～5.98	1.82～7.48	2.18～8.98	—	—	—
0.60	0.64～2.53	0.96～3.80	1.28～5.06	1.60～6.33	1.91～7.60	2.23～8.86	—	—
0.70	0.57～2.21	0.86～3.32	1.14～4.42	1.43～5.53	1.72～6.64	2.00～7.74	2.29～8.85	—
0.80	0.52～1.97	0.79～2.96	1.05～3.94	1.31～4.93	1.57～5.92	1.83～6.90	2.10～7.89	2.36～8.87
0.90	0.49～1.78	0.73～2.68	0.97～3.57	1.22～4.46	1.46～5.35	1.70～6.24	1.94～7.14	2.19～8.03
1.00	0.46～1.63	0.68～2.45	0.91～3.26	1.14～4.08	1.37～4.90	1.60～5.71	1.82～6.53	2.05～7.34
1.10	0.43～1.51	0.65～2.26	0.86～3.02	1.08～3.77	1.30～4.52	1.51～5.28	1.73～6.03	1.94～6.79
1.20	0.41～1.41	0.62～2.11	0.82～2.81	1.03～3.52	1.23～4.22	1.44～4.92	1.64～5.63	1.85～6.33

续表

h(m) \ $\sigma_{l\max}$(MPa) \ l(m)	20	30	40	50	60	70	80	90
1.30	0.39～1.32	0.59～1.98	0.79～2.64	0.99～3.30	1.18～3.95	1.38～4.61	1.58～5.27	1.77～5.93
1.40	0.38～1.24	0.57～1.87	0.76～2.49	0.95～3.11	1.13～3.37	1.32～4.35	1.51～4.98	1.70～5.60
1.50	0.36～1.18	0.55～1.77	0.73～2.36	0.91～2.95	1.09～3.53	1.27～4.12	1.46～4.71	1.64～5.30
1.60	0.35～1.12	0.53～1.68	0.71～2.24	0.89～2.81	1.06～3.37	1.24～3.93	1.42～4.49	1.59～5.05
1.70	0.34～1.07	0.52～1.61	0.69～2.14	0.86～2.68	1.03～3.22	1.20～3.75	1.38～4.29	1.55～4.82
1.80	0.34～1.01	0.50～1.54	0.67～2.06	0.84～2.57	1.00～3.08	1.18～3.60	1.34～4.11	1.51～4.63
1.90	0.33～0.99	0.49～1.48	0.66～1.98	0.82～2.47	0.98～2.96	1.15～3.46	1.31～3.95	1.48～4.44
2.00	0.32～0.95	0.48～1.43	0.64～1.90	0.80～2.38	0.96～2.86	1.12～3.33	1.28～3.80	1.44～4.28

（2）计算结果分析

① 本计算土的抗剪力强度公式 $\tau = P\tan\alpha + c$ 中，垂直压力 P 只取底板自重，在后浇带浇筑之前 42d，对高层建筑基础底板之上的地下室主体结构可能已完成一部分，使 P 值逐渐有所增大，土的抗剪强度 τ 值随之有所提高，拉力 N 值有所增大，使计算的 $\sigma_{l\max}$ 比实际应力有所偏小，当底板下设置卷材外防水层时，可能使实际应力有所减小，水厂水池构筑物不存在上述问题。

② 约束变形的应力计算应属缓慢加载过程，计算中混凝土塑性影响系数采取 1.75，相当应力松弛系数为 0.57，考虑 42d 的徐变影响应力松弛系数可能还会减小，计算时考虑到底板配筋率较小，只取混凝土净截面，而且底板在 $l/2$ 中间部分由于累积收缩变形小，地基的摩擦阻力一般不会达到抗剪强度，故使计算的 $\sigma_{l\max}$ 可能比实际有所偏大，考虑上述因素综合影响，使计算的 $\sigma_{l\max}$ 与实际的应力还是比较接近的。

③ 土的抗剪强度由二部分组成，一是摩擦阻力 $P\tan\alpha$，二是内聚力 c，对基础底板后浇带间距计算，由于后浇带需在分块混凝土浇筑后 42～60d 进行施工，在此期间施工进度加载不大，垂直压力 P 值取底板自重还是可行的。由于 P 值较小，抗剪强度中内聚力 c 值一般占主导部分，由于砂土 $c=0$，故一般黏性土比砂土抗剪强度大得多。只要地勘报告给出地基持力层表层土质的 α 与 c 值，设计给出底板长度，混凝土强度等级、截面厚度、配筋，按公式(6-4)或公式(6-5)计算 $\sigma_{l\max}$ 与混凝土的 f_{tk} 比较，可以估算后浇带的最大间距。

④ 从计算列表 6-8 可以看出，对砂土地基(主要指地面荷载不大的水厂水池)底板全长 100～110m，$\sigma_{l\max}$在 1.50～1.72MPa，对采用 C25～C30 混凝土(f_{tk}=1.78～2.01MPa)，一般不会产生收缩裂缝，底板后浇带最大间距相应也可提高到 100m 左右。

⑤ 从计算列表 6-9 可以看出，位于黏性土地基上的基础底板产生的最大拉应力 $\sigma_{l\max}$，在有限长度内，随着板长的加大而增加，随着板厚的加大而减小；这说明当板长到一定程度，为了使 $\sigma_{l\max}$不超过混凝土的抗拉强度，应设置后浇带(替代伸缩缝作用)，用以减小结构约束长度；对底板采用 C25～C40 混凝土处于一般黏性土地基，当板厚 500～900mm，后浇带间距宜为 30～60m(见表 6-9 粗线框内所示)，这与规范的规定是相吻合的；对板厚超过 1m 以上的大体积混凝土，根据上述计算后浇带间距可随板厚的加大而加大，但考虑大体积混凝土水化热温度应力影响，后浇带应兼有控制温度裂缝作用，其间距也不宜取得过大，宜为 40～60m；后浇带间距在同样地基，混凝土强度等级条件下，随着板厚的减小，应随之有所减小，对于板厚小于 500mm 的板，为了提高构件自身的抗裂或限裂能力，应适当提高配筋率，且混凝土的强度等级不宜小于 C40。在此要特别指出基础底板厚度取 400mm 以下，即使作为基础承载力满足，但从变形约束角度，在相同结构长度内 $\sigma_{l\max}$较大，容易产生裂缝，而且一旦受拉区出现裂缝进一步发展容易形成通缝，特别是处于海边地下水位高，地下水含有较多氯离子，从防水抗渗防止钢筋锈蚀的工程使用性与耐久性考虑也是相互不利的。

⑥ 处于岩石类地基或桩基，基础底板或桩承台板变形受到地基约束大，底板或承台板后浇带间距 30～60m 应取偏下限，如能采取减小混凝土收缩与温度变化措施或在岩基底板垫层下铺设 50～100mm 压实的砂垫层、炉渣垫层，或在底板下铺设柔性卷材外防水层，均会起到减小约束作用，底板后浇带间距也可适当扩大。

⑦ 实际工程应用的地下结构后浇带，一般将结构从基础底板、外连续墙、现浇楼板整体断开，其作用主要是考虑混凝土的收缩大部分在浇筑后一至两个月的早期完成(约为 60％～70％)，通过后浇带的分块浇筑减小地基对底板的收缩约束；减小底板对外连续墙的相对收缩(外连续墙与底板收缩差)约束(底板对外连续墙的相对收缩约束是通过连接界面变形约束剪力传递，使墙体沿纵向受拉，从墙体底部截面开始向上传递)；减小墙柱竖向构件对楼板的收缩约束；为此结构后浇带的间距确定不仅要考虑地基对底板的变形约束，而且也要考虑底板对外连续墙的变形约束。一般情况下，对处于岩石类地基的地下结构，由于岩石地基对底板变形约束阻力大，其结构后浇

带间距往往取决于地基对底板的约束；对处于软土地基的地下结构，由于底板较厚，地基对底板变形约束较小，而外连续墙较薄，收缩相对底板较大(相对底板、结构外露、不易湿养护、体型表面系数大、与底板的浇筑时间差形成收缩差)，沿纵向抗拉能力有限，特别是底板对墙体变形的约束刚度很大，容易造成墙体变形约束裂缝，其结构后浇带间距往往取决于底板对墙体的变形约束。

⑧ 上述对处于砂土地基的水厂水池构筑物，从底板收缩受地基约束考虑底板后浇带最大间距可增大到100m左右，对底板与池壁整体考虑的结构后浇带间距可采取二种方法解决：一是将结构后浇带间距设置为70～90m，再于相邻二条后浇带中间位置的池壁增设一条后浇带(或伸缩缝)，使底板后浇带间距为70～90m，而池壁后浇带间距为35～45m，用以减小池壁收缩的约束长度。二是将结构后浇带间距设置为70～90m，通过设计与施工采取有效措施，提高外连续墙沿纵向的抗拉抗裂能力，减小混凝土收缩与温度变化；如设计时对池壁采用预应力混凝土结构，保证池壁具有一定结构厚度或底部加厚的变截面，提高混凝土强度等级，提高池壁底部截面沿纵向的配筋率等；施工中采取能降低水灰比措施(如选用高效减水型防水剂)，掺加粉煤灰替代部分水泥，减少水泥用量，保证振捣密实，加强湿养护，拟订合理浇筑方案，尽量缩短池壁与底板混凝土浇筑的时间间隔，及早封顶回填隐蔽，防止结构较长时间裸露在外蒸发失水过多和进入冬季的降温温差过大等。

3. 加强带

由以上分析可以看到地基或桩基对筏式基础底板或桩承台板收缩变形的约束作用，在有限长度内，一般是在长度方向中点 $l/2$ 处产生最大偏心拉力 N，(假定地基土沿长度方向均匀分布)，如果构件开裂应当首先在 $l/2$ 处截面下边缘，当构件全长80～100m时后浇带往往设于 $l/2$ 处。如果想取消这条后浇带，可采用加强带措施，避免二次浇筑。

目前有些工程已采取了膨胀加强带，做法：宽2m，混凝土中掺加14%～15%UEA膨胀剂，膨胀率$(4\sim6)\times10^{-4}$，水平钢筋配筋率提高10%～15%，两侧立放 $\phi6\sim\phi10$ 钢筋网，混凝土强度提高5MPa，浇水养护14d。膨胀加强带的作用，是对混凝土构件沿全长的收缩，通过中间局部膨胀对构件中间部分一定范围内建立部分预压应力，起到抗裂作用。

根据上述分析与计算，加强带也可以采取配筋加强带，主要是加强构件底部受拉区配筋，置于地基之上的混凝土基础底板，板中受拉钢筋配筋率相对较低，混凝土一旦开裂，由于钢筋面积 A_s 较小，裂缝截面钢筋拉应力 σ_s 较大，其裂缝宽度较大。如能在拉应力最大部位一定范围截面的底部增加配筋，对抗裂和限制裂缝开展宽度将会起到作用。配筋加强带做法：宽 3m，截面底部纵向水平钢筋增加配筋率 50%，连续浇筑，浇水养护 14d。当构件全长 60～80m 且地基土分布比较均匀情况下较为合适。

加强带作法，一般适用于底板构件 60～100m 长软土地基，且地基土分布较均匀，中间只要求设一条后浇带的情况，如构件较长可将后浇带间距加大至 60～80m，在两条相邻后浇带之间设置加强带，从而使二次浇筑的后浇带数量减少。加强带措施实际是在构件有限长度内(一般为 60～100 米)，对变形约束作用可能导致裂缝部位，加强构件局部范围截面的抗裂限裂能力，起到替代后浇带作用，由于加强范围有限及地基岩土分布的不均，一般情况下不宜过多采用。

4. 关于某大学教学楼地下工程结构后浇带设置的建议

(1) 工程概况

某教学楼地下三层，地上十二层，主体为钢筋混凝土框架剪力墙结构，片筏基础底板，底板长×宽＝86.55m×29.10m，基础地基持力层为黏质粉土，其承载力标准值 $f_{tk}=219$kPa，黏质粉土内摩擦角 $\alpha=26.7°$，土的内聚力 $c=23$kPa。地下室 1～3 层层高分别为：4.2m、3.9m、3.9m，基础底板厚 0.90m，外连续墙厚 0.4m，底板混凝土强度等级 C40，外连续墙混凝土强度等级 C50，抗渗等级 P10，底板下与外连续墙迎水面设置 SBS 柔性卷材外防水层。

(2) 基础底板后浇带最大间距估算

底板厚 0.9m，混凝土 C40，$f_{tk}=2.39\text{N/mm}^2=239\text{t/m}^2$，持力层黏质粉土内摩擦角 $\alpha=26.7°$，$\tan 26.7°=0.50$，土的内聚力 $c=23\text{kPa}=2.3\text{t/m}^2$。

根据：
$$\sigma_{l\max}=3.4l\tan\alpha+\frac{1.36l}{h}c \tag{6-3}$$

令 $\sigma_{l\max}=f_{tk}=239\text{t/m}^2$，代入(6-3)式，求得的 l 值即为基础底板收缩考虑地基约束避免出现裂缝后浇带的最大估算间距。将有关参数值代入：

$$\begin{aligned}239&=3.4\times0.5\times l+\frac{1.36}{0.9}\times2.3\times l\\&=(1.7+3.47)l\\&=5.17l\end{aligned}$$

$$l=\frac{239}{5.17}=46.2\text{m}$$

故估算的底板后浇带最大间距为 46.2m。

本公式计算：土的抗剪强度计算垂直压力 P 值只取底板自重，地下结构三层地下室，如施工周期按 2 个月考虑，垂直压力 P 值在 2 个月内逐渐有所增加(增加部分终值约为原 P 值 30%)，将会使计算的 $\sigma_{l\max}$ 有所增大，使 l 值有所减小；但考虑荷载的渐变增长，底板混凝土的约束变形将会出现一定徐变，加之底板下外防水层也会使 $\sigma_{l\max}$ 有所减小，使 l 值有所增大，综合考虑计算的 l 值还是比较接近实际的。

(3) 后浇带设置建议

考虑到本工程基础底板地基持力层属于软土地基范围，基础底板收缩变形受到地基约束比岩石类硬质地基相对要小些，故后浇带间距在 30～60m 范围内可以取偏上限；根据上述基础底板后浇带最大间距估算的 $l=46.2\text{m}$，结合本工程具体情况建议沿横向在⑦～⑧轴设置一条后浇带，后浇带距①轴的间距为 41.15m，距⑭轴的间距为 45.40m(详见基础平面图)。为了避免或减小结构，特别是外连续墙的约束变形出现裂缝或裂缝扩展的可能性，在施工中应采取能减小混凝土收缩与温度变化的有关措施。

(4) 施工技术措施

① 原材料砂、石骨料、水泥、水、外加剂、矿物掺合料的性能质量，应按防水混凝土的要求，符合规范与有关标准的规定，并进行合理级配；如采用泵送施工浇筑，宜采用普通硅酸盐水泥掺加粉煤灰替代部分水泥，以便提高流动性，减少水泥用量，减小收缩，有利于工程耐久性。

② 正确选用混凝土外加剂是降低水灰比、提高混凝土密实度、减小收缩的关键所在，本工程准备选用 DHZ-1 高效减水复合型防水剂，掺量一般为胶凝材料重量的 3%，其减水率可达 20%以上；混凝土泵送坍落度不宜过大，宜为 120～150mm，通过 DHZ-1 的高效减水，将水灰比控制在 0.45 之下；同时 DHZ-1 具有提高混凝土拌合物保水黏聚性，使混凝土不易泌水离析，水分不易蒸发损失；加之 DHZ-1 又具有一定膨胀作用，使混凝土密实度大大提高，可以大大减小其收缩变形。

③ 考虑到基础底板承载受力、工程防水的重要性，钢筋混凝土工程量大、工程交叉、工序衔接的技术复杂性，为保证工程质量，应制定合理的施工浇筑方案。本工程基础底板混凝土的浇筑宜采用二台泵以后浇带为界分二个施工区段同时浇筑平行作业，以便加快施工进度，减少泵送水平输送管道距离，缩短外连续墙与底板的混凝土浇筑时间间隔，使二者尽量能同步收缩，减小

收缩差，减小底板对墙体相对收缩的约束阻力。

④ 基础底板与外连续墙混凝土的浇筑要保证振捣密实，合理确定分层浇筑厚度、布料间距、振捣间距、振捣时间，既不要漏振欠振，也不要过振。

⑤ 地下室一～三层，应采取分层分段的浇筑施工顺序，对 4.2m、3.9m 层高的墙柱竖向构件，为防止混凝土分层离析，对浇筑高度大于 2.9m 的构件底部应采取溜槽或软管下伸办法浇筑混凝土。

⑥ 加强保水浇水湿养护，底板混凝土浇筑后终凝前(一般为 12h 前)，用塑料薄膜覆盖保水养护以防凝缩，终凝后应有专人负责浇水湿养护或储水养护，其养护时间不得少于 14 天；外连续墙拆模后应采用浇水或于墙的顶端设置带孔水管喷淋办法，保持连续浇水或喷淋至少 14 天。

⑦ 外连续墙拆模后应及时作好外防水层，及时浇筑地下室顶盖。尽早回填隐蔽，防止外连续墙较长时间裸露在外蒸发失水过多与进入冬季的降温温差过大。

⑧ 对于厚度 900mm 底板构件，由于振捣与粗骨料下沉作用，往往会形成表面砂浆层使收缩加大，对底板混凝土在接近初凝前，应用抹光机抹压或用木槎子压平抹光，提高表面混凝土密实度，减少蒸发失水收缩。

⑨ 由于底板下设置柔性卷材外防水层，也可起到减小地基对底板混凝土收缩的约束阻力作用。

⑩ 后浇带防水构造，二次浇筑补偿收缩混凝土时间，混凝土强度等级，浇水养护条件等有关要求；均按《地下工程防水技术规范》(GB 50108—2001)规定进行。

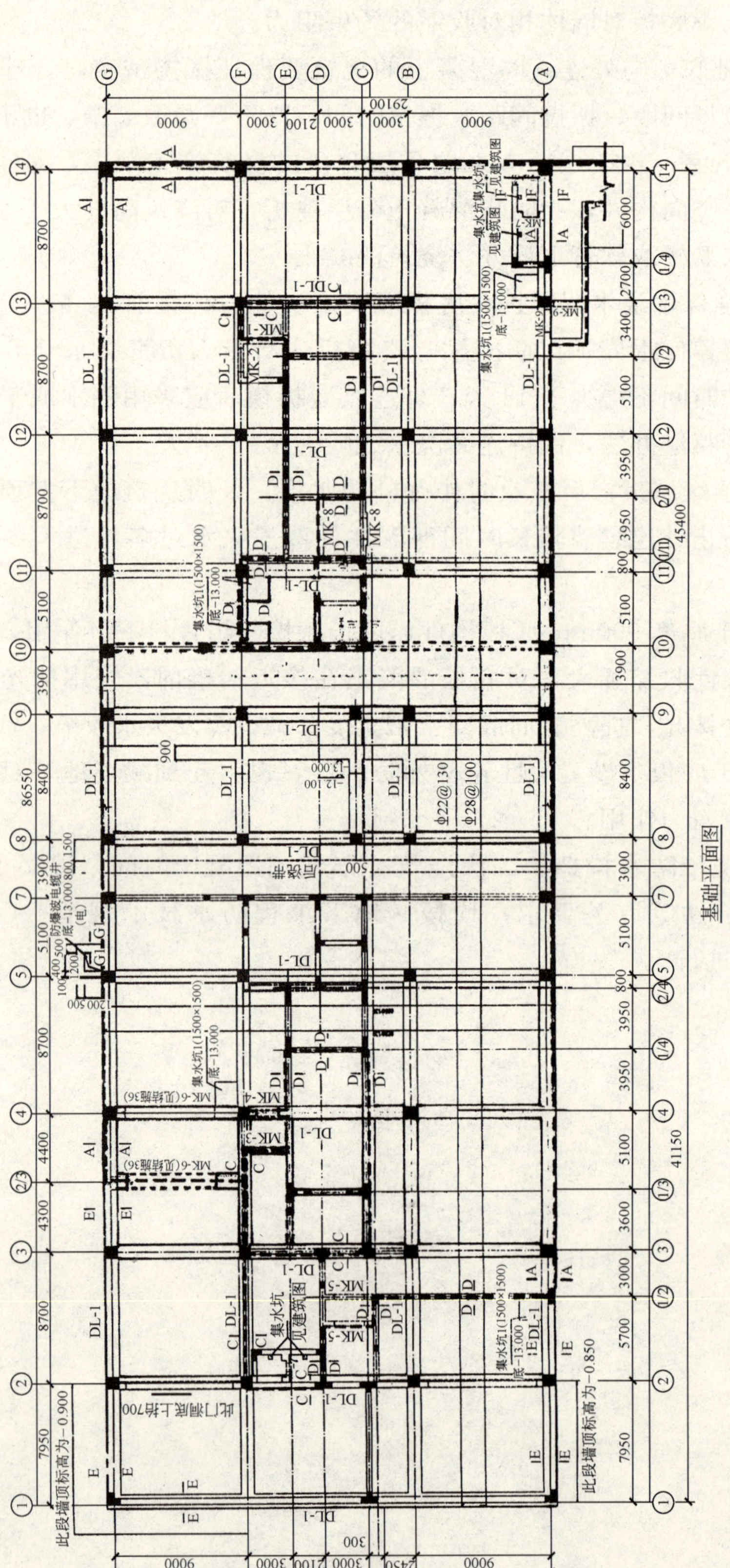

此段墙顶标高为-0.900
此段墙顶标高为-0.850
集水坑1(1500×1500)
底-13.000
防爆波电缆井
DL-1
29100
45400
41150
86550

基础平面图

第 7 章　混凝土碱骨料反应及预防

7.1　碱骨料反应

碱骨料反应，是指混凝土中的可溶性碱与骨料中的碱活性矿物成分发生的化学反应，生成具有吸水膨胀胶凝物质，使已经硬化的水泥石遭受破坏。

自从 1920 年美国加州玉城桥建成后 3 年发现桥墩自上而下出现网状裂缝，后经研究认为这是碱骨料反应对混凝土结构造成的破坏作用，此后在加拿大、巴西、澳大利亚、波兰、英国、日本等很多国家也发现了碱骨料反应破坏的工程事例，引起了国内外学术界广泛深入的研究讨论。我国混凝土工程中使用的骨料岩石种类繁多，已经确认有些地区的骨料岩石中具有高碱活性矿物，而我国北方地区有些水泥厂由于原料与生产工艺影响，生产的水泥属于高碱水泥，其含碱量已达 1%左右，碱骨料反应不容忽视。同时在役工程已有发现碱骨料反应的破坏事例，如上所述的宁波北仑港 10 万吨级矿石中转码头普遍顺筋开裂，就是因为海水作用使混凝土碱活性骨料周围发生碱骨料反应所至。自 20 世纪 90 年代，北京地区也陆续发现碱骨料反应对混凝土工程的损害，如铁路桥梁、轨枕等，北京地区已属于混凝土碱骨料反应的潜在多发区。根据参与碱骨料反应的骨料岩石种类与反应机理不同，碱骨料反应可分为：碱—硅酸反应、碱—硅酸盐反应、碱—碳酸盐反应三种，其中以碱—硅酸反应发生较为普遍。

对于发生碱骨料反应，混凝土中的碱是指碱性氧化物 Na_2O、K_2O，其主要来自混凝土所用原材料，如水泥、矿物掺合料、化学外加剂、拌合水；也可以通过钠、钾离子形式（Na^+、K^+），由地下水、潮湿大气渗入混凝土内。骨料中碱活性矿物是指能与碱发生化学反应的矿物，对碱—硅酸反应主要指活性 SiO_2，活性二氧化硅的矿物形式有蛋白石、玉髓、方石英、鳞石英等，含有这类矿物的岩石有流纹岩、安山岩、火成岩、凝灰岩、变质岩等。

碱—硅酸反应主要机理是混凝土中的碱性氧化物 Na_2O、K_2O，在孔隙水中溶解后以离子形式 Na^+，K^+，OH^- 存在，pH 值很大，在高浓度的碱性溶液中 OH^- 对 O—Si—O 结合键具有一定破坏作用，当骨料颗粒表面 SiO_2 溶于水，OH^- 与 SiO_2 反应生成带负电荷的凝胶，带负电荷的凝胶与 Na^+，K^+ 结合生成碱—硅酸凝胶吸水膨胀，$2R(OH)+nSiO_2+mH_2O \rightarrow R_2O \cdot nSiO_2 \cdot (m+1)H_2O$，式中 R 代表 Na 或 K。由于碱骨料反应需要活性矿物成分 SiO_2 从骨料中渗出、溶解，与碱接触反应，吸水膨胀几个阶段物理化学过程，其反应速度又与混凝土中碱含量多少，骨料碱活性大小（骨料中所含活性 SiO_2 多少）及环境供水条件有关。当膨胀应变超过 0.04%～0.05%时，内部混凝土的膨胀使表面混凝土受拉开裂，由于反应比较缓慢，这就需要一个反应量变的时间积累过程，一般需要几年或更长时间。

碱骨料反应的膨胀压力一旦达到一定程度，将在混凝土表面出现网状龟形裂缝，并往往带有渗出物，如图 3-1 所示。出现裂缝之后，空气、水、氯离子、二氧化碳更易侵入，加速混凝土碳化和钢筋锈蚀，而钢筋锈蚀吸水体积也要加大，使裂缝宽度进一步加大，造成保护层的顺筋开裂乃至剥落，若在寒冷地区又会使冻融破坏加速，形成了综合病害的破坏。对混凝土地下防水工程，由于使用环境潮湿经常处于与水接触，已经为碱骨料反应提供了水的条件，一旦发生碱骨料反应损害，其裂缝不仅引起工程渗漏、钢筋锈蚀、损害工程耐久性，而且混凝土强度遭到一定破坏，使结构承载能力大大降低，也直接危及结构安全性。

7.2 碱骨料反应条件

混凝土发生碱骨料反应要具有 3 个条件：混凝土的碱含量、碱活性骨料与使用环境的潮湿供水。

1. 混凝土的碱含量

混凝土原材料所含 Na_2O、K_2O 总量，以当量 Na_2O 计算，当量 $Na_2O\%=Na_2O\%+0.658K_2O\%$，每立方米混凝土碱含量＝水泥带入量（当量 $Na_2O\%\times$ 单方水泥用量）＋外加剂带入碱量＋掺合料带入碱量。混凝土中的碱含量主要是水泥的带入量，通常认为水泥碱含量小于 0.6%时，为低碱水泥，低碱水泥一般不会发生碱骨料反应，对高活性碱骨料，混凝土碱含量大于 2.1kg/m³ 时，将会发生碱骨料反应破坏，对于中等活性碱骨料，混凝土碱含量大于 3.0kg/m³ 时，将会发生碱骨料反应破坏。

2. 骨料的碱活性

骨料的碱活性是指砂石骨料中所含能与碱发生碱骨料化学反应的活性 SiO_2 多少而言，其检测方法有岩相法、化学法、砂浆棒法、混凝土棱柱体法和压蒸法。当采用砂浆棒法检测时，取规定级配的骨料与高碱水泥(我国规定碱含量大于0.8%)，配制砂浆试棒，1d后脱模测量初始长度，再于100%相对湿度，38℃环境中养护，龄期为6个月，根据6个月的膨胀值可将骨料的碱活性划分为四种级别。

A种：非碱活性骨料，膨胀率≤0.02%；

B种：低碱活性骨料，0.02%＜膨胀率≤0.06%；

C种：碱活性骨料，0.06%＜膨胀率≤0.10%；

D种：高碱活性骨料，膨胀率＞0.10%。

3. 环境条件的工程分类

混凝土结构工程可根据湿度与供碱情况的环境条件，将其划分为Ⅰ、Ⅱ、Ⅲ三类。

Ⅰ类工程：干燥环境，不直接接触水，空气相对湿度长期低于80%的工业与民用建筑工程。如居室、办公室、非潮湿条件下生产的工业厂房，仓库等建筑。

Ⅱ类工程：潮湿环境，直接与水接触的混凝土工程；干湿交替环境；潮湿土壤。如水处理工程、水坝、水池、桥墩、护坡；混凝土桥梁、公路路面、飞机跑道、铁道轨枕；地铁工程、隧道、地下构筑物，建筑物地下室或基础工程等。

Ⅲ类工程：外部有供碱环境，并处于潮湿环境。如处于高含盐碱地区的混凝土工程，接触化冰雪盐碱的城市混凝土道路、桥梁、下水道工程，以及处于盐碱化学工业污染范围内的工程。

7.3 碱骨料反应的预防措施

混凝土的碱骨料反应关键在预防，我国地域辽阔，各地区水泥含碱量有所不同，砂石骨料差异很大，混凝土可能发生碱骨料反应的程度也会有所不同。关于预防碱骨料反应《混凝土结构设计规范》（GB 50010—2002）在“3.4耐久性规定”中已有了条文规定，北京市建委于1999年6月下发了“预防混凝土工程碱骨料反应技术管理规定(试行)”，主要从工程管理、材料管理作了具体规定，尽管规定是结合北京地区工程具体情况，仍有参照借鉴意义，现将有关规定摘录说明如下：

1. 工程类别规定

（1）Ⅰ类工程可不采取预防混凝土碱骨料反应措施；但结构混凝土外露部分需采取有效防水措施，如采用防水涂料、面砖等，防止雨水渗入混凝土结构。

（2）Ⅱ类工程均应采取预防混凝土碱骨料反应措施；要首先对混凝土碱含量做出评估：

① 使用A种非碱活性骨料配制混凝土，其混凝土含碱量不受限制；

② 使用B种低碱活性骨料配制混凝土，其混凝土含碱量不超过 $5kg/m^3$；

③ 使用C种碱活性骨料配制混凝土，其混凝土碱含量不超过 $3kg/m^3$；

④ D种高碱活性骨料严禁用于Ⅱ、Ⅲ类工程。

（3）配制Ⅱ类工程混凝土应当首先考虑使用B种低碱活性骨料以及优选低碱水泥(碱含量0.6％以下)，掺加矿粉掺合料、选用低碱或无碱外加剂。

（4）Ⅲ类工程除采取Ⅱ类工程的措施外要防止环境中盐碱渗入混凝土，并考虑采取混凝土隔离层措施(如设防水层等)，否则须使用A种非碱活性骨料配制混凝土。

2. 工程材料规定

（1）凡用于Ⅱ、Ⅲ类工程结构的水泥、砂、石、外加剂、掺合料等混凝土用建筑材料，必须具有市技术监督局核定的法定检测单位出具的碱含量和骨料碱活性检测报告，无检测报告的混凝土材料禁止在此类工程上应用。

（2）进入北京市场的水泥、外加剂及矿物掺合料，根据建筑工程的需要，必须提供产品有关技术指标及碱含量的检测报告。

（3）北京市地方性标准《混凝土外加剂应用技术规程》（DBJ 01—61—2002）规定，对掺入混凝土的外加剂的碱总量($Na_2O+0.658K_2O$)加以规定：由外加剂带入混凝土的碱总量限值：防水类外加剂 $\leqslant 0.7kg/m^3$，除防水剂及泵送防水剂外其他外加剂 $\leqslant 1.0kg/m^3$。

3. 工程责任规定

（1）设计单位在进行工程设计时，必须在设计图和设计说明中注明需要预防混凝土碱骨料反应的工程部位和须采取的预防措施，并增加相应的工程概算。设计单位应承担所设计的工程20年内不发生混凝土碱骨料反应损害的设计责任。

（2）工程建设施工单位，在承接Ⅱ、Ⅲ类混凝土工程时，要承担所施工的工程 20 年内不发生混凝土碱骨料反应损害的施工责任，为此要作好以下工作：

① 依据工程设计要求，在编制施工组织设计时，要有具体的预防混凝土碱骨料反应的技术措施；

② 做好混凝土配合比设计，配制混凝土时，严格选用水泥、砂、石、外加剂、矿物掺合料等混凝土用建筑材料；

③ 做好混凝土所用材料的现场复试检测工作。

（3）混凝土预拌工厂，在预拌混凝土时，应向用户提供正式检测报告，包括所用砂石产地及碱活性等级和混凝土碱含量的评估结果。对所提供的混凝土要承担 20 年内不发生混凝土碱骨料反应损害的相应责任。

（4）工程建设监理单位应承担所监理的工程 20 年内不发生混凝土碱骨料反应损害的监理责任。

4. 工程验收规定

在Ⅱ、Ⅲ类工程结构验收时，应将设计、施工、材料、监理各单位所签订的技术责任合同，预防混凝土碱骨料反应的技术措施，混凝土所用各种材料的检测报告和混凝土配合比，混凝土强度试验报告及混凝土碱含量评估等，一并作为验收工程时的必备档案。凡未按上述规定执行的工程，工程质量监督部门不得进行工程质量核定。

第8章 高性能混凝土

高性能混凝土是相对于自19世纪初波特兰水泥问世以来的传统混凝土而言的，由于现代混凝土结构向高层大跨发展，针对建筑结构使用的新要求和施工技术的重大变革而不断研究开发的具有各自性能特点的新型混凝土，主要包括高强混凝土、防水混凝土、泵送混凝土等。高强混凝土特性是针对满足承载力要求的强度指标大幅度提高；防水混凝土特性是针对满足使用与耐久性要求的抗渗性改善提高；泵送混凝土特性是针对满足泵送施工要求的工作性改善提高。

8.1 高强混凝土

在建筑工程中，把抗压强度标准值达到60～80MPa的混凝土(C60～C80)称为高强混凝土，在高层特别是超高层大跨度混凝土结构中，使用高强混凝土与普通混凝土相比较，可以减小截面尺寸，节省混凝土、钢筋材料用量，降低工程造价，减轻自重，增加使用净空，取得明显的经济技术效果。对整体现浇混凝土结构，混凝土的高强度实现主要是通过掺加高效能的高效减水剂；在保证混凝土拌合物和易性前提下大幅度降低水灰比；采用强度等级高的水泥并增加水泥用量；选用坚硬、高强、密实骨料并予以合理级配。

1. 原材料选择

(1) 水泥：水泥作为胶结材料，是影响混凝土强度的主要因素，混凝土的强度破坏往往是从水泥石与骨料粘结界面开始穿过水泥石本身，因此混凝土的强度主要取决于水泥石与骨料之间的粘结力与水泥石本身强度，提高水泥强度、增加水泥用量是提高水泥石强度和提高水泥石与骨料之间粘结力的重要保证。水泥强度等级一般应为混凝土设计强度标准值的0.9～1.5倍，一般采用不应低于42.5MPa的硅酸盐水泥、普通硅酸盐水泥、高铝水泥、快硬高强水泥，水泥用量一般不低于450～500kg/m^3，且不应大于550kg/m^3。

(2) 骨料：应选用坚硬、高强、密实的优质骨料，岩石骨料的抗压强度是采用5cm×5cm×5cm立方体试件，在水饱和状态下通过压力机测得，测得的抗压强度与设计要求的混凝土强度等级的比值不应小于1.5。粗骨料应选用近似方形的碎石，避免用天然卵石，最好选用花岗石、辉绿岩，其中石灰岩碎石与水泥浆有良好的粘结结合性。配制高强混凝土时，其强度会随着粗骨料粒径加大而降低，粒径较小能增加与砂浆接触面积，受力均匀，减少骨料与水泥砂浆收缩差，减缓粗骨料表面产生的微裂缝，其石子最大粒径控制在25mm。针片状颗粒含量不宜大于5.0%，含泥量不应大于0.5%，泥块含量不宜大于0.2%。采用质地坚硬级配良好的中砂，细度模数宜为2.6～3.0，含泥量不超过2%，泥块含量不应大于0.5%。配制高强混凝土的碎石应具有连续级配，如不能保证可用二种或二种以上不同粒径相配合，以便使砂石骨料的空隙率尽量减小，争取达到在20%～22%之间。

（3）活性掺合料：为了改善高强混凝土性能，减少水泥用量，可以掺加一定数量的粉煤灰、硅粉、磨细的粒化高炉矿渣等矿物掺合料。粉煤灰应采用Ⅰ级或Ⅱ级磨细，掺量为水泥重15%～30%，质量要求：烧失量＜5%，细度为通过45μm筛孔量不少于66%，MgO含量＜5%，SO_3＜3%。水泥和矿物掺合料的总量不应大于600kg/m^3。

（4）高效减水剂：降低水灰比、减少单位用水量是取得混凝土高强度的主要条件，对C50～C80混凝土，一般需将水胶比控制在0.4之下，宜为0.25～0.38，在这样水胶比较小的情况下，为了使混凝土拌合物满足泵送施工和易性要求，高效减水剂的减水率一般不能低于25%～30%，对C60～C80高强混凝土，单位用水量可控制在150～180kg。

2. 配合比设计

高强混凝土配合比设计的计算方法、步骤与普通混凝土相同，外加剂与矿物掺合料的掺量及对混凝土性能影响，应通过试验确定，用水量的确定应以未掺外加剂的普通混凝土配合比设计确定的单位用水量再加以修正，计算公式为：

$$m_{wa}=m_{wo}(1-\beta) \tag{8-1}$$

式中 m_{wa}——掺外加剂每立方米混凝土用水量(kg)；

m_{wo}——未掺外加剂每立方米混凝土用水量(kg)；

β——外加剂的减水率。

各种外加剂的减水率既与外加剂的减水性能有关，也与掺量有关，其减水率应通过试验与相应计算确定。高强混凝土配合比设计确定后，尚应用该配合比进行不少于6次的重复试验进行验证，其平均值不应低于配制强度。

3. 高强混凝土的施工

高强混凝土施工除应按普通混凝土施工工艺要求执行外，尚应特别注意如下几点：

(1) 施工拌合加料严格控制配合比，各种原材料称量误差不应超过以下规定：水泥±2%，活性矿物掺合料±1%，粗细骨料±3%，高效减水剂±0.1%。

(2) 应采用强制式搅拌机搅拌，搅拌时要投料顺序合理，高效减水剂不能直接投入干料中与水泥接触，可在已投入搅拌机斗内的拌合物加水搅拌1～2min后掺入或将高效减水剂加入水中搅匀后同拌合水一起掺入混凝土拌合物中；搅拌时间可适当延长，但不能过长，尽量缩短运输时间，以免搅拌和运输时间过长会增加混凝土的含气量，对C60以上混凝土每增加1%含气量，其强度将降低5%，时间过短不易搅拌均匀影响和易性。

(3) 采用泵送施工时，为了减少泵送管道的粘着摩阻力，要控制水泥用量，一般不超过500kg/m^3，当用量超过时，可用5%～10%的粉煤灰替代，每掺1kg粉煤灰可替代0.5kg水泥。

(4) 应采用高频振捣器振捣密实，浇筑后8h内应覆盖保水养护，之后浇水养护时间不少于14d，由于高强混凝土水灰比小，水泥用量大，浇水养护既有利于强度增长，又可减少蒸发失水，减少混凝土收缩，避免干缩裂缝。

(5) 配制高强混凝土所用水泥强度等级高，水泥颗粒细、用量大，水泥产生的水化热较大，使构件内部温度较高，特别是截面尺寸较大构件，为了减少构件内表温差，脱模时要采取保温措施，控制构件表面与大气的温差不大于20℃，防止突然急骤降温，否则在其表面容易产生温度裂缝。

(6) 掺加的高效减水剂要注意与水泥的相容性、外加剂产品质量的稳定性及可能出现的经时坍落度损失过大，为此施工现场应有专人跟踪坍落度值的监测。

8.2 泵送混凝土

泵送混凝土是指混凝土在泵压力推动下沿输送管道进行运输并在管道出口处直接浇筑的施工方法；与传统的混凝土施工方法不同的是一次连续完成混凝土浇筑的水平与垂直运输，提高了浇筑的工作效率，节省人工，减轻劳动强度。目前国内高层建筑与大体积混凝土结构已普遍采用，为了保证混凝土泵送施工质量，混凝土泵送施工应按国家现行行业标准《混凝土泵送施工技术规程》(JGJ/T 10—95）执行，主要内容包括原材料与配合比要求、设备选择与布置、工艺流程与操作、混凝土质量与可泵性控制。

1. 原材料要求

对泵送混凝土的要求除应满足设计规定的强度、耐久性外，还应满足管道输送过程对混凝土拌合物工作性要求，即能顺利通过输送管道，摩阻力小，不离析，不阻塞，流动粘塑性好，为此泵送混凝土原材料的选用还应满足混凝土的可泵性要求。

(1) 水泥：水泥的用量是影响泵送效果的重要因素，水泥用量过少，混凝土拌合物的和易性差，泵送阻力大，泵与输送管磨损加剧，容易造成阻塞；水泥用量过多，混凝土拌合物黏性增加，泵送阻力也会增大，同时也加大了混凝土收缩变形，容易开裂，且不经济，对大体积混凝土还会产生过多水化热。泵送混凝土水泥用量的确定原则：在满足混凝土强度、耐久性及良好可泵性前提下宜尽量减少，规程参照国外资料及国内工程实践经验，将泵送混凝土的最小水泥用量定为 $300kg/m^3$，一般也不宜大于 $500kg/m^3$。水泥品种对混凝土拌合物的和易性也有一定影响，一般以选用硅酸盐水泥、普通硅酸盐水泥为佳，矿渣水泥保水性较差，泌水性大，一般较少采用。如由于当地生产供应原因或用于大体积混凝土，为减少水化热采用矿渣水泥时，为防止离析可适当降低坍落度，适当提高砂率或掺入适量粉煤灰。泵送混凝土不宜采用火山灰质硅酸盐水泥，采用的各种水泥的性能质量均应符合国家现行规范标准规定。

(2) 粗、细骨料：粗、细骨料的形状、粒径、级配对混凝土拌合物的可泵性有很大影响，为了防止泵送阻塞，应限制石子最大粒径，石子形状以近似圆形为佳，粗骨料最大粒径与输送管径之比：泵送高度在 50m 以下，碎石不宜大于 1∶3，卵石不宜大于 1∶2.5；泵送高度在 50～100m 时，宜为 1∶3～1∶4；泵送高度在 100m 以上时，宜在 1∶4～1∶5。粗骨料应采用连续级配，针片状颗粒含量对混凝土可泵性影响很大，当针片状颗粒含量过大和石子级配不佳时，容易在管道弯头处打横堵管，工程实践表明，针片状颗粒含量在 10%以上时，最易发生堵管情况，故规程规定针片状颗粒含量不宜大于 10%。同时，规程规定细骨料宜采用中砂，通过 0.315mm 筛孔的砂，不应少于 15%。

(3) 矿物掺合料：根据我国工程实践经验，泵送混凝土掺入适量粉煤灰或其他活性掺合料能使混凝土流动性加大，并在输送流动过程中不易产生离析泌水现象，大大改善了混凝土的可泵性，特别是水泥用量较少或细骨料中通过 0.315mm 筛孔的颗粒少于 15%时，掺入粉煤灰效果更为明显，对大体积混凝土还可以降低水化热。粉煤灰的质量应符合国家现行标准《用于水泥和混凝土中的粉煤灰》、《粉煤灰在混凝土和砂浆中应用技术规程》和《预拌混凝土》的有关规定，其掺量通过试验确定。

（4）外加剂：泵送混凝土要求的可泵流动性较大，坍落度一般均在 120mm 以上，在为保证混凝土强度、耐久性而对水灰比严格控制的条件下，为达到泵送混凝土较大的流动性，必须掺加减水型外加剂或引气剂。这更适用于有防水要求或有抗冻要求的泵送混凝土。为了不过分地降低混凝土强度，对含气量要加以限制。外加剂的性能质量应符合国家现行标准《混凝土外加剂》、《混凝土外加剂应用技术规程》、《混凝土泵送剂》和《预拌混凝土》有关规定，其掺量通过试配确定。

2. 配合比要求

（1）可泵性控制

泵送混凝土的配合比设计，仍可采用普通混凝土配合比设计方法，除满足设计要求的强度和耐久性，还应考虑的是混凝土拌合物在泵压作用下由于管道输送特点，在水泥用量、坍落度、砂率等方面予以特殊处理，并根据具体泵送条件经调配确定配合比，如缺乏经验，必要时应通过试泵送确定配合比。混凝土的可泵性可通过压力泌水试验结合施工经验进行控制，通常要求混凝土拌合物在压力泌水仪中加压 10s 时的相对泌水率 S_{10} 不宜超过 40%。S_{10} 按下式计算：

$$S_{10}=\frac{V_{10}}{V_{140}} \tag{8-2}$$

式中　S_{10}——混凝土拌合物在压力泌水仪中加压 10s 时的相对泌水率(%)；

V_{10}、V_{140}——分别表示在压力泌水仪中加压 10s 和 140s 时的泌水量(mL)，分别取三次试验的平均值。

（2）坍落度选用

泵送混凝土试配时坍落度可按下式计算：

$$T_1=T_P+\Delta T \tag{8-3}$$

式中　T_1——试配时坍落度(相当出机坍落度)；

T_P——入泵时要求坍落度；

ΔT——试配时测得的在预计时间的经时坍落度损失值。

对不同泵送高度，入泵时要求坍落度 T_P 可按表 8-1 选择，混凝土经时坍落度损失值，与气温有关，随着升温坍落度损失加大，同时也与外加剂的保塑性有关，其要求见表 8-2 规定。

不同泵送高度入泵时混凝土坍落度选用值　　表 8-1

泵送高度(m)	30 以下	30～60	60～100	100 以上
坍落度(mm)	100～140	140～160	160～180	180～200

混凝土经时坍落度损失值　　表 8-2

大气温度(℃)	10～20	20～30	30～35
混凝土经时坍落度损失值(mm) (掺粉煤灰和木钙，经时 1h)	5～25	25～35	35～50

注：掺粉煤灰与其他外加剂时，坍落度经时损失值可根据施工经验确定；无施工经验时，应通过试验确定。

(3) 配合比参数

① 水灰比：根据有关文献资料的水灰比与混凝土拌合物流动性试验结果，水灰比 0.40 与 0.6 分别是可泵性界限值，当水灰比小于 0.40 时混凝土流动阻力急剧上升，泵送困难，当水灰比大于 0.6 时，混凝土容易离析，可泵性差，故规程规定泵送混凝土水灰比宜为 0.4～0.6。

② 砂率：由于泵送混凝土粗骨料粒径相对减小，粗骨料孔隙率相对加大，为了保证水泥砂浆的数量与质量，改善泵送混凝土的和易性，砂率相对一般施工的普通混凝土需提高 4%～5%，根据国内泵送混凝土的实践经验，故规程规定泵送混凝土的砂率宜为38%～45%。

3. 设备选择与布置

混凝土泵送施工应有严密的施工组织设计，根据施工浇筑方案要求的最大输送距离、最大输出量及浇筑计划，选择确定混凝土泵的台数与每台泵的小时泵送输出量，根据每台泵的小时输出量确定应配备的搅拌运输车辆，根据施工场地特点和施工浇筑方案布置输送管道。

(1) 混凝土泵的选择

① 泵的型号：混凝土泵可分为活塞式和挤压式两种，目前我国应用的主要是活塞式，此种泵结构紧凑，传动平稳，宜于安装在汽车底盘上组成混凝土泵车。活塞式混凝土泵多用液压驱动，主要由料斗、液压缸、混凝土缸、活塞、板阀、Y 形输送管、冲洗设备、液压系统和动力系统组成。这种混凝土泵有两个混凝土缸交替地进料和出料，因而能连续平稳地将混凝土拌合物

压出。不同型号的活塞式混凝土泵，其排量、水平运距和垂直运距也不相同，常用的几种混凝土泵排量为每小时 30～80m^3，水平运距 200～500m，垂直运距 50～100m，有的高压泵，垂直运距可达 300m 或更高。

② 泵送能力验算：在选择混凝土泵时，要对混凝土泵的泵送能力进行验算，验算可采取两种方法：一是实际配管整体水平换算长度要小于混凝土泵能够达到的最大水平泵送距离；二是实际配管总压力损失要小于混凝土泵正常工作时的最大出口压力。混凝土输送管的水平换算长度可按表 8-3 将混凝土输送管的各种工作状态换算成水平长度，混凝土泵能够达到的最大水平泵送距离可参照产品性能表确定，或由试验计算确定。混凝土输送管总压力损失可按表 8-4 计算，混凝土泵正常工作时的最大出口压力应由产品型号的性能指标给出。

混凝土输送管的水平换算长度　　表 8-3

类　别	单　位	规　格	水平换算长度(m)
向上垂直管	每　米	100mm	3
		125mm	4
		150mm	5
锥形管	每　根	175～150mm	4
		150～125mm	8
		125～100mm	16
弯　管	每　根	90° R=0.5m	12
		90° R=1.0m	9
软　管	每 5～8m 1 根		20

注：① R 为曲率半径；
② 弯管的弯曲角度小于 90°时，需将表列数值乘以该角度与 90°角的比值；
③ 向下垂直管，其水平换算长度等于其自身长度；
④ 斜向配管时，根据其水平及垂直投影长度，分别按水平、垂直配管计算。

混凝土泵送的换算压力损失　　表 8-4

管件名称	换算盘	换算压力损失(MPa)	管件名称	换算盘	换算压力损失(MPa)
水平管	每 20m	0.10	管道接环(管卡)	每　只	0.10
垂直管	每 5m	0.10	管路截止阀	每　个	0.80
45°弯管	每　只	0.05	3～5m 橡皮软管	每　根	0.20
90°弯管	每　只	0.10			

注：① 附属于泵体的换算压力损失：Y 型管 175～125mm，0.05MPa；每个分配阀，0.80MPa；
② 每台混凝土泵起动内耗，2.80MPa。

混凝土泵能够达到的最大水平泵送距离当采用计算确定时，可用下式：

$$L_{max}=P_{max}/\Delta P_H \tag{8-4}$$

$$\Delta P_H=\frac{2}{r_0}\left[K_1+K_2\left(1+\frac{t_2}{t_1}\right)V_2\right]\alpha_2 \tag{8-5}$$

$$K_1=(3.00-0.1)\cdot 10^2 \tag{8-6}$$

$$K_2=(4.00-0.1)\cdot 10^2 \tag{8-7}$$

式中 L_{max}——混凝土泵的最大水平输送距离(m)；

P_{max}——混凝土泵的最大出口压力(Pa)；

ΔP_H——混凝土在水平输送管内流动每米产生的压力损失(Pa/m)；

r_0——混凝土输送管半径(m)；

K_1——粘着系数(Pa)；

K_2——速度系数(Pa/m/s)；

$\frac{t_2}{t_1}$——混凝土泵分配阀切换时间与活塞推压混凝土时间之比，一般取 0.3；

V_2——混凝土拌合物在输送管内的平均流速(m/s)；

α_2——径向压力与轴向压力之比，对普通混凝土取 0.90。

注：ΔP_H 值亦可用其他方法确定，且宜通过试验验证。

③ 泵的实际平均输出量：对于大中型混凝土工程中体量大的构件，如长、宽、厚均较大的大型基础底板，根据施工浇筑方案，可能采用多台泵同时浇筑，需要确定泵的台数与每台泵的实际泵送输出量。混凝土泵的实际平均输出量，可根据混凝土泵的最大输出量、配管情况及作业效率，按下式计算。

$$Q_1=Q_{max}\cdot\alpha_1\cdot\eta \tag{8-8}$$

式中 Q_1——每台混凝土泵的实际小时平均输出量(m^3/h)；

Q_{max}——每台混凝土泵的小时最大输出量(m^3/h)；

α_1——配管条件系数，取 0.8～0.9；

η——作业效率，根据混凝土搅拌车向混凝土泵供料的间断时间，拆装混凝土输送管和布料停歇等情况，取 0.5～0.7。

④ 泵的需用台数：混凝土泵需用台数可按下式计算：

$$N=Q/(Q_1\cdot T) \tag{8-9}$$

式中 N——混凝土泵的数量(台)；

Q——混凝土泵浇筑数量(m^3)；

Q_1——每台混凝土泵的实际小时平均输出量(m^3/h)；

T——混凝土泵送作业时间(h)。

对重要工程，混凝泵所需要台数，除根据上式计算确定外，还应有一定备用台数。混凝土泵或泵车布置停放，应有足够的场地，场地应平整坚实，具有重车行驶条件，保证搅拌运输车供料与调车；泵的基础要牢固，不能使泵在工作中产生移动或强烈振动。混凝土泵应尽量靠近浇筑地点，在使用布料杆工作时，能使浇筑部位尽可能在布料杆的工作控制范围之内，多台混凝土泵同时浇筑时，每台泵的位置要使其与各自承担的浇筑作业范围接近，最好能同时浇筑，避免留施工缝。

(2) 泵送混凝土的运输

① 运输车辆确定：泵送混凝土当采用商品混凝土搅拌站预拌时，应采取专用的混凝土搅拌运输车运送，在现场搅拌站搅拌的泵送混凝土可直接通过管道或选用适当方式运输，当混凝土泵连续作业时，每台混凝土泵所需配备的搅拌运输车辆台数，可按下式计算：

$$N_1=\frac{Q_1}{60V_1}\left(\frac{60L_1}{S_0}+T_1\right) \tag{8-10}$$

式中 N_1——混凝土搅拌运输车台数(台)；

Q_1——每台混凝土泵的实际平均输出量(m^3/h)；

V_1——每台混凝土搅拌运输车容量(m^3)；

S_0——混凝土搅拌运输车平均行驶速度(km/h)；

L_1——混凝土搅拌运输车往返距离(km)；

T_1——每台混凝土搅拌运输车从搅拌站至施工现场往返一趟总计停歇时间(min)。

② 运输注意事项：混凝土搅拌运输车装料前，必须将拌筒内积水等清除干净，运输途中拌筒保持3～6r/min的慢速转动，如运输中坍落度损失过大，可在符合混凝土配合比设计要求条件下适量加水，除此之外，严禁往筒内加水。泵送混凝土运输延续时间，对未掺外加剂的混凝土，可按表8-5规定执行。掺木质素磺酸钙时，不宜超过表8-6的规定。采用其他外剂时，其运输延续时间，不宜超过按实际配合比和气温条件所测定的混凝土初凝时间的1/2。

泵送混凝土运输延续时间 **表8-5**

混凝土出机温度(℃)	运输延续时间(min)
25～35	50～60
5～25	60～90

掺木质素磺酸钙时泵送混凝土运输延续时间(min)　　表 8-6

混凝土强度等级	气温(℃)	
	≤25	>25
≤C30	120	90
>C30	90	60

混凝土搅拌运输车给混凝土泵喂料时，应注意如下问题：喂料前，应用中、高速旋转拌筒，使混凝土拌合均匀；喂料时，反转卸料应配合泵送均匀进行，且使混凝土保持在集料斗内高度标志线以上；暂时中断喂料作业时，运输车拌筒应保持低转速搅拌混凝土；混凝土泵进料斗上，应安置网筛并设人监视喂料，以防粒径过大骨料或异物入泵造成堵塞。

(3) 泵送混凝土配管

① 管件规格：泵送混凝土输送管的管件包括直管、弯管、锥形管、软管、管接头和截止阀；对输送管道的要求是阻力小、耐磨损、重量轻、便于装拆。直管常用管径有 100、125、150mm 三种，管段长度有 0.5、1.0、2.0、3.0、4.0m 五种，壁厚一般为1.6～2.0mm，由焊接钢管或无缝钢管制成。弯管的弯曲角度有 15°、30°、45°、60°、90°，其曲率半径有 1.0、0.5、0.3m，具有与直管相同的口径。锥形管：主要用于不同管径的连接处，常用的有 $\phi175$～$\phi150$、$\phi150$～$\phi125$、$\phi125$～$\phi100$，长度多为 1m。软管一般用橡胶制作，主要是接在输送管末端用以直接布料，其管径为 100、125mm，长度 5～8m，对它的质量性能要求是柔软、轻便耐用，便于人工搬动。管接头主要用于管段之间的连接，以便快速装拆和及时处理堵管部位。截止阀用于垂直向上泵送混凝土过程中，为防止因泵送暂时中断，垂直管道内的混凝土因自重而对混凝土泵产生的逆向压力，使混凝土泵得到保护，同时又可降低混凝土泵的启动功率。

② 配管要求：泵送混凝土配管，应根据工程施工场地特点，混凝土施工浇筑方案进行。输送管的铺设应保证施工安全，便于清洗管道，排除故障和装拆维修。要使用无龟裂、无凹凸损伤和无弯折的管段，尽可能缩短管线长度，少用弯管和橡皮软管，减少压力损失；管的布置，要横平竖直，在同一条管线中采用相同直径。管径规格的选择应根据粗骨料最大粒径、混凝土泵的型号、混凝土输出量、输出距离及输送难易程度确定；管径不宜太大或太小，管径太大，管子笨重，不便拆装搬运；管径太小，只能输送小粒径粗骨料混凝土，也增大了与管壁的摩擦阻力，缩短可送距离；常用混凝土输送管

规格，见表8-7所示，管径与粗骨料最大粒径关系，见表 8-8 所示。输送管的接头要严密，防止漏浆，有足够的强度，并能快速装拆。

常用混凝土输送管规格　　表 8-7

混凝土输送管道种类		管　径(mm)		
		100	125	150
有缝直管	外　径	109.0	135.0	159.2
	内　径	105.0	131.0	155.2
	壁　厚	2.0	2.0	2.0
高压直管	外　径	114.3	139.8	165.2
	内　径	105.3	130.8	155.2
	壁　厚	4.5	4.5	5.0

混凝土输送管管径与粗骨料最大粒径的关系　　表 8-8

粗骨料最大粒径(mm)		输送管最小管径(mm)	粗骨料最大粒径(mm)		输送管最小管径(mm)
卵　石	碎　石		卵　石	碎　石	
20	20	100	40	40	125
25	25	100			

垂直向上配管时，地面水平管长度不宜小于垂直管长的 1/4，且不宜小于 15m；或遵守产品说明书的规定。在混凝土泵机 Y 形管出料口 3～6m 处的水平输送管根部设置截止阀，以防暂时停泵时混凝土拌合物有反流。泵送施工地下结构时，地上水平管轴线应与 Y 形管出料口轴线相垂直，倾斜向下配管，当倾角大于 4°时，管内混凝土会因自重向下移动，容易造成石子与砂浆的分离堵塞管道，应在斜管上端设排气阀。当高差大于 20m 时，应在斜管下端设 5 倍高差长度的水平管，如条件限制，可增加弯管或环形管等方法，增加流动阻力，以满足长度为 5 倍高差的要求。

混凝土输送管不得直接支承在钢筋、模板及预埋件上，水平管应每隔一定间距用支架、台垫、吊具等固定，以便排除堵管装拆和清洗管道。垂直管宜用预埋件固定在墙和柱或楼板预留孔处，在墙及柱上每节管子不得少于一个固定点，在每层楼板预留孔处均应固定；垂直管下端的弯管，不能作为上部管道的支撑点，应设钢支架承受垂直管道重量，当垂直管道固定在脚手架上时，应根据需要对脚手架进行加固。

在炎热季节施工，输送管道要用湿布或湿草袋遮盖，以避免阳光直接照晒，防止混凝土升温凝结而导致堵塞；在严寒冬季施工，输送管道应用保温材料包裹保温，以防混凝土在管道内受冻或过大降温，确保混凝土入模温度。当存在水平输送距离超过 200m、垂直输送距离超过 40m、垂直向下的输送管或斜管前面布置水平管、混凝土水泥用量少于 300kg/m^3、混凝土坍落度在 100mm 以下等情况时都容易造成泵送困难，施工中应充分注意，必须合理选择配管方法和泵送工艺，通常可采用大直径的输送管和长的锥形管，少用弯管和软管以降低输送阻力，当输送距离超过混凝土泵的最大输送距离时，可采用接力泵进行泵送，接力泵出料的水平管长度应符合如上所述要求。

4. 混凝土泵送与浇筑

(1) 模板与钢筋

泵送混凝土由于流动性和泵送冲击力，使模板侧压力加大，模板设计与支模施工时要确保模板与支撑有足够强度，刚度及稳定性，防止变形失稳和变形鼓胎。混凝土板和块体结构的上皮水平钢筋，应设有足够的钢筋撑脚或钢筋支架，浇筑混凝土时应注意对已经绑好钢筋的保护，应有专人跟踪检查，对发生变形或位移钢筋及时纠正。

(2) 泵送工艺

混凝土泵要作到安全使用和正确操作，操作人员须经上岗培训，按使用说明书的要求进行使用操作。当混凝土泵与输送管连通后，泵送混凝土前应按使用说明书规定进行全面检查，符合要求后方可开机进行空运转；泵经启动后，首先经水泵送，以便湿润混凝土的料斗、活塞及输送管内壁等直接与混凝土接触的部位，同时也能起到检查确认混凝土泵和输送管中有无异物；然后采用 1∶2 水泥砂浆或与输送混凝土配合比相同的水泥砂浆进行试泵送，起到润滑混凝土泵，输送管道内壁及排出异物作用，起润滑作用的水泥砂浆在待浇结构上应分散布料，不得集中浇在同一处。混凝土泵送经上述的全面检查，泵送适量水、适量水泥砂浆后，方可进行混凝土的正式泵送浇筑。

混凝土开始泵送时，混凝土泵应处于慢速，匀速并随时可反泵状态。泵送速度，应先慢后快，逐步加快，同时应观察混凝土泵的压力和各系统工作情况，待各系统运转顺利后，方可以正常速度进行泵送。混凝土泵送应连续进行，如必须中断时，其中断时间不得超过混凝土从搅拌至浇筑完毕所允许的延续时间。泵送混凝土时，混凝泵的活塞应尽可能保持在最大行程运行，以便使混凝土泵处于满负荷工作，提高泵送效率，减少活塞磨损。泵送时，如发现输送管内吸入空气，应立即进行反泵，将混凝土吸入料斗，排出空气后再泵送。为避免水箱和活塞清洗室中水温升得过高，防止混凝土泵在运行过程中机械故障，泵送混凝土时，水箱或活塞清洗室中应经常保持充满水。当混凝土泵出现压力升高且不稳定、油温升高、输送管有明显振动等现象而泵送困难时，不得强行泵送，应立即查明原因，采用措施排除。

当输送管发生堵塞时，应采取如下方法排除：

① 反复进行反泵与正泵，逐步从管道中吸出混凝土至料斗中，重新搅拌后泵送；

② 用木槌敲击法，查明堵塞部位，并用木槌在堵塞部位进行敲击，待混凝土击松后，重新进行反泵和正泵排除堵塞；

③ 当上述二种方法失效时，应在混凝土卸压后，拆出堵塞部位的输送管，排除混凝土堵塞物后，方可接管，重新泵送前应排除管内空气后方可拧紧接头重新泵送。混凝土泵送过程中，有计划中断时，应在预先确定的中断浇筑部位停止泵送，且中断时间不宜超过一个小时。

当混凝土泵送出现非堵塞性中断时，应采取如下措施：

① 混凝土泵车卸料清洗后重新泵送；或利用臂架将混凝土泵入料斗，进行慢速间歇循环泵送；有配管输送混凝土时，可进行慢速间歇泵送；

② 固定式混凝土泵，可利用混凝土搅拌运输车内的料，进行慢速间歇泵送；或利用料斗内的料，进行间歇反泵和正泵；

③ 慢速间歇泵送时，应每隔 4～5min 进行四个行程的正、反泵。当向下泵送混凝土时，应先把输送管排气阀打开，待输送管下段混凝土有一定压力时，方可关闭气阀。混凝土泵送结束前，应正确计算尚需用的混凝土数量，并及时告知混凝土搅拌站。泵送过程中被废弃的和泵送终止时多余的混凝土，应按预先确定的处理方法和场所，及时进行妥善处理。泵送完毕后，应将混凝土泵与输送管清洗干净。

(3) 混凝土浇筑

泵送混凝土浇筑应符合国家标准《混凝土结构工程施工质量验收规范》、《地下防水工程质量验收规范》有关规定。对大中型混凝土工程，特别是长、宽、厚尺度大的大体量构件的浇筑，技术复杂、难度很大，必须精心组织、统筹安排，编制详细的泵送浇筑施工技术方案，其方案要求主要包括：

① 降低大体积混凝土水化热措施；

② 根据工程结构特点、平面形状尺寸、工期要求、泵送设备能力，确定泵的台数，当采用多台泵同时浇筑时，应预先划分出每台泵各自负责的浇筑作业区域；

③ 确定浇筑起始位置、各台泵浇筑推进方向；

④ 确定每台泵横向浇筑宽度及推进方向的浇筑宽度；

⑤ 在推进浇筑宽度内的竖向分层浇筑方法；

⑥ 浇筑、振捣、保水保湿养护；

⑦ 对混凝土凝结时间要求；

⑧ 对混凝土供应能力和运输设备要求；

⑨ 对施工作业人员和施工管理要求。

泵送混凝土的浇筑要注意如下事项：

① 浇筑顺序：当采用输送管输送混凝土时，应由远而近浇筑；当采用二台泵送浇筑同一构件同一区段时(如二个后浇带之间的板)，宜采用由该区段的中间位置向两端推进浇筑顺序；对于多层高层建筑结构，宜采取分层分段浇筑，在同一区段同一楼层，先浇竖向结构，后浇水平结构。当不允许留施工缝时，混凝土在浇筑推进方向相邻二个浇筑宽度内的接槎时间，或上下层之间的浇筑间隔时间，均不得超过混凝土初凝时间，一旦超过初凝时间按施工缝处理。

② 在浇筑竖向结构混凝时，布料设备的出口离模板内侧面的距离不应小于 500mm，并不得向模板内侧面直接冲料，也不得直冲钢筋骨架。

③ 浇筑水平结构混凝土时，不得在同一处连续布料，因在同一处连续布料，使混凝土堆积过高，往往靠振捣自流容易造成振捣不均或过振，特别是混凝土流动性不大时更应注意，应在 2～3m 范围水平移动布料。

④ 混凝土分层浇筑时，分层浇筑厚度宜为 300～500mm。

⑤ 泵送混凝土采用插入式振捣器振捣时，振捣移动间距宜为 400mm 左右，振捣时间宜为 15～30s，并且在 20～30min 后进行二次复振。

⑥ 水平结构的混凝土表面，应适时用木抹子抹压，或用压光机抹压，提高表层混凝土密实度。

第9章 混凝土工程冬期施工

9.1 冬期施工的技术措施

根据《建筑工程冬期施工规程》（JGJ 104—97）规定，当室外平均气温连续5d稳定低于5℃，即进入冬期施工；规范的这一界定主要是考虑我国北方地区气温资料统计，当平均气温为5℃时，昼夜温差变化其最低气温在0～－2℃之间者居多，根据试验测定，混凝土中的水也正是在－1～－2℃开始结冰，即这一温度混凝开始受冻；对于气温低于－30℃的严寒地区，由于施工难度太大，费用太高，建议冬期不施工。混凝土工程冬期施工应按国家规程执行，编制冬施方案，采取冬施技术措施，主要包括原材料与配比，外加剂选用，原材料保温与加热，混凝土的搅拌、运输、浇筑、振捣、拆模施工及冬施养护。

1. 原材料与配比及外加剂选用

应优先选用硅酸盐水泥，普通硅酸盐水泥或硫铝酸盐快硬水泥，水泥强度等级不应低于32.5MPa，用量不应少于300kg/m^3，水灰比不应大于0.6；砂、石子、水泥、水、掺合料质量符合国家标准，骨料中不得含有冰、雪、冻块。

选用的外加剂，其性能指标应符合现行国家标准。当选用防冻剂时，应符合《混凝土防冻剂》（JC 475—92）要求，对处于高湿度，水位升降，受介质侵蚀，采用冷拉冷拔钢筋，露天、薄壁等结构，不得采用氯盐防冻剂。防冻剂一般具有防冻、减水、早强、引气组分，起到降低冰点、减水、提高早期强度、减缓水结冰的膨胀压力作用，一般在气温低于－5℃时才使用防冻剂，在气温不低于－5℃时，一般可采用早强剂或早强减水剂。

2. 原材料保温与加热

冬期施工通过原材料保温与加热，使混凝土入模后保持一段正温时间，通过水化放热，再采取一定保温措施，使强度较快上升，在受冻前达到受冻临界强度。

(1) 受冻临界强度：冬期施工的混凝土强度增长可分为二个阶段，受冻前的增长与受冻后的增长(指混凝土构件表面受冻)，为了保证在负温下，混凝土总体强度的增长速度大于建筑施工自重荷载的增长，同时也防止混凝土的冻膨破坏，混凝土必须在受冻前具有一定的抗冻界限强度，称为受冻临界强度。即混凝土只要在受冻前达到受冻临界强度，再受冻时对强度不会有大影响，转为常温后，强度的增长仍可达到设计的强度等级。规程规定，混凝土采用硅酸盐水泥或普通硅酸盐水泥配制时，受冻临界强度应为设计强度标准值的30%；采用矿渣水泥配制时应为设计强度标准值的40%；掺防冻剂的混凝土，当室外气温不低于－15℃时不得小于4MPa，当室外气温不低于－30℃时不得小于5MPa。

(2) 原材料保温与加热：根据气温－5℃、－10℃、－15℃，通过热工计算，保证混凝土入模温度不低于5℃。为了保证入模温度不低于5℃，计算时一般情况下出机温度可按8～10℃考虑。

对最低气温不低于－15℃，原材料加热主要指对水加热(最高温度80℃)，当水加热不能满足时，再对骨料加热(主要指砂子)，水泥、石子一般是保温。对最低气温不低于－10℃的轻寒冷地区，一般只对水加热，水泥、砂、石子保温。水加热，砂子加热温度，通过热工计算确定。砂、石子的保温，宜在冬期施工前运入施工专用现场，在突变降温降雪之前用帆布覆盖或搭设棚架保温，减少降温，避免结冻与降雪的混入，砂、石子含水量要低。水泥应放在保温棚内，搅拌机应放在有热源的保温棚内。

3. 混凝土的搅拌、运输、浇筑、振捣及拆模

混凝土的搅拌、运输、浇筑、振捣及拆模施工工艺按规范与规程执行。搅拌前搅拌机应用热水预热冲洗，投料顺序宜为石、砂、热水、水泥、外加剂，各种材料要计量准确，特别是外加剂，水的用量应扣除砂、石骨料中的含水量，搅拌时间应比常温下适当延长，如发现粉状外加剂结块，液态外加剂浓度发生变化，应清除结块，搅拌均匀后掺加。

混凝土浇筑前应清除模板与钢筋的冰雪与污垢，不得用蒸汽直接融化以防再度结冰。混凝土在未达到受冻临界强度前不应拆模，对水平受力构件底模拆除时，混凝土强度应满足规范要求。混凝土受冻前强度，各种受力构件拆模时要求强度，通过同条件养护试件测定。

4. 综合蓄热法

(1) 综合蓄热法

综合蓄热法从某种意义理解，既可以视为一种冬施方法，也可以认为是一种冬施的养护方法，它的基本概念是通过原材料的保温及预加热，使混凝土入模具有一定正温(不低于5℃)，利用水泥水化反应放热，再采取一定保温与掺入防冻剂的综合蓄热措施，使混凝土在受冻前正温条件下尽快达到受冻临界强度(经测定混凝土在5℃条件下养护28d，其强度可达标养28d强度的60%)与受冻后在负温条件下强度仍有一定增长的施工或养护方法。混凝土浇筑后强度的增长是否能达到受冻临界强度，除与水泥品种相关外，关键取绝于在受冻前的正温延续时间，延续时间越长说明正温的龄期越长，强度增长越大，而正温延续时间又与入模温度，环境温度及保温程度直接相关，在此有较高的入模温度与较好保温措施，减少降温梯度至关重要；混凝土受冻后强度增长缓慢、防冻剂起主要作用。

(2) 适用条件

综合蓄热法简便易行，增加冬施费用较小，一般普遍采用。其适用条件：

① 气温条件，平均气温>−12℃，平均气温主要指混凝土入模开始至温度 $t=0$℃或冰点这一阶段的平均温度。

② 结构体型条件，以结构表面系数 M(m^{-1})进行控制(构件表面积除以体积)，适用条件 $5 \leqslant M \leqslant 15$，当 $M<5$ 时属较厚大结构，宜采用蓄热法养护；当 $M>15$ 时属细薄结构，宜采用负温养护法。

(3) 保温措施

① 混凝土采用泵送浇筑时，输送管道应用保温材料包裹保温，减少混凝土在输送过程的散热降温。

② 对地上结构浇筑混凝土时，应在北风的迎风面围挡，以防寒风袭击过快失水与降低混凝土浇筑后温度。

③ 混凝土浇筑后应在裸露表面及时铺塑料薄膜保水保温，待终凝后稍有强度再铺草袋子之类保温材料覆盖，墙柱竖向构件采用钢模时也应在模板外采取覆盖保温措施。

④ 对截面较厚采用木模的竖向构件，混凝土拆模后其表面温度与环境温度之差不应大于20℃，当大于20℃时应采用保温材料覆盖。

5. 测温要点

冬期施工温度的测试与控制是保证混凝土质量的重要因素。

(1) 测定室外环境温度，搅拌机棚温度，每昼夜或每工作班不少于4次。

(2) 每批混凝土搅拌时，测定水、砂、石子、水泥温度，混凝土的出机与入模温度。

(3) 混凝土浇筑后，在结构薄弱和易冻部位布置测温点，测孔深为 10～15cm 或板墙厚 1/2 处，掺防冻剂混凝土在达到受冻临界强度前每隔 2h 测一次，之后每隔 6h 测一次，测温仪表应采取与外界气温隔离措施，并留置在测温孔内不少 3min，全部测温孔均应编号，并绘制测温布置图。

9.2 大石桥市天富广场冬期施工

1. 工程概况

天富广场商厦建筑面积 42800m^2，钢筋混凝土框架结构，A 区地上六层，B、C 区地上各三层，楼板厚 110mm，柱子截面 400mm×400mm～600mm×600mm，混凝土 C30。1997 年 5 月 18 日破土动工，工期要求本年度主体封顶，天富广场从 11 月下旬进入冬期施工至 12 月 28 日主体封顶，用 40d 时间完成建筑面积 2 万多平方米。5000 余立方米混凝土冬施工程量。

冬施前收集了当地气象资料，如表 9-1 所示，进入冬施现场测温：11 月下旬平均气温－2℃，最低日气温－10℃，12 月平均气温－7℃，最低日气温－15℃，期间 11 月末下小雪一次，12 月中下中雪一次，实测结果与给出的气温资料基本一致。

营口大石桥地区气象资料 **表 9-1**

月份 / 气温℃ / 旬	十月	十一月	十二月	一月	二月	三月
上	13.9	5.5	－3.9	－8.9	－8.2	－2.2
中	11.1	2.0	－5.4	－9.9	－6.5	0.9
下	8.3	－1.5	－8.5	－9.4	－4.7	3.4

2. 冬施技术措施

(1) A、B、C 三区板式楼梯原设计混凝土 C25，提高到 C30，做到全部结构混凝土强度等级统一。

(2) 采用唐山科利特种水泥有限公司生产的硫铝酸盐快硬水泥(原 325 号、1900t)与厂家专用配套 ZB-2 型防冻剂(35t)，河砂、碎石提前运入施工现场专用场地。

(3) 混凝土采用现场搅拌泵送浇筑，A 区采用木模板，B、C 采用组合式钢模板，采用综合蓄热法施工与养护。

（4）搅拌机棚进行保温围挡，混凝土泵的输送管道用岩棉包裹保温，水加热至40～50℃，水泥、砂、石子没有预加热，只是一般保温，处于0～－3℃的负温下，混凝土搅拌后的入模温度控制在2～5℃。

（5）混凝土搅拌前用热水预热冲洗搅拌机，清除骨料中的冰雪冻块，搅拌时间比常温下延长，定为3min，浇筑混凝土时清除模板上的冰雪。

（6）大石桥市检测中心根据三天自然条件养护与冰箱负温条件（－15℃、－20℃），给出了施工配合比。施工中根据气温变化予以调整，11月下旬平均气温－2℃，每立方米混凝土水泥用量360kg，外加剂5.4kg（水泥重量1.5%），12月份平均气温－7℃，水泥用量增加为380kg，外加剂7.6kg（水泥重量2%）。

（7）硫铝酸盐快硬水泥在负温下初凝时间为40～45min，终凝时间为60～90min，掺加BZ-2型外加剂后初凝时间延长为120min。A区楼板推进浇筑宽度3m，在－15℃气温浇筑时发现接槎部位先浇混凝土已有一定冻结，于是将浇筑宽度作了调整减少。

（8）浇筑混凝土时，在楼层北侧与东西两侧用篷布围挡，防止寒风袭击，避免降温失水过快。

（9）混凝土浇筑抹平后，随即铺塑料薄膜保水保温，终凝后再铺草袋子保温。

（10）邀请水泥供应厂方派驻工地代表，为施工编制“硫铝酸盐水泥冬施技术要求”，进行技术咨询指导。

3. 结果与分析

（1）硫铝酸盐水泥，由于快硬早强3d定强度，冬施前大石桥市检测中心试配时的3d标养试块与施工时留置的3d标养试块均达到或超过设计强度标准值。

（2）施工中对强度进行了跟踪监测，12月份混凝土浇筑后，经7～8d的同条件养护试件与用回弹仪实测构件，其强度一般均能达到设计强度60%左右。

（3）1998年3月下旬复工前（平均气温4℃），对A、B、C各区混凝土进行全面回弹测定，均达到设计强度。

实践证明，本工程冬期施工采用硫铝酸盐快硬水泥是成功的，冬施成本费用不高，加快工期，保证了工程质量，同时对下列问题分析探讨。

（1）养护问题：A区11月24日晚7时，首次用硫铝酸盐水泥混凝土浇筑西南角三层楼板，浇筑后没有及时铺塑料薄膜，待终凝后用塑料布与草袋子覆盖；第二天早8时发现混凝土表面发白起砂，表面裂缝严重。我们分析了原因，主要是水泥水化速度快，失水散热，表面收缩大造成。之后要求施工单位对浇筑的混凝土必须立即用塑料布与草袋子同时覆盖，结果混凝土表面光滑、发绿、无裂缝出现。1999年12月大连市奥林匹克广场的冬期施工，采用普通硅酸盐水泥混凝土也发生了同样情况，混凝土浇筑待终凝后铺草袋子，由于在铺草袋子之前失水，结果表面出现无规则裂缝，之后对浇筑混凝土及时铺塑料薄膜，楼板表面光滑，无任何裂缝产生。

（2）模板问题：由于木模板导热系数小，保温效果好，钢模板导热系数大，保温效果差，A区采用木模混凝土比B、C区采用钢模混凝土强度上的快，经测定3d强度相差30%左右。12月下旬最低气温－15℃，浇筑楼板混凝土时，施工单位在楼板的钢模下布置了一定数量的焦炉火烤，6小时后发现凡火烤部位塑料布下混凝土已硬化升温，手感发热，其他部位不存在手感发热现象。

（3）强度增长问题：12月下旬在－15℃的夜间浇筑混凝土，浇筑半小时发现已有冻结现象，即混凝土浇筑后在未达到受冻临界强度前开始受冻，我们将受冻的混凝土取样，拿到具有15℃的办公室内，发现混凝土融化后3d仍达到较高强度。A、B、C三区顶层屋盖混凝土浇筑后，一月份的降雪结冰全部堆积于草袋子保温层之上，待1998年3月下旬测定的强度均达到设计要求，说明了混凝土强度在负温条件仍有一定增长，混凝土在达到受冻临界强度前只承受一次性受冻，转为常温后强度仍可继续增长。

第 10 章　混凝土外加剂

10.1　外加剂定义与功能

在混凝土拌合物中掺入不超过水泥重量 5%，且使混凝土能按要求改变性能的物质，称为混凝土外加剂。

混凝土外加剂的应用，虽仅半个多世纪，但近 20 年发展迅速，国内国外越来越多混凝土工程采用外加剂技术，特别是现代施工技术对混凝土满足施工工作性与工程耐久性要求，使外加剂对混凝土结构工程无论从施工还是从使用，已经成为不可缺少的第五种材料组分。它既是混凝土材料又是混凝土工程的一次重大技术推进，这是因为外加剂能够全面改善混凝土性能，包括施工工作性，强度与工程耐久性提高混凝土质量。

混凝土施工工作性的改善：主要指外加剂能够提高混凝土拌合物施工流动性，增强保水黏聚性，调节凝结时间，这对现代高层建筑，大体量商品混凝土泵送施工尤为重要。混凝土的大流动性是长距离高泵送的必要条件，满足大流动性流态混凝土施工泵送要求不能依赖水灰比的增大，主要依靠减水泵送剂的减水作用；混凝土流动性加大，保水黏聚性增强，施工浇筑混凝土自流作用加大，提高了振捣有效性；施工中不易产生泌水离析，有利于混凝土密实度增加和质量的提高。对于超长超宽超厚大体量混凝土，当搅拌站距施工现场较远，又处于气温较高季节施工，为了保证混凝土浇筑接槎不超过初凝时间，往往需要外加剂的缓凝作用，延长凝结时间。

混凝土强度的提高：主要为了加快施工进度，缩短工期，提高模板周转率，降低施工费用。对气温较低时的多层高层建筑施工，往往采用早强型外加剂，提高混凝土的早期强度；配制 C60～C80 高强混凝土，除应提高砂、石骨料质量，提高水泥强度等级及用量外，采用高效能减水剂降低水灰比是重要条件，高效减水剂不仅提高混凝土的早期强度，也能大幅度提高 28d 强度。

混凝土耐久性的增强：主要指外加剂的减水、防水、抗冻增强作用，改善了混凝土拌合物性能，降低了水灰比，改善孔隙结构，减少了孔隙率，增加密实度，减少了收缩变形，避免或减少了混凝土开裂，提高了混凝土防水抗渗能力，使环境中有害介质不易渗透浸入，减小了钢筋锈蚀、混凝土的碳化和冻融破坏。

10.2 外加剂分类

外加剂的形态有粉状与液态二种，按化学组成可分为有机化合物外加剂和无机化合物外加剂。目前外加剂多为有机化合物，有机化合物的减水剂多为阴离子表面活性剂，无机化合物外加剂多为电解质盐类。从应用角度，一般是根据作用功能不同予以分类。

(1) 减水剂：在保持混凝土拌合物流动性不变情况下，能降低单位用水量，起到减水作用的外加剂。由于减水剂的减水作用，在保持混凝土拌合物水灰比和单位用水量不变情况下，能提高流动性，并改善保水黏聚性。减水剂根据减水程度不同可分为普通减水剂与高效减水剂，国家现行标准《混凝土外加剂》规定，减水率小于10%的称为普通减水剂，大于等于10%的称为高效减水剂。减水剂包括普通减水剂、高效减水剂、早强减水剂、缓凝减水剂、缓凝高效减水剂、引气减水剂。

(2) 调节混凝土凝结硬化速度的外加剂：包括早强剂、缓凝剂、速凝剂。

(3) 调节混凝土空气含量的外加剂：包括引气剂、加气剂、泡沫剂。

(4) 改善提高混凝土某种特定性能的外加剂：包括防水剂、防冻剂、膨胀剂等。

实际工程应用中，减水剂最为普遍，对全面改善与提高混凝土性能起到了重要作用。为了便于施工，满足全面改善混凝土性能需要，避免多种外加剂复合使用，高效能、多功能、复合型液体外加剂是发展方向，一般情况下多功能复合型外加剂，减水组分是不可缺少的。

10.3 减水剂

1. 减水剂作用

水既是混凝土结构形成作为材料因素的必要条件，又是影响工程耐久性的防范因素。只有水在混凝土拌合物中与水泥发生水化反应，才能使混凝土凝结硬化形成强度，使混凝土结构具有承载受力条件；同时水也起到使混凝土拌合物具有一定的和易性，便于施工成型、浇筑振捣；但拌合水的用量必须加以控制，水灰比过大，单位用水量过多，反而会降低应达到的强度。混凝土浇筑成型后的凝结硬化阶段，拌合水除部分参加水化反应外，其余的游离水在气候干燥时又容易蒸发损失，水灰比越大，单位用水量越多，蒸发失水就越多，其形成的孔隙与收缩变形就越大。当环境湿度增大时，蒸发失水的毛隙孔又要通过温湿平衡交换重新吸收环境中的水而带入有害介质，水的蒸发与吸收反复循环，使混凝土中有害介质不断积累增多，而对钢筋与混凝土造成侵蚀作用，尤其是对处于水位变化段与海边潮湿工作环境的混凝土结构侵蚀更为严重。如果拌制混凝土时用水量在保证水化反应与施工和易性前提下尽量减少，混凝土的蒸发失水大大减少，蒸发失水的毛隙孔大大减少，混凝土内干湿交换的蒸发失水与干燥吸水循环就会大大减弱。减水剂的减水作用正是可以满足工程这一要求，而对工程耐久性提高。混凝土掺入减水剂可取得如下技术经济效果：

（1）在用水量不变时，坍落度可增大10～20cm；

（2）保持和易性不变，可减水10%～25%，混凝土强度提高15%～25%，特别是早期强度提高更为显著；

（3）保持混凝土强度不变时，可节约水泥用量10%～20%；

（4）缓凝型减水剂，可以使水泥水化放热速度减慢，水化热温度峰值出现向后推迟；

（5）混凝土的泌水，离析现象得到很大改善；

（6）混凝土透水性可降低40%～80%，提高了防水抗渗、抗冻、耐化学腐蚀、防止钢筋锈蚀、预防碱骨料反应的能力；

（7）减水率在20%～25%以上的高效能减水剂可以用于配制高强混凝土及高性能流态混凝土；

（8）为了满足泵送混凝土的泵送工作性要求与水灰比的限值，需要采用减水剂，特别是长距离高泵送的大流态混凝土一般均需减水率在20%以上的高效能减水泵送剂。

2. 减水剂作用机理

各种有机化合物减水剂多属阴离子表面活性剂，表面活性是指物质所具有的能溶于液体并从溶液中向界面富集，吸附在界面上定向排列，形成单分子吸附膜层并降低溶液表面能的性质。具有表面活性的物质称为表面活性剂，由于表面活性，使表面活性剂具有湿润、乳化、分散、起泡、润滑作用。

表面活性剂分子由二部分组成，一部分是溶解于油难溶于水的，称为憎水基，另一部分是溶解于水而难溶于油的，称为亲水基。当亲水基的亲水性大于憎水基的憎水性时，这种表面活性剂就是亲水性的，反之为憎水性的。目前混凝土所用的有机减水剂多属亲水性表面活性剂，也称为水溶性表面活性剂。阴离子表面活性剂是指水溶性表面活性剂的亲水基端的原子团能够向溶液中离解出正离子，使亲水基端带负电荷。

水泥加水拌合后，由于水泥颗粒之间分子引力作用，而形成絮凝网状结构包裹了拌合水，降低了混凝土拌合物的流动性，如图 10-1 所示。如果混凝土拌合物中掺加适量减水剂，减水剂中表面活性剂溶于水，并向溶液中水泥颗粒表面富集作定向排列，憎水基端吸附于水泥颗粒表面，亲水基端指向水溶液；由于亲水基离解出正离子，使水泥颗粒表面的溶化剂水膜均带了相同负电荷，形成了水泥颗粒间的静电斥力，水泥颗粒被拨离分散，导致絮凝结构破坏，释放了被包裹的游离水，如图 10-2、10-3 所示。由于游离水被释放，增大了混凝土拌合物的流动性，同时使水泥颗粒与水接触表面积增大，水化反应充分加快，使混凝土早期与 28d 强度得到提高。

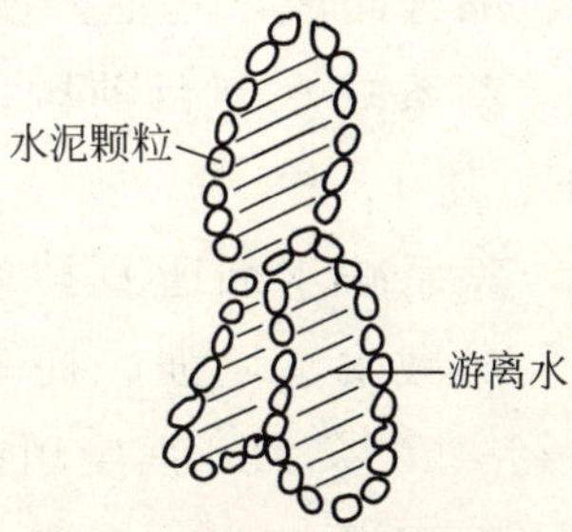

图 10-1　水泥浆的絮凝结构

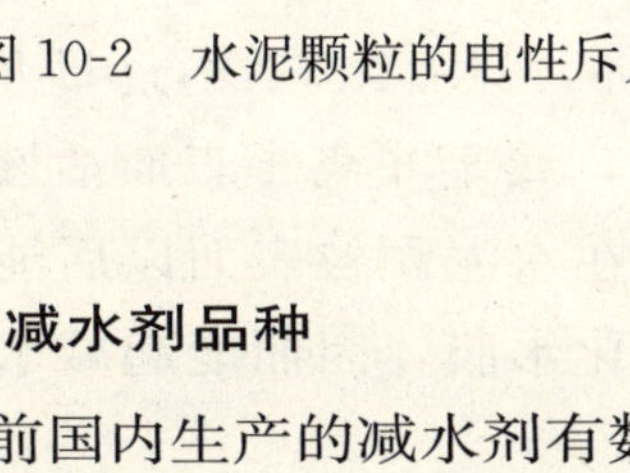

图 10-2　水泥颗粒的电性斥力

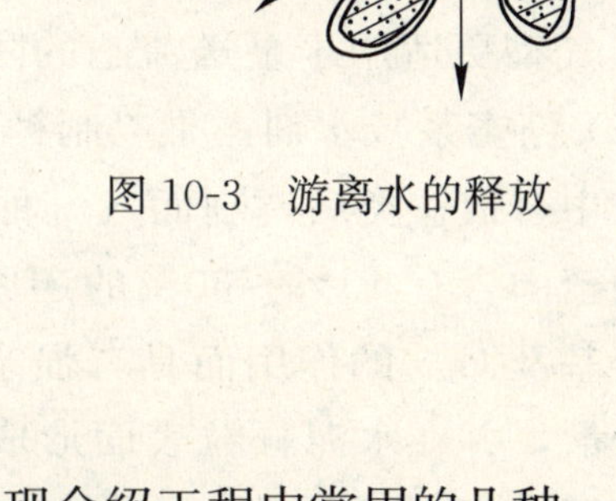

图 10-3　游离水的释放

3. 减水剂品种

目前国内生产的减水剂有数十个品种，现介绍工程中常用的几种：

（1）木质素系减水剂：目前国内应用较多的是木质素磺酸钙，它是由提取酒精后的木浆废液经蒸发、磺化浓缩、喷雾干燥制成，呈棕黄色粉状，简称木钙。其主要成分为：木质素磺酸钙约占 60% 以上，还原物含量低于 12%，pH 值 4.5～5.5，是属于阴离子表面活性剂。适宜掺量为 0.2%～

0.3%，减水率10%左右，若不减水，坍落度可提高10cm左右，混凝土28d强度可提高10%～20%，若保持强度不变 ，可节约水泥用量约10%，具有缓凝作用，一般缓凝时间为1～3h。混凝土掺入这种外加剂后含气量有所增加，由不掺加时的2%增加为3.6%，这对混凝土强度有影响，但对混凝土抗冻性有利，也使混凝土的抗渗性提高2～3个等级。使用时，要先将木质素磺酸钙粉剂溶于水，制成浓度30%左右的溶液，搅拌均匀停放12h再掺入混凝土拌合物中。

(2) 萘系减水剂：是从煤焦油中分馏出来的萘及萘的同系物为原料，经磺化、缩合而成，其主要成份为芳香磺酸盐甲醛浓缩物，属于阴离子表面活性剂。萘系减水剂目前国内已有二十余种，主要有NNO、MF、FDN、UNF、NF、建1、JN等。

萘系减水剂适宜掺量一般为0.5%～1.0%，对水泥颗粒有很强分散作用，其减水、增强、提高耐久性优于木质素，属高效减水剂，减水率一般在15%～20%，3d强度可提高30%～100%，28d强度可提高15%～30%，节省水泥用量10%～15%，pH值7～9。萘系减水剂多为非引气型，如FDN、UNF、NF等，它的主要特点使混凝土坍落度大幅度增大，可超过220mm（一般可使混凝土坍落度超过180mm的减水剂通常称为超塑化剂），同时也使混凝土强度大幅度提高。缺点是混凝土坍落度损失较快，掺量超过1%～1.5%，混凝土泌水加剧。引气型萘系减水剂，如NNO、MF、建1等，掺后使混凝土含气量增加到5%左右，大大改善混凝土和易性，增大坍落度，提高混凝土的抗冻性；其缺点除坍落度损失较快外，由于引气性，在混凝土浇筑时如不注意加强振捣除气，影响混凝土强度，超掺量将引起混凝土强度降低。萘系减水剂适用于所有混凝土工程，非引气型更适用配制高强混凝土，引气型更适用于泵送流态的防水抗冻混凝土。

(3) 糖蜜系减水剂：是以制糖厂生产过程中提炼食糖后剩下废液为原料，用石灰中合成盐类后调制而成一种棕色糊状液体，具有微碱性，pH值为9～10，糖蜜中含有40%～60%的还原糖及转化糖，属于非离子表面活性剂。因为有羟基及$C_a{}^{++}$的作用而具有强亲水性，吸附在水泥颗粒表面以后能使絮凝结构分散，并在水泥颗粒表面形成很厚的溶剂化水膜，因而能起减水与缓凝作用，属缓凝型减水剂。

糖蜜系减水剂主要成分为已糖二酸钙，减水效果与木质素系减水剂相近，但在改善混凝土黏聚性及减少泌水性方面，较木质素系减少剂效果显著。掺量一般0.2%～0.3%，减水率6%～10%，混凝土28d强度增长15%～20%，若保持强度不变可节约水泥10%左右，初、终凝时间一般延长3h以上，使混凝土的抗渗透能力提高 1 倍以上，大体积混凝土水化热显著降低，减少收缩开裂。工程应用更多的作为缓凝剂，适用于大体积混凝土，夏季混凝土施工及防水混凝土。

（4）树脂系减水剂：国内生产的树脂系减水剂主要品种是 SM，其主要成分为三聚氰胺甲醛缩合物，简称密胺树脂，属于阴离子表面活性剂。它是由三聚氰胺、甲醛和亚硫酸钠按 1∶3∶1 克分子比，在一定反应条件下，经缩聚而成的一种水溶性聚合物。它对水泥颗粒的分散性、对混凝土的减水性、增强性要高于萘系减水剂，属于早强、非引气型高效能减水剂，其掺量为 0.5％～2.0％，减水率 20％～30％，1d 强度提高一倍以上，7d 强度可达基准混凝土 28d 强度，若强度保持不变，可节约水泥用量 25％左右。SM 可以用于配制 C60～C80 高强混凝土，但因其价格昂贵，目前主要用于有特殊要求的混凝土工程。

10.4 外加剂的质量标准

混凝土外加剂掺入混凝土拌合物后，成为混凝土的组成材料，对混凝土性能质量起着重要影响，外加剂性能质量必须符合国家标准，才能达到预定功能要求。现行国家规范标准对外加剂的性能质量要求主要是匀质性指标、受检混凝土的检验性指标、对工程耐久性产生侵蚀的有害物质限量及对人体健康无害、不污染环境的环保性要求。

1. 国家标准《混凝土外加剂》

国家标准《混凝土外加剂》（GB 8076—1997），对普通减水剂，高效减水剂，早强减水剂、缓凝高效减水剂、缓凝减水剂、引气减水剂、早强剂、缓凝剂、引气剂规定了性能质量标准。

（1）早强剂：能提高混凝土早期强度的外加剂称为早强剂，一般高效减水剂均能在不同程度上提高混凝土早期强度，在这里所讲的早强剂是专指作为提高混凝土早期强度的外加剂，多用于冬期施工或紧急抢修工程。工程中常用的有：氯化钙（$CaCl_2$）、硫酸钠（Na_2SO_4）与三乙醇胺。但应注意 $CaCl_2$ 含有氯离子，在钢筋混凝土结构中掺量不能超过水泥重 1％，在无筋混凝土中掺量不能超过水泥重 3％，使用冷拉冷拔低碳钢丝的或处于水位升降，大气相对湿度大于 80％，露天经常受雨淋，有酸、碱、盐介质侵蚀，薄壁结构、预应力混凝土结构等不得使用。

（2）缓凝剂：能延缓混凝土凝结时间，对混凝土后期强度并无显著影响的外加剂称为缓凝剂。缓凝剂的作用是能延长混凝土拌合物凝结时间，推迟延缓水化作用，使混凝土能在较长时间内保持塑性，这对在高温季节施工时，长距离输送以防混凝土早凝而影响运输浇筑，防止浇筑接槎出现冷缝，延缓大体积混凝土水化热温度峰值出现时间，减少温度应力均起到重要作用。

作用机理：主要是混凝土掺入缓凝剂后，能被吸附在水泥颗粒表面，形成同种电荷亲水膜，使水泥颗粒相互排斥分散，不会较快相互凝聚成较大粒子，因为混凝土强度的形成，只有经过水泥颗粒表面水化达到一定程度相互间凝聚作用逐渐增强才会形成，故此减水剂往往具有一定缓凝作用。缓凝剂种类也较多，工程中常用的有如前述的木钙，糖蜜类，另外还有使用柠檬酸作缓凝剂的，柠檬酸为无色无味晶体，属于阴离子表面活性剂，一般掺量为0.03％～0.1％，随掺量不同，凝结时间可延长数小时至十几小时。常用几种缓凝剂对混凝土初凝时间延长一般为1～8h，终凝时间延长2～8h。

（3）引气剂：能在混凝土中形成细小的，均匀分布的，并在混凝土硬化后仍能保持空气微泡的外加剂称为引气剂。引气剂产生的气泡是封闭球形，直径在25～500μm之间，它对混凝土的凝结硬化影响不大。

引气剂的主要成分是表面活性剂，混凝土中加入引气剂后，由于表面活性的作用，降低了水的表面张力及表面能，在混凝土搅拌时容易产生气泡，同时表面活性剂在气泡表面富集吸附于气泡表面作定向排列，形成单分子吸附膜，使液膜坚固而不易破裂。气泡形成的数量与加入引气剂的种类和数量有关，与水溶液温度、比重、pH值、水泥用量、水泥细度、细骨料粒径、砂率、水灰比、搅拌方式等有关。

引气剂的作用，其微小独立气泡，在混凝土中可以起到滚球轴承作用，减少混凝土拌合物流动过程中骨料间摩擦阻力，使混凝土流动性大大提高，若流动性不变，可减水10％左右；由于这些微气泡能够隔断混凝土毛隙管渗水通路，使混凝土抗渗性与抗冻性显著提高，可使抗渗、抗冻等级均能提高1～2级；但混凝土内气泡的存在，使混凝土有效受压面积减少，从而使混凝土抗压强度有所降低，故引气量以3％～6％为宜。引气剂多用于有防水、抗冻要求的混凝土工程。常用的产品有松香热聚物、松香皂、植物皂甙等。

（4）国家标准《混凝土外加剂》，对掺外加剂受检混凝土性能指标要求见表10-1。

掺外加剂混凝土性能指标 表 10-1

试验项目		外加剂品种																	
		普通减水剂		高效减水剂		早强减水剂		缓凝高效减水剂		缓凝减水剂		引气减水剂		早强剂		缓凝剂		引气剂	
		一等品	合格品	一等品	合格品	一等品	合格品	一等品	合格品	一等品	合格品	一等品	合格品	一等品	合格品	一等品	合格品	一等品	合格品
减水率，%，不小于		8	5	12	10	8	5	12	10	8	5	10	10	—	—	—	—	6	6
泌水率比，%，不大于		95	100	90	95	95	100	100		100		70	80	100		100	110	70	80
含气量，%		≤3.0	≤4.0	≤3.0	≤4.0	≤3.0	≤4.0	<4.5		<5.5		>3.0		—		—		>3.0	
凝结时间之差 min	初凝	−90～+120		−90～+120		−90～+90		≥+90		≥+90		−90～+120		−90～+90		≥+90		−90～+120	
	终凝																		
抗压强度比，% 不小于	1d	—	—	140	130	140	130	—		—		—		135	125	—	—	—	—
	3d	115	110	130	120	130	120	140	120	100		115	110	130	120	100	90	95	80
	7d	115	110	125	115	125	110	125	115	110		110		110	105	100	90	95	80
	28d	110	105	120	110	105	100	120	110	110	105	100		100	95	100	90	90	80
收缩率比，% 不大于	28d	135		135		135		135		135		135		135		135		135	
相对耐久性指标，% 200 次，不小于												80	60					80	60
对钢筋锈蚀作用		应说明对钢筋有无锈蚀危害																	

注：① 除含气量外，表中所列数据为掺外加剂混凝土与基准混凝土的差值或比值；

② 凝结时间指标，"−"号表示提前，"+"号表示延缓；

③ 相对耐久性指标一栏中，"200 次≥80 和 60"表示将 28d 龄期的掺外加剂混凝土试件冻融循环 200 次后，动弹性模量保留值≥80%或≥60%；

④ 对于可以用高频振捣排除的，由外加剂所引入的气泡的产品，允许用高频振捣，达到某类型性能指标要求的外加剂，可按本表进行命名和分类，但须在产品说明书和包装上注明"用于高频振捣的××剂。

2. 国家建材行业标准《砂浆、混凝土防水剂》

国家建材行业标准《砂浆、混凝土防水剂》（JC 474—1999），对各种用于防水混凝土的防水外加剂其性能质量提出了规定要求。

（1）混凝土防水剂：能够降低混凝土在静水压力作用下透水性，提高混凝土抗渗能力的外加剂称为防水剂。从防水作用角度，防水剂应有广义概念，比如减水剂虽然从作用功能划为减水剂，但由于减水作用对水灰比，单位用水量的降低，对混凝土防水抗渗作用有显著增强；又如引气剂作为定义它的概念主要是从能产生独立，均匀气泡这一角度着眼，而在混凝土中产生气泡的作用主要是提高混凝土的防水抗渗性和抗冻性；如果离开对外加剂性能全方位的理解单独从词意上理解防水剂、容易误导防水工程防水混凝土对外加剂的选用，凡对混凝土防水抗渗性能有显著增强作用的外加剂均可作为防水剂使用。

（2）用于防水混凝土的外加剂：主要有减水剂、引气剂、三乙醇胺、氯化铁和多功能复合型防水剂。

① 减水剂防水混凝土：当减水率10%～20%时，混凝土强度提高10%～30%，抗渗性能提高一倍左右；在保持水灰比，水泥用量不变条件下，可增加坍落度8～15cm，其强度与抗渗性均不降低。减少水灰比，降低单位用水量，减少水分蒸发，降低孔隙率，同时还能提高混凝土拌合物保水黏聚性，降低泌水，也起到降低孔隙率，增强混凝土的密实性；尤其是掺加具有引气作用的减水剂，生成的独立均匀封闭气泡即可阻止泌水，又可切断毛隙孔渗水通路，可以使混凝土拌合物泌水率降低58%～78%，使混凝土抗渗性大幅度提高。缓凝型减水剂可使混凝土凝结时间推迟3～6h，使大体积混凝土水泥水化热温度峰值出现时间向后推迟，待降温收缩时，混凝土已经有了较高抗拉强度，有助于减少或避免混凝土裂缝。掺有减水剂的防水混凝土根据减水剂品种和掺量不同，一般其抗渗等级可达P8～P20。各种减水剂对泌水率影响见表10-2。掺入NNO及其复合剂对混凝土抗渗性影响见表10-3。

各种减水剂对泌水率的影响　　表10-2

减水剂		水灰比	坍落度(cm)	泌水率(%)	降低泌水率(%)
品种	掺量(%)				
—	0	0.51	0	4.87	
NNO	0.5	0.51	3.5	3.81	21
MF	0.5	0.51	16.5	2.05	58
木钙	0.25	0.51	3.5	1.17	76

注：混凝土的配合比为：1∶1.85∶3.29；32.5级矿渣水泥。

掺入 NNO 及其复合剂的混凝土抗渗性 **表 10-3**

编号	外加剂		水泥		水灰比	坍落度(cm)	抗渗性	
	品种	掺量(%)	品种	用量(kg/m³)			MPa	渗透高度(cm)
1	—	0	42.5 级普通水泥	300	0.6	1~3	0.8	—
2	NNO	1		264	0.6	1~3	1.5	—
3	—	0	42.5 级普通水泥	281	0.62	1~3	0.8	—
4	NNO	0.8		287	0.45	1~3	>1.2	6.8
5	—	0	42.5 级矿渣水泥	350	0.55	6	0.8	—
6	NNO-F	0.8		360	0.55	15.5	0.9	—
7	NNO-F	0.5		360	0.55	10.5	0.8	—
8	—	0	42.5 级矿渣水泥	380	0.5	0.3	1.7	—
9	NNO-F	0.8		380	0.5	15	1.7	—
10	NNO-F	0.5		407	0.49	16	1.4	—

注：NNO-F 为用工业萘及甲萘酚副产品废硫酸合成的。

② 引气剂防水混凝土：引气剂与加气剂不同，加气剂是指在砂浆中加入少量的金属粉沫(如铝粉等)，在浇筑时发生反应，放出大量氢等气体，使料浆体积显著膨胀的物质。引气剂的掺量是以获得含气量 3%~5%为宜，此时，松香酸钠掺量为 $1/10^4$~$3/10^4$，松香热聚物掺量为 $1/10^4$。

水灰比不仅决定混凝土内毛隙管网的数量与大小，而对引气剂形成气泡的数量与质量也有较大影响：水灰比低时，拌合物稠度大，不利于气泡的形成，使含气量降低；水灰比大时，拌合物稠度小，有利于气泡形成，在掺量不变情况下，含气量提高；水灰比不同，引气剂的适宜掺量也不同，引气剂掺量与水灰比关系见表 10-4，掺引气剂防水混凝土水灰比选用见表 10-5。

引气剂掺量与水灰比的关系 **表 10-4**

水灰比	0.50	0.55	0.60
引气剂掺量($\times10^{-4}$)	1~5	0.5~3	0.5~1

引气剂防水混凝土水灰比选用表 **表 10-5**

水灰比	0.4~0.5	0.55	0.60	0.65
抗渗等级	≥P12	≥P8	≥P6	≥P4

混凝土中细骨料砂子，对引气剂产生气泡也要产生影响，砂子粒径越细，形成的气泡越小，数量也多，采用细砂对抗渗性有利，但使混凝土的空隙率加大，用水量与水泥用量相应要加大，使混凝土收缩加大；故综合考虑，以细度模数为 2.6 左右的中砂为好，砂粒径对混凝土抗渗性影响见表 10-6。

砂粒径对混凝土抗渗性的影响 **表 10-6**

砂的特性		坍落度 (mm)	含气量 (%)	拌合物堆积密度 (kg/m^3)	抗渗压力 (MPa)
中砂：细砂	细度模数				
100：0	2.88	90	9.1	2300	0.6
50：50	2.335	95	7.35	2320	0.8
0：100	1.79	87	7.1	2360	1.0

引气剂对各种水泥品种有良好的适应性，其引气作用不受水泥品种影响。随着灰砂比加大，混凝土黏滞性加大，含气量减小，反之灰砂比减小，含气量增大，为了获得一定适宜的含气量，可以调整引气剂的掺量。混凝土的含气量受搅拌时间影响很大，一般情况下，从搅拌开始，含气量随搅拌时间的延长而增加，当搅拌 2～3min 时获得最大含气量，如继续搅拌则含气量开始下降，适宜的搅拌时间应由试验确定，通常情况，较普通混凝土搅拌时间稍长，可为 2～3min。各种振动均会降低含气量，振动时间越长，含气量损失越大，为了保证混凝土有一定含气量，同时又保证混凝土振捣密实，振捣时间不应过长或过短，当采用振动台或平板式振捣器时，振捣时间不宜超过 30s，使用插入式振捣器时不宜超过 20s。

③ 三乙醇胺防水混凝土：三乙醇胺具有早强和增强作用，一直作为早强剂使用。20 世纪 70 年代开始用于配制防水混凝土，在实际工程应用中取得良好效果。其防水原理是：在混凝土中掺入微量三乙醇胺，并不改变水泥水化生成物，而是加快水泥水化作用，使水泥在早期生成较多的含水结晶物，耗用了较多的水与之结合，减少了游离水，相应也就减少了由于游离水蒸发而形成毛隙孔数量，提高了混凝土的抗渗性。当三乙醇胺和氯化钠、亚硝酸钠复合使用时，在水泥水化过程中分别生成氯铝酸盐和亚硝酸铝酸盐络合物，发生体积膨胀，增加密实度，减少孔隙或切断毛细管通路，提高了混凝土抗渗性。

④ 氯化铁防水混凝土：氯化铁防水剂掺入混凝土后其防水原因是：氯化

铁防水剂的主要成分氯化铁、氯化亚铁、硫酸铝能与水泥水化物氢氧化钙作用生成氢氧化铁、氢氧化亚铁、氢氧化铝等不溶于水的胶体及新生态氯化钙，这些胶体渗入混凝土孔隙中增加了混凝土密实度，降低泌水率；同时进一步反应还能生成含水的氯硅酸钙，氯铝酸钙和硫铝酸钙晶体，产生体积膨胀，进一步挤密混凝土内的空隙，增加了密实度。氯化铁防水剂一般掺量为水泥重量3%左右，能使混凝土抗渗能力显著提高。

氯化铁防水剂对钢筋锈蚀具有有利与不利双重影响，由于氯化铁防水剂在混凝土中能生成大量氢氧化铁等胶体，使混凝土密实度提高，使与钢筋发生电化学腐蚀的氧和水进入接触困难，这对抑制钢筋锈蚀是有利的，同时在钢筋周围生成的氢氧化铁胶膜，也能对钢筋起到保护作用。但新生态氯化钙除与水泥结合外，还剩余少量氯离子，形成了对钢筋锈蚀的诱发条件，经试验测定在掺入3%的液体氯化铁防水剂的硬化砂浆中氯离子的含量为水泥重量的0.224%，根据新的现行《混凝土结构设计规范》耐久性规定，按着3%掺量的这一氯离子含量对一类环境和二类a环境的结构混凝土是允许的(最大氯离子含量限值：一类环境1%、二类a环境0.3%)，但对二类b环境和三类环境已经超标是不允许的(最大氯离子含量限值：二类b环境0.2%，三类环境0.1%)。为此氯化铁防水剂用于防水混凝土，按照新规范耐久性要求，就应将以往的适宜掺量3%适当降低，以便减少氯离子的含量，对于接触直流电源工程及预应力混凝土结构工程禁止使用，对处于二、三类潮湿环境下的防水工程慎重使用。根据氯化铁防水作用机理，比较适用于普通硅酸盐水泥拌制的防水混凝土，如用于混合材料掺量大的矿渣水泥、火山灰水泥、粉煤灰水泥拌制的防水混凝土，所需混凝土中由水泥水化反应生成的氢氧化钙量很大(混合材料的活性也主要是依赖活性氧化硅、活性氧化铝与氢氧化钙的二次反应)，要么由于氢氧化钙数量不足、不能使混合材料或氯化铁充分发挥作用，要么由于氢氧化钙消耗过多，使混凝土碱性大为降低，抗碳化能力大为削弱。

氯化铁防水剂防水混凝土施工使用应注意：市场上出售的氯化铁化学试剂不能作为氯化铁防水剂使用，因为作为防水剂的氯化铁中还含有几种不同功能的物质，保证防水混凝土质量。氯化铁防水剂使用前，应先用水稀释，严禁将氯化铁防水剂直接加入水泥或粗细骨料中。氯化铁防水剂掺量不应超过3%，掺加后其氯离子含量不应超过规范规定。需要机械搅拌，其搅拌时间不宜少于2min。

⑤ 多功能高效复合型防水剂

由于施工长距离高泵送或无振捣提出大流动性要求，结构高层大跨提出的高强要求，结构在设计使用年限内的预期耐久性要求，现代混凝土应用技术对混凝土性能提出全面改善的更高要求，为了提高混凝土和易性、强度、保证工程耐久性，建筑材料的复合使用，在混凝土中掺加外加剂新的组分材料，就如同混凝土与钢筋相匹配复合使用发挥各自材料性能优势一样得到了工程应用的验证。所不同的是混凝土与钢筋复合是混凝土的抗压与钢筋抗拉的互补，使结构承载能力大大提高，变形性能改善；而外加剂是以改变水泥与水的水化机理过程，改善混凝土材料的微观结构构造，减少孔隙、增加密实度、改善混凝土性能质量。外加剂应用技术虽仅半个世纪，但发展迅速，一是对作用机理研究更加深入，二是为了适应全面改善混凝土性能要求，在应用上已由原有性能单一型逐渐向多功能复合型转化。

混凝土的水灰比，微观下的孔隙结构和密实度正是影响混凝土技术性能和易性、强度和工程耐久性的重要关键因素；特别是减小水灰比对降低混凝土孔隙率、增加密实度、提高强度、提高混凝土防水抗渗、防冻抗冻、减少收缩避免或减少裂缝、防止钢筋锈蚀、预防碱骨料反应和防止化学侵蚀均起到有利的重要影响。目前已经出现以高效减水为基本组分、集引气剂的生成独立分散气泡和生成新的胶凝物质的多功能复合型外加剂，由于抗渗性对耐久性的决定作用，多功能高效复合型防水剂更具有应用意义。例如 DHZ-I 混凝土复合液就是其中的一种，工程实际应用证明效果良好，其主要性能指标：(A)高效减水、减水率可达 25%以上，在水灰比较小情况下(0.40 左右)，可使混凝土拌合物坍落度达 180mm 以上，能满足大流态混凝土泵送施工要求；(B)保水黏聚性好，施工中混凝土不易泌水离析，游离水不易蒸发损失；(C)提高早期与 28d 强度，3d 强度提高 40%～50%，28d 强度提高 20%左右，加速施工拆模，在保持等强度条件下，可节约水泥用量 15%；(D)具有一定膨胀作用，可使混凝土具有 0.6×10^{-4}膨胀率，抗渗等级可达 P20 以上；(E)抗冻性好，使混凝土抗冻等级可达 F200 以上，能够满足寒冷地区混凝土的抗冻要求；(F)外加剂其他有关性能具有可调性，如冬期施工可调制同时满足防冻要求；对大体积混凝土或在夏季高温季节施工时可调制成同时满足缓凝要求；(G)外加剂为无毒、无异味、对人体无害不污染环境，氯离子、碱含量、氨的释放量均满足国家标准要求。外加剂的试验检测指标见表 10-7、表 10-8，表 10-7 的性能指标为防冻型的，表 10-8 的性能指标为非防冻型的。

(3) 国家行业标准《砂浆、混凝土防水剂》，对受检混凝土的性能指标要求见表 10-9。

DHZ-I 混凝土复合液性能检测指标　　表 10-7

<table>
<tr><th rowspan="2">序号</th><th rowspan="2" colspan="2">检测项目</th><th colspan="2">标准要求</th><th rowspan="2">检测结果</th><th rowspan="2">单项结论</th></tr>
<tr><th>一等品</th><th>合格品</th></tr>
<tr><td>1</td><td colspan="2">减水率，%</td><td>≥8</td><td>—</td><td>27.2</td><td>一等品</td></tr>
<tr><td>2</td><td colspan="2">含气量，%</td><td>≥2.5</td><td>≥2.0</td><td>3.1</td><td>一等品</td></tr>
<tr><td>3</td><td colspan="2">泌水率比，%</td><td>≤100</td><td>≤100</td><td>0</td><td>一等品</td></tr>
<tr><td rowspan="4">4</td><td rowspan="4">抗压强度比，%</td><td>−7d</td><td>≥12</td><td>≥12</td><td>13</td><td>一等品</td></tr>
<tr><td>28d</td><td>≥95</td><td>≥90</td><td>154</td><td>一等品</td></tr>
<tr><td>−7d+28d</td><td>≥90</td><td>≥85</td><td>134</td><td>一等品</td></tr>
<tr><td>−7d+56d</td><td>≥100</td><td>≥100</td><td>145</td><td>一等品</td></tr>
<tr><td>5</td><td colspan="2">渗透高度比，%</td><td colspan="2">≤100</td><td>80</td><td>合格</td></tr>
<tr><td>6</td><td colspan="2">50 次冻融强度损失率比，%</td><td colspan="2">≤100</td><td>40</td><td>合格</td></tr>
<tr><td>7</td><td colspan="2">含固量，%</td><td colspan="2">应在生产厂控制值的相对量的 3%之内</td><td>47.6</td><td>合格</td></tr>
<tr><td rowspan="2">8</td><td colspan="2">碱含量，%</td><td colspan="2">—</td><td>5.35</td><td>—</td></tr>
<tr><td colspan="2">带入每立方米混凝土中的碱总量，kg</td><td colspan="2">≤1.0</td><td>0.6</td><td>合格</td></tr>
<tr><td rowspan="4">9</td><td colspan="2">氯离子含量，%</td><td colspan="2">—</td><td>0.01</td><td>—</td></tr>
<tr><td rowspan="3">带入每立方米混凝土中的氯离子含量，kg</td><td>预应力混凝土</td><td colspan="2"><0.02</td><td rowspan="3">0.01</td><td rowspan="3">不受限</td></tr>
<tr><td>钢筋混凝土</td><td colspan="2">0.02～0.20</td></tr>
<tr><td>无筋混凝土</td><td colspan="2">0.20～0.60</td></tr>
<tr><td>10</td><td colspan="2">氨含量，%</td><td colspan="2">≤0.1</td><td>0.01</td><td>合格</td></tr>
<tr><td rowspan="2">11</td><td rowspan="2">放射性限量</td><td>内照射指数 I_{Ra}</td><td colspan="2">≤1.0</td><td>0.08</td><td>合格</td></tr>
<tr><td>外照射指数 I_r</td><td colspan="2">≤1.0</td><td>0.27</td><td>合格</td></tr>
</table>

备注：掺量为：3.0%×C；规定温度：−10℃；含固量厂家控制值为：48%；带入每立方米混凝土中的氯离子含量和碱含量按 400kg 水泥计算；

结论：抽检试样所测项目中氨含量符合 GB 18588—2001 标准要求，氯离子含量、碱总量符合 DBJ 01—61—2002标准相关要求，放射性限量符合 GB 6566—2001 标准要求，其他检测项目符合 JC 475—92《混凝土防冻剂》“一等品”标准指标。

检测报告日期××年×月×日

DHZ-Ⅰ混凝土复合液性能检测指标 **表 10-8**

<table>
<tr><th rowspan="2">序号</th><th rowspan="2" colspan="2">检 测 项 目</th><th colspan="2">标 准 要 求</th><th rowspan="2">检测结果</th><th rowspan="2">单项结论</th></tr>
<tr><th>一 等 品</th><th>合 格 品</th></tr>
<tr><td>1</td><td colspan="2">净浆安定性</td><td colspan="2">合 格</td><td>合格</td><td>合 格</td></tr>
<tr><td>2</td><td colspan="2">泌水率比，%</td><td>≤50</td><td>≤70</td><td>48</td><td>一等品</td></tr>
<tr><td>3</td><td>凝结时间差，min</td><td>初 凝</td><td colspan="2">≥−90</td><td>+192</td><td>合 格</td></tr>
<tr><td rowspan="3">4</td><td rowspan="3">抗压强度比，%</td><td>3d</td><td>≥100</td><td>≥90</td><td>141</td><td>一等品</td></tr>
<tr><td>7d</td><td>≥110</td><td>≥100</td><td>128</td><td>一等品</td></tr>
<tr><td>28d</td><td>≥100</td><td>≥90</td><td>116</td><td>一等品</td></tr>
<tr><td>5</td><td colspan="2">渗透高度比，%</td><td>≤30</td><td>≤40</td><td>19</td><td>一等品</td></tr>
<tr><td>6</td><td colspan="2">48h 吸水量比，%</td><td>≤65</td><td>≤75</td><td>50</td><td>一等品</td></tr>
<tr><td>7</td><td colspan="2">28d 收缩率比，%</td><td>≤125</td><td>≤135</td><td>36</td><td>一等品</td></tr>
<tr><td>8</td><td colspan="2">相对耐久性指标，%(200 次冻融循环后)</td><td colspan="2">≥60</td><td>95.7</td><td>合格</td></tr>
<tr><td rowspan="2">9</td><td colspan="2">碱含量，%</td><td colspan="2">—</td><td>4.66</td><td>—</td></tr>
<tr><td colspan="2">带入每立方米混凝土中的碱总量，kg</td><td colspan="2">≤0.7</td><td>0.6</td><td>合 格</td></tr>
<tr><td rowspan="4">10</td><td colspan="2">氯离子含量，%</td><td colspan="2">—</td><td>0.01</td><td>—</td></tr>
<tr><td rowspan="3">带入每立方米混凝土中的氯离子含量，kg</td><td>预应力混凝土</td><td colspan="2">≤0.02</td><td rowspan="3">0.001</td><td rowspan="3">不限制</td></tr>
<tr><td>钢筋混凝土</td><td colspan="2">0.02～0.20</td></tr>
<tr><td>无筋混凝土</td><td colspan="2">0.20～0.60</td></tr>
<tr><td>11</td><td colspan="2">氨含量，%</td><td colspan="2">≤0.1</td><td>0.00</td><td>合 格</td></tr>
<tr><td>12</td><td colspan="2">抗渗性，(压力为 2.0MPa 时渗透深度)mm</td><td colspan="2">—</td><td>93</td><td>—</td></tr>
<tr><td rowspan="2">13</td><td rowspan="2">放射性限量</td><td>内照射指数 I_{Ra}</td><td colspan="2">≤1.0</td><td>0.09</td><td>合 格</td></tr>
<tr><td>外照射指数 I_r</td><td colspan="2">≤1.0</td><td>0.31</td><td>合 格</td></tr>
</table>

备注：掺量为：3.0%×C；带入每立方米混凝土的氯离子含量和碱总量按 400kg 水泥计算。

结论：抽检试样所测项目中氨含量符合 GB 18588—2001 标准要求，氯离子含量，碱总量、相对耐久性指标符合 DBJ 01—61—2002 标准相关要求，放射性限量符合 GB 6566—2001 标准要求，抗渗性试验参照 GBJ 82—85 标准检测，其他检测项目符合 JC 474—1999《砂浆、混凝土防水剂》中混凝土防水剂“一等品”标准指标。

检测报告日期××年×月×日

掺防水剂受检混凝土的性能指标　　　　表 10-9

试验项目			性能指标	
			一等品	二等品
净浆安定性			合格	合格
泌水率比，%	不大于		50	70
凝结时间差，min	不小于	初凝	−90	
		终凝	—	
抗压强度比，%	不小于	3d	100	90
		7d	110	100
		28d	100	90
渗透高度比，%	不大于		30	40
48h 吸水量比，%	不大于		65	75
28d 收缩率比，%	不大于		125	135
对钢筋的锈蚀作用			应说明对钢筋有无锈蚀作用	

注：① 除净浆安定性为净浆的试验结果外，表中所列数据均为受检混凝土与基准混凝土差值或比值。

② “—” 表示提前。

3. 国家建材行业标准《混凝土防冻剂》

国家建材行业标准《混凝土防冻剂》(JC 475—2004)，对用于冬期施工的各种混凝土防冻剂提出了性能质量要求。

(1) 混凝土防冻剂：能使混凝土在负温下硬化，并在规定养护条件下达到预期性能的外加剂称为防冻剂。混凝土强度的增长取决于水泥水化反应的结果，水泥的水化反应和水的温度有关，当水的温度降低时，水泥的活性减弱，水化反应减慢，当温度降到 0℃以下，水结冰，水化反应停止。混凝土中水的冰点一般在 −1～−2℃之间，当混凝土中的水开始结冰时，体积大约膨胀 9%，当混凝土在没有达到一定强度之前，如果受冻，混凝土内部结构将遭到一定破坏，降低损失强度及物理力学性能。为此，混凝土冬期施工通过原材料保温加热，保证一定的入模温度，再通过掺加防冻剂和浇筑后的保温蓄热，尽量加大正温下的强度增长，使混凝土在受冻前尽快达到能够抵抗冻害的临界强度。防冻剂的防冻抗冻作用，是因为防冻剂一般由减水组分、防冻组分、引气组分、早强组分组成，通过防冻组分降低冰点，使混凝土在负温下仍能进行一定的水化作用，通过早强组分加快早期强度增长，通过减水组分减少可冻结水量，通过引气组分生成较多独立封闭空气泡，改善防冻抗冻孔结构。混凝土只要在达到受冻临界强度之后受冻，转成常温后，其最终强度基本不受影响，含氯盐类防冻剂不得用于钢筋混凝土结构。

（2）国家建材行业标准《混凝土防冻剂》，对掺防冻剂的受检混凝土性能指标要求，见表 10-10。

掺防冻剂受检混凝土性能指标　　　　表 10-10

试验项目		性能指标					
		一等品			合格品		
减水率，%	不小于	8			—		
泌水率比，%	不大于	100			100		
含气量，%	不小于	2.5			2.0		
凝结时间差，min	初凝	−120～+120			−150～+150		
	终凝						
抗压强度比，% 不小于	规定温度，℃	−5	−10	−15	−5	−10	−15
	R_{28}	95		90	90		85
	R_{-7+28}	95	90	85	90	85	80
	R_{-7+56}	100			100		
90d 收缩率比，%	不大于	120					
抗渗压力（或高度）比，%		不小于 100（或不大于 100）					
50 次冻融强度损失率比，%不大于		100					
对钢筋锈蚀作用		应说明对钢筋有无锈蚀作用					

10.5 外加剂选用

1. 外加剂选用原则

随着混凝土外加剂技术近些年来的快速发展，国内已发展到 4 大类几百个品种，工程实践证明，混凝土外加剂对现代混凝土施工工作性，对硬化混凝土强度及工程耐久性所起的重要作用。但是由于形成混凝土强度、变形，构成工程耐久性的影响因素与变化过程的复杂性，应当说目前对混凝土性能研究还主要是限于宏观的测试检验，统计规律，其微观的作用机理尚需进一步研究揭示。由于外加剂种类繁多，其性能、作用机理也各不相同，外加剂应用技术关键在于：正确选择、质量控制、适宜掺量及合理使用。

(1) 正确选择

正确选择是指根据工程结构特点、施工条件与使用环境，需混凝土性能改善与质量提高而对外加剂的性能指标提出的要求，并参照各种外加剂适用范围及实际工程应用验证进行选择；外加剂的选择不仅应满足混凝土拌合物施工和易性、硬化后强度要求，还必须考虑对结构耐久性的影响；实际工程中由于外加剂选择不当，造成工程质量事故已时有发生，特别是应注意外加剂与水泥的相容性，不同品种外加剂复合使用时相互间的相容性。

(2) 质量控制

质量控制是指掺外加剂混凝土的性能质量为达到预期目标而采取的控制措施，其中包括对外加剂性能质量控制与外加剂掺入后性能发挥效果的混凝土质量控制；为此要求被选用的外加剂，其供应单位应提供产品说明书、产品合格证、出厂检验报告及采用实际工程所用水泥、砂、石、水，掺合料、掺入选用外加剂的受检混凝土检验报告，根据各项检验指标与国家标准要求相比照。并通过适宜掺量，施工中合理使用及试验检测手段实施综合控制措施。为了保证环保性，要求外加剂对人体不产生危害，对环境不产生污染，国家标准《混凝土外加剂释放氨的限量》规定：用于民用建筑工程的混凝土外加剂氨的释放量不得超过 0.10%，当外加剂用于饮水工程及与食品相接的工程部位时，应对外加剂中所含的游离甲醛、游离苯等对人体健康有害成分含量进行检测，并均应符合国家有关标准要求。为了限制混凝土碱与氯离子含量，《混凝土外加剂应用技术规范》(GB 50119—2003)规定：处于与水接触或潮湿环境中当使用碱活性骨料时，由外加剂带入的碱含量(以当量氧化钠计，即 $Na_2O+0.658K_2O$)不应超过 $1kg/m^3$ 混凝土；北京市地方标准《混凝土外加剂应用技术标准》(DBJ 01—61—2002)规定：防水剂由外加剂带入混凝土的碱含限值为 $0.7kg/m^3$，其他外加剂带入混凝土碱含量限值为 $1.0kg/m^3$；由外加剂带入混凝土氯离子限量：对普通钢筋混凝土结构为 $0.02\sim0.2kg/m^3$，即每立方混凝土不得超过 0.2kg，预应力混凝土与无筋混凝土每立方米分别不超过 0.02kg 与 0.60kg。

(3) 适宜掺量

外加剂掺量一般按胶凝材料总量（水泥＋矿物掺合料）重量百分比表示，外加剂对混凝土某一性能的改善提高，既与外加剂的性能有关，也与掺量多少有关，同一种外加剂对混凝土性能改善效果并不是与掺量成正比关系，而是存在一个小范围取得最佳效果的最佳掺量；同时掺入外加剂为取得予期相同效果，往往随着混凝土内原材料及配合比不同的影响，也需不同的掺量，例如前已述及水灰比低时不利于引气剂的气泡形成，水灰比大时有利于气泡的形成，为取得相同引气量，引气剂的掺量就应随着水灰比的减小而增加；而且更应注意，外加剂对混凝土某一性能的有利影响，随着掺量的增多，效果随会更加显著，但掺量过多，可能使混凝土结构造成另一种负面不利影响，存在着极限掺量，如氯化铁作为防水剂对混凝土防水抗渗起到良好效果，由于掺加反应后还剩有少量氯离子，形成钢筋锈蚀的诱发条件，其极限最大掺量不应超过 3%。

因此，外加剂的适宜掺量应按供应单位推荐掺量，根据施工条件，结构使用要求，原材料具体情况通过试配试验，并应全面考虑对混凝土综合性能影响确定。

（4）合理使用

外加剂合理使用主要指在施工搅拌时的计量，投料方法，搅拌时间、振捣、养护、测试检验方法等应符合现行国家规范要求。例如防冻剂混凝土冬期施工应符合如下要求：

① 在日最低气温为 0～－5℃时，混凝土采用塑料薄膜和保温材料覆盖，可采用早强剂或早强减水剂。

② 在日最低气温为－5～－10℃、－10～－15℃、－15～－20℃，采用上款保温措施时，宜分别采用规定温度为－5℃、－10℃、－15℃的防冻剂。

③ 防冻剂的规定温度为按《混凝土防冻剂》（JC 475—92）规定的试验条件成形试件，在恒负温条件下养护的温度，施工使用的最低气温可比规定温度低 5℃。

④ 防冻剂运至工地（或混凝土搅拌站），首先应检查液态或粉状防冻剂是否有沉淀、结晶或结块，试验的检验项目为国家建材行业标准《混凝土防冻剂》规定的受检混凝土有关性能指标；经验收合格后方准入库以待使用，储存液体防冻剂的设备应有保温措施。

⑤ 掺防冻剂混凝土原材料应符合如下要求：宜选用硅酸盐水泥、普通硅酸盐水泥、水泥存放期超过 3 个月时，使用前必须进行强度检验，合格后方准使用，粗、细骨料必须洁净，不得含有冰、雪冻块及其他杂物，当骨料具有碱活性时，由防冻剂带入碱含量，混凝土的总碱量，应符合国家规范的

规定。

⑥ 掺防冻剂混凝土配合比应符合如下要求：含引气组分防冻剂混凝土的砂率比不掺外加剂混凝土的砂率可降低 2%～3%；混凝土水灰比不宜超过 0.6，水泥用量不宜低于 300kg/m^3。

⑦ 为保证混凝土入模温度，掺防冻剂混凝土原材料，可根据不同气温，按如下方法进行加热：气温低于－5℃时，一般可只对水加热，用热水拌合混凝土，热水应先与骨料拌合，再加水泥；气温低于－10℃时，骨料应移入暖棚内保温，当水加热（一般不超过 80℃）通过热工计算不能满足入模温度时，再对骨料（主要指砂子）加热，加热温度不得高于 65℃；如用蒸气直接加热骨料时，其带入的水量应从拌合水中扣除。

⑧ 掺防冻剂混凝土入模温度，寒冷地区不得低于 5℃，严寒地区不得低于 10℃，为了保证入模温度，掺防冻剂混凝土拌合物出机温度，一般寒冷地区不低于 10℃，严寒地区不低于 15℃。

⑨ 掺防冻剂混凝土的搅拌，要严格控制防冻剂的掺量，严格控制水灰比，由骨料带入的水及防冻剂溶液中的水，应从搅拌水中扣除；搅拌前应用热水冲洗搅拌机，搅拌时间比常温下延长 50%。

⑩ 防冻剂与其他品种外加剂复合使用时，应先进行相容性试验。

⑪ 混凝土浇筑前，应清除模板和钢筋上的冰雪和污垢，不得用蒸气直接融化冰雪，以免再度结冰。

⑫ 搅拌机房应进行保温，应对搅拌运输车罐体，混凝土泵送输送管道进行保温包裹。

⑬ 在负温条件下养护，不得浇水，浇筑混凝土后，应立即用塑料薄膜及保温材料覆盖保温保水。

⑭ 当混凝土温度降到规定温度（一般指 0℃），混凝土必须达到受冻临界强度；当最低气温不低于－10℃，混凝土抗压强度不得小于 3.5MPa；当最低气温不低于－15℃时，混凝土抗压强度不得小于 4.0MPa；当最低气温不低于－20℃时，混凝土抗压强度不得小于 5.0MPa。

⑮ 拆模后混凝土表面温度与环境温度之差如大于 20℃时，应采用保温材料覆盖养护。

⑯ 混凝土浇筑后，在结构薄弱和易冻部位，应加强保温防冻措施，并布置测温点，测温测头埋入深度应为 100～150mm，也可为板厚的 1/2 或墙厚的 1/2。在达到受冻临界强度前应每隔 2h 测温一次，以后每隔 6h 测一次，并应同时测定环境温度。

⑰ 应在浇筑地点制作一定数量混凝土试件进行强度试验，其中一组应进

行标准条件下养护，其余置于工程条件下养护。在达到受冻临界强度时、水平构件拆除底模支撑前及与工程同条件养护28d再标养28d的试件均应进行试压。试件的试压不得在冻结状态下进行，边长为100mm立方体试件，应在15～20℃室内解冻3～4h或浸入10～15℃的水中解冻3h；边长150mm立方体试件应在15～20℃室内解冻5～6h或浸入10～15℃的水中解冻6h；待试件擦干后试压。

⑱ 检验抗冻，抗渗所用试件，应与工程同条件养护28d，再标养28d后进行抗冻或抗渗试验。

2. 关于补偿收缩混凝土的讨论

由于混凝土在凝结硬化过程中具有收缩变形特性，特别是早期收缩更为明显，在约束变形条件下，由于混凝土抗拉强度或抗拉变形能力很低，往往形成早期收缩裂缝，容易造成防水工程渗漏。膨胀剂用于补偿收缩混凝土，通过对混凝土形成较大的限制膨胀率，使钢筋受拉反弹，在混凝土内建立一定的预压自应力，起到对混凝土补偿收缩，避免开裂作用，主要用于防水工程；膨胀剂对混凝土的膨胀作用主要是靠在混凝土内产生大量的钙矾石和氢氧化钙的体积膨胀。

（1）工程实践证明，对混凝土后浇带二次浇筑或设置加强带采用掺加膨胀剂补偿收缩混凝土是较为理想适宜的，通过掺加膨胀剂取得高膨胀率对挤密新老混凝土接槎，防止渗漏，并通过局部混凝土的膨胀使相邻一定范围内混凝土建立有限的预压应力，对提高混凝土密实性、减少收缩均会起到有效作用。

（2）膨胀剂作为补偿收缩混凝土用于防水工程，从目前国内外有关书刊文献资料，对在混凝土中生成钙矾石的膨胀作用，究竟是有益还是有害其看法截然不同，有些人认为产生的钙矾石膨胀能补偿混凝土早期收缩，并通过限制膨胀率对混凝土建立预压自应力，解决混凝土早期干缩裂缝和水化热引起的温差收缩裂缝。有些人认为产生的钙矾石体积膨胀，会使已经硬化混凝土中后期造成膨胀破坏，混凝土化学腐蚀的硫酸盐侵蚀最终就是因为产生高硫型水化硫铝酸钙即钙矾石破坏。因为钙矾石含有大量结晶水，比原有体积增大1.5倍以上，由于是在已固化的水泥石中生成，对水泥石起极大破坏作用。这早在1892年就已被米哈埃利斯首先发现，钙矾石呈针粒状晶体，难溶于水，被称为“水泥杆菌”，见图3-5所示。正因如此，配制水泥时，为防止铝酸三钙快速水化反应的瞬凝，要加入适量的二水石膏，生成钙矾石沉淀于水泥颗粒表面形成保护膜，阻止水与铝酸三钙直接接触的快速水化反应；但石膏掺量必须严加限制，根据水泥中铝酸三钙含量、水泥细度与石膏的品质不同，一般掺量控制在占水泥重量3%～5%，如掺量过多，中后期产生过多钙矾石要引起膨胀破坏；同时国家标准对水泥、骨料、与矿物掺合料中SO_3的限量，也是为了防止混凝土中发生硫酸盐侵蚀，产生过量的钙矾石膨胀破坏。如果钙矾石的膨胀具有对避免混凝土早期收缩裂缝起到有效作用；而对混凝土硬化中后期又具有破坏作用；那么综合考虑，以产生钙矾石作为膨胀源的膨胀剂，用于防水工程是不适宜的，因防水工程的地下水或水厂水池的储水，正是为之提供产生钙矾石膨胀的必要条件。

(3) 膨胀剂是以水中养护14d作为限制膨胀率的控制条件，要求限制膨胀率$\geqslant 1.5\times10^{-4}$，一般可达$(3.0\sim3.5)\times10^{-4}$，如果用于防水工程，在充分供水条件下，经历一定时间钙矾石不断产生，其膨胀率必然进一步加大，即使假定为$(3.0\sim3.5)\times10^{-4}$，则使钢筋产生的附加拉应力$\sigma_{s附}=\varepsilon E=(3.0\sim3.5)\times10^{-4}\times2\times10^{5}=(60\sim75)$MPa。也正是钢筋这一附加拉力(附加拉应力乘以钢筋面积)的反弹，使混凝土建立预压自应力，由于防水工程结构构件截面尺寸一般相对较大，配筋率较小建立的膨胀预压应力有限，钢筋受拉后的收缩徐变应力损失很小。这就使钢筋在正常使用状态下的应力大幅度提高(等于附加应力加工作应力)，这是结构设计时没有考虑的，非同于使用高强钢筋考虑张拉控制应力的预应力混凝土结构。由于钢筋应力的增大，这对钢筋的受力是不利的，实际是降低了原有结构设计的安全度指标(详见本书第2章混凝土结构设计质量控制2.2结构安全性设计)。

(4) 影响混凝土收缩变形主要因素是水灰比、水泥用量、振捣及湿养护。在高效减水剂广泛应用的条件下，通过外加剂的高效减水，降低水灰比，特别是当泵送要求流动性大的混凝土，在水灰比较小情况下，只能靠高效减水作用满足泵送施工要求；通过外加剂高效减水的增强作用，通过掺加矿物掺合料替代水泥，减少水泥用量，保证振捣密实，加强湿养护均可使混凝土收缩减小；实际工程采取上述措施一般很少产生裂缝；同时降低水灰比，加强湿养护，掺加矿物掺合料，减少了自由水分蒸发，改善了混凝土的孔隙结构，降低孔隙率，对混凝土结构耐久性大大增强。为此就混凝土收缩变形而言，采取减少收缩措施可能比补偿收缩作用更有利，减少收缩措施可以起到治本的作用，而补偿收缩措施只能起到治标的作用。

混凝土并不是一旦产生收缩变形就要开裂，混凝土产生裂缝与否不仅与变形大小有关，关键是取决于变形受到的约束程度大小，混凝土裂缝的产生是混凝土自由变形中被约束部分作用使构件截面产生受拉，且拉应力或主拉应力超过抗拉强度而导致的结果。为此避免混凝土收缩裂缝的措施不仅体现在上述减少收缩的措施上，如何减少变形约束阻力也是关键所在；比如基础构件伸缩缝、后浇带的设置均由于结构长度的减少，减小结构收缩时地基对底板、底板对连续墙的约束阻力；如果在施工中能注意采取避免急剧蒸发失水收缩与急聚降温收缩，一般约束变形作用是属于连续缓慢作用过程，由于混凝土的徐变及相应的应力松弛效应也会对裂缝起到减缓作用；又如设置于硬质地基的基础底板，如能在底板下铺一定厚度的砂垫层或炉渣垫层或设置底板下的柔性外防水层，均会降低地基对底板收缩的约束作用。

（5）还应指出，虽然膨胀剂对碱骨料反应不产生影响（碱含量符合规范规定条件下），但碱骨料反应之所以对混凝土造成破坏是因为碱骨料反应生成物不断吸水膨胀的逐渐累积，如果钙矾石吸水膨胀作用与碱骨料反应吸水膨胀作用共同发生，是否会加速碱骨料反应破坏过程，或加重碱骨料反应破坏程度，值得探讨，如果双重的膨胀作用会导致加聚破坏程度，那么对碱骨料反应易发地区的防水工程，选择膨胀剂用于防水工程就更应持慎重态度。

（6）本书图 3-1 所示某供水厂四个大型水池池壁的严重裂缝，在 80 年代中期建设，施工时采用的混凝土外加剂是产生钙矾石类的膨胀剂，当时掺量较大（一般为 12%～14%），从裂缝分布形态的网状龟形特点，应属于膨胀破坏；据了解水厂所在地区还没有发现碱活性骨料，碱骨料反应可能性不大，初步分析是由于膨胀剂产生过量的钙矾石膨胀引起。

第 11 章　普通混凝土结构原材料质量与配合比设计

11.1　材料组成及质量要求

混凝土是由石子、砂、水泥、水按一定的配比，经搅拌、运输、浇筑、振捣、成形、浇水湿养护等系列施工工艺而形成的一种非均质复合型建筑材料。其中水泥作为一种胶凝材料与水发生水化反应硬化形成水泥石，将起骨架作用的石子与起级配填充作用的砂子胶结为一体。混凝土作为一种建筑材料，它的微观、亚微观及宏观结构构造，以及物理力学耐久性能，不能不受材料的性能质量影响，混凝土性能质量首先要取决于原材料的性能质量，这是质量的源头因素；同时也取决于各种材料胶结组合后形成的微观、亚微观、宏观结构构造。其中水泥与水的水化反应是以微观机理作用层次对混凝土性能产生影响；材料的胶结组合主要是以其形成的亚微观、宏观结构构造层次对混凝土性能产生影响；同时水泥的水化作用，混凝土形成的微观、亚微观、宏观结构构造也受材料级配配比、环境条件及施工工艺的影响。因此，混凝土质量控制应包括：原材料质量控制，材料组成的级配配比控制，环境条件措施，施工工艺过程控制及检验评定的过程与结果验证。

1. 细骨料质量(砂)

砂、石粗细颗粒材料，亦称为集料，也称为骨料，集料一般占混凝土总体积 3/4 左右，是混凝土的主要组成材料。由于砂、石骨料主要是以矿物组成决定其性能，具有较高的化学稳定性和耐久性，在混凝土中是以惰性材料存在。粗骨料在混凝土中主要起骨架作用，细骨料在混凝土中主要起填充石子空隙的填充级配作用，与单一的水泥石相比较，采用砂、石骨料配制混凝土节约了水泥用量，改善了材料的受力变形性能，同时由于砂、石骨料是属天然型原材料，来源广泛，就地取材，又降低了工程造价。砂、石骨料的质量控制主要指对砂、石骨料的性能质量要求，及根据性能质量要求的正确选择与合理使用。

粒径在 0.16～5.00mm 之间的岩石骨料颗粒称为细骨料，细骨料一般为天然砂，它是岩石经风化后形成的颗粒大小不等由不同矿物组成的散粒混合物。天然砂有河砂、海砂和山砂，配制混凝土所用细骨料质量要求主要是控制有害杂质含量、适宜的粗细程度与合理的级配。

（1）有害杂质含量限值

砂中常含有一些有害杂质，如黏土、淤泥、粉砂、云母、有机物等，粘附于砂颗粒表面，阻碍水泥水化物与砂的粘结，云母呈薄片状、表面光滑，与水泥粘结不牢，有机物易于腐烂、析出有机酸，对水泥石产生腐蚀作用。有害杂质的存在，增大了拌制混凝土的用水量，降低了混凝土强度，导致混凝土收缩加大，抗冻性和抗渗性降低；砂中硫酸盐与硫化物可以导致混凝土的硫酸盐侵蚀，生成的钙矾石体积膨胀，影响混凝土的耐久性。砂中有害杂质含量，应符合表 11-1 的国家标准规定。

砂中有害杂质含量限值　　　　表 11-1

项　目	质 量 标 准	
	≥C30 混凝土	<C30 混凝土
含泥量不大于(%，按重量计)	3.0	5.0
泥块含量不大于(%，按重量计)	1.0	2.0
云母含量不宜大于(%，按重量计)	2.0	
轻物质含量不宜大于(%，按重量计)	1.0	
硫酸盐和硫物含量(折算为 SO_3)不大于(%，按重量计)	1.0	
有机质含量(用比色法试验)	颜色不得深于标准色，如深于标准色，则应按水泥胶砂强度检验方法进行强度对比试验，抗压强度比不应低于 0.95	

注：① 对有抗冻、抗渗或其他特殊要求的混凝土用砂，其含泥量不应大于 3.0%，其云母含量不应大于 1.0%；

② 砂中如含有颗粒状的硫酸盐或硫化物，则要求专门检验，确认能满足混凝土耐久性要求时方可采用。

砂中含有无定形二氧化硅时，会使砂具有碱活性，对其含量有怀疑时，应根据结构或构件使用条件，进行专门的试验后，再确定其适用性。海砂由于含盐量较大，对钢筋会产生锈蚀作用，故不宜用于与水接触、潮湿环境或处于水位变化的结构，如使用，其含盐量(氯化钠总含量)不宜超过混凝土中水泥重量的 0.10%，必要时应进行淋洗，有些杂质如泥土、贝壳、杂物可在使用前通过冲洗，过筛处理将其清除。

（2）颗粒粗细程度与级配

砂的形状特征，一般山砂颗粒具有棱角，表面粗糙，与水泥粘结性好，而河砂和海砂颗粒多呈圆形，表面光滑，与水泥粘结较差，在相同水泥用量和水用量情况下，山砂比河砂、海砂拌制的混凝土其流动性小，而强度较高。

砂的粒径组成特征，一般天然砂均是由粒径大小各不相同的颗粒组成，但粗细程度有所不同，砂的粗细程度是指不同粒径的砂粒混合在一起后总体上的粗细程度；根据其总体上粗细程度，可将砂分为粗砂、中砂、细砂，在相同重量情况下，细砂的总表面积大，粗砂总表面积小。在混凝土中，砂的表面需要水泥浆包裹，砂的总表面积越大，所需水泥浆越多，为此在混凝土拌合物取得相同流动性情况下，细砂比粗砂所需水泥浆量增加，也就造成了砂的粗细程度不同对混凝土性能的影响。

为了保证混凝土质量并作到尽量减少水泥用量、拌制混凝土所用砂、石骨料其粗细程度与级配应遵循如下原则：粗骨料大小粒径相搭配，细骨料大小粒径相搭配，粗骨料大粒径颗粒之间空隙由小粒径颗粒填充，粗骨料小粒径颗粒之间的空隙由细骨料大粒径颗粒填充，再由细骨料的小粒径颗粒填充大粒径颗粒之间的空隙，便可取得较小的空隙率，减少骨料总表面积，提高混凝土密实度；根据吴伟中先生研究，混凝土内骨料合理级配的空隙率为20%～23%，为此对砂提出了粒径粗细程度与级配要求。

细骨料的粗细程度与粒径级配，可用筛分析法测定，用细度模数表示砂的粗细程度，用级配区表示砂的级配。筛分析法是用一套孔径 5.0、2.5、1.25、0.63、0.315、0.16mm 的标准筛，将 500g 重的干砂试样由粗到细依次过筛，然后称其余留在各筛孔号上的砂的重量，并计算出各筛号上分计筛余百分率 a_1、a_2、a_3、a_4、a_5、a_6 及累计筛余百分率 A_1、A_2、A_3、A_4、A_5、A_5，累计筛余与分计筛余的关系，见表 11-2。

累计筛余与分计筛余关系 **表 11-2**

筛孔尺寸(mm)	分计筛余(%)	累计筛余(%)
5.0	a_1	$A_1=a_1$
2.5	a_2	$A_2=a_1+a_2$
1.25	a_3	$A_3=a_1+a_2+a_3$
0.63	a_4	$A_4=a_1+a_2+a_3+a_4$
0.315	a_5	$A_5=a_1+a_2+a_3+a_4+a_5$
0.16	a_6	$A_6=a_1+a_2+a_3+a_4+a_5+a_6$

细度模数 M_x 按下式确定：

$$M_x=\frac{(A_2+A_3+A_4+A_5+A_6)-5A_1}{100-A_1} \quad (11\text{-}1)$$

细度模数(M_x)越大，表示砂越粗，普通混凝土用砂的细度模数一般为 0.7～3.7，按细度模数的取值范围，可将砂的粗细程度划分为粗砂、中砂、细砂、特细砂 4 个等级。

粗砂：M_x＝3.7～3.1；

中砂：M_x＝3.0～2.3；

细砂：M_x＝2.2～1.6；

特细砂：M_x＝1.5～0.7。

我国现行标准对细度模数 1.6～3.7 的普通混凝土用砂，根据 0.63mm 筛孔的累计筛余量，规定了 3 个级配区，见表 11-3，其相应级配区曲线见图 11-1、11-2、11-3。

天然砂颗粒级配区的规定 **表 11-3**

级配区 / 累计筛余率(%) / 筛孔尺寸(mm)	Ⅰ区	Ⅱ区	Ⅲ区
10.0	0	0	0
5.00	10～0	10～0	10～0
2.50	35～5	25～0	15～0
1.25	65～35	50～10	25～0
0.63	85～71	70～41	40～16
0.315	95～80	92～70	85～55
0.16	100～90	100～90	100～90

注：① 混凝土用砂，应处于表中Ⅰ、Ⅱ、Ⅲ区任何一个区内，砂的实际颗粒级配与表中所列的累计筛余百分率相比，除 5mm 与 0.63mm 筛孔外允许稍有超出分界线，但其总量不应大于 5%；

② 各区砂的细度模数 M_x 大致为：Ⅰ区—3.7～3.1、Ⅱ区—3.0～2.3、Ⅲ区—2.2～1.6，即Ⅰ、Ⅱ、Ⅲ区分别为粗砂、中砂、细砂级配范围。

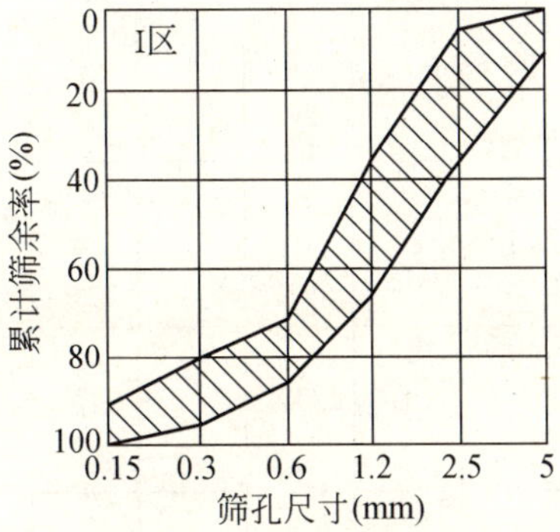

图 11-1　粗砂级配区

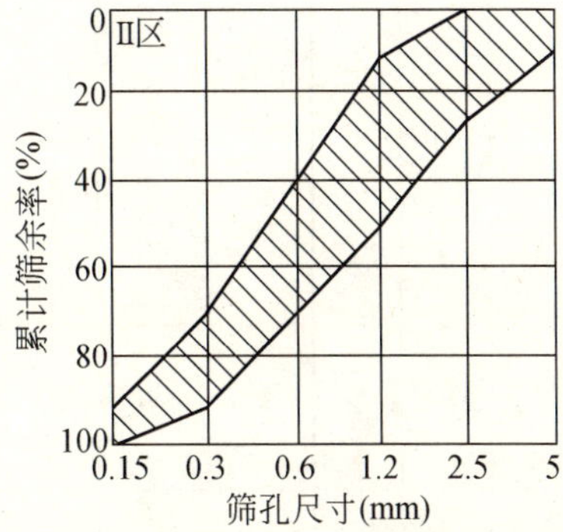

图 11-2　中砂级配区

在砂的 3 个级配区中，Ⅰ区为粗砂级配区，Ⅱ区为中砂级配区，Ⅲ区为细砂级配区，其中Ⅱ区的中砂级配区，砂的粗细适度，是最好的级配区，配制混凝土应优选择用。当采用Ⅰ区级配时，应适当提高砂率并保证足够的水泥用量，以保证混凝土拌合物的和易性。当采用Ⅲ区级配时，应适当降低砂率，以保证混凝土拌合物和易性前提下减少水泥用量。

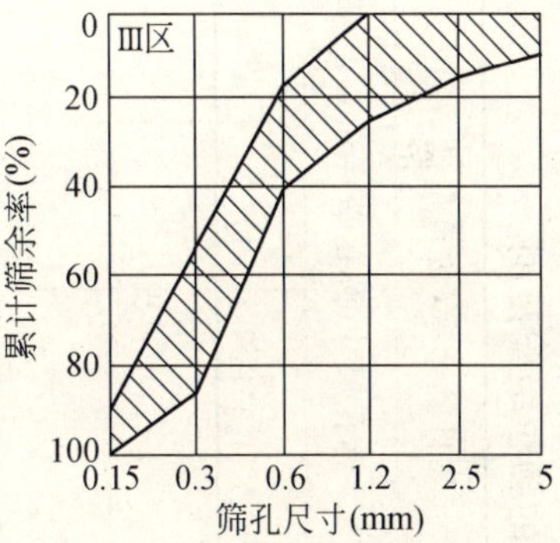

图 11-3　细砂级配区

当砂的自然级配不符合级配区的要求时，可以通过分级过筛重新加以组合，或将不同粗细的砂按适当比例进行混合，达到调整自然砂重新级配的目的。

2. 粗骨料质量(石子)

粒径大于 5mm 的岩石骨料颗粒称为粗骨料，粗骨料一般有卵石和碎石，它是由天然岩石或卵石经破碎筛分而得，配制混凝土所用粗骨料质量要求，主要是颗粒表面形状、最大粒径、有害杂质限量、颗粒级配及颗粒强度。

（1）表面形状特征

碎石具有棱角、表面粗糙、与水泥粘结好，卵石多为圆形、表面光滑、与水泥粘结较差，在水泥用量和水用量相同情况下，碎石较卵石拌制的混凝土流动性差，但强度要高。如果粗骨料含有较多针片状颗粒，使混凝土强度降低，增加泵送施工的输送困难，针状颗粒是指颗粒的长度大于该颗粒所属粒级平均粒径 2.4 倍，片状颗粒是指颗粒的厚度小于该颗粒所属粒级平均粒径的 0.4 倍，针片状颗粒含量限值应符合表 11-6 规定。

碎石或卵石的颗粒级配范围 表 11-4

级配情况	公称粒级(mm)	累计筛余率(按重量计,%)											
		筛孔尺寸(圆孔筛)(mm)											
		2.50	5.00	10.0	16.0	20.0	25.0	31.5	40.0	50.0	63.0	80.0	100
连续粒级	5～10	95～100	80～100	0～15	0	—	—	—	—	—	—	—	—
	5～16	95～100	90～100	30～60	0～10	0	—	—	—	—	—	—	—
	5～20	95～100	90～100	40～70	—	0～10	0	—	—	—	—	—	—
	5～25	95～100	90～100	—	30～70	—	0～5	0	—	—	—	—	—
	5～31.5	95～100	90～100	70～90	—	15～45	—	0～5	0	—	—	—	—
	5～40	—	95～100	75～90	—	30～65	—	—	0～5	0	—	—	—
单粒级	10～20	—	95～100	85～100	—	0～15	0	—	—	—	—	—	—
	16～31.5	—	95～100	—	85～100	—	—	0～10	0	—	—	—	—
	20～40	—	—	95～100	—	80～100	—	—	0～10	0	—	—	—
	31.5～63	—	—	—	95～100	—	—	75～100	45～75	—	0～10	0	—
	40～80	—	—	—	—	95～100	—	—	70～100	—	30～60	0～10	0

(2) 最大粒径

粗骨料的粒径越大，在骨料粒径进行级配情况下，空隙率相对减小，所需润湿包裹的水泥浆越少，可以降低水泥和水的用量，这在大体积混凝土中采用大颗粒骨料对减少水泥用量，降低水化热具有明显作用；但粗骨料粒径超过一定限值也是不利的，这主要是骨料粒径上下限不连续性加大，加大了混凝土构成的非均质性，必然导致混凝土非均匀受力的抗弯、抗折强度降低；由于粒径加大，使混凝土的和易性降低，浇筑振捣时结构表面混凝土骨料容易下沉，影响保护层的质量，骨料粒径加大，也会使水泥石收缩造成的水泥石与骨料界面的初始微裂缝加重；同时最大粒径还受到结构截面尺寸、配筋构造及施工方法的限制，为了保证混凝土结构质量，规范规定，粗骨料最大粒径不得大于结构最小截面尺寸 1/4，不得大于钢筋最小净距 3/4，不得超过 1/2 板厚，且不得大于 50mm。

(3) 颗粒级配

粗骨料粒径级配与细骨料基本相同，也是采用筛分析方法测定，粗骨料颗粒级配有连续级配与单级配二种。连续级配是指颗粒的尺寸由大到小连续分级，当粒径分布在一个合理范围内大小颗粒比例适当时，大颗粒之间的空隙由小颗粒填充，减小空隙，形成较密实的骨架；单粒级石子是采用省去一级或几级中间粒径的石子，这种级配使骨料间空隙率相对加大，配制的混凝土和易性较差，容易产生离析。实际工程中采用的级配应根据骨料的具体情况、施工条件、混凝土质量要求等因素，经试验确定。国家标准规定，碎石和卵石的颗粒级配范围见表 11-4 和图 11-4。

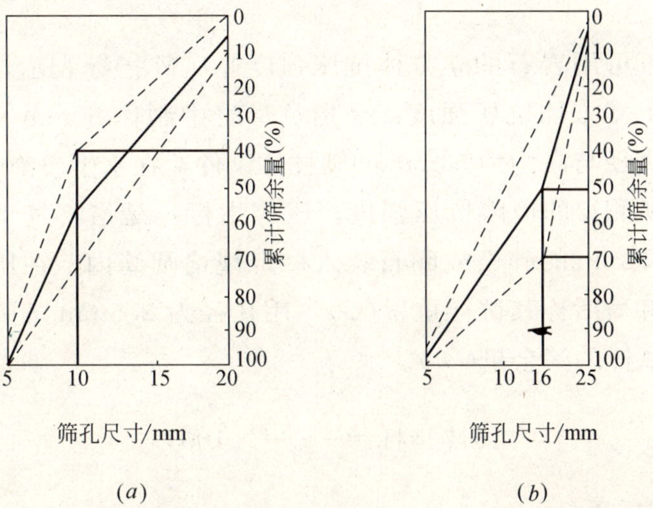

图 11-4 碎石或卵石连续粒级级配曲线(一)

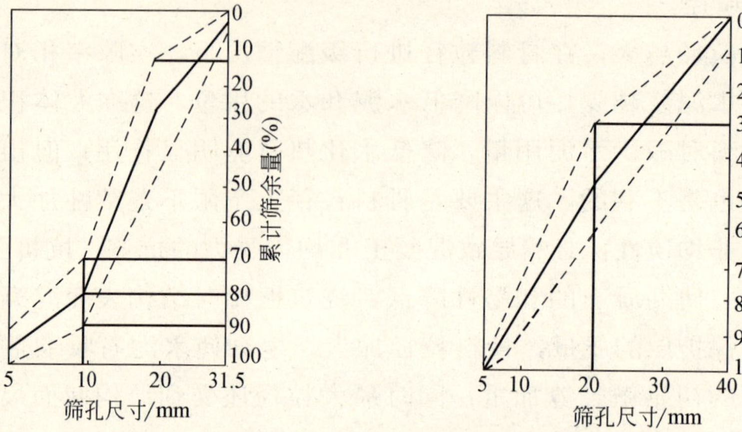

(*c*) (*d*)

图 11-4　碎石或卵石连续粒级级配曲线(二)

注：① 图中(*a*)公称粒级 5～20mm，(*b*)公称粒级 5～25mm，(*c*)公称粒级 5～31.5mm，(*d*)公称粒级 5～40mm；

② 粗实线为最佳级配线，两条虚实线之间区域为适宜级配范围，骨料的最佳级配区应为二条虚线之间范围接近实线的中间区域。

（4）粗骨料强度

粗骨料强度也是保证混凝土强度的必要条件并对混凝土的弹性模量与收缩变形产生一定的影响。为了保证混凝土强度，粗骨料必须质地密实，具有足够的强度，一般粗骨料强度应为混凝土强度等级的 1.5 倍以上，如粗骨料强度不足，混凝土试件试压的破坏面将不是沿着水泥石、水泥石与粗骨料界面发生，而是穿过粗骨料本身，这意味着混凝土强度与应达到的强度相比已经有所降低。

碎石的强度可用岩石的立方体抗压强度和压碎指标表示，卵石的强度用压碎指标表示。立方体抗压强度：是指从母岩中制作 50mm×50mm×50mm 立方体试件或直径与高均为 50mm 的圆柱体试件，在水中浸泡 48h，达到吸水饱和状态时，所测得的极限抗压强度。压碎指标：是指将气干状态下一定重量粒径为 10～20mm 的碎石或卵石装入一定规格圆筒内，在压力机上施加荷载至 200kN，卸荷后称其试样重量(G)，用孔径为 2.5mm 的筛子筛出压碎的细颗粒并称其试样的筛余量(G_1)。

$$压碎指标=\frac{G-G_1}{G}\times100\% \qquad (11\text{-}2)$$

式中　G——试样重量(g)；

G_1——压碎试验后筛余的试样重量(g)。

压碎指标表示石子抵抗压碎的能力，以间接地推测其相应抗压强度，混凝土所用粗骨料的压碎指标应符合表 11-5 规定。

粗骨料的压碎指标　　表 11-5

岩石品种		混凝土强度等级	压碎指标值(%)
碎石	水成岩	C55～C40 ≤C35	≤10 ≤16
碎石	变质岩或深成的火成岩	C55～C40 ≤C35	≤12 ≤20
	火成岩	C55～C40 ≤C35	≤13 ≤30
卵石		C55～C40 ≤C35	≤12 ≤16

注：水成岩包括石灰岩、砂岩等；变质岩包括片麻岩、石英岩等；深成的火成岩包括花岗岩、正长岩、闪长岩和橄榄岩等；喷出的火成岩包括玄武岩和辉绿岩等。

(5) 有害杂质限量

用于配制混凝土的粗骨料中，有害杂质包括泥土、硫酸盐及硫化物、有机物、活性二氧化硅等，其含量限值应符合表 11-6 规定。当粗骨料中含有活性氧化硅时，如果混凝土所用水泥含有较多的碱，可能发生碱骨料反应破坏，为此要对骨料中所含活性二氧化硅的碱活性进行检验。混凝土所用粗骨料还应具有在环境或其他物理因素作用下耐久坚固性，石子坚固性采用硫酸钠溶液法检验，试样经五次循环试验后，其重量损失应符合表 11-7 规定。

碎石或卵石中有害杂质含量限值　　表 11-6

项目	混凝土强度等级	
	≥C30	<C30
含泥量(%，按重量计)	≤1.0	≤2.0
泥块含量(%，按重量计)	≤0.5	≤0.70
针、片状颗粒含量(%，按重量计)	≤15	≤25
硫酸盐和硫化物含量(折算为 SO_3)(%，按重量计)	≤1.0	
有机质含量(用比色法试验)	颜色不得深于标准色，如深于标准色，则应按水泥胶砂强度检验方法进行强度试验，抗压强度比不应低于 0.95	

注：对有抗冻、抗渗或其他特殊要求的混凝土，其所用碎石或卵石含泥量不应大于 1.0%，泥块含量不应大于 0.5%。

碎石或卵石的坚固性指标 **表 11-7**

混凝土所处环境条件	循环后的重量损失(%)
在严寒及寒冷地区室外使用，并经常处于潮湿或干湿交替状态下的混凝土	≤8
在其他条件下使用的混凝土	≤12

3. 拌合与养护用水质量

一般水中常含有某些杂质，对混凝土的正常凝结硬化产生不利影响，不利于混凝土强度发展，加快钢筋锈蚀，污染混凝土表面，特别应注意水与水泥，化学外加剂之间的相容性问题，用于拌制混凝土和混凝土湿养护的水，其水中杂质含量应符合表 11-8 的规定。

水中杂质含量限值 **表 11-8**

项　　目		预应力混凝土	钢筋混凝土	素混凝土
pH	>	4	4	4
不溶物/(mg/L)	<	2000	2000	5000
可溶物/(mg/L)	<	2000	5000	10000
氯化物(以 Cl^{-1} 计)/(mg/L)	<	500	1200	3500
硫酸盐(以 SO_4^- 计)/(mg/L)	<	600	2700	2700
硫化物(以 S_2^- 计)/(mg/L)	<	100	—	—

凡能饮用的自来水和清洁的天然水，可用于拌制与养护混凝土，当采用地下水，特别是有污染源的地下水，工业废水必须经水质检验合格后方可使用；当对水质有怀疑时，应作强度对比试验进行比较检验，即将用该水与洁净水分别制成混凝土试块，如该水试块强度不低于洁净水试块强度，就可以用该水拌制混凝土。由于海水中含有硫酸盐，镁盐和氯化物，对混凝土有侵蚀作用，对钢筋造成锈蚀，一般不得用海水拌制或养护混凝土。

11.2 水泥技术性质

水泥是组成混凝土最重要材料，这是因为水泥和水发生的水化反应硬结，不仅形成了水泥石本身的抗压、抗拉、抗折、抗剪强度；而且也形成了粘结强度，将粗细骨料包裹粘结形成了混凝土，并使混凝土也具有承载受力的强度条件。水泥是一种水硬性无机矿物胶凝材料、它不仅能在空气中凝结硬化，又能在水中更好凝结硬化，并使强度在较长时间内发展提高；这就使混凝土结构不仅适于地上工程，也适于地下或水中工程。由于无机胶凝材料相对有机胶凝材料的化学稳定性强，也使混凝土的耐老化，耐腐蚀的工程耐久性较强；水泥的性能质量对混凝土强度、变形、耐久性均具有重要影响。我国建筑工程目前使用的水泥，主要有硅酸盐水泥、普通硅酸盐水泥、矿渣硅酸盐水泥、火山灰质硅酸盐水泥和粉煤灰硅酸盐水泥五大品种，在一些特殊工程使用高铝水泥、膨胀水泥、快硬水泥、低热水泥和耐硫酸盐水泥等。在工程常用的五大水泥品种中，由于其他四种均为是在硅酸盐水泥熟料中掺加不同的混合材料而制得，故硅酸盐水泥是最基本的。

1. 硅酸盐水泥的生产及矿物组成

硅酸盐水泥主要是以石灰质岩石与黏土质为原料，石灰质岩石原料主要提供 CaO，它可采用石灰石、白垩、石灰质凝灰岩等。黏土质原料主要提供 SiO_2、Al_2O_3 及少量的 Fe_2O_3，它可采用黏土、黄土等，此外还配有适量铁矿粉，它可以采用黄铁矿渣等。

硅酸盐水泥主要生产工艺：先将几种原材料按适当比例配合在磨机上磨成生料粉，然后将制得的生料投入窑内煅烧，再将煅烧好的熟料块配以适量石膏，再经磨机磨成细粉，即得水泥熟料。水泥的煅烧生产工艺如图 11-5 所示。

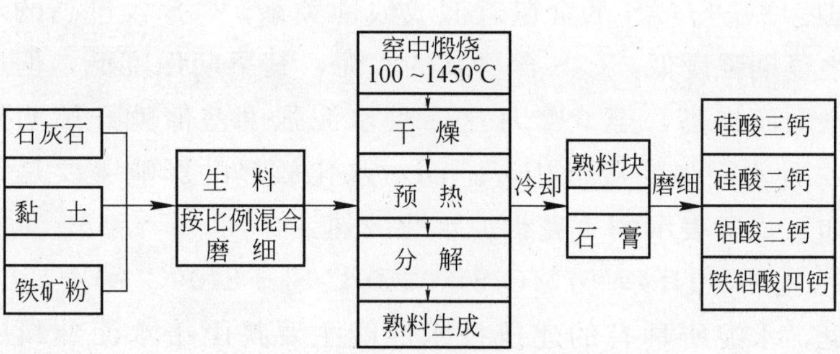

图 11-5 硅酸盐水泥生产工艺流程

水泥在窑内煅烧是水泥生产的重要关键工序，一般均经历干燥、预热、分解、熟料烧成及冷却五个阶段，在不同温度阶段其作用与反应大体如下：

100～200℃左右，生料被加热、自由水分逐渐蒸发而干燥。

300～500℃，生料被预热。

500～800℃，黏土质原料脱水并分解为无定形的 SiO_2、Al_2O_3，在 600℃之后，石灰质原料中的 $CaCO_3$ 开始微弱分解成 CaO 和 CO_2。

900～1100℃，铝酸三钙和铁铝酸四钙开始形成，达 900℃时 $CaCO_3$ 进行大量分解。

1100～1200℃，铝酸三钙、铁铝酸四钙、硅酸二钙大量形成。

1300～1450℃，铝酸三钙和铁铝酸四钙呈熔融状态，产生的液相把 CaO 及部分硅酸二钙溶解吸收，硅酸二钙再与 CaO 化合成硅酸三钙，这是煅烧水泥的关键阶段，必须保持足够时间，以保证水泥熟料的生成质量。

经上述加热煅烧制成的水泥熟料经迅速冷却，便得到了水泥熟料块。

硅酸盐水泥主要是由硅酸三钙、硅酸二钙、铝酸三钙、铁铝酸四钙熟料矿物组成，各种矿物具有不同的性能特点：

硅酸三钙($3CaO \cdot SiO_2$)简写为 C_3S，含量 36％～37％，其特点是水化快，早期水化放热量大，形成强度高。

硅酸二钙($2CaO \cdot SiO_2$)简写为 C_2S，含量 15％～37％，其特点是水化慢，早期水化放热量少，早期强度低，后期高。

铝酸三钙($3CaO \cdot Al_2O_3$)简写为 C_3A，含量 7％～15％，其特点是水化最快，早期水化放热量最多，形成强度低。

铁铝酸四钙($4CaO \cdot Al_2O_3 \cdot Fe_2O_3$)简写为 C_4AF，含量 10％～18％，其特点是水化快，早期水化热不大，形成强度低。

在硅酸盐水泥中，硅酸三钙与硅酸二钙是形成强度的主要矿物，28d 前的强度主要取决于 C_3S 含量，28d 后硅酸二钙的强度作用开始明显发挥，28d 至 6 个月间的强度增长与 C_2S 的含量近似成线性关系。C_3S 含量高的水泥，早期强度高，反之早期强度低，C_2S 含量高的水泥，其早期强度低，但后期强度会随龄期不断增加而提高，至 6 个月这二种水泥强度差值就开始明显减小，至 12 个月龄期二种水泥强度接近相等。而对水化放热的影响主要是铝酸三钙与硅酸三钙，如下式所表示的 1 克水泥水化放热：

1 克水泥水化热(焦耳)＝571(C_3S)＋260(C_2S)＋840(C_3A)＋126(C_4AF)

由此可见，水泥所具有的建筑技术性能主要是由于水泥熟料中几种主要矿物成分水化作用的结果，改变熟料矿物成分的组成比例，水泥的性质随即发生相应变化。例如提高硅酸三钙含量，可以制得高强度等级水泥；提高硅酸三钙与铝酸三钙含量，可以制得快硬硅酸盐水泥(C_3S 和 C_3A 总含量不低于 60％，石膏含量达 8％)；降低铝酸三钙和硅酸三钙，提高硅酸二钙含量，可制得水化热低的水泥，如大坝水泥；当铝酸三钙含量降低到低于 5％时可为抗硫酸盐侵蚀水泥。掺有各种混合材料的矿渣硅酸盐水泥，火山灰质硅酸盐水泥和粉煤灰硅酸盐水泥之所以早期水化速度慢，强度提高小，水化热低，主要是因为混合料的掺加，降低了硅酸三钙和铝酸三钙在水泥中相对含量的结果。

2. 硅酸盐水泥的凝结硬化机理

水泥的凝结硬化包裹粘结骨料形成了混凝土的微观、亚微观和宏观的本构关系，水泥的凝结硬化是影响混凝土性能的重要根源因素。

水泥加水拌合后，成为可塑的水泥浆，水泥浆随着水泥水化作用逐渐变稠失去塑性，但在还不具有强度之前的过程，称为水泥的“凝结”。之后开始有了强度并逐渐变为坚硬成为水泥石，这一过程称为水泥的“硬化”。水泥的凝结与硬化过程是人为的划分，实际是一个连续的物理化学变化过程。

水泥颗粒与水接触的化学反应(简称水化)，首先是从熟料矿物颗粒表面开始，逐渐向内由表及里的发展过程，水泥水化生成水化物并放出一定热量，其反应如下：

$$\underset{\text{硅酸三钙}}{2(3CaO \cdot SiO_2)} + 6H_2O = \underset{\text{水化硅酸钙}}{3CaO \cdot 2SiO_2 \cdot 3H_2O} + \underset{\text{氢氧化钙}}{3Ca(OH)_2}$$

$$\underset{\text{硅酸二钙}}{2(2CaO \cdot SiO_2)} + 4H_2O = 3CaO \cdot 2SiO_2 \cdot 3H_2O + Ca(OH)_2$$

$$\underset{\text{铝酸三钙}}{3CaO \cdot Al_2O_3} + 6H_2O = \underset{\text{水化铝酸三钙}}{3CaO \cdot Al_2O_3 \cdot 6H_2O}$$

$$\underset{\text{铁铝酸四钙}}{4CaO \cdot Al_2O_3 \cdot Fe_2O_3} + 7H_2O = 3CaO \cdot Al_2O_3 \cdot 6H_2O + \underset{\text{水化铁酸一钙}}{CaO \cdot Fe_2O_3 \cdot H_2O}$$

可见水泥水化结果生成水化物主要有：水化硅酸钙、水化铝酸三钙，水化铁酸一钙和氢氧化钙。硅酸三钙水化很快，硅酸二钙水化较慢，生成的水化硅酸钙不易溶于水，能很快从溶液中以胶体微粒析出，逐渐凝聚在水泥颗粒表面形成凝胶，一般称为 C-S-H 凝胶，它是水泥水化形成强度和胶结力的主要物质。生成的氢氧化钙在溶液中也能很快达到饱和呈六方晶体析出，水化铝酸三钙为立方晶体，在氢氧化钙饱和溶液中能与氢氧化钙进一步反应，生成六方晶体的水化铝酸四钙。水泥中掺入石膏的目的是使石膏与铝酸三钙反应生成高硫型水化硫铝酸钙——钙矾石($3CaO \cdot Al_2O_3 \cdot 3CaSO_4 \cdot 31H_2O$)，沉淀于水泥颗粒表面，阻碍铝酸三钙的快速水化反应，防止瞬凝延缓水泥的凝结时间。生成钙矾石之后体积膨胀 1.5 倍以上，为了防止后期引起水泥石膨胀破坏，其石膏最大掺量必须严加控制，一般为水泥重量的 3%～5%。

对水泥颗粒而言，由于各种矿物组成水化反应速度不同；由于水化反应首先是从颗粒表面开始，而生成的水化物又粘附于颗粒表面形成膜层，对外部水的渗透与内部生成物的扩散增加阻碍；由于水泥浆的凝结硬化又是水泥颗粒表面水化物膜层的不断增厚，相互接近粘结的量变到质变过程；故上述水化反应具有明显时间过程特点，使水泥凝结硬化也是一个复杂的物理化学过程，至今仍为学者在继续研究。目前一般认为：水泥颗粒的水化反应是水泥颗粒表面的水泥熟料先溶于水，然后与水反应，或是在水泥颗粒表面与其包围的水直接反应生成相应的水化物，由于各种水化物在水中溶解度很低，在生成速度较快情况下，能很快呈饱和或过饱和状态从溶液中析出，包在水泥颗粒表面。其中氢氧化钙，水化铝酸钙为结晶程度较好物质，均为结晶体存在；水化硅酸钙是粒径很小的粒子，粒径大小为 10～1000Å(1Å$=10^{-8}$cm)，比表面积很大，相当胶体物质，胶体物质凝聚形成凝胶；可见水泥水化反应的结果是生成凝胶和晶体，在充分水化的水泥石中，C-S-H 凝胶约占 70%，$Ca(OH)_2$ 约占 20%，钙矾石和单硫型水化硫铝酸钙约占 7%。

凝胶内部含有孔隙称为凝胶孔隙，胶孔尺寸很小，一般在 15～20Å，只比水分子大一个数量级，胶孔约占凝胶总体积 28%，胶孔的孔隙率对给定水泥，在养护湿度不变条件下不受调拌时水灰比的影响。在水化初期，由于水化物尚不多，包有水化物膜层的水泥颗粒之间还是分离的，相互间引力较小，随着时间的推移，水泥颗粒不断水化，使包在水泥颗粒表面的水化物增多，所形成的以水化硅酸钙凝胶为主体的渗透膜层逐渐加厚，阻碍了外部水向内渗透和新生水化物向外扩散。但由于随着水泥颗粒表面膜层厚度加大，也使水的渗透压力随之有所加大，仍可保持外部水的渗透和新生水化物向外扩散，只是反应速度放慢。在一定的渗透压力下，当膜层内部水化物饱和水溶液向外扩散突出时，有可能导致膜层的破裂，使周围饱和程度低的溶液与尚未水化的内核接触，而使反应加快，直到新的凝胶体重新修补破裂层为止。

我们将在水泥颗粒表面形成的水化硅酸钙凝胶与其中分布的氢氧化钙晶体称为水泥的凝胶体，水泥颗粒凝胶体膜层的向外增厚及其随之的破裂伸展，使水泥颗粒之间被水所占空隙逐渐减少，而包有凝胶体的颗粒则逐渐接近，乃至接触相互粘结，使水泥稠度不断增高，而塑性逐渐降低，这就是水泥的凝结过程。

水泥水化反应经初期的凝结之后，继续反应，使水泥颗粒表面的凝胶体进一步增多加厚，使颗粒由相互接触到相互粘结，形成了一定的胶结力，则水泥由凝结进入硬化阶段。随着水泥颗粒表面凝胶体膜层厚度逐渐增大，水泥颗粒内部的水化反应越来越困难，造成水泥石中后期强度增长缓慢，经过数月乃至几年时间水化反应后，除原有极细颗粒外，多数颗粒仍剩有尚未水化的内核，故此硬化后的水泥石是由凝胶体、未水化的内核和毛细孔组成。

3. 硅酸盐水泥的技术性质

根据国家标准规定，对硅酸盐水泥性能质量要求有细度、凝结时间、安定性和强度。

（1）细度

水泥颗粒的细度对水泥性能质量有很大影响，水泥颗粒的粒径一般为 7～200μm，颗粒越细，水化反应的表面积越大，水化快而较完全，早期与后期强度都较高；但成本加大，在空气中硬化时收缩加大，对大体积混凝土早期水化热加大。一般认为颗径小于 40μm 时具有较高的活性，粒径大于 100μm 时活性很小。国家标准规定，水泥细度用筛析法检验时，用 0.08mm(80μm)方孔标准筛的筛余量不得超过 12%，用透气式比表面积仪测定时，硅酸盐水泥的比表面积通常为 2500～3500cm^2/g。一般生产的水泥如符合国家标准要求，使用单位可不检验水泥细度。

（2）凝结时间

水泥的凝结可分为初凝与终凝。初凝为水泥加水拌合至标准稠度净浆开始失去塑性所需时间；终凝为水泥加水拌合至标准稠度净浆完全失去塑性并开始产生强度所需时间。国家标准规定：水泥的凝结时间是以标准稠度的水泥净浆，在规定温度及湿度条件下用水泥净浆凝结时间测定仪测定。为使混凝土运输、浇筑、振捣有充分时间，水泥的初凝时间不能过短；当施工完毕，为尽快硬化具有强度，终凝时间也不能太长。国家标准规定，初凝时间不得早于 45min，终凝时间不得迟于 12h，一般国产硅酸盐水泥初凝时间为 1～3h，终凝时间 5～8h。

影响水泥凝结时间因素：

① 水泥熟料中铝酸三钙含量高，石膏掺量不足，使水泥快凝。

② 水泥越细，水化作用越快，凝结也越快。

③ 水灰比越小，凝结时气温越高，水化凝结也加快。

④ 混合材料掺量大，使水泥凝结缓慢。

⑤ 掺加缓凝型外加剂使凝结时间延长。

（3）体积安定性

水泥的体积安定性是指相对水泥硬化后，产生的对体积不均匀变化作用，称为体积安定性，体积安性不良这主要是熟料中含有过量的游离氧化钙、氧化镁或掺入过量的石膏，因为游离的氧化钙、氧化镁都是过烧的，熟化很慢，在水泥已经硬化后才能进行水解熟化：

$$CaO + H_2O = Ca(OH)_2$$

$$MgO + H_2O = Mg(OH)_2$$

生成的氢氧化钙、氢氧化镁体积膨胀，会将已经硬化的水泥石胀坏；石膏掺量过多，生成的钙矾石体积膨胀，也会对硬化的水泥石起膨胀破坏作用。由氧化钙引起的水泥体积安定性不良，可用沸煮法试验检验，将水泥净浆试饼沸煮4h后，经肉眼观察未发现裂纹，用直尺检查没有弯曲，则认为体积安定性合格，否则为不合格；氧化镁与石膏对体积安定性的危害主要通过限制含量加以控制，国家标准规定水泥熟料中游离氧化镁含量不得超过5%，三氧化硫含量不得超过3.5%。

(4) 强度

根据新的国家标准《水泥强度检验方法》(GB/T 17671—1999)规定，水泥与标准砂按1∶3配合(标准砂为级配砂：粗砂粒径1.0～2.0mm，中砂粒径0.5～1.0mm，细砂粒径0.08～0.5mm)，水灰比为0.5，按规定方法制成4cm×4cm×16cm试件，在标准温度(20±1)℃的水中养护，测定3d、28d的强度，根据28d的抗压强度，并考虑28d的抗折强度和3d的抗压、抗折强度不低于相应的指标，确定水泥的强度等级。水泥强度等级实行以MPa表示方法，硅酸盐水泥分42.5MPa、52.5MPa、62.5MPa 3个等级，每个强度等级根据3d早期强度不同分2个类型，总共6个类型为：42.5、42.5R、52.5、52.5R、62.5、62.5R。其他水泥也分3个强度等级6个类型，即为32.5、32.5R、42.5、42.5R、52.5、52.5R。硅酸盐水泥的强度指标见表11-9。

硅酸盐水泥强度等级指标　　表11-9

强度等级	抗压强度(MPa)		抗折强度(MPa)		相应老标号
	3d	28d	3d	28d	
42.5	17.0	42.5	3.5	6.5	525
42.5R	22.0		4.0		525R
52.5	23.0	52.5	4.0	7.0	625
52.5R	27.0		5.0		625R
62.5	28.0	62.5	5.0	8.0	725
62.5R	32.0		5.5		725R

4. 混合材料及其他品种水泥

(1) 混合材料

上述在“混凝土结构耐久性控制”中所述及的掺加矿物掺合料是指在拌

制混凝土时为改善混凝土耐久性而按规定数量掺加替代水泥的活性矿物材料。在此所说混合材料是指在生产水泥时，为改善水泥性能、调节水泥强度、降低水泥造价而加到水泥中的人工或天然矿物材料。水泥混合材料通常有活性与非活性二种，一般主要使用活性混合材料，活性混合材料是指材料磨成细粉后，与石灰或石灰、石膏拌合在一起加水后，在常温下能生成具有凝胶性水化物的既能在水中又能在空气中硬化的材料。活性混合材料用以配制水泥的主要有粒化高炉矿渣，火山灰质材料和粉煤灰。

粒化高炉矿渣：是将炼铁的溶融矿渣，以水淬急速冷却而形成的松软颗粒，颗粒直径一般为0.5～5mm，其绝大部分为不稳定的玻璃体，含有活性氧化硅和活性氧化铝，具有较高的潜在活性，在常温下可与氢氧化钙作用产生强度。

火山灰质材料：火山喷发时，随同熔岩一起喷发大量碎屑沉积在地面或水中形成松软物质，称火山灰；由于喷出后遭受急冷，因此含有一定数量玻璃体，它的主要成分是活性氧化硅和活性氧化铝。火山灰质材料是泛指火山灰一类物质，按化学成分与矿物结构可分为：含硅酸质材料，如硅藻土、硅藻石、蛋白石等，以氧化硅为主要活性成分；铝硅玻璃质材料，如火山灰、凝灰岩、浮石等，活性成分为氧化硅和氧化铝；烧黏土质材料，如烧黏土，煤渣，煅烧的煤矸石等，其活性材料以氧化铝为主。

粉煤灰：是火力发电厂以煤粉为燃料，从其烟道的烟气中收集的灰渣，其颗粒直径一般为0.001～0.05mm，呈玻璃态实心或空心的球状颗粒，粉煤灰的活性主要取决于玻璃体含量，玻璃体中主要成分是活性氧化硅和活性氧化铝，粉煤灰中还含有未燃尽的碳，未燃烧的碳含量应在规定的范围，一般应在1%～2%以内。

(2) 活性混合材料作用

活性混合材料粒化高炉矿渣，火山灰质材料和粉煤灰，它们均为以急速降温冷却形成一定的玻璃体，含有活性氧化硅和活性氧化铝，掺入水泥后，能进一步与水泥水化生成的氢氧化钙发生二次反应，生成水化硅酸钙胶凝物质和水化铝酸钙，水化铝酸钙在溶液中有石膏($CaSO_4$)存在时，相互进一步反应生成水化硫铝酸钙。生成的水化硅酸钙和水化硫铝酸钙参与了水泥的水化硬结，有助于水泥性能的改善。在氢氧化钙溶液中活性氧化硅的水化反应如下：

$$x\mathrm{Ca(OH)_2}+\mathrm{SiO_2}+m\mathrm{H_2O}\longrightarrow x\mathrm{CaO}\cdot\mathrm{SiO_2}\cdot n\mathrm{H_2O}$$

式中 x 值决定于混合材料的种类，石灰和活性氧化硅的比例，环境温度及作用延续时间，一般为1或稍大，n 值一般为1至2.5。

为此，可在硅酸盐水泥熟料中掺入一定的活性混合材料并和石膏共同磨细制成普通硅酸盐水泥、矿渣硅酸盐水泥、火山灰质硅酸盐水泥和粉煤灰硅酸盐水泥，以达到调整性能、增加产量、降低成本的目的。

（3）普通硅酸盐水泥

凡由硅酸盐水泥熟料，少量的混合材料，适量石膏磨细制成的水硬性胶凝材料，称为普通硅酸盐水泥(简称普通水泥)。普通水泥中混合材料掺加量按其重量百分比：掺活性混合材料时，不得超过15%，其中允许用不超过5%的窑灰或不超过10%的非活性混合材料替代，掺非活性混合材料时，不得超过10%。

普通水泥强度分3个等级：32.5MPa、42.5MPa、52.5MPa。由于混合材料掺量不多，其性能与硅酸盐水泥相比较，变化不大，被广泛应用于各种混凝土结构工程。

（4）矿渣硅酸盐水泥

凡由硅酸盐水泥熟料和粒化高炉矿渣，适量的石膏磨细制成的水硬性胶凝材料，称为矿渣硅酸盐水泥(简称矿渣水泥)。水泥中粒化高炉矿渣掺量按重量百分比为20%～70%，其中允许用不超过混合材料总掺量1/3的火山灰质材料(包括粉煤灰)、石灰石、窑灰来代替粒化高炉矿渣，若为火山灰质材料不得超过15%，若为石灰石不得超过10%，若为窑灰不得超过8%。也可用火山灰质材料与石灰石或窑灰共同替代，但替代总量不超过水泥重量的15%，其中石灰石仍不得超过10%，窑灰仍不得超过8%，替代后水泥中的粒化高炉矿渣含量不得低于20%。

矿渣水泥强度分3个等级：32.5MPa、42.5MPa、52.5MPa。矿渣水泥中熟料矿物较少而活性混合材料较多，其水化反应是分二步进行，首先是熟料矿物水化，生成的水化产物与硅酸盐水泥基本相同，然后是熟料矿物水化反应析出的氢氧化钙和掺入水泥中石膏分别作为矿渣碱性激发剂和硫酸盐激发剂，与矿渣中的活性氧化硅、活性氧化铝发生二次反应生成水化硅酸钙、水化铝酸钙、水化硫铝酸钙。

矿渣水泥性能与普通硅酸盐水泥相比较，具有下列特性：

① 由于矿渣水泥中熟料矿物含量比硅酸盐水泥少得多，而二次反应在常温下进行缓慢，故其凝结硬化慢，使早期水化热与3d、7d早期强度均较低，但28d之后，由于水化硅酸钙凝胶数量不断增多，使水泥石强度显著提高，与同强度等级的普通水泥基本相同。

② 由于矿渣水泥所含熟料矿物少，水化反应所析出的氢氧化钙少，而且活性混合材料作用时又消耗了大量的氢氧化钙，使水泥硬化后碱度降低，减

少了水泥中氢氧化钙的溶出性和溶解性流失，但抵抗碳化能力减弱。

③ 矿渣水泥具有一定耐热性，可用于耐热混凝土工程，如金属冶炼车间、锅炉房的受热构件及窑炉外壳等，但抗碳化能力较弱，需适当增加混凝土保护层厚度。

④ 矿渣水泥混合材料掺量较多，且磨细的粒化高炉矿渣具有棱角，故矿渣水泥的标准稠度净浆需水量较大，保水性较差，泌水性大，干缩性也较大，如养护不当，容易产生裂缝，故其抗冻性、抗渗性不及普通水泥。为了保证矿渣水泥二次反应强度的增长，需较长的养护时间。

(5) 火山灰质硅酸盐水泥

凡由硅酸盐水泥熟料和火山灰质材料，适量石膏磨细制成的水硬性胶凝材料称为火山灰质硅酸盐水泥(简称火山灰水泥)。水泥中火山灰质材料掺量按重量百分比为 20%～50%，其中允许掺加不超过混合材料总量 1/3 的粒化高炉矿渣替代部分火山灰质材料，替代后水泥中的火山灰质材料不得少于 20%。

火山灰质硅酸盐水泥的强度等级同矿渣水泥相同，其凝结硬化过程也与矿渣水泥大体相同，与普通硅酸盐水泥相比较，火山灰质硅酸盐水泥具有下列特性：

① 火山灰水泥硬化较慢，早期强度低，但后期强度可以赶上普通水泥，混合材料活性越高、水灰比越小、则赶上时间越短，后期强度增长越快。混凝土采用这种水泥时，宜选用较小的水灰比，以发挥其强度增长率大的特点，这种水泥不宜用于有早强要求工程及低温施工的工程，但特别适于采用蒸汽养护的工程。

② 火山灰水泥水化热较小，一般 5d 内的水化热仅为同等级普通水泥的 70%左右，故适宜用于大体积混凝土工程。

③ 当处于潮湿环境或水中，火山灰质硅酸盐水泥中的活性混合材料吸收石灰而产生膨胀胶化作用，并形成较多的水化硅酸钙凝胶，使水泥石结构致密，具有较高的抗渗性，宜用于抗渗性要求较高的工程。由于水泥石中氢氧化钙含量低，具有较强的抗淡水侵蚀能力，但抗碳化能力差。

④ 当处于干燥空气中，水化生成胶体反应会中止，强度停止增长，产生较大的体积收缩和内应力而形成微细裂缝，在表面由于碳化作用能使水化硅酸钙分解成碳酸钙和氧化硅粉状混合物，使水泥表面产生起粉现象，故对处于干燥环境中的地上结构不应采用火山灰质硅酸盐水泥。

(6) 粉煤灰硅酸盐水泥

凡由硅酸盐水泥熟料和粉煤灰，适量石膏磨细制成的水硬性胶凝材料称为粉煤灰硅酸盐水泥，水泥中粉煤灰掺量按重量百分比为 20%～40%，允许掺加不超过混合材料总量 1/3 的粒化高炉矿渣，此时混合材料总掺量可达 50%，但粉煤灰掺量仍为不低于 20%，不超过 40%。

粉煤灰硅酸盐水泥的凝结硬化与火山灰质硅酸盐水泥很相近，主要是水泥熟料矿物水化，所生成氢氧化钙通过液相扩散到粉煤灰球形玻璃体表面，与活性氧化物作用，生成水化硅酸钙和水化铝酸钙，当石膏存在时，随即生成水化硫铝酸钙结晶。

与普通硅酸盐水泥相比较，粉煤灰硅酸盐水泥具有如下特性：

粉煤灰的球形玻璃体比较稳定，表面又较密实，不易水化，故使水泥硬化慢，早期强度低，但后期强度可以赶上普通硅酸盐水泥，粉煤灰的活性越高和细度越细，则强度增长越快。粉煤灰硅酸盐水泥水化热小，与火山灰质水泥相接近，故宜用于大体积混凝土工程，耐硫酸盐侵蚀能力较强，抗冻性较差，并随着粉煤灰掺量增加而降低，由于粉煤灰水泥碱度降低，抗碳化能力较差。

根据各种水泥特性，结合工程具体情况与所处环境，对水泥品种正确选择是关键。对环境处于气候干燥、寒冷、严寒地区，低温、冬期施工和有早强要求、高强度等级、采用泵送施工技术的混凝土工程，一般应优先选用普通硅酸盐水泥；对大体积混凝土，有耐腐蚀要求的地下、水中的混凝土工程，一般可优先选用矿渣、火山灰水泥；对处于气候干燥、严寒地区在水位变化段的混凝土工程，不宜选用火山灰、矿渣水泥；有防水、抗渗要求的混凝土，一般采用普通硅酸盐水泥。采用普通水泥用于各种混凝土工程时，可根据需要采取掺加矿物掺合料办法，提高和改善其性能。

11.3 混凝土的主要技术性质

混凝土的主要技术性质包括：混凝土拌合物的和易性、硬化后的强度及使用的工程耐久性。混凝土的工程耐久性以上已有详述，在此不再赘述。

1. 混凝土拌合物的和易性

(1) 和易性的概念

混凝土拌合物的和易性是指混凝土在凝结硬化之前处于塑性流动状态所表现的性质，和易性是一项综合的技术性能，包括了流动性、黏聚性和保水性三方面含义，和易性既体现了混凝土拌合物满足施工工作性要求性能，又是影响混凝土硬结后质量均匀成形密实的重要因素。混凝土质量既要取决于拌合物的和易性质量，又要取决于拌合物凝结硬化的成形质量。

流动性是指混凝土拌合物在自重或施工机械振捣作用下能产生流动的性能，混凝土拌合物具有一定流动性，在机械振捣作用下才会均匀密实的填充模板。

黏聚性是指混凝土拌合物在施工过程中其组成材料之间所具有的一定黏聚作用，混凝土拌合物具有一定黏聚性，才不会在施工浇筑过程中产生分层离析现象。

保水性是指混凝土拌合物在施工过程中具有的一定保水能力，混凝土拌合物具有一定保水性，才不致于在施工浇筑振捣作用下产生严重泌水现象。

混凝土拌合物的流动性、黏聚性、保水性，虽然具有不同的内容含义，但相互间存在着一定的制约配合相关关系，黏聚性与保水性具有相关性，流动性与保水黏聚性又往往具有矛盾性，和易性应是三者在某种条件下的协调统一。

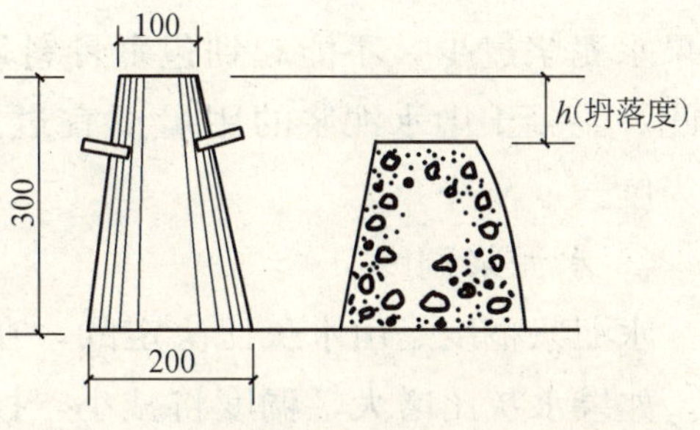

图 11-6　混凝土拌合物坍落度的测定

混凝土拌合物的流动性可以用试验检测方法给出定量指标，而黏聚性和保水性主要是根据经验目测加以评定。混凝土拌合物的流动性一般用坍落度表示，坍落度值的试验测定方法是：将混凝土拌合物按规定方法分三层装入标准圆锥筒内(圆锥筒上下口直径分为 100mm、200mm、高为 300mm)，每层插捣 25 次，装满刮平后将筒垂直提起，拌合物由于自重将会坍落下沉，量出坍落的高度(mm)称为坍落度，如图 11-6 所示。坍落度值越大，表示混凝土拌合物流动性越大，在测定坍落度的同时，应观察拌合物的黏聚性和保水性，混凝土的保水性不好，一般均在浇筑振捣后 1～3 小时之内发生严重泌水现象，混凝土黏聚性不好，在浇筑振捣过程容易产生分层离析现象。

根据坍落度的不同，可将混凝土拌合物分为：大流动性的(坍落度大于 160mm)、流动性的(坍落度 100～150mm)、塑性的(坍落度 10～90mm)及干硬性的(坍落度小于 10mm)。坍落度试验只适用于骨料最大粒径不大于 40mm，坍落度值不小于 10mm 的混凝土拌合物，对干硬性混凝土拌合物通常采用维勃稠度仪测定其稠度。

混凝土施工浇筑时，坍落度的选择，主要根据构件截面大小、钢筋疏密、振捣方式及施工方法确定。对采用非泵送施工方法时，其坍落度宜按表 11-10 选择，对采用泵送施工方法时，主要根据泵送高度和距离宜按表 8-1 选择。施工时应特别注意，不能为了增加混凝土的流动性，随意加水，增加水灰比。

混凝土浇筑时的坍落度表　　　　表 11-10

项　目	结构总类	坍落度(mm)
1	基础或地面等的垫层，无配筋的厚大结构(挡土墙、基础或厚大的块体等)或配筋稀疏的结构	10～30
2	板、梁、大型及中型截面的柱子等	30～50
3	配筋密集的结构(薄壁、斗仓筒仓、细柱等)	50～70
4	配筋特密的结构	70～90

(2) 影响和易性主要因素

① 水泥浆用量

水泥浆是混凝土拌合物取得和易性的必要条件，在水灰比不变条件下的单位体积拌合物内，如果水泥浆越多，拌合物的流动性越大，而黏聚性变差；如果水泥浆过少，不能起到包裹骨料填满空隙润滑作用，黏聚性相应也变差；故此，混凝土中水泥浆的用量不宜过多或过少，应以满足流动性、保证黏聚性为度。

② 水泥浆稠度

水泥浆稠度是由水灰比决定的，在水泥用量不变条件下的单位体积拌合物内，如果水灰比增大，稠度将减小，拌合物的流动性将随之加大，而使黏聚性和保水性变差；如果水灰比减小，稠度将增大，拌合物的流动性将随之减小，又为施工浇筑振捣造成困难，影响混凝土密实性。故此，混凝土的水灰比也不宜过大或过小，应以满足黏聚性、保水性为度，特别是不能过大，过大的水灰比将形成过大的孔隙率，对混凝土密实度、强度和耐久性极为不利。

水泥浆稠度主要是对混凝土拌合物黏聚性与保水性的影响，在水灰比不变条件下，水泥浆用量对和易性影响，实际就是反应了用水量对和易性影响。配合比设计时用水量按下述方法确定：

(A) 水灰比在 0.40～0.80 范围内，根据粗骨料品种、粒径、施工要求坍落度，按表 11-11 选取。

(B) 水灰比小于 0.40 及采用特殊成型工艺的混凝土用水量应通过试配试验确定。

(C) 流动性和大流动性混凝土用水量，应以表 11-11 中坍落度 90mm 的用水量为基础，按坍落度每增大 20mm 用水量增加 5kg，计算出未掺外加剂的用水量，掺外加剂的用水量可根据未掺外加剂用水量与外加剂的减水率按公式(8-1)计算。

塑性混凝土用水量选用表（kg/m^3）　　**表 11-11**

所需坍落度（mm）	卵最大粒径（mm）			碎最大粒径（mm）		
	10	20	40	15	20	40
10～30	190	170	160	205	185	170
30～50	200	180	170	215	195	180
50～70	210	190	180	225	205	190
70～90	215	195	185	235	215	200

注：① 本表用水量系采用中砂时的平均值，采用细砂时，每立方米混凝土用水量可增加 5～10kg，采用粗砂时，可减少 5～10kg；

② 掺用各种外加剂或掺合料时，用水量应相应调整。

③ 砂率

砂率是指混凝土中砂的重量占砂、石子总重量的百分率（砂重量/砂加石子总重量），砂率大小反应了骨料空隙和总表面积大小，对混凝土拌合物和易性产生显著影响。如砂率过大，骨料总表面积与空隙率均加大，在水泥浆用量不变情况下，水泥浆不足以起到充分填充、包裹、润滑骨料作用，使拌合物流动性减小；如砂率过小，又不能保证在粗骨料之间有足够的砂浆层，也会降低混凝土拌合物的流动性，而且严重影响黏聚性和保水性，容易造成分层离析。因此砂率应有一个合理的界限值称为合理砂率，合理砂率是指在用水量和水泥用量一定情况下，能使混凝土拌合物获得最大流动性且能保持良好的黏聚性和保水性的砂率；或是能使混凝土拌合物获得要求的流动性及良好黏聚性与保水性，而水泥用量为最少的砂率。合理砂率由于受粗细骨料粒径、级配、水灰比多种因素影响，一般通过试配试验确定，也可按粗骨料品种，规格及水灰比参照表 11-12 选用。

混凝土砂率选用表（%）　　**表 11-12**

水灰比（W/C）	碎石最大粒径（mm）			卵石最大粒径（mm）		
	15	20	40	10	20	40
0.40	30～35	29～34	27～32	36～32	25～31	24～30
0.50	33～38	32～37	30～35	30～35	29～34	28～33
0.60	36～41	35～40	33～38	33～38	32～37	31～36
0.70	39～44	38～43	36～41	36～41	35～40	34～39

注：① 表中数值系中砂的选用砂率，对细砂或粗砂，可相应地减少或增加砂率；

② 本砂率适用于坍落度为 10～60mm 的混凝土，坍落度如大于 60mm 或小于 10mm 时，应相应地增加或减少砂率，并经试验确定。对坍落度大于 60mm 也可在本表基础上，按坍落度每增加 20mm，砂率增大 1%的幅度予以调整；

③ 当只用一个单粒级粗骨料配制混凝土时，砂率应适当增加；

④ 掺有各种外加剂或掺合料时，其合理砂率应经试验或参照其他有关规定选用。

④ 水泥品种和骨料

采用矿渣水泥和火山灰水泥时，在同样情况下其拌合物的坍落度较用普通水泥为小，而且矿渣水泥将使拌合物的泌水性加大。在同样情况下卵石拌制的混凝土拌合物其流动性比碎石拌制的要大。在同样情况下骨料级配好的混凝土拌合物其流动性也好。

⑤ 时间与温度

混凝土拌合物经拌制后，随时间延长而逐渐变稠，流动性减小，原因是拌合物中部分水消耗于水化、部分水被骨料吸收、部分水被蒸发，由于水分的减少，使拌合物流动性变差。由于环境温度的变化，要影响水泥水化与蒸发失水的速度，一般情况下温度越高，水泥水化越快，越易蒸发失水，故在相同时间内，温度高要比温度低的坍落度损失要大。为了保证混凝土入模浇筑时的坍落度，混凝土出机坍落度应为浇筑时坍落度加上经时坍落度损失。经时一般按(45～60)min 考虑，这对在气温较高，长距离输送的泵送商品混凝土更是值得注意的问题。

2. 混凝土强度

混凝土强度是混凝土结构承载能力的重要指标，混凝土高层大跨结构在大的荷载效应下，要求混凝土要有相应较高的强度。

(1) 强度特征

① 强度的受力属性：随着混凝土受力状态不同，其强度的差异悬殊，承受压力荷载的抗压强度比承受拉力荷载的抗拉强度大的多，一般抗拉强度只有抗压强度的 1/15～1/10；承受一次性逐渐加荷与承受反复变化的加荷其强度指标也会变化很大。为此，在钢筋混凝土结构设计与施工中，根据结构或构件不同受力状态划分了不同的强度分类，混凝土强度包括：抗压、抗拉、抗剪、抗疲劳强度等。同时在结构设计中混凝土主要作为受压构件或在截面中主要承受压力作用，以便充分发挥抗压的材料特性。

② 强度的龄期表现：一般水泥混凝土，在正常温度、湿度环境下，随着浇筑成形后时间龄期的不同，其强度的增长速度与大小各不相同，早期增长快，28d 之后大部分完成，增长缓慢并逐渐趋于稳定。为此，国家规范标准规定以龄期 28d 的强度值作为强度的指标，而以相应的 3d、7d、14d 强度值作为早期强度的指标。

③ 强度的影响因素：根据水泥凝结硬化的微观作用机理，形成的混凝土强度大小，必然取决于材料、材料配比、环境条件及施工工艺措施，主要影响因素是：砂石骨料质量、水泥强度等级、水灰比、环境温度、湿度及施工振捣。全面正确分析影响因素的目的，在于根据影响因素采取保证与提高强

度的有力措施。

④ 强度的变异离散：即使采用相同材料、相同配比，在相同的环境条件下，采用相同的施工工艺，而配制的同一强度等级的混凝土，其各试件的实测强度值也会有所不同，即采用同一强度等级的混凝土结构或构件，其各不同部位混凝土的强度值也不相同，具有明显的随机变异离散性。故此，对混凝土的各种强度均划分或规定了实测值、平均值、标准值和设计值的指标，用以工程设计和施工的不同需要。这主要是根据混凝土强度的变异离散性，将强度值视为随机变量利用统计规律的保证率概念确定其相应的数值指标，用于工程设计与施工，保证结构达到要求的安全性。同时由于考虑材料强度的变异离散性对混凝土强度施工质量的检验评定也是采用了相应的统计或非统计方法。

(2) 抗压与抗拉强度

① 立方体抗压强度

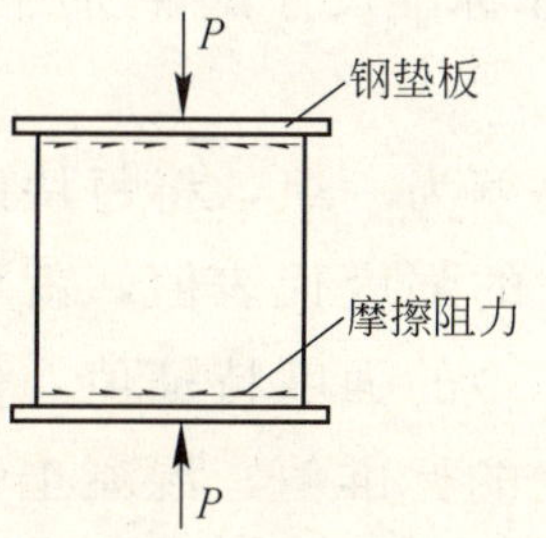

图 11-7 混凝土立方体加载强度试验

一般所说混凝土抗压强度是通指混凝土的立方体抗压强度，它是混凝土最主要也是最基本的强度指标，它可以代表混凝土的质量，同时也是规定划分混凝土强度等级的依据。

国家标准规定，采用制作边长 150mm 的立方体试件，在温度 20±3℃、相对湿度 90%的标准条件下，养护龄期为 28d，按规定方法所测得的抗压强度 f_{cu}，称为立方体抗压强度。测定立方体抗压强度的试件，一般可根据粗骨料最大粒径选用不同的规格尺寸，当粗骨料最大粒径 $d \leqslant 30$mm 时，采用 100mm×100mm×100mm 的立方体试件；当 d 在 30～40mm 之间时，采用 150mm×150mm×150mm 的立方体试件；当 $d>40$mm 时，采用 200mm×200mm×200mm 的立方体试件。

立方体抗压强度，一般在试验室内通过压力机加载破坏试验测定，如图 11-7 所示。

$$f_{cu}=\frac{P}{150\times150} \tag{11-3}$$

式中 f_{cu}——立方体抗压强度(MPa)；

P——压力机分期加荷，破坏时的荷载(N)；

150×150——试件截面尺寸(mm^2)。

试验时为了使试件承受均匀压力，在试件加载的上下表面设置了钢垫板，

在破坏荷载 P 的作用下，试件最终破坏是上下两部分各呈一个完整的棱锥体，如图 11-8 所示。这主要是因为试件在竖向加压产生压缩变形的同时，在横向也要按泊松比的效应产生扩张变形，这种横向扩张变形必然要被钢垫板与混凝土之间随之而产生的摩擦阻力约束，这种约束作用通常被称为环箍效应；而这种环箍效应随着与钢垫板距离加大而减弱，故使距二块钢垫板较大的中间部位破坏时混凝土脱落最多，而形成上下两部分各呈一个完整的棱锥体。当试件尺寸加大或减小时，其环箍效应相对减弱或加强，加上构造缺欠对尺寸大小影响程度不同，故使同样混凝土，当试件尺寸大时，测得的数值低，试件尺寸小时，测得数值高。为此，对非标准尺寸试件所测得的数值应乘以尺寸修正系数，当采用 100mm×100mm×100mm 试件时乘以 0.95，当采用 200mm×200mm×200mm 试件时乘以 1.05，将非标准尺寸试件所测得的抗压强度折算为标准尺寸试件的抗压强度。

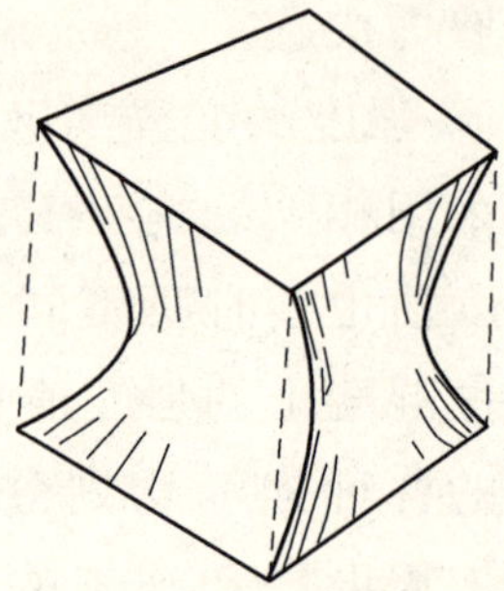

图 11-8 立方体试件加载破坏形态

混凝土立方体强度试验，一般留置试件时以 3 块编为一组，将每块的实测值相加再除以 3 作为该组的代表值，根据一定组数的强度代表值，就可以采用概率统计方法求得一定保证率下（或一定失效率下）的强度特征值，保证率为 95%的混凝土立方体抗压强度的特征值称为强度的标准值，混凝土强度等级就是混凝土立方体抗压强度的标准值。

② 轴心抗压强度

实际工程中的受压构件多为棱柱体，由于混凝土抗压强度的尺寸形状效应，它将不同于立方体抗压强度，一般采用轴心抗压强度表示，也称为棱柱体抗压强度，它比立方体抗压强度要小。

测定轴心抗压强度，一般采用棱柱体试件的尺寸是高宽比 $h/b=2\sim3$，这是因为当 $h/b<2$ 时，由于试件高度小，加载钢垫板与混凝土之间的摩擦环箍效应将对试验强度产生增大影响。当 $h/b>3$ 时，由于试件高度较大，可能使轴心加载产生附加偏心，而降低实际的抗压强度。采取 $h/b=2\sim3$，就是为了消除上述二种不利影响，混凝土棱柱体抗压试验如图 11-9 所示。

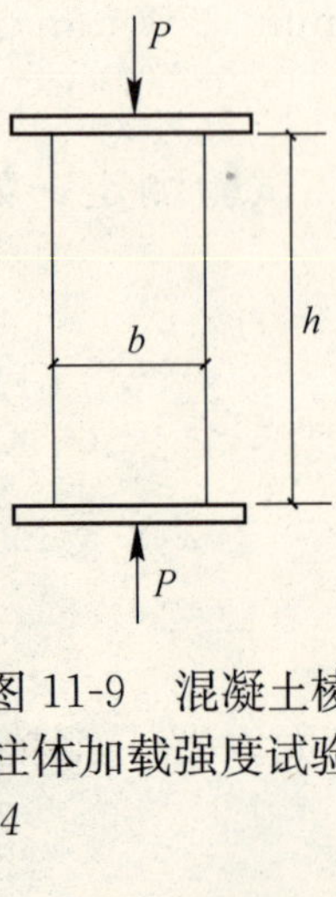

图 11-9 混凝土棱柱体加载强度试验

根据国内有关科研单位试验结果统计，混凝土的轴心抗压强度，一般为立方体抗压强度的 0.7～0.8。实际工程中的钢筋混凝土受压柱，当截面尺寸不是太大，所放箍筋较密时，在轴心压力作用下，由于箍筋的弹性模量比混凝土弹性模量大得多（对 C20～C50，E_s/E_h＝8.2～5.9），箍筋的环箍效应会使箍筋内核心的混凝土将由单向应力状态变为三向应力状态，从而使轴心抗压强度有较大的提高。

③ 轴心抗拉强度

由于混凝土抗拉强度很低，在结构或构件承载力计算时，对受拉区混凝土的抗拉强度是不考虑的，拉力完全由钢筋承受。但抗拉强度是决定混凝土断裂的强度指标，它是混凝土抗裂构件进行抗裂计算时所依据的强度指标，同时它也是约束变形下混凝土开裂的强度指标；应该说就混凝土材料破坏而言，不论是受拉、受弯、受剪、受扭破坏，也包括混凝土硬化后混凝土的膨胀破坏，其实质都是受拉超过抗拉强度产生裂缝并不断扩展的结果，这也是为什么在这些受力构件中要配置一定数量的受力钢筋以抗拉的形式参与截面受力，以便保证和提高结构的承载能力。在钢筋混凝土结构的受力构件中受拉区混凝土达到抗拉强度而出现裂缝的材料破坏，并不是结构失去承载能力的标志，只有纵向受拉钢筋达到屈服或受压区混凝土被压坏才是截面破坏的标志。

（3）影响强度因素

① 水泥强度等级与水灰比

水泥强度等级与水灰比是决定混凝土强度的主要因素，在配合比相同情况下，水泥强度等级越高，配制的混凝土强度越高；当采用同一种水泥时（指品种和强度等级相同），水灰比越小，混凝土强度越高。这主要是因为水泥水化反应所需用水量只占水泥重量的 23％左右，拌制混凝土时为了取得较好的流动性，常需较多的水，在满足施工流动性前提下，水灰比小，可以减少参与水化反应之外的多余水分，这些自由水分残留在混凝土中占居并形成的孔隙，降低了混凝土密实度；而且往往容易蒸发形成毛隙孔，导致混凝土强度降低，水灰比越大，孔隙越多，强度也就越低。

根据试验和工程经验总结，得出了混凝土强度与水泥强度，水灰比之间的定量关系经验公式：

$$f_{cu}=A\cdot f_{ce}(C/W-B) \tag{11-4}$$

式中 f_{cu}——混凝土 28d 抗压强度（MPa）；

f_{ce}——水泥 28d 抗压强度实测值（MPa）；

C——每立方米混凝土的水泥用量（kg）；

W——每立方米混凝土的用水量（kg）；

C/W——灰水比；

A、B——经验系数，与粗骨料品种有关：

卵石混凝土：A＝0.48，B＝0.33；

碎石混凝土：A＝0.46，B＝0.07。

② 环境温度和湿度

混凝土所处环境温度、湿度是通过水泥水化过程产生的作用而对强度产生影响。温度升高，水泥水化速度加快，强度发展提高也快，反之，温度降低，水泥水化速度变慢，强度提高也慢；当温度降至冰点，混凝土中部分水结冰，水化反应基本终止，混凝土强度发展也就停止。

当环境有适当湿度，可以减少混凝土内自由水分的蒸发，使混凝土，特别是表层混凝土在充分有水的情况下水泥充分水化；如果环境干燥，混凝土蒸发失水太多，不仅影响水泥的水化，而水分蒸发后形成了大量孔隙也降低了混凝土密实度，均会使强度降低，并且大量毛隙孔会使混凝土结构疏松，渗水性加大，收缩变形加剧，而对混凝土耐久性产生不利影响。

为此，混凝土浇筑成形后要采取浇水养护措施，一般在初凝后终凝前要进行覆盖保水，终凝后进行浇水湿养护，对硅酸盐水泥，普通水泥和矿渣水泥混凝土湿养护不得少于7d，对有防水抗渗要求的混凝土或掺缓凝型外加剂的混凝土湿养护不得少于14d。对冬期或气温较低时施工的混凝土要采取相应的保温措施。

③ 养护龄期

在一定养护条件下的混凝土，其28d前强度随龄期的增长，可参照图11-10所示；由混凝土早期强度与28d强度的增长关系，可根据早期强度大致

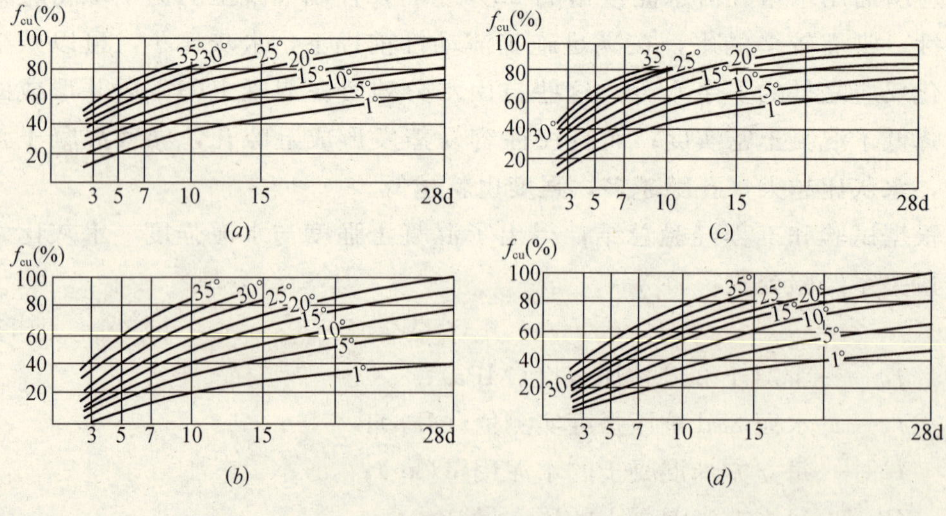

图 11-10　温度、龄期对混凝土强度影响参考曲线

(*a*)用原325号普通水泥拌制的混凝土；(*b*)用原325号矿渣水泥拌制的混凝土；(*c*)用原425号普通水泥拌制的混凝土；(*d*)用原425号矿渣水泥拌制的混凝土

估计 28d 强度；也可根据 28d 强度要求，估计 3d、7d、14d 早期应达到的强度。

普通水泥制成的混凝土，在标准条件下养护，其强度发展大致与龄期的对数成正比关系(龄期不小于 3d)。

$$f_n = f_{28}\frac{\lg n}{\lg 28} \tag{11-5}$$

式中 f_n——n 天龄期混凝土的抗压强度(MPa)；

f_{28}——28 天龄期混凝土的抗压强度(MPa)；

$\lg n$、$\lg 28$——n 和 28 的常用对数，其中 $n \geqslant 3$。

根据上式，可由已知 nd 的强度 f_n 估算 28d 的强度，或已知 28d 的强度 f_{28}估算 nd 的强度，因为影响混凝土强度因素很多，此式估算的结果只能作为参考。

混凝土早期强度与 28d 龄期强度的增长关系，这对施工中在试验室作配合比设计试配时，在没有取得 28d 试件试验强度前，就要求施工浇注的混凝土工程，可以根据设计要求的强度等级所推估的 3d、7d 早期强度值，给出施工临时配合比；同时也可根据不同品种水泥混凝土，在各种不同气温条件下，估计不同龄期混凝土可能达到的实际强度，以便估计各种构件的拆模时间。

11.4 混凝土配合比设计

1. 概念术语

(1) 材料密度、表观密度、堆积密度

① 材料密度：指材料在绝对密实状态下，单位体积的重量，按下式计算：

$$P = \frac{m}{V} \tag{11-6}$$

式中 P——密度，g/cm^3；

m——材料重量，g；

V——材料在绝对密实状态下体积，cm^3。

绝对密实状态下的体积是不包括材料孔隙在内的体积，除钢材、玻璃等少数材料外，绝大多数材料均有一些孔隙，测定有孔隙材料密度时，应将材料磨成细粉，干燥后用李氏瓶测定体积，再按上式计算密度。

② 表观密度(过去称容重)：指材料在自然状态下，单位体积重量，按下式计算：

$$P_0 = \frac{m}{V_0} \tag{11-7}$$

式中　P_0——表观密度，g/cm^3 或 kg/m^3；

m——材料重量，g 或 kg；

V_0——材料在自然状态下的体积，cm^3 或 m^3。

材料在自然状态下体积是指包括材料内部孔隙体积，测定表观密度时，须注明含水情况，长期在空气中干燥测得的密度称为气干状态下的表观密度，在烘干状态下测得的密度称为干表观密度。

③ 堆积密度：指粉状或散粒材料，在堆积状态下，单位体积的重量，按下式计算：

$$P'_0=\frac{m}{V'_0} \tag{11-8}$$

式中　P'_0——堆积密度，kg/m^3；

m——材料重量，kg；

V'_0——材料堆积体积，m^3。

材料堆积体积包括了颗粒之间的空隙体积。

（2）材料密实度、孔隙率、空隙率、含水量

① 密度实：指材料体积内被固体物质充实的程度，按下式计算：

$$D(\text{密实度})=\frac{V}{V_0} \tag{11-9}$$

② 孔隙率：指材料体积内，孔隙所占体积的比例，按下式计算：

$$P(\text{孔隙率})=\frac{V_0-V}{V_0}\times 100\% \tag{11-10}$$

孔隙率加上密实度等于 1，即 $D+P=1$。

③ 空隙率：指散粒材料在某一堆积体中，颗粒之间的空隙体积所占比例，按下式计算：

$$P'(\text{空隙率})=\frac{V'_0-V_0}{V'_0}=1-\frac{V_0}{V'_0} \tag{11-11}$$

④ 含水率：指材料吸水饱和状态下，材料吸收水的重量与材料干燥状态下重量的比值，按下式计算：

$$W=\frac{m_1-m}{m}\times 100\% \tag{11-12}$$

式中　W——材料吸水率；

m——材料在干燥状态下重量；

m_1——材料在吸水饱和状态下重量。

吸水率表示材料的吸水能力，如果材料的结构构造具有较多细微连通孔隙，则吸水率大，若为封闭孔隙，水分不易渗入，若为粗大孔隙虽然容易渗

入，仅能湿润孔隙表面而不易在孔内存留，所以封闭或粗大孔隙材料，其吸水率是较低的。

(3) 减水率

减水率是指混凝土拌合物掺入外加剂后（指减水剂或含有减水组分的外加剂），与不掺外加剂的基准混凝土相比较在取得相同坍落度条件下（90mm），单位用水量之差与基准混凝土用水量的比值，按下式计算：

$$W_R=\frac{W_0-W_1}{W_0}\times 100\% \qquad (11\text{-}13)$$

式中 W_R——减水率，%；

W_0——基准混凝土单位用水量，kg/m^3；

W_1——掺外加剂混凝土单位用水量，kg/m^3。

W_R 是以三批试件的算术平均值计，精确到小数点后一位，W_R 的大小代表了外加剂的减水能力。

(4) 混凝土

① 普通混凝土：指干表观密度为 2000～2800kg/m^3 的水泥混凝土。

② 基准混凝土：指按国家标准《混凝土外加剂》（GB 8076—1997）规定试验条件配制的不掺外加剂的混凝土称为基准混凝土。

③ 受检混凝土：对掺入外加剂、在试验室内为了检验外加剂性能指标是否符合国家标准而用来检验的混凝土称为受检混凝土。

④ 大体积混凝土：指混凝土结构中实体最小尺寸等于或大于 1m，或预计会因水泥水化热引起混凝土内外温差过大，或降温收缩而导致裂缝的混凝土。

2. 配合比设计方法步骤

普通混凝土配合比设计按国家标准 JGJ 55—2000 执行。

混凝土配合比设计目标：一是混凝土拌合物应具有良好和易性满足施工工作性要求；二是混凝土拌合物按既定施工程序完成其凝结硬化后应具有一定强度满足结构设计要求；三是混凝土在设计的使用年限内应具有足够的工程耐久性，满足工程结构的特定使用要求；如抗渗、抗冻、耐腐蚀等；四是在保证混凝土质量前提下，尽可能节省水泥，具有技术经济合理性。

混凝土配合比设计原则：是根据原材料性能、混凝土的技术质量要求，设计与调配各种材料用量之间的比例关系。实质是确定水灰比、砂率和单位用水量 3 个关联参数，其设计步骤包括确定试配强度、配合比计算、试配调整、施工配合比换算。

混凝土配合比设计表示：一般有两种方法，一种是以每 $1m^3$ 混凝土中各项材料重量表示：另一种是以各项材料相互间的重量比表示（以水泥重为1）。

（1）确定试配强度

混凝土结构设计所要求的强度等级，是混凝土立方体抗压强度具有95％保证率的标准值，为了保证设计要求，混凝土配制强度应按下式计算：

$$f_{cu,o}=f_{cu,k}+1.645\sigma \tag{11-14}$$

式中 $f_{cu,o}$——混凝土配制强度（MPa）；

$f_{cu,k}$——混凝土立方体抗压强度标准值（MPa）；

σ——混凝土强度标准差；

1.645——95％保证率系数。

当施工现场条件与试验室条件有显著差异，或C30级及其以上强度等级的混凝土，采用非统计方法评定时，其试配强度应比上述计算值适当提高。

混凝土强度标准差，宜根据同类混凝土统计资料按式(4-8)计算确定，计算时强度试件组数不应少于25组，当混凝土强度等级为C25、C30时，其计算 σ 值小于2.5MPa时，取 $\sigma \geqslant 2.5$MPa；当强度等级≥C30时，其计算 σ 值小于3.0MPa时，取 $\sigma \geqslant 3.0$MPa。

如无统计资料计算 σ 时，当混凝土强度等级＜C20时，取 $\sigma=4.0$MPa，当混凝土强度等级为C20～C35时，取 $\sigma=5.0$MPa，当混凝土强度等级＞C35时，取 $\sigma=6.0$MPa。

（2）配合比计算

① 计算水灰比

混凝土强度等级小于C60时，可根据(11-4)式求得：

$$\frac{W}{C}=\frac{A\cdot f_{ce}}{f_{cu,o}+A\cdot B\cdot f_{ce}} \tag{11-15}$$

式中 f_{ce}——水泥28d抗压强度实测值，当无水泥28d实测值时，可按下式求得：

$$f_{ce}=r_c\cdot f_{ce,g} \tag{11-16}$$

式中 r_c——水泥强度等级富余系数，可按实际统计资料确定，无统计资料时，可取1.13；

$f_{ce,g}$——水泥强度等级值。

当考虑混凝土质量与工程耐久性要求，国家规范标准对最大水灰比与最小水泥用量提出限值，见表11-13，如计算的水灰比超出表中规定，可降低水泥强度等级，使 W/C 减小或取用表中的限值。

混凝土的最大水灰比和最小水泥用量　　表 11-13

环境条件		结构物类别	最大水灰比			最小水泥用量(kg)		
			素混凝土	钢筋混凝土	预应力混凝土	素混凝土	钢筋混凝土	预应力混凝土
1. 干燥环境		• 正常的居住或办公用房屋内部件	不作规定	0.65	0.60	200	260	300
2. 潮湿环境	无冻害	• 高湿度的室内部件 • 室外部件 • 在非侵蚀性土和(或)水中的部件	0.70	0.60	0.60	225	280	300
	有冻害	• 经受冻害的室外部件 • 在非侵蚀性土和(或)水中且经受冻害的部件 • 高湿度且经受冻害的室内部件	0.55	0.55	0.55	250	280	300
3. 有冻害和除冰剂的潮湿环境		• 经受冻害和除冰剂作用的室内和室外部件	0.50	0.50	0.50	300	300	300

注：① 当用活性掺合料取代部分水泥时，表中的最大水灰比及最小水泥用量即为替代前的水灰比和水泥用量；

② 配制 C15 级及其以下等级的混凝土，可不受本表限制。

② 确定单位用水量

(A) 当水灰比在 0.40～0.80 时，根据粗骨料品种、粒径及施工要求的坍落度按表11-11选取。

(B) 当水灰比小于 0.40 时，其用水量应通过试验确定。

(C) 对流动性和大流动性混凝土，为控制水灰比不至于太大，通常需加减水型外加剂。可先按表 11-11 查得坍落度为 90mm 的用水量为基础，按坍落度每增大 20mm 用水量增加 5kg，计算出未掺外加剂时混凝土用水量，掺外加剂时混凝土用水量可按下式计算：

$$W_a = W_0(1-\beta) \tag{11-17}$$

式中　W_a——掺外加剂每立方米混凝土用水量(kg)；

W_0——未掺外加剂每立方米混凝土用水量(kg);

β——外加剂的减水率，可通过试验计算确定。

③ 计算水泥用量

根据计算出的水灰比，已经确定的单位用水量，按下式计算水泥用量。

$$C_0=\frac{W_a}{W/C}=\frac{C}{W}\cdot W_a \tag{11-18}$$

计算所得水泥用量不得低于表 11-13 规定的最小水泥用量，如低于表中规定时，应按表中最小水泥用量选取。

④ 选取砂率

一般可根据本单位对所用材料的施工经验选用合理砂率，当无使用经验时，对坍落度 10～60mm 的混凝土，可按粗骨料品种，规格及混凝土水灰比，按表 11-12 选用。对坍落度大于 60mm 的混凝土砂率，可经试验确定，也可在表 11-12 基础上，按坍落度每增大 20mm，砂率相应增大 1%的幅度予以调整。

⑤ 计算砂、石用量

采用体积法，按下式计算：

$$\frac{C_0}{\rho_C}+\frac{G_0}{\rho_{0g}}+\frac{S_0}{\rho_{0s}}+\frac{W_0}{\rho_W}+10\alpha=1000 \tag{11-19}$$

$$\frac{S_0}{S_0+G_0}=S_p \tag{11-20}$$

式中 C_0、G_0、S_0、W_0——分别表示每立方米混凝土中水泥、石子、砂和水的用量(kg);

ρ_C、ρ_W——分别表示水泥、水的密度(g/cm^3);

ρ_{0g}、ρ_{0s}——分别表示粗、细骨料的表观密度(g/cm^3);

α——混凝土含气量百分数，在不使用引气型外加剂时，α 可取为 1;

S_p——砂率(%)。

采用重量法，按下式计算

$$C_0+G_0+S_0+W_0=\rho_{0h} \tag{11-21}$$

$$\frac{S_0}{S_0+G_0}=S_p \tag{11-22}$$

式中 ρ_{0h}——混凝土拌合物计算表观密度，如果原材料情况比较稳定，所配制的混凝土拌合物的表观密度一般接近一个固定值，可根据本单位累计的资料假定，一般取 $2350kg/m^3$～$2450kg/m^3$，无资料时，可参照表 11-14 选用。

混凝土拌合物表观密度 **表 11-14**

混凝土强度等级	≤C10	C15～C30	>C30
拌合物表观密度(kg/m^3)	2350	2400	2450

⑥ 外加剂与掺合料的掺量应通过试验试配确定，并应符合相应国家现行标准规定。

（3）试配调整

根据配合比上述初步计算结果，通过试配调整，确定满足施工和易性的基准配合比和同时满足和易性与强度要求的试验室配合比。

① 试配：以上求得的初步配合比的各项材料用量，是借助于经验公式和图表计算或查得的，能否达到设计与施工要求，还应通过实际试配检验与调整完成。试配时应采用工程实际使用的原材料，混凝土搅拌方法宜与生产时采用的方法相同，每盘混凝土最小搅拌量应符合表 11-15 规定。当采用机械搅拌时，其搅拌量不小于搅拌机额定搅拌量的 1/4。

混凝土试配的最小搅拌量 **表 11-15**

骨料最大粒径(mm)	拌合物数量(L)	骨料最大粒径(mm)	拌合物数量(L)
31.5 及以下	15	40	25

② 和易性调整：按计算量称取各项材料进行试拌，搅拌均匀，测其坍落度，并观查黏聚性与保水性。如坍落度不满足要求，比要求的值小或大时，可在保持水灰比不变条件下增加或减少水泥浆量，一般每增减 10mm 坍落度，需增加或减少 2%～5%水泥浆量；当黏聚性和保水性不良时，可适当增大砂率(保持砂石总量不变，增加砂子用量，减少石子用量)，反之当过于粘稠，可适当减少砂率，每次调整后再试拌，直到满足要求为止。满足和易性要求的配合比可作为提供混凝土强度试验的基准配合比。

③ 强度检验：混凝土强度检验时至少采用三个不同水灰比的配合比，其中一个为基准配合比，另外二个配合比的水灰比，分别为较基准配合比的水灰比增大与减少 0.05，用水量与基准混凝土相同，砂率可分别增加与减少 1%，并测出各自的表观密度($\rho_{oh实}$)。

将三个不同配合比的混凝土拌合物分别做成标准试块，每种配合比至少作一组(3 块)试块，标准养护 28d，通过试压，选出既满足和易性又满足强度要求的配合比。

④ 确定试验室配合比：假设满足要求的混凝土拌合物各材料用量为：水

泥为$C_{拌}$、砂为$S_{拌}$、石子为$G_{拌}$、水为$W_{拌}$，则试验室配合比（$1m^3$ 混凝土的各材料用量）按下式计算：

$$C=\frac{C_{拌}}{C_{拌}+S_{拌}+G_{拌}+W_{拌}}\times\rho_{oh实} \tag{11-23}$$

$$S=\frac{S_{拌}}{C_{拌}+S_{拌}+G_{拌}+W_{拌}}\times\rho_{oh实} \tag{11-24}$$

$$G=\frac{G_{拌}}{C_{拌}+S_{拌}+G_{拌}+W_{拌}}\times\rho_{oh实} \tag{11-25}$$

$$W=\frac{W_{拌}}{C_{拌}+S_{拌}+G_{拌}+W_{拌}}\times\rho_{oh实} \tag{11-26}$$

（4）施工配合比

试验室配合比，是以干燥材料为基准的，但施工现场或商品混凝土搅拌站堆放的砂、石骨料都含有一定水分，并且随气候变化其含水量也要随之发生变化。现场搅拌的材料称量应以工地砂、石实际含水量，随时进行修正，修正后的配合比称为施工配合比。现假定工地测出砂含水率为$a\%$，石子含水率为$b\%$，则将上述试验室配合比换算为施工配合比，其材料称量为：

$$C'=C(\text{kg}) \tag{11-27}$$

$$S'=S(1+a\%)(\text{kg}) \tag{11-28}$$

$$G'=G(1+b\%)(\text{kg}) \tag{11-29}$$

$$W'=W-a\%S-b\%G(\text{kg}) \tag{11-30}$$

式中　C'、S'、G'、W'——分别代表混凝土搅拌时每立方米混凝土水泥、砂、石子、水的实际称量。

3. 配合比设计实例

某工程钢筋混凝土梁，处于房屋内干燥工作环境，混凝土设计强度等级为C20，混凝土由机械搅拌，机械振捣，要求施工坍落度30～50mm，该施工单位无历史统计资料。

采用材料：普通水泥强度等级42.5MPa，28d实际强度45MPa，密度$\rho_C=3.1g/cm^3$；中砂，表观密度$\rho_S=2.65g/cm^3$，堆积密度$\rho'_S=1.48g/cm^3$；卵石最大粒径20mm，表观密度$\rho_g=2.70g/cm^3$，堆积密度$\rho'_g=1.50g/cm^3$；拌合用水采用自来水；施工现场砂含水率3%，石子含水率1%。求施工配合比。

［解］：

（1）确定试配强度

$$f_{cu,o}=f_{cu,k}+1.645\sigma$$

本施工单位无历史统计资料，取 $\sigma=5.0\text{MPa}$

$$f_{cu,o}=20+1.645\times5=28.2(\text{MPa})$$

（2）配合比计算

① 计算水灰比

$$\frac{W}{C}=\frac{A\cdot f_{ce}}{f_{cu,o}+A\cdot B\cdot f_{ce}}$$

采用卵石，系数 $A=0.48$，$B=0.33$，代入上式：

$$\frac{W}{C}=\frac{0.48\times45}{28.2+0.48\times0.33\times45}=\frac{21.6}{35.33}=0.61$$

查表 11-13 最大水灰比限值为 0.65，符合耐久性要求。

② 确定单位用水量

根据粗骨料卵石，最大粒径 20mm 及施工坍落度 30～50mm，查表 11-11，选用单位用水量 $W_0=180\text{kg}$。

③ 计算水泥用量

$$C_0=\frac{C}{W}\cdot W_0=\frac{1}{0.61}\times180=295\text{kg}$$

查表 11-13 最小水泥用量为 260kg，故满足耐久性要求。

④ 选取砂率

根据粗骨料卵石、最大粒径 20mm，水灰比 0.61，查表 11-12，选取砂率 $S_p=35\%$。

⑤ 计算砂、石用量

采用体积法计算：将有关数据代入下式

$$\begin{cases}\dfrac{C_0}{\rho_C}+\dfrac{G_0}{\rho_{0g}}+\dfrac{S_0}{\rho_{0S}}+\dfrac{W_0}{\rho_W}+10\alpha=1000\\[2ex]\dfrac{S_0}{S_0+G_0}=S_p\end{cases}$$

解方程组：

$$\begin{cases}\dfrac{295}{3.1}+\dfrac{G_0}{2.7}+\dfrac{S_0}{2.65}+\dfrac{180}{1}+10=1000\\[2ex]\dfrac{S_0}{S_0+G_0}=0.35\end{cases}$$

$$\begin{cases}0.37G_0+0.38S_0=715\\0.65S_0=0.35G_0\end{cases}$$

解得方程后得 $G_0=1242\text{kg}$，$S_0=668\text{kg}$

该混凝土初步计算配合比：

$C_0 : W_0 : S_0 : G_0 = 295 : 180 : 668 : 1242 = 1 : 0.61 : 2.26 : 4.21$

采用重量法计算：假定混凝土的表观密度 $\rho_{on} = 2400kg/m^3$，将有关参数代入下式

$$\begin{cases} C_0 + G_0 + S_0 + W_0 = \rho_{oh} \\ \dfrac{S_0}{S_0 + G_0} = S_p \end{cases}$$

$$\begin{cases} 295 + G_0 + S_0 + 180 = 2400 \\ \dfrac{S_0}{S_0 + G_0} = 0.35 \end{cases}$$

解方程后得 $G_0 = 1250kg$，$S_0 = 675kg$

该混凝土初步计算配合比：

$C_0 : W_0 : S_0 : G_0 = 295 : 180 : 675 : 1250 = 1 : 0.61 : 2.29 : 4.24$

（3）试配调整

① 试配

根据粗骨料最大粒径 20mm，按初步计算配合比试拌 15L，各材料用量为：

水泥　0.015×295=4.43kg

水　0.015×180=2.70kg

砂　0.015×668=10.02kg

卵石　0.015×1242=18.63kg

② 和易性调整

将试拌的混凝土，经测定坍落度为 40mm，满足要求，不需调整，可作为基准配合比提供混凝土强度试验。

③ 强度检验

采用水灰比分别为：0.56、0.61、0.66 三个不同的配合比拌制三组混凝土，经测定坍落度均满足要求，并测定实际表观密度分别为 $2389kg/m^3$、$2385kg/m^3$、$2381kg/m^3$。

经 28d 标养试压结果，三组中以水灰比 0.61 一组，既满足试配强度要求，又较节省水泥。因此以该组配合比作为试验室配合比。

该组材料：$C_{拌} = 4.43kg$，$W_{拌} = 2.70kg$，$S_{拌} = 10.02kg$，$G_{拌} = 18.63kg$，总量为 35.78kg。

当拌制 $1m^3$ 混凝土的材料用量仍为原计算值，故计算配合比可作试验室

配合比。

（4）施工配合比

拌合水实际用量应扣除砂、石含水量，而砂、石实际用量应增加含水量

$$W'=180-668\times3\%-1242\times1\%=147.6\text{kg}$$

$$S'=668\times1.03=688\text{kg}$$

$$G'=1242\times1.01=1254\text{kg}$$

$$C'=295\text{kg}$$

故施工现场搅拌每立方米混凝土各项材料实际用量为：水泥 295kg、水 147.6kg、砂 688kg、卵石 1254kg。

11.5 钢筋质量

1. 钢筋种类

钢筋是属于建筑钢材一种，它是原钢母材经一定加工工艺制成，钢的主要成分是铁和碳，钢材按化学成分可分为碳素钢与合金钢两大类。

碳素钢根据含碳量不同可分为：低碳钢(含碳量低于 0.25%)、中碳钢(含碳量0.25%～0.6%)、高碳钢(含碳量大于 0.6%)。钢的含碳量越大，强度越高，其塑性和韧性相应降低，承受变形能力差；碳也是显著降低可焊性元素之一，含碳量超过 0.3%时，钢的可焊性显著降低；碳也能增加钢的冷脆性和时效敏感性，降低钢材抗锈蚀能力，故一般钢材含碳量不超过 0.8%。

锰、硅、钒、钛化学元素能够改善钢材性能称为合金元素。锰能消减硫和氧所引起的热脆性，使钢材热加工性能改善，又能提高钢材强度；硅在钢材中含量不超过 1%时，可提高钢材强度，对塑性和韧性影响不大；钒能细化钢中的晶粒，有效提高强度；钛是强脱氧剂，能细化晶粒，显著提高强度，改善韧性与可焊性，但稍降低塑性。在碳素钢中加入合金元素称为合金钢，当掺入合金元素总量小于 5%者称为低合金钢；合金元素总量5%～10%者称为中合金钢，合金元素总量大于 10%者称为高合金钢。

钢筋混凝土结构设计中规范所规定的钢筋主要是低碳钢与低合金钢母材经热变形压力加工制成，一般称为普通热轧钢筋，钢材通过热轧可使原母材钢坯中大部分气孔粘结密合，晶粒被破碎细化，使钢材质量提高；轧制压缩比和停轧时温度对质量提高程度产生直接影响，厚度或直径较大钢材与用同样钢坯轧制较薄钢材相比较，由于轧制次数少，停轧时温度高，故其强度提高较小，《混凝土结构设计规范》(GB 50010—2002)中所规定的 HPB235 级光

圆 Q235 钢筋为低碳钢，符号表示 ϕ、公称直径 $d=8\sim20$mm、强度标准值 $f_{yk}=235$MPa、弹性模量 $E_S=2.1\times10^5$N/mm²，HRB335 级，为低合金钢，钢种 20MnSi，符号表示 Φ、公称直径 6～50mm，强度标准值 $f_{yk}=335$MPa，弹性模量 $E_S=2.0\times10^5$N/mm²，HRB400 级为低合金钢，钢种 20MnSiV、20MnSiNb、20MnTi，符号表示 Φ，公称直径 6～50mm，强度标准值 $f_{yk}=400$MPa，弹性模 $E_S=2.0\times10^5$N/mm²；RRB400 级为低合金钢经余热处理，钢种 K20MnSi，符号表示 $Φ^R$，公称直径 8～40mm，强度标准值 $f_{yk}=400$MPa，弹性模量 $E_S=2.0\times10^5$N/mm²。

钢材的性能质量取决于化学成分相对含量及冷热加工工艺，而化学成分及其杂质含量又与冶炼生产工艺有关。炼钢的原理是把熔融的生铁进行氧化，使碳的含量降低到预定的范围，其他杂质含量也限制到允许范围之内。在炼钢过程中，碳被氧化形成一氧化碳气体逸出，硅、锰等被氧化形成氧化硅、氧化锰进入渣中排除，磷和硫在石灰作用下，也进入渣中排除。

故此在精炼中必须供给足够的氧以保证杂质元素被氧化，这就使精炼后的钢液中还留有一定数量的氧而影响质量，为了清除剩余的氧在精炼结束后应加入脱氧剂进行脱氧，常用脱氧剂有锰铁、硅铁和铝锭。根据脱氧程度不同，钢可分为沸腾钢，镇静钢和半镇静钢，沸腾钢由于脱氧不充分，钢液浇铸后在冷却时有大量一氧化碳气体外逸，引起钢液激烈沸腾故称沸腾钢。沸腾钢与镇静钢相比较，钢中碳和有害杂质磷，硫等的偏析现象较严重(元素在钢中分布不均，富集于某些区间)，致密程度差，冲击韧性与可焊性较差，特别是低温韧性降低更显著，在常用的炼钢方法中以氧气转炉法，平炉法除去杂质和气体较净，炼钢质量较好。

磷、硫、氧是钢中有害杂质。磷的含量提高，钢材虽强度提高，但塑性和韧性显著下降，特别是低温时影响更显著，使钢材冷脆性加大，可焊性显著降低；硫能降低钢材强度和塑性，硫化物的低熔点使钢材焊接时易产生热裂纹，显著降低可焊性。氧降低钢材机械性能，特别是韧性，氧化物的低熔点使钢材可焊性变坏。

2. 钢筋的力学性能

钢筋混凝土结构对钢筋的性能要求，主要是强度、塑性、可焊性及与混凝土的粘结力。

(1) 强度

普通热轧钢筋是属于低碳钢或低合金钢，由于含碳量低，其强度与变形特性，可通过图 11-11 钢筋拉伸加载试验的应力应变曲线说明：曲线具有明显的流幅，在 a 点之前应力与应变成正比，如卸荷之后，变形完全可以恢复，称 Oa 为弹性阶段；在此阶段应力 σ_s 与应变 ε_s 的比值称为弹性模量，弹性模量代表了钢筋在弹性阶段发生单位应变时所需施加的力。过了 a 点之后其应变的增长较应力为快，说明钢筋开始出现塑性变形，到达 b 点钢筋开始塑流，这时应力不增加而应变继续增加直至 c 点，bc 段称为流幅或屈服阶段，相应于 b 点的应力值 σ_{sb}，称为屈服强度。过了 c 点以后，应力又开始随着应变的增加而增加，说明钢筋抵抗塑性变形的能力又重新提高直至 d 点，cd 段称为强化阶段，d 点所对应的应力值 σ_{sd} 称为抗拉强度。当加荷达到 d 点之后，试件在薄弱处急骤缩小，称之为“颈缩现象”，在颈缩部位，由于塑性变形急速增加而最终导致试件的裂断。

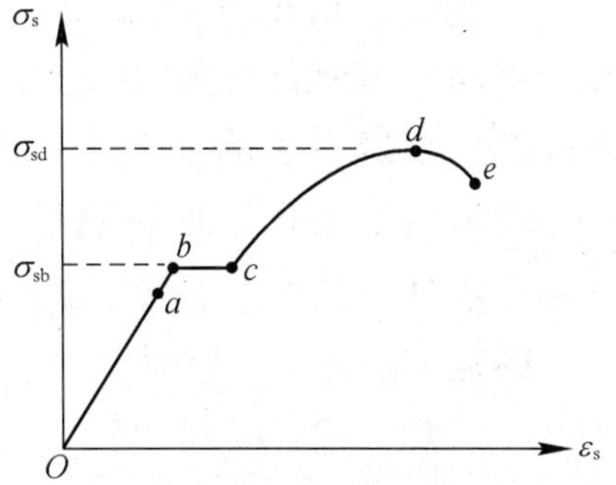

图 11-11　钢筋拉伸应力应变曲线

在钢筋混凝土结构中钢筋达到屈服点之后，尽管尚未破坏，但由于钢筋的屈服将使构件产生过大裂缝与变形，已经不能满足正常使用要求，故在钢筋混凝土结构设计中以屈服强度作为钢筋的设计强度指标。但屈强比（σ_{sb}/σ_{sd}）的大小，反映了钢筋受力达到屈服之后的安全可靠性大小，屈强比小，说明储备的安全可靠性大，但屈强比太小，也说明了钢筋强度没能被有效利用。

（2）塑性

在钢筋的拉伸应力应变过程中，卸荷之后变形能够完全恢复的变形称为弹性变形，钢筋这一变形性能称为弹性；当应力超过 a 点之后，再卸荷变形就不能完全恢复，其中不能恢复的部分变形称为塑性变形，钢筋这一变形性能称为塑性。普通热轧钢筋具有良好塑性性能，即具有较大塑性变形能力，能使钢筋混凝土结构或构件在破坏前出现明显先兆，即明显破坏预告信号，同时良好塑性可以保证钢筋冷弯加工不出现断裂，钢筋塑性一般用伸长率与冷弯性能二个指标表示和检验。

伸长率：指钢筋试件拉断时单位长度的伸长，假定上述钢筋拉伸应力应变试件原长为 L_0，裂断时的全长为 L_1，则伸长率 δ 按下式计算：

$$\delta=\frac{L_1-L_0}{L_0}\times 100\% \tag{11-31}$$

伸长率的大小，代表了钢筋的塑性变形能力，δ 值越大说明塑性越好。

冷弯性：指钢筋在常温下承受弯曲变形能力，是钢筋的重要工艺性能，检验钢筋冷弯性能是按规定的弯曲角度与弯心直径进行弯曲试验，以弯曲处是否发生裂缝，裂断或起层为判定依据。伸长率是反映钢筋承受静载作用在拉伸均匀变形条件下的塑性，冷弯性是反映了钢筋承受静载作用在弯曲非均匀变形条件下的塑性，它能揭示钢筋内部组织是否存在不均匀缺陷，杂质等。

钢筋混凝土结构所用普通热轧钢筋 HPB235 级、HRB335 级、HRB400 级、RRB400 级，其屈服强度、极限强度、伸长率、冷弯性和化学成分、有害杂质含量均应符合现行国家标准《钢筋混凝土用热轧光圆钢筋》（GB 13013）中的 Q235 钢筋，《钢筋混凝土用热轧带肋钢筋》（GB 1499）中 HRB335 和 HRB400 钢筋，《钢筋混凝土用余热处理钢筋》（GB 13014）中 KL400 钢筋的规定。钢筋进场后首先要按规定抽样作上述四项机械性能指标检验。

(3) 焊接性能

在钢筋混凝土结构中，焊接主要用于钢筋接头、钢筋网、钢筋骨架和预埋件的焊接。钢筋接头焊接主要方式有搭接电弧焊、闪光接触对焊及电渣压力焊，焊接质量主要取决于钢筋本身的焊接性能、焊接材料和焊接工艺。

电弧焊的焊接接头是由钢筋基体金属与焊缝金属通过二者之间熔合线部分连接而成，焊缝金属是在焊接时电弧的高温下由焊条金属熔化而成；同时电弧的高温也使基体金属的边缘部分熔化与熔融的焊条金属通过扩散作用均匀地密切熔合。闪光接触对焊与电渣压力焊对焊，是不用焊条，其连接是通过两个接触端面上由电流高温熔化的熔融金属冷却凝固而形成。

焊接过程特点是，在很短时间内达到很高温度，金属只是局部溶化、体积小，由于金属导热冷却速度快，剧烈的局部膨胀与收缩，容易产生变形，内应力和组织变化，使焊接产生缺陷；主要表现有焊缝金属缺陷：热裂纹、气孔、缺口、夹杂物与基体热影响区缺陷。焊接接头连结应按规定抽样作力学性能检验，其接头焊接质量应符合国家标准《钢筋焊接及验收规程》的规定。

(4) 冷加工性能

为了节约钢材，将热轧钢筋在常温下通过冷拉、冷拔、冷轧，使其钢筋产生塑性变形，提高屈服强度，将这种加工工艺称为冷加工。

① 冷拉：如图 11-12 所示，拉伸钢筋使拉应力 σ_s 超过屈服强度，例如达到 k 点，然后放松卸荷，卸荷的应力应变曲线沿着 kO' 下降，kO' 与 bO 大致平行，如立即重新拉伸，将沿着 $O'ke$ 线变形，k 点为经过冷拉后新的屈服点。如不立即拉伸，停留一段时间再张拉时，新的屈服点将提高到 k' 点，这种现象称

为时效硬化，时效硬化和温度有很大关系，例如HPB235级钢筋时效硬化在常温下大约需20d，若为100℃度时，仅需2小时可完成。钢筋经冷拉后，塑性(伸长率)降低，流幅减小，为了保持钢筋具有一定塑性，在冷拉时需要选择适宜的k点，故规范规定在冷拉钢筋时要控制冷拉率。施工现场对圆盘供应小直径的钢筋，通过冷拉也起到调直作用，冷拉钢筋主要用于整体现浇的楼板。

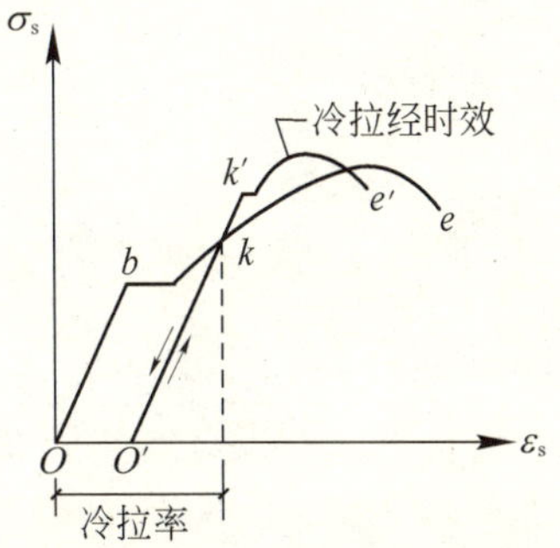

图11-12　钢筋冷拉后应力应变曲线

② 冷拔：是将低碳钢筋，在常温下拉过比它本身直径为小的硬质合金模孔，使钢筋在纵向拉伸与横向挤压作用下，变细增长，迫使内部组织发生变化，提高强度，钢筋经冷拔后要变硬变脆，冷拔钢筋一般主要用于预应力混凝土结构。

③ 冷轧：是由生产厂家进行冷加工，主要有冷轧带肋钢筋和冷轧扭钢筋。主要用于整体现浇的楼板，其性能质量应符合现行国家标准《冷轧带肋钢筋混凝土结构技术规程》(JGJ 95)和《冷轧扭钢筋混凝土构件技术规程》(JGJ 115)的有关规定。

11.6　产品型原材料质量控制

对混凝土结构工程，产品型原材料水泥、钢筋、外加剂，它们分别是在水泥厂、钢厂、外加剂厂分别经过煅烧磨粉，冶炼轧制、加热合成系列特定生产工艺流程制得，用户为了满足工程使用与施工的要求，应按相应材料的国家标准与设计、施工相关规范的要求进行选用。

作为企业生产厂家为了使产品能够达到国家标准的质量要求，满足工程实际需求，作到用户满意，就要进行全面质量管理，建立产品的质量保证体系，根据ISO体系认证的要求，产品质量保证体系的建立与实施可以分解为8个质量环：一是由国家有关法律法规与用户期望合同条款构成的质量源，二是根据质量源形成质量方针，三是根据质量方针确定质量目标，四是实现质量目标的文件控制，五是实现质量目标的资源控制，六是产品实现的原材料与工艺质量控制，七是经营策划与实施，八是纠正、预防、开发，持续改进。在8个质量环中，人是决定因素，由人组建的组织机构分工负责，对每个质量环的专项管理实施与对全过程的控制，对质量保证体系的实施起了决定的作用，具体实施可参见本书附图2“产品质量保证体系动态管理框图”。

参 考 文 献

1 王铁梦著．工程结构裂缝控制．北京：中国建筑工业出版社，1997

2 张誉、蒋利学、张伟平、屈文俊编．混凝土结构耐久性概论．上海：上海科学技术出版社，2003

3 李斯主编．混凝土结构工程施工验收规范实施手册．北京：电子工业出版社，2002

4 金伟良、赵羽习编．混凝土结构耐久性．北京：科学出版社，2002

5 湖南大学、天津大学、同济大学、南京工学院合编．建筑材料（第三版）．北京：中国建筑工业出版社，1988

6 天津大学、同济大学、南京工学院合编，钢筋混凝土结构．北京：中国建筑工业出版社，1979

7 王华生、赵慧如编著．混凝土技术禁忌手册．北京：机械工业出版社，2002

8 曹文达、曹栋编著．新型混凝土及其应用．北京：金盾出版社，2001

9 冯浩、朱清江编著．混凝土外加剂工程应用手册．北京：中国建筑工业出版社，1999